CROESO I'R EISTEDDFOD

Bu mawr edrych ymlaen at Eisteddfod Genedlaethol 2017 ar Ynys Môn, gennym ni sy'n trigo yma a chan weddill Cymru. Yr hyn sy'n tystio i'r brwdfrydedd lleol yw'r gweithgareddau lu a gynhaliwyd yma er yn agos i ddwy flynedd, yn bennaf i godi arian at y Gronfa Leol (y cyrhaeddwyd ei nod mewn byr amser), ond hefyd i roi boddhad i'r werin a'r miloedd (ac yn sicr cafwyd hynny). A'r hyn sy'n tystio i'r brwdfrydedd cenedlaethol yw bod maes carafannau'r Eisteddfod wedi llenwi'n sydyn sydyn, bod stondinau'r maes wedi'u llogi'n gyflym gyflym, a bod y tocynnau i lawer gig a chyngerdd wedi'u gwerthu allan mewn dim o dro.

Cafwyd pwyllgorau rhagorol i osod testunau ac i lunio rhaglenni'r wythnos, a phwyllgorau apêl gyda'r gorau. Yr hyn a roddodd foddhad arbennig imi oedd cael cydweithio gyda chynifer o bobl gymharol ifanc a oedd mor barod i ysgwyddo cyfrifoldebau mawr, a hynny gyda phleser amlwg. Yn wir, y mae ym Môn ddigon o dalent i drefnu Prifwyl arall eto cyn bo hir iawn, os dyna'r dymuniad.

Y mae'n hyfrydwch cael diolch i bawb a gyfrannodd at drefnu'r Brifwyl eleni, y pwyllgorwyr y cyfeiriais atynt eisoes, Cyngor Ynys Môn, y cynghorau tref a bro lleol, y cannoedd ar gannoedd o bobl a ymatebodd mor hael i'n ceisiadau am arian, ein noddwyr, a holl aelodau staff yr Eisteddfod. Canlyniad ein gweithgarwch, mi wrantaf, fydd Gŵyl gampus gofiadwy – a chithau oll, o bob parth o Gymru, yn ei chanol, yn mwynhau'n arw yr holl ddanteithion diwylliadol (ac eraill) sydd gan Ynys Môn ar eich cyfer.

Derec Llwyd Morgan
Cadeirydd y Pwyllgor Gwaith

Cy

Manylion Cysylltu

Tocynnau:
0845 4090 800
(07.00 - 20.00 bob dydd)

Ffôn:
0845 4090 900

e-bost:
gwyb@eisteddfod.org.uk

www.eisteddfod.cymru

Cywydd Croeso

Modured i Fodedern
I le gŵyl trwy ddôl a gwern,
Y miloedd o ymwelwyr,
Dwyn pawb sydd â doniau pur,
I rodio'r maes ar dir Môn
A roddir i dderwyddon.

Trafael o fywyd trefi,
Draw o ardaloedd di-ri'
A chynefin y ddinas,
I lan dros filltiroedd glas
I'r ynys a fynn rannu
Â'r wlad ei thrysorau lu.

Erwau ir porfeydd y praidd,
A thir y traethau euraidd,
A melin eto'n malu
Yn ail-fyw y fâl a fu;
Moelfre, teg bentre' ger bae
A'i arbedwyr bywydau.

Rho gip ar y dre' gopor,
A'r llosgydd mynydd uwch môr,
Celf a'i lloches, Hanesion,
Yno maent yn Oriel Môn;
Ynys Lawd a'i hisel le,
Hyglod fôr-adar creigle.

O'r arlwy o'i thramwyo
A hawlio'i braint fesul bro,
Yna Môn fydd fam o hyd,
Yn do i'w hepil diwyd,
Ei gwŷs o'i chalon ar goedd
A'i dwyfraich dros y dyfroedd.

Y diweddar Glyndwr Thomas

Cystadlaethau

Alawon Gwerin

Rhif	Enw	Rhagbrawf Lle / Dydd / Amser	Prawf Terfynol Lle / Dydd / Amser	Beirniaid / Cyfeilyddion
1	Côr Alaw Werin		Pafiliwn, Nos Wener 11 Awst, 19:05	Delyth Medi, Eleri Roberts (Beirniadaeth DM: 20:55)
2	Parti Alaw Werin hyd at 20 mewn nifer	Pagoda, Gwener 11 Awst, 09:00	Pafiliwn, Gwener 11 Awst, 12:35	Mair Beech Williams, Einir Wyn-Williams (Beirniadaeth MBW: 15:05)
3	Parti Alaw Werin dan 25 oed		Pafiliwn, Iau 10 Awst, 13:30	Eleri Roberts, Delyth Medi (Beirniadaeth ER: 15:05)
4	Cystadleuaeth Goffa Lady Herbert Lewis	Stiwdio, Gwener 11 Awst, 14:00	Pafiliwn, Sadwrn 12 Awst, 11:40	Einir Wyn-Williams, Delyth Medi, Eleri Roberts, Mair Beech Williams (Beirniadaeth EWW: 13:05)
5	Unawd Alaw Werin 16 ac o dan 21 oed	Pagoda, Mawrth 8 Awst, 08:30	Pafiliwn, Mawrth 8 Awst, 11:55	Delyth Medi, Einir Wyn-Williams (Canlyniad: 14:15)
6	Unawd Alaw Werin 12 ac o dan 16 oed	Stiwdio, Llun 7 Awst, 10:45	Pafiliwn, Llun 7 Awst, 15:50	Delyth Medi, Eleri Roberts (Canlyniad: 16:25)
7	Unawd Alaw Werin dan 12 oed	Stiwdio, Sul 6 Awst, 10:00	Pafiliwn, Llun 7 Awst, 10:35	Einir Wyn-Williams, Mair Beech Williams (Canlyniad: 11:50)
8	Cyflwyniad ar lafar, dawns a chân		Pafiliwn, Llun 7 Awst, 13:10	Haf Evans, Mair Beech Williams, Eirian Llewelyn Davies (Beirniadaeth HE: 15:40)
9	Grŵp Offerynnol neu offerynnol a lleisiol		Pafiliwn, Mawrth 8 Awst, 9:45	Gwilym Bowen Rhys (Canlyniad: 11:50)
10	Unawd ar unrhyw offeryn gwerin		Tŷ Gwerin, Sadwrn 5 Awst, 15:00	Gwilym Bowen Rhys
(203)	Cystadleuaeth Cyflwyno Cân Werin Hunan-gyfeiliant		Tŷ Gwerin, Mawrth 8 Awst, 15:00	Tecwyn Ifan
(204)	Canu baled yn ddi-gyfeiliant		Tŷ Gwerin, Sadwrn 12 Awst, 12:00	Mair Tomos Ifans

Bandiau Pres

Rhif	Enw	Rhagbrawf Lle / Dydd / Amser	Prawf Terfynol Lle / Dydd / Amser	Beirniaid / Cyfeilyddion
11	Bandiau Pres Pencampwriaeth/ Dosbarth 1		Pafiliwn, Sadwrn 5 Awst, 15:40	Gary Davies (Canlyniad: 17:45)
12	Bandiau Pres Dosbarth 2		Pafiliwn, Sadwrn 5 Awst, 14:15	Gary Davies (Canlyniad: 17:40)
13	Bandiau Pres Dosbarth 3		Pafiliwn, Sadwrn 5 Awst, 11:40	Gary Davies (Canlyniad: 14:35)
14	Bandiau Pres Dosbarth 4		Pafiliwn, Sadwrn 5 Awst, 10:00	Gary Davies (Canlyniad: 14:10)

Cerdd Dant

Rhif	Enw	Rhagbrawf Lle / Dydd / Amser	Prawf Terfynol Lle / Dydd / Amser	Beirniaid / Cyfeilyddion
15	Côr Cerdd Dant	Pagoda, Gwener 11 Awst, 17:30	Pafiliwn, Nos Wener 11 Awst, 19:25	Menai Williams, Mari Watkin (Beirniadaeth MW: 21:55) Telynau: Dylan Cernyw, Alecs Peate
16	Parti Cerdd Dant hyd at 20 mewn nifer	Pagoda, Gwener 11 Awst, 10:15	Pafiliwn, Gwener 11 Awst, 14:15	Einir Wyn Jones, Ann E Fox (Beirniadaeth EWJ: 16:10) Telynau: Dylan Cernyw, Elain Wyn
17	Parti Cerdd Dant dan 25 oed	Dawns, Iau 10 Awst, 11:00	Pafiliwn, Iau 10 Awst, 14:40	Ann E Fox, Menai Williams (Beirniadaeth AEF: 16:10) Telynau: Alecs Peate, Elain Wyn
18	Triawd neu Bedwarawd Cerdd Dant	Stiwdio, Sadwrn 12 Awst, 13:00	Pafiliwn, Sadwrn 12 Awst, 16:55	Einir Wyn Jones, Menai Williams (Canlyniad: 19:35) Telyn: Alecs Peate
19	Deuawd Cerdd Dant 21 oed a throsodd	Pagoda, Mercher 9 Awst, 16:00	Pafiliwn, Iau 10 Awst, 10:20	Mari Watkin, Einir Wyn Jones (Canlyniad 11:30) Telyn: Dylan Cernyw
20	Deuawd Cerdd Dant dan 21 oed	Stiwdio, Mercher 9 Awst, 10:00	Pafiliwn, Mercher 9 Awst, 13:20	Ann E Fox, Einir Wyn Jones (Canlyniad: 15:55) Telyn: Elain Wyn
21	Unawd Cerdd Dant 21 oed a throsodd	Pagoda, Sadwrn 12 Awst, 09:00	Pafiliwn, Sadwrn 12 Awst, 12:40	Ann E Fox, Mari Watkin (Beirniadaeth AEF: 14:55) Telyn: Dylan Cernyw
22	Unawd Cerdd Dant 16 ac o dan 21 oed	Dawns, Mawrth 8 Awst, 09:30	Pafiliwn, Mawrth 8 Awst, 15:40	Mari Watkin, Menai Williams (Canlyniad: 16:35) Telyn: Alecs Peate
23	Unawd Cerdd Dant 12 ac o dan 16 oed	Dawns, Llun 7 Awst, 12:15	Pafiliwn, Llun 7 Awst, 16:00	Ann E Fox, Mari Watkin (Canlyniad: 16:20) Telyn: Dylan Cernyw
24	Unawd Cerdd Dant dan 12 oed	Cymdeithasau 2, Sul 6 Awst, 11:30	Pafiliwn, Llun 7 Awst, 10:10	Einir Wyn Jones, Menai Williams (Canlyniad: 10:30) Telyn: Elain Wyn
26	Cyfeilio i rai o dan 25 oed		Tŷ Gwerin, Sadwrn 5 Awst, 17:00	Dylan Cernyw

Corawl

Rhif	Enw	Rhagbrawf Lle / Dydd / Amser	Prawf Terfynol Lle / Dydd / Amser	Beirniaid / Cyfeilyddion
27	Cyflwyno Rhaglen o Adloniant - Côr heb fod yn llai nag 20 mewn nifer		Pafiliwn, Sul 6 Awst, 12:30 / 14:15 / 16:05	Geraint Roberts, Richard Elfyn Jones, Beryl Lloyd Roberts (Beirniadaeth GR: 18:05)
28	Côr Cymysg heb fod yn llai nag 20 mewn nifer		Pafiliwn, Nos Wener 11 Awst, 18:00 / 19:50	Richard Elfyn Jones, Beryl Lloyd Roberts, Geraint Roberts (Beirniadaeth REJ: 22:05)
29	Côr Meibion heb fod yn llai nag 20 mewn nifer		Pafiliwn, Sadwrn 12 Awst, 15:05 / 18:15	Geraint Roberts, Richard Elfyn Jones, Beryl Lloyd Roberts (Beirniadaeth GR: 20:40)
30	Côr Merched heb fod yn llai nag 20 mewn nifer		Pafiliwn, Iau 10 Awst, 16:20	Beryl Lloyd Roberts, Geraint Roberts, Richard Elfyn Jones (Beirniadaeth BLR: 17:40)

31	Côr Pensiynwyr dros 60 oed		Pafiliwn, Mawrth 8 Awst, 14:25	Beryl Lloyd Roberts, Geraint Roberts, Richard Elfyn Jones (Beirniadaeth BLR: 16:50)
32	Côr leuenctid dan 25 oed		Pafiliwn, Mercher 9 Awst, 13:35	Richard Elfyn Jones, Beryl Lloyd Roberts, Geraint Roberts (Beirniadaeth REJ: 16:00)
200	Cystadleuaeth Gorawl Eisteddfodau Cymru		Pafiliwn, Sadwrn 5 Awst, 13:20 / 14:40	Richard Elfyn Jones, Beryl Lloyd Roberts, Geraint Roberts (Beirniadaeth REJ: 17:50)
201	Cymdeithas Eisteddfodau Cymru - Ensemble Lleisiol 10-26 oed	Pagoda, Mercher 9 Awst, 11:00	Pafiliwn, Nos Fercher 9 Awst, 20:55	Huw Euron, Sian Meinir (Canlyniad: 21:35)

Unawdau

Rhif	Enw	Rhagbrawf Lle / Dydd / Amser	Prawf Terfynol Lle / Dydd / Amser	Beirniaid / Cyfeilyddion
35	Ysgoloriaeth W Towyn Roberts	Neuadd Goffa Bodedern, Mawrth 8 Awst, 13:00	Pafiliwn, Nos Fercher 9 Awst, 19:35	Buddug Verona James, Rhian Lois, Huw Llywelyn (Beirniadaeth BVJ: 21:40) Cyfeilydd: Jeffrey Howard
36	Unawd Soprano 25 oed a throsodd	Eglwys Plwyf Bodedern, Mercher 9 Awst, 17:00	Pafiliwn, Iau 10 Awst, 11:35	Arwel Huw Morgan, Nicola Morgan, Andrew Rees (Canlyniad: 13:15) Cyfeilydd: Rhiannon Pritchard
37	Unawd Mezzo-Soprano/ Contralto/Gwrth-denor 25 oed a throsodd	Eglwys Plwyf Bodedern, Gwener 11 Awst, 09:00	Pafiliwn, Gwener 11 Awst, 15:15	Arwel Huw Morgan, Nicola Morgan, Andrew Rees (Canlyniad: 16:20) Cyfeilydd: Meirion Wynn Jones
38	Unawd Tenor 25 oed a throsodd	Eglwys Plwyf Bodedern, Mercher 9 Awst, 10:00	Pafiliwn, Iau 10 Awst, 10:35	Arwel Huw Morgan, Nicola Morgan, Andrew Rees (Canlyniad: 13:10) Cyfeilydd: Glian Llwyd
39	Unawd Bariton/Bas 25 oed a throsodd	Eglwys Plwyf Bodedern, Iau 10 Awst, 14:30	Pafiliwn, Gwener 11 Awst, 13:25	Arwel Huw Morgan, Nicola Morgan, Andrew Rees (Canlyniad: 16:05) Cyfeilydd: Jeffrey Howard
40	Gwobr Goffa David Ellis – Y Rhuban Glas		Pafiliwn, Nos Sadwrn 12 Awst, 19:55	Arwel Huw Morgan, Nicola Morgan, Andrew Rees (Beirniadaeth AHM: 21:10) Cyfeilyddion: Glian Llwyd, Jeffrey Howard, Meirion Wynn Jones, Rhiannon Pritchard
41	Canu Emyn i rai 60 oed a throsodd	Dawns, Mawrth 8 Awst, 11:30	Pafiliwn, Mawrth 8 Awst, 15:55	Gareth Rhys-Davies, Sian Meinir (Canlyniad: 16:45) Cyfeilydd: Grês Pritchard
42	Unawd Lieder/Cân Gelf 19 oed a throsodd	Dawns, Gwener 11 Awst, 14:00	Pafiliwn, Sadwrn 12 Awst, 11:20	Gareth Rhys-Davies, Anthony Stuart Lloyd (Canlyniad: 12:35) Cyfeilydd: Rhiannon Pritchard
43	Unawd yr Hen Ganiadau 19 oed a throsodd	Pagoda, Gwener 11 Awst, 12:00	Pafiliwn, Sadwrn 12 Awst, 16:35	Sian Meinir, Glenys Roberts (Canlyniad: 18:10) Cyfeilydd: Olwen Jones
44	Deuawd o opera, operatta neu oratorio/offeren	Pagoda, Sadwrn 12 Awst, 13:00	Pafiliwn, Sadwrn 12 Awst, 17:45	Gareth Rhys-Davies, Sian Meinir (Canlyniad: 19:50) Cyfeilydd: Jeffrey Howard
45	Unawd Soprano 19 ac o dan 25 oed	Capel Saron, Bodedern, Llun 7 Awst, 13:00	Pafiliwn, Mawrth 8 Awst, 13:30	Glenys Roberts, Robyn Lyn Evans, Anthony Stuart Lloyd (Canlyniad: 15:15) Cyfeilydd: Rhiannon Pritchard

46	Unawd Mezzo-Soprano/ Contralto/Gwrth-denor 19 ac o dan 25 oed	Capel Saron, Bodedern, Mawrth 8 Awst, 17:00	Pafiliwn, Mercher 9 Awst, 11:20	Glenys Roberts, Robyn Lyn Evans, Anthony Stuart Lloyd (Canlyniad: 13:15) Cyfeilydd: Olwen Jones
47	Unawd Tenor 19 ac o dan 25 oed	Capel Saron, Bodedern, Mawrth 8 Awst, 15:00	Pafiliwn, Mercher 9 Awst, 15:15	Glenys Roberts, Robyn Lyn Evans, Anthony Stuart Lloyd (Canlyniad: 16:10) Cyfeilydd: Meirion Wynn Jones
48	Unawd Bariton/Bas 19 ac o dan 25 oed	Capel Saron, Bodedern, Llun 7 Awst, 16:30	Pafiliwn, Mawrth 8 Awst, 12:20	Glenys Roberts, Robyn Lyn Evans, Anthony Stuart Lloyd (Canlyniad: 14:20) Cyfeilydd: Glian Llwyd
49	Gwobr Goffa Osborne Roberts – Y Rhuban Glas		Pafiliwn, Iau 10 Awst, 16:55	Glenys Roberts, Robyn Lyn Evans, Anthony Stuart Lloyd (Beirniadaeth GR: 17:50) Cyfeilyddion: Meirion Wynn Jones, Olwen Jones, Glian Llwyd, Rhiannon Pritchard
50	Unawd o Sioe Gerdd i rai 19 oed a throsodd	Dawns, Mercher 9 Awst, 12:15	Pafiliwn, Nos Fercher 9 Awst, 18:10	Stifyn Parry, Connie Fisher (Beirniadaeth SP: 21:10)
51	Unawd o Sioe Gerdd dan 19 oed	Dawns, Mawrth 8 Awst, 13:30	Pafiliwn, Mercher 9 Awst, 11:00	Connie Fisher, Stifyn Parry (Canlyniad: 12:40)
53	Unawd i Ferched 16 ac o dan 19 oed	Pagoda, Llun 7 Awst, 15:00	Pafiliwn, Mawrth 8 Awst, 10:35	Sian Meinir, Huw Euron (Canlyniad: 12:10) Cyfeilydd: Meirion Wynn Jones
54	Unawd i Fechgyn 16 ac o dan 19 oed	Pagoda, Llun 7 Awst, 17:15	Pafiliwn, Mawrth 8 Awst, 10:50	Gareth Rhys-Davies, Huw Euron (Canlyniad: 12:15) Cyfeilydd: Meirion Wynn Jones
55	Unawd i Ferched 12 ac o dan 16 oed	Dawns, Sul 6 Awst, 15:00	Pafiliwn, Llun 7 Awst, 11:35	Andrew Rees, Glenys Roberts (Canlyniad: 14:50) Cyfeilydd: Rhiannon Pritchard
56	Unawd i Fechgyn 12 ac o dan 16 oed	Stiwdio, Llun 7 Awst, 08:30	Pafiliwn, Llun 7 Awst, 11:55	Meirion Wynn Jones, Huw Euron (Canlyniad: 14:55) Cyfeilydd: Glian Llwyd
57	Unawd dan 12 oed	Stiwdio, Sul 6 Awst, 13:30	Pafiliwn, Llun 7 Awst, 10:20	Sian Meinir, Gareth Rhys-Davies (Canlyniad: 11:00) Cyfeilydd: Olwen Jones

Offerynnol

Rhif	Enw	Rhagbrawf Lle / Dydd / Amser	Prawf Terfynol Lle / Dydd / Amser	Beirniaid / Cyfeilyddion
58	Cyfeilio ar y Piano – Cystadleuaeth Goffa Eleri Evans		Pagoda, Sadwrn 5 Awst, 13:00	Meirion Wynn Jones
59	Grŵp Offerynnol Agored		Pafiliwn, Sadwrn 12 Awst, 10:00	Peryn Clement-Evans, Gareth Owen, Catrin Morris Jones, Dáire Roberts, Bari Gwilliam (Canlyniad: 12:05)
60	Deuawd Offerynnol Agored	Pagoda, Llun 7 Awst, 08:30	Pafiliwn, Llun 7 Awst, 11:10	Peryn Clement-Evans, Catrin Morris Jones (Canlyniad: 12:15)
61	Rhuban Glas Offerynnol 19 oed a throsodd		Pafiliwn, Gwener 11 Awst, 10:00	Gareth Owen, Peryn Clement-Evans, Catrin Morris Jones, Dáire Roberts, Bari Gwilliam (Beirniadaeth GO: 12:20)
62	Unawd Chwythbrennau 19 oed a throsodd		Pagoda, Iau 10 Awst, 12:30	Peryn Clement-Evans, Gareth Owen, Catrin Morris Jones, Dáire Roberts, Bari Gwilliam

63	Unawd Llinynnau 19 oed a throsodd		Pagoda, Iau 10 Awst, 14:10	Dáire Roberts, Peryn Clement-Evans, Catrin Morris Jones, Gareth Owen, Bari Gwilliam
64	Unawd Piano 19 oed a throsodd		Pagoda, Iau 10 Awst, 08:45	Gareth Owen, Peryn Clement-Evans, Catrin Morris Jones, Dáire Roberts, Bari Gwilliam
65	Unawd Offerynnau Pres 19 oed a throsodd		Pagoda, Iau 10 Awst, 16:10	Bari Gwilliam, Peryn Clement-Evans, Catrin Morris Jones, Gareth Owen, Dáire Roberts
66	Unawd Telyn 19 oed a throsodd		Pagoda, Iau 10 Awst, 17:45	Catrin Morris Jones, Peryn Clement-Evans, Gareth Owen, Dáire Roberts, Bari Gwilliam
68	Rhuban Glas Offerynnol 16 ac o dan 19 oed		Pafiliwn, Mercher 9 Awst, 10:00	Cai Isfryn, Peryn Clement-Evans, Catrin Morris Jones, Gareth Owen, Dáire Roberts (Beirniadaeth CI: 12:30)
69	Unawd Chwythbrennau 16 ac o dan 19 oed		Pagoda, Mawrth 8 Awst, 17:05	Peryn Clement-Evans, Cai Isfryn, Gareth Owen, Catrin Morris Jones, Dáire Roberts
71	Unawd Piano 16 ac o dan 19 oed		Pagoda, Mawrth 8 Awst, 14:00	Gareth Owen, Peryn Clement-Evans, Cai Isfryn, Catrin Morris Jones, Dáire Roberts
72	Unawd Offerynnau Pres 16 ac o dan 19 oed		Pagoda, Mawrth 8 Awst, 19:10	Cai Isfryn, Gareth Owen, Peryn Clement-Evans, Catrin Morris Jones, Dáire Roberts
73	Unawd Telyn 16 ac o dan 19 oed		Pagoda, Mawrth 8 Awst, 11:00	Catrin Morris Jones, Peryn Clement-Evans, Cai Isfryn, Gareth Owen, Dáire Roberts
74	Rhuban Glas Offerynnol dan 16 oed		Pafiliwn, Llun 7 Awst, 12:20	Catrin Morris Jones, Peryn Clement-Evans, Cai Isfryn, Gareth Owen, Dáire Roberts (Beirniadaeth CMJ: 15:20)
75	Unawd Chwythbrennau dan 16 oed		Pagoda, Sul 6 Awst, 13:20	Peryn Clement-Evans, Cai Isfryn, Gareth Owen, Catrin Morris Jones, Dáire Roberts
76	Unawd Llinynnau dan 16 oed		Pagoda, Sul 6 Awst, 11:20	Dáire Roberts, Peryn Clement-Evans, Cai Isfryn, Catrin Morris Jones, Gareth Owen
77	Unawd Piano dan 16 oed		Pagoda, Sul 6 Awst, 15:50	Gareth Owen, Peryn Clement-Evans, Cai Isfryn, Catrin Morris Jones, Dáire Roberts
78	Unawd Offerynnau Pres dan 16 oed		Pagoda, Sul 6 Awst, 18:05	Cai Isfryn, Gareth Owen, Peryn Clement-Evans, Catrin Morris Jones, Dáire Roberts
79	Unawd Telyn dan 16 oed		Pagoda, Sul 6 Awst, 09:00	Catrin Morris Jones, Peryn Clement-Evans, Cai Isfryn, Gareth Owen, Dáire Roberts

Dawns

Rhif	Enw	Rhagbrawf Lle / Dydd / Amser	Prawf Terfynol Lle / Dydd / Amser	Beirniaid / Cyfeilyddion
88	Tlws Coffa Lois Blake		Pafiliwn, Gwener 11 Awst, 11:10	Dai Williams, Liz Cyffin-Roberts (Beirniadaeth DW: 12:30)
89	Tlws Cymdeithas Genedlaethol Dawns Werin Cymru	Dawns, Sadwrn 12 Awst, 11:00	Pafiliwn, Sadwrn 12 Awst, 13:50	Liz Cyffin-Roberts, Dai Williams (Beirniadaeth LCR: 16:25)
90	Parti Dawnsio Gwerin dan 25 oed		Pafiliwn, Nos Fercher 9 Awst, 18:00	Dai Williams, Liz Cyffin-Roberts (Beirniadaeth DW: 19:00)
91	Dawns Stepio i Grŵp	Dawns, Sadwrn 12 Awst, 08:45	Pafiliwn, Sadwrn 12 Awst, 12:10	Eirian Llewelyn Davies, Bethan Williams-Jones (Beirniadaeth ELD: 13:45)
92	Deuawd, Triawd neu Bedwarawd Stepio	Dawns, Sadwrn 12 Awst, 10:00	Pafiliwn, Sadwrn 12 Awst, 16:10	Bethan Williams-Jones, Eirian Llewelyn Davies (Canlyniad: 17:10)
93	Dawns Stepio Unigol i Fechgyn 16 oed a throsodd	Dawns, Iau 10 Awst, 09:30	Pafiliwn, Iau 10 Awst, 12:25	Eirian Llewelyn Davies, Bethan Williams-Jones (Canlyniad: 13:20)
94	Dawns Stepio Unigol i Ferched 16 oed a throsodd	Dawns, Iau 10 Awst, 10:00	Pafiliwn, Iau 10 Awst, 12:40	Bethan Williams-Jones, Eirian Llewelyn Davies (Canlyniad: 13:25)
95	Dawns Stepio Unigol i Fechgyn dan 16 oed	Dawns, Mercher 9 Awst, 09:00	Pafiliwn, Mercher 9 Awst, 12:45	Eirian Llewelyn Davies, Bethan Williams-Jones (Canlyniad: 15:05)
96	Dawns Stepio Unigol i Ferched dan 16 oed	Dawns, Mercher 9 Awst, 09:45	Pafiliwn, Mercher 9 Awst, 13:00	Bethan Williams-Jones, Eirian Llewelyn Davies (Canlyniad: 15:10)
97	Props ar y Pryd		Tŷ Gwerin, Gwener 11 Awst, 15:00	Bethan Williams-Jones, Eirian Llewelyn Davies
99	Dawns Greadigol/Gyfoes Unigol	Dawns, Sul 6 Awst, 09:00	Pafiliwn, Sul 6 Awst, 14:00	Sarah Mumford, Catherine Young (Canlyniad: 15:45)
100	Dawns Greadigol /Gyfoes i Grŵp		Pafiliwn, Sul 6 Awst, 17:40	Sarah Mumford, Catherine Young (Canlyniad: 18:15)
101	Dawns Greadigol /Gyfoes i Bâr		Dawns, Sadwrn 5 Awst, 16:30	Catherine Young, Sarah Mumford
102	Dawns Unigol Disgo, Hip Hop neu Stryd i rai 12 oed a throsodd	Dawns, Sadwrn 5 Awst, 09:00	Pafiliwn, Sadwrn 5, 12:50	Sarah Mumford, Catherine Young (Canlyniad: 17:30)
103	Dawns Unigol Disgo, Hip Hop neu Stryd i rai dan 12 oed		Dawns, Sadwrn 5 Awst, 14:30	Sarah Mumford, Catherine Young
104	Dawns Disgo, Hip Hop neu Stryd i Bâr	Dawns, Sul 6 Awst, 11:15	Pafiliwn, Sul 6 Awst, 15:50	Catherine Young, Sarah Mumford (Canlyniad: 17:35)
105	Dawns Disgo, Hip Hop neu Stryd i Grŵp	Dawns, Sadwrn 5 Awst, 11:00	Pafiliwn, Sadwrn 5 Awst, 13:05	Catherine Young, Sarah Mumford (Canlyniad: 17:35)

Drama

Rhif	Enw	Rhagbrawf Lle / Dydd / Amser	Prawf Terfynol Lle / Dydd / Amser	Beirniaid / Cyfeilyddion
112	Drama Fer Agored		Theatr, Sul 6 Awst – Iau 10 Awst, 14:00	Siw Hughes, Janet Aethwy
115	Deialog	Dawns, Llun 7 Awst, 16:45	Pafiliwn, Mawrth 8 Awst, 11:15	Manon Wilkinson, Owen Arwyn (Canlyniad: 14:10)

116	Gwobr Richard Burton i rai rhwng 16 ac o dan 25 oed	Theatr, Mercher 9 Awst, 08:00	Pafiliwn, Nos Fercher 9 Awst, 18:10	Ffion Dafis, Maldwyn John (Beirniadaeth FD: 21:20)
117	Monolog i rai rhwng 12 ac o dan 16 oed	Y Cwt, Sul 6 Awst, 16:30	Pafiliwn, Llun 7 Awst, 15:00	Owen Arwyn, Manon Wilkinson (Canlyniad: 16:10)

Dysgwyr

Rhif	Enw	Rhagbrawf Lle / Dydd / Amser	Prawf Terfynol Lle / Dydd / Amser	Beirniaid / Cyfeilyddion
119	Côr Dysgwyr	MaesD, Iau 10 Awst, 10:45	Pafiliwn, Iau 10 Awst, 14:00	Robat Arwyn (Canlyniad: 16:00)
120	Llefaru Unigol 16 oed a throsodd	MaesD, Iau 10 Awst, 08:30	Pafiliwn, Iau 10 Awst, 14:25	Robat Arwyn (Canlyniad: 16:05)
121	Parti Canu		MaesD, Iau 10 Awst, 12:30	Robat Arwyn
122	Cân		MaesD, Iau 10 Awst, 10:00	Robat Arwyn
123	Cyflwyno trysor		MaesD, Iau 10 Awst, 09:15	Robat Arwyn
124	Sgets		MaesD, Iau 10 Awst, 11:45	Robat Arwyn

Llefaru

Rhif	Enw	Rhagbrawf Lle / Dydd / Amser	Prawf Terfynol Lle / Dydd / Amser	Beirniaid / Cyfeilyddion
138	Côr Llefaru	Pagoda, Nos Wener 11 Awst, 18:30	Pafiliwn, Nos Wener 11 Awst, 21:05	Rhian Evans, Haf Evans, Garry Owen (Beirniadaeth RE: 22:15)
139	Parti Llefaru hyd at 16 o leisiau	Stiwdio, Gwener 11 Awst, 09:00	Pafiliwn, Gwener 11 Awst, 11:40	Garry Owen, Eleri Richards (Beirniadaeth GO: 13:15)
140	Gwobr Goffa Llwyd o'r Bryn i rai 21 oed a throsodd	Stiwdio, Sadwrn 12 Awst, 09:00	Pafiliwn, Sadwrn 12 Awst, 17:15	Eleri Richards, Haf Evans, Rhian Evans, Garry Owen (Beirniadaeth ER: 19:40)
141	Llefaru Unigol Agored	Pagoda, Mercher 9 Awst, 13:00	Pafiliwn, Iau 10 Awst, 10:00	Rhian Evans, Eleri Richards (Canlyniad: 11:25)
142	Cystadleuaeth Dweud Stori		Stiwdio, Iau 10 Awst, 14:00	Mari Gwilym, Catherine Aran
143	Llefaru Unigol i rai rhwng 16 ac o dan 21 oed	Stiwdio, Mawrth 8 Awst, 08:30	Pafiliwn, Mawrth 8 Awst, 15:20	Haf Evans, Rhian Evans (Canlyniad: 16:30)
144	Llefaru Unigol i rai rhwng 12 ac o dan 16 oed	Pagoda, Llun 7 Awst, 11:30	Pafiliwn, Llun 7 Awst, 15:30	Rhian Evans, Eleri Richards (Canlyniad: 16:15)
145	Llefaru Unigol dan 12 oed	Cymdeithasau 1, Sul 6 Awst, 10:00	Pafiliwn, Llun 7 Awst, 10:00	Haf Evans, Eleri Richards (Canlyniad: 10:55)
146	Llefaru Unigol o'r Ysgrythur 16 oed a throsodd	Stiwdio, Mawrth 8 Awst, 12:30	Pafiliwn, Mawrth 8 Awst, 16:10	Haf Evans, Rhian Evans (Canlyniad: 16:40)
147	Llefaru Unigol o'r Ysgrythur dan 16 oed	Cymdeithasau 1, Sul 6 Awst, 14:30	Pafiliwn, Llun 7 Awst, 10:45	Eleri Richards, Haf Evans (Canlyniad: 11:05)

A Word of Welcome

Welcome to the Official Programme for the Anglesey National Eisteddfod. We have included a bilingual synopsis of all the activities planned for this year's festival on the following pages.

The full programme is available in both Welsh and English on our website, **www.eisteddfod. wales**, where you can plan your schedule for the week and find all the information you'll need. Our website also includes details of this year's honours and information about all the ceremonies – everything included in the Programme and much more!

Translation

Remember we have a free translation service available, so pick up your headphones from the Translation Centre outside the Pavilion. The proceedings in the Pavilion are translated throughout the day, and many other events are also translated. Details of these will be included in the Activities booklet which you can buy in the Visitors' Centre.

On the Maes

If you're learning Welsh, but need a helping hand, pick up our MAIN EVENTS leaflets from the Visitors' Centre, Maes D and the Translation Centre. These are easy to follow guides to some of the main aspects of the Eisteddfod, with some essential vocabulary to help you follow proceedings.

Maes D is the centre for learning Welsh on the Eisteddfod Maes, and you're welcome to visit to find out more about lessons in your area, as well as to enjoy a packed programme of events and activities throughout the week.

We've also got guided tours around the Maes every day, with a bilingual tour leaving the Visitors' Centre in the morning and afternoon. These will be advertised beforehand on our website and in the Centre as you arrive at the Maes.

We look forward to seeing you in Anglesey and hope you have a great time at this year's National Eisteddfod. A warm welcome is assured.

Crynodeb / Summary

Pafiliwn / Pavilion

Noddir gan **HSBC** ◆

Nodwch: Gall amserlen cystadlaethau redeg yn fuan neu yn hwyr
Please note: Competitions can run ahead or behind schedule

Dydd Sadwrn 5 Awst
Saturday 5 August

10:00	Bandiau Pres Dosbarth 4 / *Brass Bands Section 4 (14)*
11:40	Bandiau Pres Dosbarth 3 / *Brass Bands Section 3 (13)*
12:40	Seremoni Agoriadol / *Opening Ceremony*
12:50	Dawns Unigol Disgo, Hip Hop neu Stryd i rai 12 oed a throsodd / *Individual Disco, Hip Hop or Street Dance for those aged 12 and over (102)*
13:05	Dawns Disgo, Hip Hop neu Stryd i Grŵp / *Group Disco, Hip Hop or Street Dance (105)*
13:20	Cystadleuaeth Gorawl Eisteddfodau Cymru: Rhan 1 / *Choral Competition: Part 1 (200)*
14:10	Canlyniad / *Result (14)*
14:15	Bandiau Pres Dosbarth 2 / *Brass Bands Section 2 (12)*
14:35	Canlyniad / *Result (13)*
14:40	Cystadleuaeth Gorawl Eisteddfodau Cymru: Rhan 2 / *Choral Competition: Part 2 (200)*
15:40	Bandiau Pres Pencampwriaeth/ Dosbarth 1 / *Brass Bands Championship / Section 1 (11)*
17:20	Enillwyr Celfyddydau Gweledol / *Visual Arts Winners*
17:30	Canlyniad / *Result (102)*
17:35	Canlyniad / *Result (105)*
17:40	Canlyniad / *Result (12)*
17:45	Canlyniad / *Result (11)*
17:50	Beirniadaeth / *Adjudication (200)*

Dydd Sul 6 Awst
Sunday 6 August

	Pawb i fod yn eu seddi erbyn 09:30 / *Everyone must be seated by 09:30*
10:00	Oedfa'r Bore / *Morning Worship*
11:30	Mudiad Meithrin
12:30	Côr heb fod yn llai nag 20 mewn nifer: Cyflwyno Rhaglen o Adloniant: Rhan 1 / *Choir of no fewer than 20 members: Entertainment Programme: Part 1 (27)*

14:00	Dawns Greadigol / Gyfoes Unigol / *Individual Creative / Modern Dance (99)*
14:15	Côr heb fod yn llai nag 20 mewn nifer: Cyflwyno Rhaglen o Adloniant: Rhan 2 / *Choir of no fewer than 20 members: Entertainment Programme: Part 2 (27)*
15:45	Canlyniad / *Result (99)*
15:50	Dawns Disgo, Hip Hop neu Stryd i Bâr / *Disco, Hip Hop or Street Dance Pair (104)*
16:05	Côr heb fod yn llai nag 20 mewn nifer: Cyflwyno Rhaglen o Adloniant: Rhan 3 / *Choir of no fewer than 20 members: Entertainment Programme: Part 3 (27)*
17:35	Canlyniad / *Result (104)*
17:30	Dawns Greadigol / Gyfoes i Grŵp dros 4 mewn nifer / *Group Creative / Modern Dance (100)*
18:05	Beirniadaeth / *Adjudication (27)*
18:15	Canlyniad / *Result (100)*

Dydd Llun 7 Awst
Monday 7 August

10:00	Llefaru Unigol dan 12 oed / *Solo Recitation under 12 (145)*
10:10	Unawd Cerdd Dant dan 12 oed / *Cerdd Dant Solo under 12 (24)*
10:20	Unawd dan 12 oed / *Solo under 12 (57)*
10:30	Canlyniad / *Result (24)*
10:35	Unawd Alaw Werin dan 12 oed / *Folk Song Solo under 12 (7)*
10:45	Llefaru Unigol o'r Ysgrythur dan 16 oed / *Solo Recitation from the Scriptures under 16 (147)*
10:55	Canlyniad / *Result (145)*
11:00	Canlyniad / *Result (57)*
11:05	Canlyniad / *Result (147)*
11:10	Deuawd Offerynnol Agored / *Open Instrumental Duet (60)*
11:35	Unawd i Ferched 12 ac o dan 16 oed / *Girls' Solo for those aged 12 and under 16 (55)*
11:50	Canlyniad / *Result (7)*
11:55	Unawd i Fechgyn 12 ac o dan 16 oed / *Boys' Solo for those aged 12 and under 16 (56)*

12:15	Canlyniad / *Result (60)*
12:20	Rhuban Glas Offerynnol dan 16 oed / *Instrumental Blue Ribband under 16 (74)*
13:10	Cyflwyniad ar lafar, dawns a chân / *Presentation in words, dance and song (8)*
14:50	Canlyniad / *Result (55)*
14:55	Canlyniad / *Result (56)*
15:00	Monolog 12 ac o dan 16 oed / *Monologue for those aged 12 and under 16 (117)*
15:20	Beirniadaeth / *Adjudication (74)*
15:30	Llefaru 12 ac o dan 16 oed / *Solo Recitation for those aged 12 and under 16 (144)*
15:40	Beirniadaeth / *Adjudication (8)*
15:50	Unawd Alaw Werin 12 ac o dan 16 oed / *Folk Song Solo for those aged 12 and under 16 (6)*
16:00	Unawd Cerdd Dant 12 ac o dan 16 oed / *Cerdd Dant Solo for those aged 12 and under 16 (23)*
16:10	Canlyniad / *Result (117)*
16.15	Canlyniad / *Result (144)*
16:20	Canlyniad / *Result (23)*
16:25	Canlyniad / *Result (6)*
16.30	Seremoni'r Coroni / *Crowning Ceremony*

Dydd Mawrth 8 Awst
Tuesday 8 August

09:45	Grŵp Offerynnol neu offerynnol a lleisiol / *Instrumental or instrumental and Vocal Group (9)*
10:35	Unawd i Ferched 16 ac o dan 19 oed / *Girls' Solo for those aged 16 and under 19 (53)*
10:50	Unawd i Fechgyn 16 ac o dan 19 oed / *Boys' Solo for those aged 16 and under 19 (54)*
11:00	Deialog / *Dialogue (115)*
11:50	Canlyniad / *Result (9)*
11:55	Unawd Alaw Werin 16 ac o dan 21 oed / *Folk Song Solo for those aged 16 and under 21 (5)*
12:10	Canlyniad / *Result (53)*
12:15	Canlyniad / *Result (54)*

13

12:20 Unawd Bariton / Bas 19 ac o dan 25 oed / *Baritone / Bass Solo for those aged 19 and under 25 (48)*

13:00 Seremoni Cyflwyno Medal Syr TH Parry-Williams – er clod / *Sir TH Parry-Williams Memorial Medal Presentation*

13:30 Unawd Soprano 19 ac o dan 25 oed / *Soprano Solo for those aged 19 and under 25 (45)*

14:10 Canlyniad / *Result (115)*

14:15 Canlyniad / *Result (5)*

14:20 Canlyniad / *Result (48)*

14:25 Côr Pensiynwyr dros 60 oed heb fod yn llai nag 20 mewn nifer / *Pensioners' Choir over 60 with no fewer than 20 members (31)*

15:15 Canlyniad / *Result (45)*

15:20 Llefaru Unigol 16 ac o dan 21 oed / *Solo Recitation for those aged 16 and under 21 (143)*

15:40 Unawd Cerdd Dant 16 ac o dan 21 oed / *Cerdd Dant Solo for those aged 16 and under 21 (22)*

15:55 Canu Emyn i rai dros 60 oed / *Hymn Solo over 60 (41)*

16:10 Llefaru Unigol o'r Ysgrythur dros 16 oed / *Solo Recitation from the Scriptures over 16 (146)*

16:20 Cyhoeddi enwau buddugwyr Tlysau Sefydliad y Merched / *Winners of the WI Trophies*

16:30 Canlyniad / *Result (143)*

16:35 Canlyniad / *Result (22)*

16:40 Canlyniad / *Result (146)*

16:45 Canlyniad / *Result (41)*

16:50 Beirniadaeth / *Adjudication (31)*

17:00 Seremoni Gwobrwyo Enillydd Gwobr Goffa Daniel Owen / *Daniel Owen Memorial Prize Ceremony*

Dydd Mercher 9 Awst
Wednesday 9 August

10:00 Rhuban Glas Offerynnol 16 ac o dan 19 oed / *Instrumental Blue Ribband for those aged 16 and under 19 (68)*

11:00 Perfformiad unigol i rai dan 19 oed o gân o Sioe Gerdd / *Solo from a Musical for those aged under 19 (51)*

11:20 Unawd Mezzo-Soprano / Contralto / Gwrth-denor 19 ac o dan 25 oed / *Mezzo-Soprano / Contralto / Counter-tenor Solo for those aged 19 and under 25 (46)*

12:00 Merched y Wawr

12:30 Beirniadaeth / *Adjudication (68)*

12:40 Canlyniad / *Result (51)*

12:45 Dawns Stepio Unigol i Fechgyn dan 16 oed / *Boys' Individual Step Dance for those aged under 16 (95)*

13:00 Dawns Stepio Unigol i Ferched dan 16 oed / *Girls' Individual Step Dance for those aged under 16 (96)*

13:15 Canlyniad / *Result (46)*

13:20 Deuawd Cerdd Dant dan 21 oed / *Cerdd Dant Duet for those aged under 21 (20)*

13:35 Côr leuenctid dan 25 oed a thros 20 mewn nifer / *Youth Choir under 25 with over 20 members (32)*

15:05 Canlyniad / *Result (95)*

15:10 Canlyniad / *Result (96)*

15:15 Unawd Tenor 19 ac o dan 25 oed / *Tenor Solo for those aged 19 and under 25 (47)*

15:55 Canlyniad / *Result (20)*

16:00 Beirniadaeth / *Adjudication (32)*

16:10 Canlyniad / *Result (47)*

16:30 Seremoni y Fedal Ryddiaith / *Prose Medal Ceremony*

Nos Fercher 9 Awst
Wednesday evening
9 August

18:00 Parti Dawnsio Gwerin dan 25 oed / *Folk Dance Party under 25 (90)*

18:10 Perffomiad unigol i rai dros 19 oed o gân o Sioe Gerdd / *Solo from a Musical for those aged 19 and over (50)*

Gwobr Richard Burton i rai rhwng 16 a 25 oed / *Richard Burton Prize for those aged 16-25 (116)*

19:00 Beirniadaeth / *Adjudication (90)*

19:05 Tlws y Cerddor / *Musicians' Medal (80)*

19:35 Ysgoloriaeth W Towyn Roberts / *W Towyn Roberts Scholarship (35)*

20:55 Ensemble Lleisiol 10 – 26 oed: Cystadleuaeth Cymdeithas Eisteddfodau Cymru / *Vocal Ensemble 10 – 26 years old (201)*

21:10 Beirniadaeth / *Adjudication (50)*

21:20 Beirniadaeth / *Adjudication (116)*

21:30 Cyhoeddi Enillydd Ysgoloriaeth Goffa Wilbert Lloyd Roberts / *Announcement of winner of Wilbert Lloyd Roberts Memorial Scholarship (52)*

21:35 Canlyniad / *Result (201)*

21:20 Beirniadaeth / *Adjudication (35)*

Dydd Iau 10 Awst
Thursday 10 August

10:00 Llefaru Unigol Agored / *Open Solo Recitation (141)*

10:20 Deuawd Cerdd Dant 21 oed a throsodd / *Cerdd Dant Duet for those aged 21 and over (19)*

10:35 Unawd Tenor 25 oed a throsodd / *Tenor Solo for those aged 25 and over (38)*

11:25 Canlyniad / *Result (141)*

11:30 Canlyniad / *Result (19)*

11:35 Unawd Soprano 25 oed a throsodd / *Soprano Solo for those aged 25 and over (36)*

12:25 Dawns Stepio Unigol i Fechgyn 16 oed a throsodd / *Boys' Individual Step Dance for those aged 16 and over (93)*

12:40 Dawns Stepio Unigol i Ferched 16 oed a throsodd / *Girls' Individual Step Dance for those aged 16 and over (94)*

12:55 Cyflwyno Enillydd Dysgwr y Flwyddyn / *Welsh Learner of the Year Presentation*

13:05 Cyflwyno y Fedal Wyddoniaeth a Thechnoleg Er Anrhydedd / *Science and Technology Medal Presentation*

13:10 Canlyniad / *Result (38)*

13:15 Canlyniad / *Result (36)*

13:20 Canlyniad / *Result (93)*

13:25 Canlyniad / *Result (94)*

13:30 Parti Alaw Werin dan 25 oed hyd at 20 mewn nifer / *Folk Song Party under 25 with up to 20 members (3)*

14:00 Côr Dysgwyr / *Singing Group (119)*

14:25 Llefaru Unigol 16 oed a throsodd / *Solo Recitation for those aged 16 and over (120)*

14:40 Parti Cerdd Dant dan 25 oed hyd at 20 mewn nifer / *Cerdd Dant Party under 25 with up to 20 members (17)*

15:05 Beirniadaeth / *Adjudication (3)*

15:15 Seremoni Y Fedal Ddrama / *Drama Medal Ceremony*

16:00 Canlyniad / *Result (119)*

16:05 Canlyniad / *Result (120)*

16:10 Beirniadaeth / *Adjudication (17)*

16:20 Côr Merched dros 20 mewn nifer / *Womens' Choir with over 20 members (30)*

16:55 Gwobr Goffa Osborne Roberts, Ysgoloriaeth William Park-Jones, Ysgoloriaeth Côr Meibion Cymry Llundain a Sefydliad Cymru-America / *Osborne Roberts Memorial Prize, William Park-Jones Scholarship, London Welsh Male Voice Choir Scholarship and National Welsh American Foundation (49)*

17:40 Beirniadaeth / *Adjudication (30)*

17:50 Beirniadaeth / *Adjudication (49)*

Dydd Gwener 11 Awst
Friday 11 August

10.00 Rhuban Glas Offerynnol 19 oed a throsodd / *Instrumental Blue Ribband for those aged 19 and over (61)*

11:10 Cystadleuaeth Tlws Coffa Lois Blake / *Lois Blake Memorial Trophy (88)*

11:40 Parti Llefaru hyd at 16 o leisiau / *Recitation Group with up to 16 members (139)*

12:20 Beirniadaeth / *Adjudication (61)*

12:30 Beirniadaeth / *Adjudication (88)*

12:35 Parti Alaw Werin hyd at 20 mewn nifer / *Folk Song Party with up to 20 members (2)*

13:15 Beirniadaeth / *Adjudication (139)*

13:25 Unawd Bariton / Bas 25 oed a throsodd / *Bass / Baritone Solo for those aged 25 and over (39)*

14:15 Parti Cerdd Dant hyd at 20 mewn nifer / *Cerdd Dant Party with up to 20 members (16)*

15:05 Beirniadaeth / *Adjudication (2)*

15:15 Unawd Mezzo-Soprano / Contralto / Gwrth-denor 25 oed a throsodd / *Mezzo-Soprano / Contralto / Counter-tenor Solo for those aged 25 and over (37)*

16:05 Canlyniad / *Result (39)*

16:10 Beirniadaeth / *Adjudication (16)*

16:20 Canlyniad / *Result (37)*

16:30 Seremoni'r Cadeirio / *Chairing Ceremony*

Nos Wener 11 Awst
Friday evening 11 August

18:00 Côr Cymysg heb fod yn llai nag 20 mewn nifer: Rhan 1 / *Mixed Choir with over 20 members: Part 1 (28)*

19:05 Côr Alaw Werin dros 20 mewn nifer / *Folk Song Choir with over 20 members (1)*

19:25 Côr Cerdd Dant dros 20 mewn nifer / *Cerdd Dant Choir with over 20 members (15)*

19:50 Côr Cymysg heb fod yn llai nag 20 mewn nifer: Rhan 2 / *Mixed Choir with over 20 members: Part 2 (28)*

20:55 Beirniadaeth / *Adjudication (1)*

21:05 Côr Llefaru dros 16 o leisiau / *Recitation Choir with over 16 members (138)*

21:55 Beirniadaeth / *Adjudication (15)*

22:05 Beirniadaeth / *Adjudication (28)*

22:15 Beirniadaeth / *Adjudication (138)*

Dydd Sadwrn 12 Awst
Saturday 12 August

10:00 Grŵp Offerynnol Agored / *Open Instrumental Group (59)*

11:20 Unawd Lieder / Cân Gelf 19 oed a throsodd / Lieder / *Art Song Solo for those aged 19 and over (42)*

11:40 Cystadleuaeth Goffa Lady Herbert Lewis i rai 21 oed a throsodd / *Lady Herbert Lewis Memorial Competition for those aged 21 and over (4)*

12:05 Canlyniad / *Result (59)*

12:10 Dawns Stepio i Grŵp / *Group Step Dancing (91)*

12:35 Canlyniad / *Result (42)*

12:40 Unawd Cerdd Dant 21 oed a throsodd / *Cerdd Dant Solo for those aged 21 and over (21)*

13:05 Beirniadaeth / *Adjudication (4)*

13:15 Araith Llywydd yr Ŵyl / *President's Address – Osian Roberts*

13:45 Beirniadaeth / *Adjudication (91)*

13:50 Cystadleuaeth Tlws Cymdeithas Genedlaethol Dawns Werin Cymru / *Welsh National Folk Dancing Society Trophy Competition (89)*

14:55 Beirniadaeth / *Adjudication (21)*

15:05 Côr Meibion heb fod yn llai nag 20 mewn nifer: Rhan 1 / *Male Voice Choir with more than 20 members: Part 1 (29)*

16:10 Deuawd, Triawd neu Bedwarawd Stepio / *Step Dance Duo, Trio or Quartet (92)*

16:25 Beirniadaeth / *Adjudication (89)*

16:35 Unawd yr Hen Ganiadau 19 oed a throsodd / *Welsh Song Solo for those aged 19 and over (43)*

16:55 Triawd neu Bedwarawd Cerdd Dant / *Cerdd Dant Trio or Quartet (18)*

17:10 Canlyniad / *Result (92)*

17:15 Gwobr Goffa Llwyd o'r Bryn i rai 21 oed a throsodd / *Llwyd o'r Bryn Memorial Prize for those aged 21 and over (140)*

17:45 Deuawd o opera, operetta neu oratorio / offeren / *Duet from an opera, operetta or oratorio / mass (44)*

18:10 Canlyniad / *Result (43)*

18:15 Côr Meibion heb fod yn llai nag 20 mewn nifer: Rhan 2 / *Male Voice Choir with more than 20 members: Part 2 (29)*

19:35 Canlyniad / *Result (18)*

19:40 Beirniadaeth / *Adjudication (140)*

19:50 Canlyniad / *Result (44)*

19:55 Gwobr Goffa David Ellis – Y Rhuban Glas / *David Ellis Memorial Prize – The Blue Ribband (40)*

20:40 Beirniadaeth / *Adjudication (29)*

20:50 Beirniadaeth y Gân Gymraeg Orau / *Adjudication for the Best Welsh Song (33)*

21:00 Beirniaidaeth Côr yr Ŵyl / *Adjudication for the Festival Choir (34)*

21:10 Beirniadaeth / *Adjudication (40)*

15

Pagoda

Dydd Sadwrn 5 Awst
Saturday 5 August

13:00 Cyfeilio ar y Piano – Cystadleuaeth Goffa Eleri Evans / *Accompanying on the Piano – Eleri Evans Memorial Competition (58)*

Dydd Sul 6 Awst
Sunday 6 August

09:00 Unawd Telyn dan 16 oed / *Harp Solo under 16 (79)*

11:20 Unawd Llinynnau dan 16 oed / *String Solo under 16 (76)*

13:20 Unawd Chwythbrennau dan 16 oed / *Woodwind Solo under 16 (75)*

15:50 Unawd Piano dan 16 oed / *Piano Solo under 16 (77)*

18:05 Unawd Offerynnau Pres dan 16 oed / *Brass Solo under 16 (78)*

Dydd Llun 7 Awst
Monday 7 August

08:30 Rhagbrawf: Deuawd Offerynnol Agored / *Preliminary: Open Instrumental Duet (60)*

11:30 Rhagbrawf: Llefaru Unigol i rai 12 ac o dan 16 oed / *Preliminary: Solo recitation for those aged 12 and under 16 (144)*

15:00 Rhagbrawf: Unawd i Ferched 16 ac o dan 19 oed / *Preliminary: Girls' Solo for those aged 16 and under 19 (53)*

17:15 Rhagbrawf: Unawd i Fechgyn 16 ac o dan 19 oed / *Preliminary: Boys' Solo for those aged 16 and under 19 (54)*

Dydd Mawrth 8 Awst
Tuesday 8 August

08:30 Rhagbrawf: Unawd Alaw Werin 16 ac o dan 21 oed / *Preliminary: Folk Song Solo for those aged 16 and under 21 (5)*

11:00 Unawd Telyn 16 ac o dan 19 oed / *Harp Solo for those aged 16 and under 19 (73)*

13:00 Cofio Haf: Cymdeithas Cerdd Dant Cymru'n cofio Haf Morris / *Remembering Haf: Cymdeithas Cerdd Dant Cymru remember Haf Morris*

14:00 Unawd Piano 16 ac o dan 19 oed / *Piano Solo for those aged 16 and under 19 (71)*

17:05 Unawd Chwythbrennau 16 ac o dan 19 oed / *Woodwind Solo for those aged 16 and under 19 (69)*

19:10 Unawd Offerynnau Pres 16 ac o dan 19 oed / *Brass Solo for those aged 16 and under 19 (72)*

Dydd Mercher 9 Awst
Wednesday 9 August

11:00 Rhagbrawf: Cymdeithas Eisteddfodau Cymru – Ensemble Lleisiol 10-26 oed / *Preliminary: Vocal Ensemble for those aged 10-26 (201)*

13:00 Rhagbrawf: Llefaru Unigol Agored / *Preliminary: Open Solo Recitation (141)*

16:00 Rhagbrawf: Deuawd Cerdd Dant 21 oed a throsodd / *Preliminary: Cerdd Dant Duet for those aged 21 and over (19)*

Dydd Iau 10 Awst
Thursday 10 August

08:45 Unawd Piano 19 oed a throsodd / *Piano Solo 19 and over (64)*

11:45 Seremoni cyflwyno'r Fedal Wyddoniaeth a Thechnoleg er anrhydedd / *Science and Technolog Medal Ceremony*

12:30 Unawd Chwythbrennau 19 oed a throsodd / *Woodwind Solo 19 and over (62)*

14:10 Unawd Llinynnau 19 oed a throsodd / *String Solo 19 and over (63)*

16:10 Unawd Offerynnau Pres 19 oed a throsodd / *Brass Solo 19 and over (65)*

17:45 Unawd Telyn 19 oed a throsodd / *Harp Solo 19 and over (66)*

Dydd Gwener 11 Awst
Friday 11 August

09:00 Rhagwrandawiad: Parti Alaw Werin hyd at 20 mewn nifer / *Audition: Folk Song Party with up to 20 members (2)*

10:15 Rhagwrandawiad: Parti Cerdd Dant hyd at 20 mewn nifer / *Audition: Cerdd Dant Party with up to 20 members (16)*

12:00 Rhagbrawf: Unawd yr Hen Ganiadau 19 oed a throsodd / *Preliminary: Welsh Solo for those aged 19 and over (43)*

17:30 Rhagwrandawiad: Côr Cerdd Dant dros 20 mewn nifer / *Audition: Cerdd Dant Choir with over 20 members (15)*

18:30 Rhagwrandawiad: Côr Llefaru dros 16 o leisiau / *Audition: Recitation Choir over 16 voices (138)*

Dydd Sadwrn 12 Awst
Saturday 12 August

09:00 Rhagbrawf: Unawd Cerdd Dant 21 oed a throsodd / *Preliminary: Cerdd Dant Solo for those aged 21 and over (21)*

13:00 Rhagbrawf: Deuawd o opera, operetta neu oratorio / offeren / *Preliminary: Duet from an opera, operetta or oratorio / mass (44)*

Stiwdio

Dydd Sul 6 Awst
Sunday 6 August

10:00 Rhagbrawf: Unawd Alaw Werin dan 12 oed / *Preliminary: Folk Song Solo under 12 (7)*

13:30 Rhagbrawf: Unawd dan 12 oed / *Preliminary: Solo under 12 (57)*

Dydd Llun 7 Awst
Monday 7 August

08:30 Rhagbrawf: Unawd i Fechgyn 12 ac o dan 16 oed / *Preliminary: Boys' Solo for those aged 12 and under 16 (56)*

10:45 Rhagbrawf: Unawd Alaw Werin 12 ac o dan 16 oed / *Preliminary: Folk Song Solo for those aged 12 and under 16 (6)*

Dydd Mawrth 8 Awst
Tuesday 8 August

08:30 Rhagbrawf: Llefaru Unigol 16 ac o dan 21 oed / *Preliminary: Solo Recitation for those aged 16 and under 21 (143)*

12:30 Rhagbrawf: Llefaru Unigol o'r Ysgrythur 16 oed a throsodd / *Solo Recitation from the Scriptures for those aged 16 and over (146)*

16:30 Cyfarfod Blynyddol / *Annual Meeting: Cymdeithas Eisteddfodau Cymru*

Dydd Mercher 9 Awst
Wednesday 9 August

10:00 Rhagbrawf: Deuawd Cerdd Dant dan 21 oed / *Preliminary: Cerdd Dant Duet under 21 (20)*

14:30 Ocsiwn / *Auction* – Achub y Plant / *Save the Children*

Dydd Iau 10 Awst
Thursday 10 August

14:00 Cystadleuaeth Dweud Stori / *Storytelling Competition (142)*

Dydd Gwener 11 Awst
Friday 11 August

09:00 Rhagwrandawiad: Parti Llefaru hyd at 16 o leisiau / *Audition: Recitation Party up to 16 members (139)*

14:00 Rhagbrawf: Cystadleuaeth Goffa Lady Herbert Lewis i rai 21 oed a throsodd / *Preliminary: Lady Herbert Lewis Memorial Competition for those aged 21 and over (4)*

Dydd Sadwrn 12 Awst
Saturday 12 August

09:00 Rhagbrawf: Gwobr Goffa Llwyd o'r Bryn i rai 21 oed a throsodd / *Preliminary: Llwyd o'r Bryn Memorial Prize for those aged 21 and over (140)*

13:00 Rhagbrawf: Triawd neu Bedwarawd Cerdd Dant Agored / *Preliminary: Open Cerdd Dant Trio or Quartet (18)*

Dawns / Dance

Dydd Sadwrn 5 Awst
Saturday 5 August

09:00 Rhagbrawf: Dawns Unigol Disgo, Hip Hop neu Stryd i rai 12 oed a throsodd / *Preliminary: Individual Disco, Hip Hop or Street Dance for those aged 12 and over (102)*

11:00 Rhagbrawf: Dawns Disgo, Hip Hop neu Stryd i Grŵp / *Preliminary: Group Disco, Hip Hop or Street Dance (105)*

14:30 Dawns Unigol Disgo, Hip Hop neu Stryd i rai dan 12 oed / *Individual Disco, Hip Hop or Street Dance under 12 (103)*

16:30 Dawns Greadigol / Gyfoes i Bâr / *Creative / Modern Dance Pair (101)*

Dydd Sul 6 Awst
Sunday 6 August

09:00 Rhagbrawf: Dawns Greadigol / Gyfoes Unigol / *Preliminary: Solo Creative / Modern Dance (99)*

11:15 Rhagbrawf: Dawns Disgo, Hip Hop neu Stryd i Bâr / *Preliminary: Disco, Hip Hop or Street Dance Pair (104)*

15:00 Rhagbrawf: Unawd i Ferched 12 ac o dan 16 oed / *Preliminary: Girls' Solo for those aged 12 and under 16 (55)*

Dydd Llun 7 Awst
Monday 7 August

12:15 Rhagbrawf: Unawd Cerdd Dant 12 ac o dan 16 oed / *Preliminary: Cerdd Dant solo for those aged 12 and under 16 (23)*

16:45 Rhagbrawf: Deialog / *Preliminary: Dialogue (115)*

Dydd Mawrth 8 Awst
Tuesday 8 August

09:30 Rhagbrawf: Unawd Cerdd Dant 16 ac o dan 21 oed / *Preliminary: Cerdd Dant Solo for those aged 16 and under 21 (22)*

11:30 Rhagbrawf: Canu Emyn i rai 60 oed a throsodd / *Preliminary: Hymn Solo for those aged 60 and over (41)*

13:30 Rhagbrawf: Perfformiad Unigol i rai dan 19 oed o gân o Sioe Gerdd / *Preliminary: Solo from a Musical for those aged under 19 (51)*

Dydd Mercher 9 Awst
Wednesday 9 August

09:00 Rhagbrawf: Dawns Stepio Unigol i Fechgyn dan 16 oed / *Preliminary: Boys' Individual Step Dance under 16 (95)*

09:45 Rhagbrawf: Dawns Stepio Unigol i Ferched dan 16 oed / *Preliminary: Girls' Individual Step Dance under 16 (96)*

12:15 Rhagbrawf: Perfformiad unigol i rai 19 oed a throsodd o gân o Sioe Gerdd / *Preliminary: Solo performance from a Musical for those aged 19 and over (50)*

Dydd Iau 10 Awst
Thursday 10 August

09:30 Rhagbrawf: Dawns Stepio Unigol i Fechgyn 16 oed a throsodd / *Preliminary: Boys' Individual Step Dance for those aged 16 and over (93)*

10:00 Rhagbrawf: Dawns Stepio Unigol i Ferched 16 oed a throsodd / *Preliminary: Girls' Individual Step Dance for those aged 16 and over (94)*

11:00 Rhagwrandawiad: Parti Cerdd Dant dan 25 oed hyd at 20 mewn nifer / *Audition: Cerdd Dant Party for those aged under 25 with up to 20 members (17)*

Dydd Gwener 11 Awst
Friday 11 August

14:00 Rhagbrawf: Unawd Lieder / Cân Gelf 19 oed a throsodd / *Preliminary: Lieder / Art Song Solo for those aged 19 and over (42)*

Dydd Sadwrn 12 Awst
Saturday 12 August

08:45 Rhagbrawf: Dawns Stepio i Grŵp / *Preliminary: Group Step Dance (91)*

10:00 Rhagbrawf: Deuawd, Triawd neu Bedwarawd Stepio / *Preliminary: Step Dance Duo, Trio or Quartet (92)*

11:00 Rhagbrawf: Cystadleuaeth Tlws Cymdeithas Genedlaethol Dawns Werin Cymru / *Preliminary: Welsh National Folk Dance Society Trophy Competition (89)*

Rhagbrofion oddi ar y Maes /
Off-site preliminary competitions

Capel Saron, Bodedern / Saron Church

Dydd Llun 7 Awst
Monday 7 August

13:00   Rhagbrawf: Unawd Soprano 19 ac o dan 25 oed / *Preliminary: Soprano Solo for those aged 19 and under 25 (45)*

16:30   Rhagbrawf: Unawd Bariton / Bas 19 ac o dan 25 oed / *Preliminary: Baritone / Bass Solo for those aged 19 and under 25 (48)*

Dydd Mawrth 8 Awst
Tuesday 8 August

15:00   Rhagbrawf: Unawd Tenor 19 ac o dan 25 oed / *Preliminary: Tenor Solo for those aged 19 and under 25 (47)*

17:00   Rhagbrawf: Unawd Mezzo-Soprano / Contralto / Gwrth-denor 19 ac o dan 25 oed / *Preliminary: Mezzo-Soprano / Contralto / Countertenor Solo for those aged 19 and under 25 (46)*

Neuadd Goffa Bodedern / Memorial Hall

Dydd Mawrth 8 Awst
Tuesday 8 August

13:00   Rhagbrawf: Ysgoloriaeth W Towyn Roberts / *Preliminary: W Towyn Roberts Scholarship (35)*

Eglwys Plwyf Bodedern / Parish Church

Dydd Mercher 9 Awst
Wednesday 9 August

10:00   Rhagbrawf: Unawd Tenor 25 oed a throsodd / *Preliminary: Tenor Solo for those aged 25 and over (38)*

17:00   Rhagbrawf: Unawd Soprano 25 oed a throsodd / *Preliminary: Soprano Solo for those aged 25 and over (36)*

Dydd Iau 10 Awst
Thursday 10 August

14:30   Rhagbrawf: Unawd Bariton / Bas 25 oed a throsodd / *Preliminary: Baritone / Bass Solo for those aged 25 and over (39)*

Dydd Gwener 11 Awst
Friday 11 August

09:00   Rhagbrawf: Unawd Mezzo-Soprano / Contralto / Gwrth-denor 25 oed a throsodd / *Preliminary: Mezzo-Soprano / Contralto / Countertenor Solo for those aged 25 and over (37)*

Y Babell Lên / Literary Pavilion

Noddir gan / Sponsored by — Prifysgol Cymru University of Wales — Prifysgol Cymru Y Drindod Dewi Sant University of Wales Trinity Saint David

Trefnir gan yr Eisteddfod / Organised by the Eisteddfod

Dydd Sadwrn 5 Awst
Saturday 5 August

10:30 Agoriad Swyddogol / Opening Ceremony: Beirdd Môn – Cen Williams, Nia Wyn, Gwion Jones, Gwen Elin, Côr Seiriol & Gwennant Pyrs

11:45 Stori Cyn Cinio! Storïau William Owen - Linda'r Hafod / Story time

12:30 O Lys Aberffraw i Gribau Eryri: Cip ar waith y nofelydd hanes, Rhiannon Davies Jones / Celebrating the life of author Rhiannon Davies Jones

13:15 Hawl i'r Gymraeg yn y Gyfraith / The Welsh language and the law – Gwion Lewis

14:15 Rownd Derfynol Talwrn y Beirdd, BBC Radio Cymru / Final Round – Live poetry competition

16:00 Awdur y Dydd / Author of the Day: Rhwng Awyr Las a Chlychau'r Gog – Sonia Edwards

17:45 Slot Chwarter i Chwech: Be sy'n ddoniol? Tudur Owen a'i banelwyr yn darnio hiwmor y Cymry / Funny or not? Comedian Tudur Owen chairs an open discussion

Dydd Sul 6 Awst
Sunday 6 August

11:45 Stori Cyn Cinio! Storïau William Owen – Linda'r Hafod / Story time

12:30 Caneuon Iwan Llwyd / The Songs of Iwan Llwyd – Manon Wynn Davies

13:15 Môn Mam Cynan? / Cynan and Anglesey – Gerwyn Wiliams & Marian Roberts

14:15 Yr Hen Bant ifanca'n bod / Celebrating the Tricentenary of William Williams Pantycelyn's birth - Derec Llwyd Morgan & Wil Tân

16:00 Awdur y Dydd / Author of the Day: Hwyl Sgrifennu – Mair Wynn Hughes

17:45 Slot Chwarter i Chwech: 1967 – Blwyddyn Blew a Blodau! / 50 years since Y Blew's 'Maes B' single

Dydd Llun 7 Awst
Monday 7 August

10:45 Yr Awdur a'r Bardd Blaengar, Emyr Humphreys / Author and Poet, Emyr Humphreys – M Wynn Thomas

11:45 Stori Cyn Cinio! Y Gŵr o Baradwys – Gwion Rhys Gwilym / Story time

12:30 Bywyd fy Ewythr, Hedd Wyn / My Uncle, Hedd Wyn – Gerald Williams & Mererid Hopwood

13:15 Darn o'r Haul: Dathlu dawn lenyddol Sian Owen / Celebrating the work of author Sian Owen – Annes Glyn ac eraill

14:15 A Bedwyr i Bawb Ydoedd: Bywyd a gwaith Bedwyr Lewis Jones / The Life of Welsh scholar, Bedwyr Lewis Jones – Derec Llwyd Morgan, Eifion Glyn, Geraint Percy Jones, Gerwyn Wiliams, Meinir Pierce Jones & Non Indeg

16:00 Awdur y Dydd / Author of the Day: Pwysigrwydd lleoliad yn y broses greadigol – Mared Lewis

17:45 Slot Chwarter i Chwech: Hwyl a chwerthin lleol / Local fun and humour – Emlyn Richards

Dydd Mawrth 8 Awst
Tuesday 8 August

10:45 Tros bedair gwaith o gwmpas y byd: Teithiau a gweithiau William Williams Pantycelyn / The Work and Travels of William Williams Pantycelyn – Dr Eryn M White

11:45 Stori Cyn Cinio! Stori Mrs Mop – Marlyn Samuel / Story time

12:30 O'r Gair i'r Gân: Opera Wythnos yng Nghymru Fydd / From Words to Song! A new Welsh opera – Gareth Glyn & Catrin Beard

13:15 Ehangu'r Darlun: RS Thomas, ME Eldridge a Chelf Fodern / Expanding the Picture: RS Thomas, ME Eldridge and Modern Art – Jason Walford Davies

14:15 Ymryson y Beirdd a chyflwyno enillwyr cystadlaethau yr Adran Lenyddiaeth / Live poetry competition and presentation of Literary competitions winners

16:00 Awdur y Dydd / Author of the Day: O'r Syniad i'r Silff – Dyfed Edwards

17:45 Slot Chwarter i Chwech: Ymryson Rhyddiaith – Sir Fôn yn erbyn y byd / Literature Battle

Dydd Mercher 9 Awst
Wednesday 9 August

10:45   Storïau'r Henllys Fawr / *The Stories of WJ Griffith - Dafydd Glyn Jones*

11:45   Stori Cyn Cinio! Rhyfeddod y Glannau – Bedwyr Rees / *Story Time*

12:30   110 blynedd ers sefydlu'r Llyfrgell Genedlaethol / *110 years of the National Library – Andrew Green & Catrin Beard*

13:15   Pel-droedwyr y Rhyfel Mawr / *Footballers of the Great War - Owain Tudur Jones, Geraint Vaughan Jones & Gary Pritchard*

14:15   Ymryson y Beirdd a chyflwyno enillwyr cystadlaethau yr Adran Lenyddiaeth / *Live poetry competition and presentation of Literary competitions winners*

16:00   Awdur y Dydd / *Author of the Day: Ysbrydoliaeth – Manon Steffan Ros*

17:00   Merched y Wawr yn dathlu 50 / *Celebrating 50 years of Merched y Wawr*

Dydd Iau 10 Awst
Thursday 10 August

10:45   Chwilio am Dir Newydd: Gwrthsafiad yn Oes Hiliaeth a Ffasgaeth – Ymateb i'r her heddiw / *Resistance in the time of Racism and Fascism – Today's response to the challenge – Simon Brooks*

11:45   Stori Cyn Cinio! Storïau'r Henllys Fawr (WJ Griffith) – Maldwyn John / *Story Time*

12:30   Corlannau a Chlymau, y Prifardd Eluned Phillips / *The Life and Work of Eluned Phillips – Menna Elfyn (Bedwen Lyfrau dan ofal Gwasg Carreg Gwalch)*

13:15   Englynion y Brifwyl / *Eisteddfod Englynion – Peredur Lynch*

14:15   Ymryson y Beirdd a chyflwyno enillwyr cystadlaethau yr Adran Lenyddiaeth / *Live poetry competition and presentation of Literary competitions winners*

16:00   Awdur y Dydd / *Author of the Day: Trefor, Lerpwl, Llangefni a'r Nant – Bet Jones*

17:45   Slot Chwarter i Chwech: Geiriau'r Gân – Arfon Wyn a'i gyfeillion / *Acoustic Session*

Dydd Gwener 11 Awst
Friday 11 August

10:45   Dathlu bywyd Gareth F Williams / *Celebrating the life of Gareth F Williams* – Bethan Gwanas, Rhisiart Arwel ac eraill

11:45   Stori Cyn Cinio! Teisennau Berffro (Tom Parri Jones) – Judith Humphreys / *Story time*

12:30   Hedd Wyn: Canrif o Gofio / *Hedd Wyn: A Time to Remember through old and new poetry – Ifor ap Glyn (Bedwen Lyfrau dan ofal Gwasg Carreg Gwalch)*

13:15   Martin Luther, William Salesbury a Griffith Jones, Llanddowror: Etifeddiaeth y Diwygiad Protestannaidd, 1517-2017 / *The Legacy of the Protestant Reformation – Densil Morgan*

14:15   Rownd Derfynol Ymryson y Beirdd / *Final Round - Live poetry competition*

16:00   Awdur y Dydd / *Author of the Day: Rhoi Lliw ar Gynfas Du – Dewi Prysor*

17:45   Slot Chwarter i Chwech: Sgwrs a Chân gyda Ems a Tudur Huws Jones / *Acoustic Session*

Dydd Sadwrn 12 Awst
Saturday 12 August

09:00   Y Daith Lenyddol: Crwydro Bro'r Eisteddfod (bydd y daith yn gadael o'r tu flaen i'r Ganolfan Ymwelwyr) / *Literary Mystery Tour (tour leaves from the front of the Visitors' Centre) – John Wyn Jones*

10:45   D Tecwyn Lloyd – Rhai Agweddau / *The Life of D Tecwyn Lloyd – Ieuan Parry, Llŷr Gruffydd, Gruffydd Aled Williams & Peredur Lynch*

11:45   Stori Cyn Cinio! Safwn yn y Bwlch – Manon Wyn Williams / *Story time*

12:30   Hel Hadau Gwawn / *Literary Discussion – Manon Steffan Ros & Annes Glynn (Bedwen Lyfrau dan ofal Cwyhoeddiadau Barddas)*

13:15   Podlediad Byw Clera / *Live Podcast – Aneirin Karadog & Eurig Salisbury Haf Llewelyn ac eraill*

14:15   Cyfarfod y Prif Enillwyr yng nghwmni Dei Tomos / *Meet this Year's Literary Winners*

16:00   8 allan o 10 Bardd: Cwis a Hwyl / *8 out of 10 Bards: Literary Quiz – Guto Dafydd, Llŷr Gwyn, Gruffudd Antur, Gwennan Evans, Marged Tudur, Llŷr Titus & Iwan Rhys*

21

Llwyfan y Llannerch / Llannerch Stage

Trefnir gan yr Eisteddfod / *Organised by the Eisteddfod*

Noddir gan
Sponsored by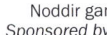

Dydd Sadwrn 5 Awst
Saturday 5 August

12:30   Picnic 4 a 6 / *Music and poetry picnic:* Glain Rhys, Gwawn, Arwyn Groe ayb

15:30   Slot y Gweisg / *Publishers' Slot:* Ewrop trwy eiriau – Llŷr Gwyn Lewis (Y Lolfa)

17:00   Slot Awdur y Dydd / *Author of the Day* – Sonia Edwards

Dydd Sul 6 Awst
Sunday 6 August

12:30   Picnic 4 a 6 *Music and poetry picnic:* Gwilym ayb

13:30   Llenorion y Dyfodol / *Writers of the Future* – Ifor ap Glyn & Cymdeithas Eisteddfodau Cymru

14:30   Ceinciau Copr / *Folk Tales through song* – Ceri Matthews

15:30   Slot y Gweisg / *Publishers' Slot:* O'r Llafar i'r Ddalen – Mari Gwilym (Gwasg Carreg Gwalch)

17:00   Slot Awdur y Dydd / *Author of the Day* – Mair Wynn Hughes

Dydd Llun 7 Awst
Monday 7 August

10:30   Dysgu Cynganeddu / *Cynghanedd Lesson* – Mererid Hopwood (Ysgol Farddol Caerfyrddin)

12:30   Picnic 4 a 6 / *Music and poetry picnic:* Tudur Owen, Gorwel a Fiona Owen, Iestyn Tyne & Karen Owen

13:30   Barddas: Rhifyn yr Haf / *Barddas celebration*

15:30   Stand-yp / *Comedy Stand-up* – Gary Slaymaker, Dan Thomas #gwylgomedisteddfod

17:00   Slot Awdur y Dydd / *Author of the Day* – Mared Lewis

Dydd Mawrth 8 Awst
Tuesday 8 August

10:30   Dysgu Cynganeddu / *Cynghanedd Lesson* – Mari Lisa (Ysgol Farddol Caerfyrddin)

12:30   Picnic 4 a 6 / *Music and poetry picnic:* Beth Celyn, Grug Muse, Annes Glyn ayb

13:30   Y Goron / *The Crown competition* – M Wynn Thomas

14:30   Chwedlau: Bwystfilod – Theatr Bara Caws / *Legend of the Beasts*

15:30   Slot y Gweisg / *Publishers' Slot:* Croesi i Fôn, Fferïau'a Phontydd Menai – J Richard Williams (Gwasg Carreg Gwalch)

17:00   Slot Awdur y Dydd / *Author of the Day* – Dyfed Edwards

Dydd Mercher 10 Awst
Wednesday 10 August

10:30   Dysgu Cynganeddu / *Cynghanedd Lesson* – Aneirin Karadog (Ysgol Farddol Caerfyrddin)

12:30   Picnic 4 a 6 / *Music and poetry picnic:* Patrobas, Osian Rhys Jones

13:30   Barddas yn cyflwyno Talwrn Ysgolion Uwchradd Môn / *Live Youth Poetry Competition*

14:30   Slot y Gweisg / *Publishers' Slot:* Cyfaill Pwy o'r Hen Wlad? – Rhiannon Heledd Williams (Gwasg Prifysgol Cymru)

15:30   Stand-yp / *Comedy Stand-up* – Karen Sherrard, Beth Jones #gwylgomedisteddfod

17:00   Slot Awdur y Dydd / *Author of the Day* – Manon Steffan Ros

Dydd Iau 10 Awst
Thursday 10 August

10:30   Dysgu Cynganeddu / *Cynghanedd Lesson* – Aled Evans (Ysgol Farddol Caerfyrddin)

12:30   Picnic 4 a 6 / *Music and poetry picnic:* Gai Toms, Caryl Bryn ayb

13:30   Y Fedal Ryddiaith / *The Prose Medal competition* – Francesca Rhydderch

14:30   Chwedlau: Bwystfilod – Theatr Bara Caws / *Legend of the Beasts*

15:30   Slot y Gweisg / *Publishers' Slot:* Sgwrs efo Sonia! – Sonia Edwards (Gwasg y Bwthyn)

17:00   Slot Awdur y Dydd / *Author of the Day* – Bet Jones

Dydd Gwener 11 Awst
Friday 11 August

10:30   Dysgu Cynganeddu / *Cynghanedd Lesson* – Geraint Roberts (Ysgol Farddol Caerfyrddin)

12:30   Picnic 4 a 6 / *Music and poetry picnic:* Meic Stevens, Pod, Elis Dafydd, Rhys Iorwerth ayb

13:30   Barddas yn cyflwyno Prentisiaid wrth eu Crefft / *Young poetry writers at work*

14:30   Hedd Wyn: Sgriptio sioe newydd Mewn Cymeriad / *Hedd Wyn: Scripting Mewn Cymeriad's latest show* – Anni Llŷn

15:30   Slot y Gweisg / *Publishers' Slot:* I Wyneb y Ddrycin – Hedd Wyn, Yr Ysgwrn a'r Rhyfel Mawr – Haf Llewelyn (Cyhoeddiadau Barddas)

17:00   Slot Awdur y Dydd / *Author of the Day* – Dewi Prysor

Dydd Sadwrn 12 Awst
Saturday 12 August

12:30   Picnic 4 a 6 / *Music and poetry picnic:* Ani Glass ayb

13:30   Y Gadair / *The Chair competition* – Peredur Lynch, Huw Meirion Edwards & Emyr Lewis

14:30   Stand-yp / *Comedy Stand-up* – Eilir Jones, Noel James #gwylgomedisteddfod

15:30   Slot y Gweisg / *Publishers' Slot:* Ennyd – Luned Aaron & John Emyr (Gwasg Carreg Gwalch)

Gŵyl Llên Plant / Children's Literature Festival

Trefnir gan yr Eisteddfod / *Organised by the Eisteddfod*
Cefnogir gan Gronfa Park-Jones / *Supported by Cronfa Park-Jones*

Noddir gan
Sponsored by

Dydd Sadwrn 5 Awst
Saturday 5 August

12:00 Gweithdy Celf / *Art Workshop: Chwedlau* / *Legends*

14:00 Gweithdy Celf / *Art Workshop: Tylwyth Teg* / *Fairies*

16:00 Parti Hwyl yn y Ffair gyda Peppa Pinc / *Peppa Pig's Fun at the Fair Party*

Dydd Sul 6 Awst
Sunday 6 August

12:00 Gweithdy Celf / *Art Workshop: Chwedl Gwrachod Llanddona* / *Witches of Llanddona Legend*

14:00 Gweithdy Celf / *Art Workshop: Tylwyth Teg* / *Fairies*

16:00 Parti Hwyl yn y Ffair gyda Peppa Pinc / *Peppa Pig's Fun at the Fair Party*

Dydd Llun 7 Awst
Monday 7 August

11:00 Migldi Magldi: Dawns yr Anifeiliaid / *Dance of the Animals*

12:00 Gŵyl Chwedlau Cymru / *Welsh Legends Festival: 10 Chwedl o Gymru / 10 Welsh Legends* – Meinir Edwards

13:00 EisteddfODLI! – Anni Llŷn / *Rhyming Fun*

14:00 Yoga i Blant / *Yoga for Kids*

15:00 Creu Cymeriadau Cartŵns – a Jôcs Ofnadwy! / *Creating Cartoon Characters – and Awful Jokes!* – Mellten & Huw Aaron

16:00 Parti Dinosopio-Deinosoriaid / *Dinosaur Party Time*

17:00 Stori Cyn Troi / *One Last Story: Y Biliwnydd Bach* – Mair Tomos Ifans

Dydd Mawrth 8 Awst
Tuesday 8 August

11:00 Migldi Magldi: Dawns yr Anifeiliaid / *Dance of the Animals*

12:00 Chwedlau a Straeon / *Myths and Legends* - Mair Tomos Ifans

13:00 Gweithdy Sgwennu Jôcs / *Joke Writing Workshop*

14:00 Arwresau 'go iawn' Cymru / *The 'true' Heroines of Wales* – Anni Llŷn

15:00 Gweithdy Celf / *Art Workshop: Tylwyth Teg* / *Fairies*

16:00 *Comedi @ Gŵyl Llên Plant*

17:00 Stori Cyn Troi / *One Last Story: Y Bwystfil Gwyrdd Llamsachus* – Mererid Hopwood

Dydd Mercher 9 Awst
Wednesday 9 August

11:00 Migldi Magldi: Dawns yr Anifeiliaid / *Dance of the Animals*

12:00 Gŵyl Chwedlau Cymru / *Welsh Legends Festival: Owain Glyndŵr – Mewn Cymeriad*

13:00 Ofnadwy Nos: Trysor y Royal Charter / *The Royal Charter Treasure* – Bedwyr Rees

14:00 Arwresau 'go iawn' Cymru / *The 'true' Heroines of Wales* – Anni Llŷn

15:00 Gŵyl Chwedlau Cymru / *Welsh Legends Festival: Owain Glyndŵr – Mewn Cymeriad*

16:00 *Comedi @ Gŵyl Llên Plant*

17:00 Stori Cyn Troi / *One Last Story: Garddwr y Gwyll* – Rhodri Siôn

Dydd Iau 10 Awst
Thursday 10 August

11:00 Migldi Magldi: Dawns yr Anifeiliaid / *Dance of the Animals*

12:00 Cardiau Chwedl / *Legends Cards* – Huw Aaron

13:00 Gweithdy Celf / *Art Workshop: Tylwythen Deg Hud yr Enfys / Rainbow Magic Fairies*

14:00 Anti Afiach / *Awful Auntie* – Manon Steffan Ros

15:00 Creu Cymeriadau Cartŵns – a Jôcs Ofnadwy! / *Creating Cartoon Characters – and Awful Jokes!* – Mellten & Huw Aaron

16:00 Parti Odli Barddas / *Rhyming Party*

17:00 Stori Cyn Troi / *One Last Story: Na, Nel!* – Meleri Wyn James

Dydd Gwener 11 Awst
Friday 11 August

11:00 Migldi Magldi: Dawns yr Anifeiliaid / *Dance of the Animals*

12:00 *Hedd Wyn – Mewn Cymeriad*

13:00 Na, Nel!: Sbri Sbwriel / *Fun with Na, Nel!*

14:00 Yoga i Blant / *Yoga for Kids*

15:00 *Comedi @ Gŵyl Llên Plant*

16:00 *Hedd Wyn – Mewn Cymeriad*

15:00 Stori Cyn Troi / *One Last Story: Charlie a'r Ffatri Siocled* – Gareth Potter

Dydd Sadwrn 12 Awst
Saturday 12 August

12:00 Chwedlau Môn / *Anglesey Legends* - Siân Miriam

13:00 Cwis y Pethau Pwysig Iawn / *Very Important Things Quiz* – Siân Lewis

14:00 *Hedd Wyn – Mewn Cymeriad*

15:00 Parti 50 Y Lolfa / *Y Lolfa's 50th Birthday Party*

Theatr y Maes

Trefnir gan yr Eisteddfod / *Organised by the Eisteddfod*

Noddir gan
Sponsored by

Dydd Sadwrn 5 Awst
Saturday 5 August

12:00   Taith Hudolus o Llanbobman i Llanrwla... - Theatr Ieuenctid Môn

14:00   Y Cyfarwydd Anghyfarwydd – Theatr Ieuenctid Theatr Fach Llangefni

16:00   O no! Ffôr – O! – Ysgol Bodedern

Dydd Sul 6 Awst
Sunday 6 August

14:00   Cystadleuaeth Drama fer agored / *Short play acting competition (112):* Garddwest Gosforth – Cwmni Drama Llanystumdwy

16:00   Sioe Deuluol / *Family Show:* Sbri 3 – Cwmni'r Frân Wen

19:30   Dim Byd Ynni: Emlyn Gomer – Theatr Bara Caws

Dydd Llun 7 Awst
Monday 7 August

12:00   Cofio JO Roberts / *Remembering JO Roberts*

14:00   Cystadleuaeth Drama fer agored / *Short play acting competition (112):* Crafu Ceiniog – Cwmni Brynrhos, Y Groeslon

16:00   Sioe Deuluol / *Family Show:* Ŵy, Chips a Nain – Cwmni'r Frân Wen

19:30   Dim Byd Ynni: Emlyn Gomer – Theatr Bara Caws

Dydd Mawrth 8 Awst
Tuesday 8 August

12:00   Theatr Unnos – Cwmni'r Frân Wen / *Overnight creation*

14:00   Cystadleuaeth Drama fer agored / *Short play acting competition (112):* Diwedd y Byd – Clwb Ffermwyr Ifanc Bodedern

16:00   Cau dy Geg – Stifyn Parri / *One man comedy show*

19:30   Dim Byd Ynni: Emlyn Gomer – Theatr Bara Caws

Dydd Mercher 9 Awst
Wednesday 9 August

08:00   Rhagbrawf – Gwobr Richard Burton / *Preliminary – Richard Burton Prize (116)*

14:00   Cystadleuaeth Drama fer agored / *Short play acting competition (112):* Helyntion Aled ap Aled – Cwmni Drama Uwchaled

16:00   Props ar y Pryd

19:30   Dim Byd Ynni: Emlyn Gomer – Theatr Bara Caws

Dydd Iau 10 Awst
Thursday 10 August

11:00   Gwobrwyo enillwyr cyfansoddi cerddoriaeth / *Announcing the music composition winners*

12:00   Cau dy Geg – Stifyn Parri / *One-man comedy show*

14:00   Cystadleuaeth Drama fer agored / *Short play acting competition (112):* Tair Ochr i'r Geiniog – Y Bangoriaid

16:00   Sioeau Cerdd Cwta – Cynhyrchiadau Leeway / *10-minute Musicals*

Dydd Gwener 11 Awst
Friday 11 August

12:00   Gwobrwyo enillwyr yr Adran Ddrama / *Announcing the Drama Competitions winners*

14:00   Dathlu #Baracaws40 / *Happy Birthday, Bara Caws!*

16:00   Romans! – Theatr Fach Llangefni / *Comedy drama*

Dydd Sadwrn 12 Awst
Saturday 12 August

12:00   Sioe Deuluol / *Family Show:* Ŵy, Chips a Nain – Cwmni'r Frân Wen

14:00   Mewn Sgwrs / *In Conversation:* Bryn Fôn

16:00   Romans! – Theatr Fach Llangefni / *Comedy drama*

Cwt Drama

Mewn partneriaeth
Partnership between

Theatr
Genedlaethol
Cymru

Eisteddfod
Genedlaethol
Cymru

Dydd Sul 6 Awst
Sunday 6 August

11:00	Côr Cymunedol Sbarc / *Sbarc Community Choir*
13:00	Er Cof – Myfyrwyr BA Drama ac Astudiaethau Theatr, Prifysgol Aberystwyth / *Drama and Theatre Studies BA students, Aberystwyth University*
16:30	Rhagbrawf: Monolog i rai rhwng 12 ac o dan 16 oed / *Preliminary: Monologue for those aged 12 and under 16 (117)*

Dydd Llun 7 Awst
Monday 7 August

18:00	Estron – Hefin Robinson – Theatr Genedlaethol Cymru & Eisteddfod Genedlaethol Cymru

Dydd Mawrth 8 Awst
Tuesday 8 August

11:00	Sbesial – Cwmni Spectacle Gweithdy i ddilyn yng Nghaffi'r Theatrau / *Workshop follows in the Theatres' Cafe*
15:00	Rhyfel Troea, Drama Gymraeg / *Theatrical reading* – Cwmni Theatr Invertigo, Pontio & Theatr Genedlaethol Cymru
18:00	Estron – Hefin Robinson – Theatr Genedlaethol Cymru & Eisteddfod Genedlaethol Cymru

Dydd Mercher 9 Awst
Wednesday 9 August

11:00	Sbesial – Cwmni Spectacle Gweithdy i ddilyn yng Nghaffi'r Theatrau / *Workshop follows in the Theatres' Cafe*
13:00	Gweni – Mair Tomos Ifans
15:00	Protest Fudr / *Dirty Protest Theatre*
18:00	Estron – Hefin Robinson – Theatr Genedlaethol Cymru & Eisteddfod Genedlaethol Cymru

Dydd Iau 10 Awst
Thursday 10 August

11:00	Sioe Deuluol / *Family Show:* Oes Rhaid imi Ddeffro? – Cwmni Theatr Arad Goch
13:00	Rhaglen Arddangos Dramodwyr Cymreig Newydd / *New Welsh Playwrights Programme Showcase* – Theatr y Sherman
15:00	Môn Mam Theatr / *Anglesey's role in the development of amateur theatre in Wales* – Dewi Wyn Williams
18:00	Estron – Hefin Robinson – Theatr Genedlaethol Cymru & Eisteddfod Genedlaethol Cymru

Dydd Gwener 11 Awst
Friday 11 August

11:00	Dewch i Ganu gyda Opera Cenedlaethol Cymru / *Come and Sing with Welsh National Opera*
13:00	Dewch i Ganu gyda Opera Cenedlaethol Cymru / *Come and Sing with Welsh National Opera*
15:00	Dewch i Ganu gyda Opera Cenedlaethol Cymru / *Come and Sing with Welsh National Opera*
18:00	Estron – Hefin Robinson – Theatr Genedlaethol Cymru & Eisteddfod Genedlaethol Cymru

Dydd Sadwrn 12 Awst
Saturday 12 August

11:00	365 / *A look at the current political situation through the eyes of young people* – y Cwmni 17
13:00	Bwci Bo / *Show exploring stories about Welsh female ghosts* – Dim ond Dwy

Sinemaes

Cydlynir Sinemaes gan BAFTA Cymru gyda'r partneriaid canlynol: Y Gymdeithas Deledu Frenhinol, Archif Genedlaethol Sgrîn a Sain Cymru, Canolfan Ffilm Cymru, Chapter, BBC Cymru Wales, BFI NET.WORK, Undebau'r Diwydiannau Creadigol yng Nghymru, Cwmni Pendraw, Gorilla, Into Film Cymru, S4C a TAC, gyda chefnogaeth yr Eisteddfod a Chyngor Celfyddydau Cymru

Dydd Sadwrn 5 Awst
Saturday 5 August

09:30 Dangosiad: Arfordir Cymru ar Ffilm / *Showing: Coastal Wales on Film*

11:00 Dangosiad: GOGS Gogwana / *Showing: GOGS Gogwana*

13:00 Dangosiad: Arfordir Cymru ar Ffilm / *Showing: Coastal Wales on Film*

14:30 Dangosiad: Solomon a Gaenor / *Showing: Solomon a Gaenor*

17:30 Dangosiad: Dan y Wenallt – Sesiwn holi ac ateb i ddilyn / *Showing: Dan y Wenallt – followed by a question and answer session*

Dydd Sul 6 Awst
Sunday 6 August

09:30 Dangosiad: *Arfordir Cymru ar Ffilm / Showing: Coastal Wales on Film*

11:30 Dangosiad: Ffilmiau Byrion Undeb Darlledu Ewropeaidd / Showing: European Broadcasting Union Short Films

14:00 Dangosiad: *Arfordir Cymru ar Ffilm / Showing: Coastal Wales on Film*

16:00 Dangosiad: *Macbeth (1964) /* Showing: Macbeth (1964)

19:00 Dangosiad: *Cameleon* – Sesiwn holi ac ateb i ddilyn / Showing: *Cameleon* – followed by a question and answer session

Dydd Llun 7 Awst
Monday 7 August

09:30 Dangosiad: Arfordir Cymru ar Ffilm / *Showing: Coastal Wales on Film*

11:30 Dangosiad: Deuawdau Rhys Meirion – pennod gyntaf y gyfres newydd / *Showing: Deuawdau Rhys Meirion – the first episode of the new series*

13:30 Gweithdy Animeiddio gyda Huw Aaron / *Animation Workshop with Huw Aaron*

15:00 Dangosiad a Thrafodaeth: Ffermio – Dathlu 20 / *Showing and Discussion: Ffermio – Celebrating 20*

16:30 Y Seremoni ar y Sgrîn Fawr / *The Ceremony on the Big Screen*

17:30 Dangosiad: Arfordir Cymru ar Ffilm / *Showing: Coastal Wales on Film*

19:30 Dangosiad arbennig: Ffilm Hedd Wyn / *Special Showing: Hedd Wyn*

Dydd Mawrth 8 Awst
Tuesday 8 August

09:30 Dangosiad: Arfordir Cymru ar Ffilm / *Showing: Coastal Wales on Film*

11:30 Aduniad Miri Mawr, i ddathlu cyfraniad y cynhyrchydd Peter Elias Jones i deledu / *Miri Mawr reunion, to celebrate Peter Elias Jones' contribution to television*

12:30 Dangosiad: Arfordir Cymru ar Ffilm / *Showing: Coastal Wales on Film*

14:30 Dathlu Rownd a Rownd / *Celebrating 22 years of Rownd a Rownd*

16:30 S4C a darlledu digidol y dyfodol / *S4C and digital broadcasting in the future*

18:30 Dangosiad: Teyrnged i JO Roberts – Branwen / *Showing: Tribute to JO Roberts – Branwen*

Dydd Mercher 9 Awst
Wednesday 9 August

Drwy'r dydd / *All day:* Sialens dyddiadur ffilm o Faes yr Eisteddfod / *Film diary challenge from the Eisteddfod Maes*

09:30 Dangosiad: Arfordir Cymru ar Ffilm / *Showing: Coastal Wales on Film*

11:30 Dangosiad: Ffilmiau Byrion Myfyrwyr Prifysgol Aberystwyth / *Screening: Short Student Films, Aberystwyth University*

13:00 Sesiwn sgwrsio gyda Hywel Gwynfryn / *Hywel Gwynfryn in conversation*

15:00 Sesiwn drafod: Cyflawni gyrfa gynaliadwy yn y sector / *Discussion session: Achieving a sustainable career in the sector*

16:00 Dangosiad: Sialens dyddiadur ffilm o Faes yr Eisteddfod / *Showing: Film diary challenge from the Eisteddfod Maes*

17:00 2071: Hanes a Hinsawdd y Ddaear / *Play on the earth's history and climate* – Cwmni Pendraw

18:30 Dangosiad: Pum Cynnig i Gymro / *Showing: Pum Cynnig i Gymro*

Dydd Iau 10 Awst
Thursday 10 August

Drwy'r dydd: Gweithdai animeiddio i blant / *All day: Animation workshops for children*

09:30 Dangosiad: Arfordir Cymru ar Ffilm / *Showing: Coastal Wales on Film*

11:30 Dangosiad: Albi a Noa yn Achub yr Iwnifyrs – Sesiwn holi ac ateb i ddilyn / *Showing: Albi a Noa yn Achub yr Iwnifyrs – followed by a question and answer session*

13:30 Dangosiad: Ffilmiau o Wyliau Ffilm Cymru / *Showing: Films from Welsh Film Festivals*

15:00 Dangosiad: Steddfod! Steddfod! / *Showing: Steddfod! Steddfod!*

19:30 Dangosiad gyda cherddoriaeth fyw: *Earth / Showing with live music: Earth*

Dydd Gwener 11 Awst
Friday 11 August

10:00 Y Labordy

11:00 Lansiad / *Launch:* Straeon Iris 2

12:00 Dangosiad: Arfordir Cymru ar Ffilm / *Showing: Coastal Wales on Film*

13:00 Premiere: Deian a Loli – Sesiwn holi ac ateb i ddilyn / *Premiere: Deian a Loli – followed by a question and answer session*

14:30 Rhag-ddangosiad arbennig: Pennod nos Lun Pobol y Cwm / *Special preview: Monday night's episode of Pobol y Cwm*

16:30 Y Seremoni ar y Sgrîn Fawr / *The Ceremony on the Big Screen*

18:00 Dangosiad: Galesa – gyda sesiwn ar gyfarwyddo gyda Lee Haven Jones / *Showing: Galesa – with a session on directing with Lee Haven Jones*

Dydd Sadwrn 12 Awst
Saturday 12 August

09:30 Dangosiad: Arfordir Cymru ar Ffilm / *Showing: Coastal Wales on Film*

11:30 Darlleniad o sgript newydd / *Reading from a new script*

13:30 Dangosiad gyda cherddoriaeth fyw: Fideo Hud / *Showing with live music: Fideo Hud*

Theatr Stryd / Street Theatre
Trefnir gan yr Eisteddfod / *Organised by the Eisteddfod*

Dydd Sadwrn 5 Awst
Saturday 5 August

10:30 Bore Da gyda chymeriadau Cyw / *Morning fun with Cyw and friends* (Y Ganolfan Ymwelwyr / *Visitors' Centre*)

11:00 Sgiliau Syrcas / *Circus Skills – drwy'r dydd tan / all day until 17:00* (Stondin Sgiliau Syrcas / *Circus Skills Stand*)

Achlysurol / At times
Beic Disgo #maesb20 *Disco Bike* (o amgylch y Maes / *around the Maes*)

Dydd Sul 6 Awst
Sunday 6 August

10:30 Bore Da gyda chymeriadau Cyw / *Morning fun with Cyw and friends* (Y Ganolfan Ymwelwyr / *Visitors' Centre*)

11:00 Sgiliau Syrcas / *Circus Skills – drwy'r dydd tan / all day until 17:00* (Stondin Sgiliau Syrcas / *Circus Skills Stand*)

Achlysurol / At times
Beic Disgo #maesb20 *Disco Bike* (o amgylch y Maes / *around the Maes*)

Dydd Llun 7 Awst
Monday 7 August

10:30 Bore Da gyda chymeriadau Cyw / *Morning fun with Cyw and friends* (Y Ganolfan Ymwelwyr / *Visitors' Centre*)

11:00 Sgiliau Syrcas / *Circus Skills – drwy'r dydd tan / all day until 17:00* (Stondin Sgiliau Syrcas / *Circus Skills Stand*)

11:00 Bwystfilod / *Monsters* – Theatr Bara Caws (*Pentref Drama*)

13:00 Ymgyrchu / *Electioneering* – Mr & Mrs Clark (Y Traeth / *The Beach*)

14:00 Bwystfilod / *Monsters* – Theatr Bara Caws (*Pentref Drama*)

15:40 Bwystfilod / *Monsters* – Theatr Bara Caws (*Pentref Bwyd*)

17:00 Bwystfilod / *Monsters* – Theatr Bara Caws (*Pentref Drama*)

Achlysurol / At times
Beic Disgo #maesb20 *Disco Bike* (o amgylch y Maes / *around the Maes*)

Dydd Mawrth 8 Awst
Tuesday 8 August

10:30 Bore Da gyda chymeriadau Cyw / *Morning fun with Cyw and friends* (Y Ganolfan Ymwelwyr / *Visitors' Centre*)

11:00 Sgiliau Syrcas / *Circus Skills – drwy'r dydd tan / all day until 17:00* (Stondin Sgiliau Syrcas / *Circus Skills Stand*)

11:00 Bwystfilod / *Monsters* – Theatr Bara Caws (tu allan i / *outside Maes D*)

14:30 Bwystfilod / *Monsters* – Theatr Bara Caws (*Pentref Llên*)

Achlysurol / At times
Beic Disgo #maesb20 *Disco Bike* (o amgylch y Maes / *around the Maes*)

Dydd Mercher 9 Awst
Wednesday 9 August

10:30 Bore Da gyda chymeriadau Cyw / *Morning fun with Cyw and friends* (Y Ganolfan Ymwelwyr / *Visitors' Centre*)

11:00 Sgiliau Syrcas / *Circus Skills – drwy'r dydd tan / all day until 17:00* (Stondin Sgiliau Syrcas / *Circus Skills Stand*)

11:00 Bwystfilod / *Monsters* – Theatr Bara Caws (tu allan i / *outside Maes D*)

13:00 Kitsch n Sync (Pentref Llên)

14:00 Bwystfilod / *Monsters* – Theatr Bara Caws (*Pentref Drama*)

15:40 Kitsch n Sync (ardal Llwyfan y Maes / *close to Open Air Stage*)

18:15 Kitsch n Sync (Bar Syched & Caffi Maes B)

Achlysurol / At times
Beic Disgo #maesb20 *Disco Bike* (o amgylch y Maes / *around the Maes*)

Dydd Iau 10 Awst
Thursday 10 August

10:30 Bore Da gyda chymeriadau Cyw / *Morning fun with Cyw and friends* (Y Ganolfan Ymwelwyr / *Visitors' Centre*)

11:00 Sgiliau Syrcas / *Circus Skills – drwy'r dydd tan / all day until 17:00* (Stondin Sgiliau Syrcas / *Circus Skills Stand*)

11:00 Kitsch n Sync (Canolfan Ymwelwyr / *Visitors' Centre*)

11:00 Bwystfilod / *Monsters* – Theatr Bara Caws (*Pentref Drama*)

14:30 Bwystfilod / *Monsters* – Theatr Bara Caws (*Pentref Llên*)

15:00 Kitsch n Sync (Bar Syched & Pentref Drama)

16:00 Bwystfilod / *Monsters* – Theatr Bara Caws (*Pentref Drama*)

17:00 Kitsch n Sync (Pentref Llên)

Achlysurol / At times
Beic Disgo #maesb20 *Disco Bike* (o amgylch y Maes / *around the Maes*)

Dydd Gwener 11 Awst
Friday 11 August

10:30 Bore Da gyda chymeriadau Cyw / *Morning fun with Cyw and friends* (Y Ganolfan Ymwelwyr / *Visitors' Centre*)

10:30 Kitsch n Sync (Canolfan Ymwelwyr / *Visitors' Centre*)

11:00 Sgiliau Syrcas / *Circus Skills – drwy'r dydd tan / all day until 17:00* (Stondin Sgiliau Syrcas / *Circus Skills Stand*)

12:30 Priodas Crashio Car / *Car Crash Wedding* – Gary a Pel (Pentref Drama)

15:00 Priodas Crashio Car / *Car Crash Wedding* – Gary a Pel (Pentref Drama)

17:00 Kitsch n Sync (Bar Syched & Pentref Drama)

20:45 Kitsch n Sync (Llwyfan y Maes / Open Air Stage & Caffi Maes B)

Achlysurol / At times
Beic Disgo #maesb20 *Disco Bike* (o amgylch y Maes / *around the Maes*)

Dydd Sadwrn 12 Awst
Saturday 12 August

10:30 Bore Da gyda chymeriadau Cyw / *Morning fun with Cyw and friends* (Y Ganolfan Ymwelwyr / *Visitors' Centre*)

11:00 Sgiliau Syrcas / *Circus Skills – drwy'r dydd tan / all day until 17:00* (Stondin Sgiliau Syrcas / *Circus Skills Stand*)

Achlysurol / At times
Beic Disgo #maesb20 *Disco Bike* (o amgylch y Maes / *around the Maes*)

Tŷ Gwerin

Trefnir gan yr Eisteddfod / *Organised by the Eisteddfod*
Partneriaid / *Partners:* Trac, Clera a Chymdeithas
Genedlaethol Dawns Werin Cymru

Cefnogir gan /
Supported by

Dydd Sadwrn 5 Awst
Saturday 5 August

09:30	Yoga@Maes
12:00	Sesiwn Werin / *Folk Session*
13:00	Tant
14:00	Prosiect Dawns a Chlocsio Dawnswyr Môn / *Local Clog-dancing and Dance Project*
15:00	Unawd ar unrhyw offeryn gwerin / *Solo on any folk instrument (10)*
16:00	Doniau Cudd / *Hidden Musical Talents*
17:00	Cyfeilio i rai o dan 25 oed / *Accompanying competition for those under 25 (26)*

Dydd Sul 6 Awst
Sunday 6 August

09:30	Yoga@Maes
12:00	Sesiwn Werin / *Folk Session*
13:00	Cofio Owen Huw Roberts / *Tribute Session*
14:00	Tegid Rhys
15:00	Gwerin Gwallgo' / *Folk music*
16:00	Gweithdy Clocsio / *Clog-dancing Workshop*
18:00	Gwyneth Glyn
19:15	Bwncath
19:30	Bob Delyn

Dydd Llun 7 Awst
Monday 7 August

09:30	Yoga@Maes
11:00	Sesiwn Werin / *Folk Session*
12:00	Awr y Ffidlwyr: Môn – Cartra'r ffidil a'r hen alawon / *Fiddlers' Hour*
13:00	Seiat Stori / *Storytime*
14:00	*Chris Jones*
16:00	Cilmeri
17:00	Dawnswyr Talog

Dydd Mawrth 8 Awst
Tuesday 8 August

09:30	Yoga@Maes
11:00	Sesiwn Werin / *Folk Session*
12:00	Alawon Gwerin Môn / *Anglesey Folk Tunes*
13:00	Llechi – 9Bach
14:00	Serch y Ferch / *Love Songs*
15:.00	Cyflwyno Cân Werin Hunan-gyfeiliant / *Self-accompanied Folk Song Competition (203)*
16:00	Ymryson Clocsio / *Clog-dancing Clang*
17:00	Siân James
18:15	Gwerinos

Dydd Mercher 9 Awst
Wednesday 9 August

09:30	Yoga@Maes
11:00	Clocs Ffit – Tudur Phillips / *Clog-dancing Workshop*
12:00	Sesiwn Werin / *Folk Session*
13:00	Unnos Gwerin / *Folk 'Unnos' - Tŷ Gwerin & Radio Cymru*
14:00	Brwydr y Shantis Môr / *The Battle of the Sea Shanties*
15:00	Hogia Llanbobman
16:00	Sesiwn yng nghwmni cantorion newydd y sîn / *Session with new stars of the folk scene*
17:00	Noson Lawen Anffurfiol / *Informal Noson Lawen*
19:30	Meic Stevens
20:45	Cowbois Rhos Botwnnog

Dydd Iau 10 Awst
Thursday 10 August

09:30	Yoga@Maes
11:00	Dosbarth Meistr Dawnsio Gwerin / *Folk Dancing Masterclass*
12:00	Pererin
13.00	Llio Rhydderch a'r telynwyr – Hen linach nad yw'n darfod / *Harp music performances*
14:00	Rhywbeth i'w Ddweud / *Discussion on the song Tân yn Llŷn*
15:00	Cwis Gwerin / *Folk Quiz*
16:00	Nantgarw
17:00	Y Gymanfa Gerdd Dant / *Congregational Cerdd Dant Singing*
17:30	Stomp Cerdd Dant / *Cerdd Dant Entertainment Competition*
19:30	Twmpath i'r Teulu / *Folk Dancing for the Family*

Dydd Gwener 11 Awst
Friday 11 August

09:30	Yoga@Maes
11:00	Sesiwn Werin / *Folk Session*
12:00	Carreg Bica
13:00	Morfa
14:00	Gwilym Bowen Rhys
15:00	Props ar y Pryd / *Dance Competition (97)*
17:00	Patrobas
18:15	Mynediad am Ddim
20:00	Jamie Smith's MABON

Dydd Sadwrn 12 Awst
Saturday 12 August

11:00	Sesiwn Werin / *Folk Session*
12:00	Ffair Faledi / *Ballad Singing Competition (204)*
13:00	Sesiwn Werin y Plant / *Childrens' Folk Song Session – Gwenan Gibbard*
14:00	Plu
15:30	Calan
17:00	Dafydd Iwan

Maes D

Trefnir gan yr Eisteddfod / *Organised by the Eisteddfod*

Cefnogir gan / *Supported by*

Dydd Sadwrn 5 Awst
Saturday 5 August

12:00   Agoriad swyddogol / *Official opening*

13:00   Cyflwyno tystysgrifau CBAC a Thlws Coffa Elvet a Mair Elvet Thomas / *WJEC certificates presentation and the Elvet and Mair Elvet Thomas Trophy*

14:00   Gwyneth Glyn

15:00   Clocs Ffit / *Clog-dancing Workshop – Tudur Phillips*

Dydd Sul 6 Awst
Sunday 6 August

13:00   Cymdeithas Eryri / *Snowdonia Society*

15:00   Twmpath / *Family folk dancing session – Dawnswyr Môn*

Dydd Llun 7 Awst
Monday 7 August

11:00   Sesiwn blasu'r iaith Gymraeg / *Welsh language taster session*

12:00   Canolfan Dysgu Cymraeg Genedlaethol yn cyflwyno Mewn Cymeriad –perfformiad cyntaf eu sioe ar gyfer dysgwyr / *Mewn Cymeriad's first performance of their show for learners*

13:00   Archaeoleg Lleol / *Local Archaeology – Rhys Mwyn*

14:00   Sesiwn Ukelele / *Ukelele Session – Menter Iaith Môn*

15:00   Cemegau yn ein bwydydd: Gwyddoniaeth ym Maes D / *Chemicals in our food: Science Session*

16:30   Gwylio Seremoni'r Coroni / *Watch the Crowning Ceremony*

Dydd Mawrth 8 Awst
Tuesday 8 August

11:00   Theatr Stryd / *Street Theatre: Bwystfilod – Theatr Bara Caws*

12:00   Cyflwyno gwobrau cyfansoddi / *Composition prizes presentation*

13:00   Lansiad: Nofel i Ddysgwyr / *Launch: Novel for Learners – Fi a Mr Jones! Mared Lewis*

14:00   Magi Ann & Selog – Menter Iaith Môn

15:00   Merched y Wawr yn dathlu 50 / *Celebrating 50 years of Merched y Wawr*

16:00   Fy nhaith i Batagonia / *Travelling in Patagonia – Nia Wyn Thomas*

Dydd Mercher 9 Awst
Wednesday 9 August

11:00   Yoga

       Theatr Stryd / *Street Theatre: Bwystfilod – Theatr Bara Caws*

12:00   Gweithdy Theatr Genedlaethol Cymru / *National Theatre of Wales Workshop*

13:00   Sgwrs Byd Natur / *Nature Session – Bethan Wyn Jones & Twm Elias (Galwad Cynnar, BBC Radio Cymru)*

14:00   Cystadleuaeth Dysgwr y Flwyddyn / *Welsh Learner of the Year Competition*

15:00   Elin Fflur

18:00   Noson Dysgwr y Flwyddyn – Gwesty Tre Ysgawen, Llangefni / *Welsh Learner of the Year Ceremony – Tre Ysgawen Hall, Llangefni*

Dydd Iau 10 Awst
Thursday 10 August

08:30   Rhagbrawf: Llefaru Unigol dros 16 / *Preliminary: Solo Recitation over 16 (120)*

09:15   Cyflwyno trysor neu lun o ddiddordeb personol / *Present a treasure or picture of personal interest (123)*

10:00   Cân / *Solo (122)*

10:45   Rhagbrawf: Côr Dysgwyr, rhwng 10 a 40 mewn nifer / *Preliminary Test: Learners' Choir, 10 – 40 members (119)*

11:45   Sgets hyd at 5 munud / *Five minute sketch (124)*

12:30   Parti canu rhwng 3 a 9 mewn nifer / *Singing group, 3 – 9 members (121)*

14:00   Dawnsio Bol / *Belly Dancing*

15:00   Croesawu enillydd Dysgwr y Flwyddyn / *Meet the Welsh Learner of the Year!*

16:00   Countdown Cymraeg / *Welsh Countdown*

17:00   Dafydd Iwan

Dydd Gwener 11 Awst
Friday 11 August

11:00   Sesiwn Celf a Chrefft / *Art and Crafts – Merched y Wawr*

12:00   Sesiwn stori – Chwedlau / *Story session – Legends*

13:00   Gweithdy Rownd a Rownd / *Drama Workshop*

14:00   Cwis / *Quiz*

15:00   Bandiau Bocsŵn / *Local bands – Menter Iaith Môn*

16:30   Gwylio Seremoni'r Cadeirio / *Watch the Chairing Ceremony*

17:30   Gweithdy Gwerin / *Folk Workshop – Jamie Smith's MABON*

Dydd Sadwrn 12 Awst
Saturday 12 August

11:00   Yoga

12:00   Hedd Wyn – Mewn Cymeriad / *The life of Hedd Wyn*

13:00   Brigyn

14:00   Cordia

15:00   Trosglwyddo i Eisteddfod Genedlaethol Caerdydd 2018 / *Closing session*

Gwyddoniaeth a Thechnoleg / Science and Technology

Mewn Partneriaeth / *In Partnership*

Eisteddfod Genedlaethol Cymru · Coleg Cymraeg Cenedlaethol

Drwy'r wythnos / All week

RHWYDWAITH YMCHWIL PEIRIANNEG CYMRU: Blas ar ymchwil wyddonol, blaengar a chyffrous yng Nghymru /

ENGINEERING RESEARCH NETWORK WALES: A taste of innovative and exciting science research in Wales

PRIFYSGOL BANGOR: Pob math o wyddoniaeth, o seicoleg a chemeg i wyddorau'r môr a mwy /

BANGOR UNIVERSITY: All sorts of science – from psychology and chemistry to ocean sciences and more

RHWYDWAITH YMCHWIL CARBON ISEL, YNNI A'R AMGYLCHEDD: Boddi pentref LEGO, creu eich trydan eich hunain a gwneud tonnau /

NATIONAL RESEARCH NETWORK FOR LOW CARBON ENERGY AND THE ENVIRONMENT: Flood a Lego village, make your own electricity and make some waves

MAGNOX: Gweithgareddau technoleg rhyngweithiol i blant cynradd /

MAGNOX: Interactive technology activities for primary age children

MORLAIS: Lleuad, llanw a thyrbinau dŵr gwyllt /

MORLAIS: The moon, tide and wild water turbines

M-SPARC: Dewch i ddarganfod adeilad newydd Parc Gwyddoniaeth Menai gan ddefnyddio technoleg rithwir a llawer mwy /

M-SPARC: Come and discover the new Menai Science Park building using virtual technology and much more

PRIFYSGOL ABERYSTWYTH: Blas ar ymchwil arloesol gwyddonol, cyfarfod llysgenhadon a gweithgareddau lu /

ABERYSTWYTH UNIVERSITY: A taste of innovative science research, meet our ambassadors and plenty of activities

RSC: Gweithgareddau chwarae a dysgu gyda ynni gwynt, ynni gwres a mwy /

RSC: Play and learn activities with wind energy, heat energy and more

YNNI NIWCLEAR HORIZON: Ysbrydoli, ysgogi ac arfogi pobl ifanc gyda sgiliau ar gyfer y dyfodol /

HORIZON NUCLEAR POWER: Inspiring, engaging and equipping young people with skills for the future

YNNI DA: Gwefru ffôn, creu ynni a chadw'n heini /

YNNI DA: Phone charging, generating electricity and keeping fit

LEGO®: Ysbrydoli a datblygu adeiladwyr y dyfodol /

LEGO®: Inspiring and developing future builders

GRŴP PEIRIANNEG A GWYDDONIAETH GOGLEDD CYMRU: Gweithgareddau rhyngweithiol peirianneg, gan gynnwys rasio ceir bach F1 ac adeiladu pont grog /

ENGINEERING & SCIENCE GROUP NORTH WALES: Interactive engineering activities, including racing miniature F1 cars and building a suspension bridge

CYMDEITHAS SEICOLEGOL PRYDAIN: Gêmau'r ymennydd, yn dangos sut mae'r synhwyrau'n cael eu trin gan yr ymennydd /

BRITISH PSYCHOLOGICAL SOCIETY: brain games, showing how the senses are utilised by the brain

Dydd Sadwrn 5 Awst Saturday 5 August

10:00	Codio, cylchedau, cerddoriaeth a'r Fenai / *Coding, circuits, music and the Menai* – Prifysgol Bangor / *Bangor University session throughout the week*
11:00	Calonnau Cymru: Hyfforddiant Diffibriliwr / *Welsh Hearts: Defibrillator Training*
12:00	Ras Fformiwla 1 / *Formula 1 Race*
12:30	Sioe Wyddoniaeth Wych / *Superb Science Show*
13:15	Sioe William Jones, Mathemategydd Môn / *William Jones, the Anglesey Mathematician Show* – Mewn Cymeriad
14:00	Codio, cylchedau, cerddoriaeth a'r Fenai / *Coding, circuits, music and the Menai* – Prifysgol Bangor / *Bangor University*
15:15	Ras Fformiwla 1 / *Formula 1 Race*
15:45	Sioe Wyddoniaeth Wych / *Superb Science Show*
16:30	Ras Fformiwla 1 / *Formula 1 Race*

Dydd Sul 6 Awst Sunday 6 August

10:00	Codio, cylchedau, cerddoriaeth a'r Fenai / *Coding, circuits, music and the Menai* – Prifysgol Bangor / *Bangor University*
11:00	Calonnau Cymru: Hyfforddiant Diffibriliwr / *Welsh Hearts: Defibrillator Training*
12:00	Ras Fformiwla 1 / *Formula 1 Race*
12:30	Sioe Wyddoniaeth Wych / *Superb Science Show*

13:15	Codio, cylchedau, cerddoriaeth a'r Fenai / *Coding, circuits, music and the Menai* – Prifysgol Bangor / *Bangor University*
15:15	Ras Fformiwla 1 / *Formula 1 Race*
15.45	Sioe Wyddoniaeth Wych / *Superb Science Show*
16.30	Ras Fformiwla 1 / *Formula 1 Race*

Dydd Llun 7 Awst Monday 7 August

10:00	Codio, cylchedau, cerddoriaeth a'r Fenai / *Coding, circuits, music and the Menai* – Prifysgol Bangor / *Bangor University*
11:00	Calonnau Cymru: Hyfforddiant Diffibriliwr / *Welsh Hearts: Defibrillator Training*
12:00	Ras Fformiwla 1 / *Formula 1 Race*
12:30	Sioe Wyddoniaeth Wych / *Superb Science Show*
13:15	Sioe William Jones, Mathemategydd Môn / *William Jones, the Anglesey Mathematician Show* – Mewn Cymeriad
14:00	Codio, cylchedau, cerddoriaeth a'r Fenai / *Coding, circuits, music and the Menai* – Prifysgol Bangor / *Bangor University*
14:00	Yn ôl i'r Dyfodol: Gorffennol Newydd a Gell Danwydd / *Back to the future: the new past of the fuel cell* – Yr Athro Iwan Morus (Darlith Wyddonol y Coleg Cymraeg Cenedlaethol ar y cyd gyda Chymdeithas Ddysgedig Cymru – Cymdeithasau 1 / *Coleg Cymraeg Cenedlaethol Science Lecture with the Learned Society of Wales – Societies 1)*
15:15	Ras Fformiwla 1 / *Formula 1 Race*
15:45	Sioe Wyddoniaeth Wych / *Superb Science Show*
16:30	Ras Fformiwla 1 / *Formula 1 Race*

Dydd Mawrth 8 Awst Tuesday 8 August

10:00	Codio, cylchedau, cerddoriaeth a'r Fenai / *Coding, circuits, music and the Menai* – Prifysgol Bangor / *Bangor University*
11:00	Calonnau Cymru: Hyfforddiant Diffibriliwr / *Welsh Hearts: Defibrillator Training*

12:00	Ras Fformiwla 1 / *Formula 1 Race*
12:30	Sioe Wyddoniaeth Wych / *Superb Science Show*
13:15	Codio, cylchedau, cerddoriaeth a'r Fenai / *Coding, circuits, music and the Menai* – Prifysgol Bangor / *Bangor University*
14:00	Fforwm Ynni Carbon Isel: Trafodaeth wyddonol am ffynonellau ynni / *Low-carbon Energy Forum: a scientific discussion* – Yr Athro Gareth Wyn Jones ac eraill (Cymdeithasau 1 / *Societies 1*)
14:00	Cystadleuaeth Cael Wil i'w Wely / *Practical Science Competition (136)*
15:15	Ras Fformiwla 1 / *Formula 1 Race*
15:45	Sioe Wyddoniaeth Wych / *Superb Science Show*
16:30	Ras Fformiwla 1 / *Formula 1 Race*
17:00	2071: Hanes a Hinsawdd y Ddaear / *Play on the earth's history and climate* – Cwmni Pendraw (Cymdeithasau 1 / *Societies 1*)

Dydd Mercher 9 Awst
Wednesday 9 August

10:00	Codio, cylchedau, cerddoriaeth a'r Fenai / *Coding, circuits, music and the Menai* – Prifysgol Bangor / *Bangor University*
11:00	Calonnau Cymru: Hyfforddiant Diffibriliwr / *Welsh Hearts: Defibrillator Training*
12:00	Ras Fformiwla 1 / *Formula 1 Race*
12:30	Sioe Wyddoniaeth Wych / *Superb Science Show*
13:15	Sioe William Jones, Mathemategydd Môn / *William Jones, the Anglesey Mathematician Show* – Mewn Cymeriad
14:00	Gwyddonwyr Ifanc Bro'r Eisteddfod / *Young scientists from the Eisteddfod area* (Darlith Goffa Eilir Hedd Morgan – Cymdeithasau 1 / *Eilir Hedd Morgan Memorial Lecture* – Societies 1)
14:00	Cystadleuaeth Cael Wil i'w Wely / *Practical Science Competition (136)*
15:15	Ras Fformiwla 1 / *Formula 1 Race*

15:45	Sioe Wyddoniaeth Wych / *Superb Science Show*
16:30	Ras Fformiwla 1 / *Formula 1 Race*
17:00	Dwyieithrwydd a sgiliau uwch-wybyddol: mantais neu ddim? / *Bilingualism and higher cognitive skills: are they an advantage?* – Yr Athro Enlli Thomas (Darlith Cymdeithas Seicolegol Prydain – Cymdeithasau 1 / *The British Psychological Society lecture – Societies 1*)
17:00	2071: Hanes a Hinsawdd y Ddaear / *Play on the earth's history and climate* – Cwmni Pendraw (Sinemaes)

Dydd Iau 10 Awst
Thursday 10 August

10:00	Codio, cylchedau, cerddoriaeth a'r Fenai / *Coding, circuits, music and the Menai* – Prifysgol Bangor / *Bangor University*
11:00	Calonnau Cymru: Hyfforddiant Diffibriliwr / *Welsh Hearts: Defibrillator Training*
11:45	*Seremoni Cyflwyno'r Fedal Wyddoniaeth a Thechnoleg / Science and Technology Medal Ceremony* (Pagoda)
12:00	Ras Fformiwla 1 / *Formula 1 Race*
12:30	Sioe Wyddoniaeth Wych / *Superb Science Show*
13:15	Codio, cylchedau, cerddoriaeth a'r Fenai / *Coding, circuits, music and the Menai* – Prifysgol Bangor / *Bangor University*
14:00	Cyhoeddi enillwyr cystadlaethau gwyddoniaeth a thechnoleg / *Presenting science competitions winners* (Cymdeithasau 1 / *Societies 1*)
14:00	Cystadleuaeth Cael Wil i'w Wely / *Practical Science Competition (136)*
14:00	Hen adeiladau a newid hinsawdd. Dim byd newydd o dan yr haul / *Old buildings and climate change. Nothing new under the sun* – Keith Jones (Prif ddarlith Wyddoniaeth yr Eisteddfod – Cymdeithasau 1 / *Keynote science lecture – Societies 1*)
15:15	Ras Fformiwla 1 / *Formula 1 Race*
15:45	Sioe Wyddoniaeth Wych / *Superb Science Show*
16:30	Ras Fformiwla 1 / *Formula 1 Race*

Dydd Gwener 11 Awst
Friday 11 August

10:00	Codio, cylchedau, cerddoriaeth a'r Fenai / *Coding, circuits, music and the Menai* – Prifysgol Bangor / *Bangor University*
11:00	Calonnau Cymru: Hyfforddiant Diffibriliwr / *Welsh Hearts: Defibrillator Training*
12:00	Ras Fformiwla 1 / *Formula 1 Race*
12:30	Sioe Wyddoniaeth Wych / *Superb Science Show*
13:15	Sioe William Jones, Mathemategydd Môn / *William Jones, the Anglesey Mathematician Show* – Mewn Cymeriad
14:00	Dehongli'r Amgylchedd Naturiol ym Môn / *Interpreting the natural environment of Anglesey* – Nerys Lloyd Mullally (Darlith Cymdeithas Edward Llwyd – Cymdeithasau 1 / *Edward Llwyd Society Lecture – Societies 1*)
14:00	Cystadleuaeth Cael Wil i'w Wely / *Practical Science Competition (136)*
15:15	Ras Fformiwla 1 / *Formula 1 Race*
15:45	Sioe Wyddoniaeth Wych / *Superb Science Show*
16:30	Ras Fformiwla 1 / *Formula 1 Race*

Dydd Sadwrn 12 Awst
Saturday 12 August

10:00	Codio, cylchedau, cerddoriaeth a'r Fenai / *Coding, circuits, music and the Menai* – Prifysgol Bangor / *Bangor University*
11:00	Calonnau Cymru: Hyfforddiant Diffibriliwr / *Welsh Hearts: Defibrillator Training*
12:00	Ras Fformiwla 1 / *Formula 1 Race*
12:30	Sioe Wyddoniaeth Wych / *Superb Science Show*
13:15	Codio, cylchedau, cerddoriaeth a'r Fenai / *Coding, circuits, music and the Menai* – Prifysgol Bangor / *Bangor University*
13:15	Sioe William Jones, Mathemategydd Môn / *William Jones, the Anglesey Mathematician Show* – Mewn Cymeriad
15:15	Ras Fformiwla 1 / *Formula 1 Race*
15:45	Sioe Wyddoniaeth Wych / *Superb Science Show*
16:30	Ras Fformiwla 1 / *Formula 1 Race*

Y Lle Celf

Trefnir gan yr Eisteddfod
Organised by the Eisteddfod
Cefnogir gan / *Supported by*

Cyngor Celfyddydau Cymru
Arts Council of Wales

Dydd Llun 7 Awst
Monday 7 August

14:00 Ysbryd y Frwydr - Dyfarnu Gwobr Ifor Davies / *Awarding of the Ivor Davies Prize* (Y Lle Celf)

Dydd Mawrth 8 Awst
Tuesday 8 August

12:00 Frank Lloyd Wright – Tu hwnt i'r UDA / *Frank Lloyd Wright – beyond the USA* – Manon Awst, Gwyn Lloyd Jones & Geraint Roberts (Cymdeithasau 1 / Societies 1)

13:15 Ehangu'r Darlun: RS Thomas, ME Eldridge a Chelf Fodern / *Expanding the Picture: RS Thomas, ME Eldridge and Modern Art* – Jason Walford Davies (Y Babell Lên / *Literary Pavilion*)

Dydd Gwener 11 Awst
Friday 11 August

12:00 Paentio mewn Pwythau – Tecstilau Edrica Huws / *Painting in stitches – Edrica Huws' textiles* - Catherine Huws Nagashima & Daniel Huws (Cymdeithasau 1 / Societies 1)

Dydd Sadwrn 12 Awst
Saturday 12 August

15:00 Gwobr Josef Herman: Dewis y Bobl 2017 / *Josef Herman Award: The People's Choice 2017* (Y Lle Celf)

Cymdeithasau 1 / Societies 1

Cefnogir gan / *Supported by*

Cynulliad Cenedlaethol Cymru
National Assembly for Wales

Dydd Sul 6 Awst
Sunday 6 August

10:00 Rhagbrawf: Llefaru Unigol dan 12 oed / *Preliminary: Solo Recitation under 12 (145)*

14:30 Rhagbrawf: Llefaru Unigol o'r Ysgrythur dan 16 oed / *Preliminary: Solo Recitation from the Scriptures under 16 (147)*

Dydd Llun 7 Awst
Monday 7 August

11:00 Tywysogion a Môn / *The Princes and Anglesey* – Bob Morris (Fforwm Hanes Cymru / *Welsh History Forum*)

12:00 Trwy Sbectol Cymro: Gyrfa Glasurol T Hudson-Williams / *Through a Welshman's Spectacles: T Hudson-Williams' classical career* – Samuel Jones (Adran Glasurol, Cymdeithas Cynfyfyrwyr Prifysgol Cymru / *Classical Department, University of Wales Alumni*)

13:00 Cartref Cof Cenedl: rôl Llyfrgell Genedlaethol Cymru ym mywyd y genedl / *The home of the nation's memories: the role of the National Library of Wales in the life of the nation* - Linda Tomos (Y Lle Hanes)

14:00 Yn ôl i'r Dyfodol: Gorffennol Newydd y Gell Danwydd / *Back to the future: the new past of the fuel cell* – Yr Athro Iwan Morus (Darlith Wyddonol y Coleg Cymraeg Cenedlaethol ar y cyd gyda Chymdeithas Ddysgedig Cymru / *Coleg Cymraeg Cenedlaethol Science Lecture with the Learned Society of Wales*)

15:00 Beth mae Cymru wedi'i wneud dros heddwch yn y ganrif ddiwethaf? Dadl gyda phanelwyr o Gymru dros Heddwch, Cymdeithas y Cymod ac CND Cymru / *What has Wales done for peace during the last century?* – Wales for Peace, Fellowship of Reconciliation in Wales and CND Cymru

17:00 Trafodaeth am ddyfodol papur newydd Y Cymro / *The future of Y Cymro newspaper* – Iestyn Jones, Twm Morys, Lyn Ebenezer, Androw Bennett & Myrddin ap Dafydd (Cyfeillion Y Cymro)

Dydd Mawrth 8 Awst
Tuesday 8 August

10:00 Bwrdd yr Orsedd / *Gorsedd Board*

11:00 Cwlt Hedd Wyn: Golwg ar sut y tyfodd Hedd Wyn i fod yn fwy na bardd-filwr o gig a gwaed / *The Hedd Wyn 'Cult': How Hedd Wyn became more than a poet of flesh and blood* – Aneirin Karadog (Cynulliad Cenedlaethol Cymru / *National Assembly for Wales*)

12:00 Frank Lloyd Wright – Tu hwnt i'r UDA / *Frank Lloyd Wright – beyond the USA* - Manon Awst, Gwyn Lloyd Jones & Geraint Roberts (Y Lle Celf@ Cymdeithasau)

13:00 Archaeoleg Canoloesol Môn / *Mediaeval Archaeology of Anglesey* – Spencer Smith (Y Lle Hanes)

14:00 Fforwm Ynni Carbon Isel: Trafodaeth wyddonol am ffynonellau ynni / *Low-carbon Energy Forum: a scientific discussion* – Yr Athro Gareth Wyn Jones ac eraill

15:00 'Y peth byw': ethos casglu'r casglyddion cynnar / *The ethos of the early collectors* – Dr Rhidian Griffiths (Darlith Goffa Lady Amy Parry-Williams)

16:00 'Dyrchafaf fy llygaid i'r mynyddoedd...' / *'I will lift my eyes to the hills...'* – John Grisdale & George Jones (Darlith Goffa Llew Gwent)

17:00 2071: Hanes a Hinsawdd y Ddaear / *Play on the earth's history and climate* – Cwmni Pendraw

Dydd Mercher 9 Awst
Wednesday 9 August

10:00 Cyfarfod blynyddol / *Annual meeting* (Cymdeithas Brodwaith Cymru / *Embroidery Association of Wales*)

11:00 Cynlluniau Tai a'r Gymraeg: yr angen i fod yn onest, yn effeithiol ac yn wrthrychol / *Home Planning and the Welsh language: the need to be honest, effective and objective* (Dyfodol I'r Iaith)

12:00 Thomas Stephens a Chymreigyddion Y Fenni / *Thomas Stephens and the Abergavenny Cymreigyddion* – Dr Marion Löffler (Cymdeithas Carnhuanawc)

13:00 Prosiect Archaeoleg Bryn Celli Ddu / *Bryn Celli Ddu Archaeology project* – Dr Ffion Reynolds (Y Lle Hanes)

14:00 Gwyddonwyr Ifanc Bro'r Eisteddfod / *Young scientists from the Eisteddfod area* (Darlith Goffa Eilir Hedd Morgan)

15:00 O ble y daeth enwau lleoedd Môn? / *From where do placenames in Anglesey derive?* – Dr Glenda Carr (Cymdeithas Hynafiaethau Cymru a Chymdeithas Enwau Lleoedd Cymru / *Cambrian Archaeological Association and the Welsh Placenames Society*)

16:00 Cymru a'i lle yn y byd / *Wales and its place in the world* - O'r Pedwar Gwynt

17:00 Dwyieithrwydd a sgiliau uwch-wybyddol: mantais neu ddim? / *Bilingualism and higher cognitive skills: are they an advantage?* – Yr Athro Enlli Thomas (Darlith Cymdeithas Seicolegol Prydain / *The British Psychological Society lecture*)

Dydd Iau 10 Awst
Thursday 10 August

10:00 Cyfarfod blynyddol Gorsedd y Beirdd / *Gorsedd of Bards annual meeting*

11:00 Cymru, Y Cymry a Brexit / *Wales, The Welsh and Brexit* – Yr Athro Richard Wyn Jones (Cynulliad Cenedlaethol Cymru / *National Assembly for Wales*)

12:00 Twyn y Balog: enwau o'r Moelfre i'r Leinws / *Local place names* - Bedwyr Rees, Darlith Goffa Hedley Gibbard (Cymdeithas Cyfieithwyr Cymru)

13:00 Cyfraniad Elwyn Roberts i Gymru a'r mudiad cenedlaethol / *Elwyn Roberts' contribution to Wales and its nationalist movement* – Dafydd Wigley, Gwynn Matthews & Dafydd Williams (Cymdeithas Hanes Plaid Cymru)

14:00 Hen adeiladau a newid hinsawdd. Dim byd newydd o dan yr haul / *Old buildings and climate change. Nothing new under the sun* – Keith Jones (Prif ddarlith wyddoniaeth yr Eisteddfod / *Keynote science lecture*)

15:00 Darganfod cartrefi Môn: 80 mlynedd o ymchwil gan Gomisiwn Brenhinol Henebion Cymru / *Discovering Anglesey houses: 80 years of research by RCAHMW* – Eurwyn Wiliam (Y Lle Hanes)

16:00 Darlith flynyddol / *Annual Lecture* (Cymdeithas y Cyfreithwyr / *Law Society*)

17:00 Yr angen i gryfhau cyfryngau a newyddion annibynnol a chenedlaethol Cymru / *The need to strengthen independent and national media and news in Wales* – Lowri Jones, Pol Wong, Gruffydd Meredith and Wyn Williams

Dydd Gwener 11 Awst
Friday 11 August

10:00 Y Ddraig Goch a'r Faner Goch: Sosialaeth, Cymru a'r Dyfodol / *The Red Dragon and the Red Flag: Socialism, Wales and the future* - Huw Ll Williams (Cymdeithas Niclas y Glais)

11:00 Dawn Môn / *The Talent of Anglesey* – Parch. Emlyn Richards (Cymdeithas Capel ac Ymddiriedolaeth Addoldai Cymru / *Capel Society and the Welsh Places of Worship Trust*)

12:00 Paentio mewn Pwythau – Tecstilau Edrica Huws / *Painting in Stitches – Edrica Huws' textiles* - Catherine Huws Nagashima & Daniel Huws (Y Lle Celf@ Cymdeithasau)

13:00 Hyrwyddo Heddwch a Chofio Hedd Wyn / *Promoting Peace and Remembering Hedd Wyn* - Parch. Emlyn Richards & Robin Gwyndaf (Cymdeithas y Cymod / *The Fellowship of Reconciliation*)

14:00 Dehongli'r Amgylchedd Naturiol ym Môn / *Interpreting the natural environment of Anglesey* – Nerys Lloyd Mullally (Darlith Cymdeithas Edward Llwyd / *Edward Llwyd Society Lecture*)

15:00 Ail-greu neuadd frenhinol ar sail Llys Rhosyr / *Recreating a royal hall on the basis of Llys Rhosyr* – Dafydd Wiliam (Y Lle Hanes)

33

Cymdeithasau 2 / Societies 2

Cefnogir gan / *Supported by*

Dydd Sul 6 Awst
Sunday 6 August

11:30   Rhagbrawf: Unawd Cerdd Tant dan 12 oed / *Preliminary: Cerdd Dant Solo under 12 (24)*

Dydd Llun 7 Awst
Monday 7 August

10:30   Dallu gwerinoedd: ydi Cymru'n llithro o'n gafael? / *Blinding the masses: is Wales slipping from our grasp?* – Simon Brooks, Huw Ll Williams (Gwasg Prifysgol Cymru)

11:30   Cynulliad Cenedlaethol Cymru / *National Assembly for Wales*

12:30   Martin Luther a'i fyd Dieflig / *Martin Luther and his Devilish world* – Dr Robert Pope (Adran Diwinyddiaeth Prifysgol Cymru / *University of Wales Theology Department*)

13:30   Hybu'r Gymraeg drwy ddeddfu / *Promoting Welsh through legislation* (Comisiynydd y Gymraeg / *Welsh Language Commissioner*)

14:30   Ffynhonnau Môn / *The wells of Anglesey* – Eirlys Gruffudd-Evans (Cymdeithas Ffynhonnau Cymru)

15:30   Troi'r dŵr/gwynt i'n melin ein hunain: datrys anghenion ynni lleol yn lleol / *Diverting the water/wind to our own mill: local solutions to meet local energy needs* (Sefydliad Materion Cymreig a Lab Cynaliadwyedd Prifysgol Bangor / *Institute of Welsh Affairs and Bangor University's Sustainability Lab*)

16:30   Y Gair, y Gymdeithas a'r Genhadaeth: Nodweddion Bedyddwyr Cymru ar hyd y canrifoedd / *The Word, Society and the Mission: The Features of the Welsh Baptist Union over the centuries* – Yr Athro D Densil Morgan

Dydd Mawrth 8 Awst
Tuesday 8 August

10:30   Dwy lenyddiaeth Cymru: oes cwlwm perthyn – trafodaeth / *The two literatures of Wales: do they belong together? – discussion* Cadeirydd / *Chair:* M Wynn Thomas (Gwasg Prifysgol Cymru)

11:30   "Yr Owain hwn yw Harri'r Nawfed / Sydd yn trigo yng ngwlad estroniaid": Owain Lawgoch, yr arwr sy'n cysgu / *Owain Lawgoch – the sleeping hero* – Yr Athro AD Carr (Darlith Goffa Syr Thomas Parry-Williams, Anrhydeddus Gymdeithas y Cymmrodorion / *The Honourable Society of Cymmrodorion*)

12:30   Meddygon Esgyrn Môn / *The Bonesetters of Anglesey* – John Richard Williams (Cymdeithas Bob Owen)

13:30   Hanes sefydlu Cymdeithas Ted Breeze Jones / *The creation of the Ted Breeze Jones Society* – Twm Elias ac eraill

14:30   Etholiad Cyffredinol 2017 / *2017 General Election* – Yr Athro Roger Scully (Prifysgol Caerdydd / *Cardiff University*)

15:30   Teyrnged i Rhodri Morgan: Tad y Genedl / *Tribute to Rhodri Morgan: Father of the Nation* - Eluned Morgan AC ac eraill (Cymdeithas Cledwyn)

16:30   Gwasanaeth Llysoedd a Thribiwnlysoedd EM / *HM Courts and Tribunal Service*

Dydd Mercher 9 Awst
Wednesday 9 August

10:00   Cofio Gwyn Thomas, Eifion a Iola / *Remembering Gwyn Thomas, Eifion and Iola* (Cyfeillion Ysgol y Moelwyn)

11:30   Cynulliad Cenedlaethol Cymru / *National Assembly for Wales*

12:30   Cyfarfod Cyhoeddus RhAG / *Public Meeting*

13:30   Yr Eiliad, Yr Awr a'r Twll yn y To / *The Moment, The Hour and the Hole in the Roof* – Huw Meredydd Owen (Y Crynwyr / *The Quakers*)

14:30   Deddfu a'r Gymraeg / *Law-making and the Welsh language* (Cymdeithas yr Iaith)

15:30   Goleuo'r Dyfodol – Ynni Cymunedol / *Illuminating the Future – Community Energy* (Plaid Cymru / *Party of Wales*)

16:30   Gadewch i ni siarad am iechyd meddwl / *Let's discuss mental health* (Cyngor ar Bopeth / *Citizens' Advice*)

Dydd Iau 10 Awst
Thursday 10 August

10:30   Jonesiaid ym Môn, Y Wladfa a Chile yn ail hanner y 19eg ganrif / *Joneses in Anglesey, Patagonia & Chile in the second half of the 19th century* – Yr Athrawon E Wyn James a Bill Jones (Canolfan Uwchefrydiau Cymry America, Prifysgol Caerdydd / *Cardiff University Centre for Welsh American Studies*)

11:30   Môn Mam Cymru / *Anglesey, the Mother of Wales* - Rhun ap Iorwerth (Undeb Cymru a'r Byd / *Wales and the World*)

14:00   Cyfarfod Blynyddol / *Annual Meeting* (Cymdeithas Cymru-Ariannin / *Wales-Argentina Society*)

15:30   Darlith Flynyddol / *Annual Lecture* (Cynllunwyr Iaith Cymru / *Welsh Language Planners*)

16:30   Môn Mam Meddyg / *Anglesey, the Mother of Medics* – Awen Iorwerth (Prifysgol Caerdydd / *Cardiff University*)

Dydd Gwener 11 Awst
Friday 11 August

11:30   Dau Ddegawd Datganoli yng Nghymru / *Two Decades of Devolution in Wales* (Cynulliad Cenedlaethol Cymru, BBC Cymru a Phrifysgol Caerdydd / *National Assembly for Wales, BBC Cymru Wales & Cardiff University*)

12:30   Merched, Môn a'r Môr / *Women, Anglesey and the Sea* – Manon Eames (Archif Menywod Cymru / *Women's Archive Wales*)

13:30   Cyfarfod blynyddol / *Annual meeting* (Llys yr Eisteddfod Genedlaethol / *National Eisteddfod Court*)

14:30   Aduniad Ysgol Uwchradd Tregaron / *Tregaron Secondary School Reunion* – Dwynwen Lloyd Llewelyn

15:30   Ysgol Feddygol i'r Gogledd / *A Medical School for North Wales* - Rhun ap Iorwerth (Plaid Cymru / *Party of Wales*)

Caffi Maes B

Trefnir gan yr Eisteddfod / *Organised by the Eisteddfod*

Dydd Sadwrn 5 Awst
Saturday 5 August

11:30	Gweithdy ukelele / *Ukelele workshop*
13:30	Sera
14:30	Tegid Rhys
15:30	Uumar
16:30	Yr Oria
17:30	Fleur de Lys
18:30	DJs Bar Syched

Dydd Sul 6 Awst
Sunday 6 August

11:30	Gweithdy ukelele / *Ukelele workshop*
13:30	Magi Tudur
14:30	Jacob Elwy
15:30	Elin Fflur
16:30	Glain Rhys
17:30	Gwilym Bowen Rhys
18:30	DJs Bar Syched

Dydd Llun 7 Awst
Monday 7 August

11:30	Gweithdy ukelele / *Ukelele workshop*
12:30	Beth Celyn
13:30	Chwalfa
14:30	Stand-yp / *Comedy Stand-up-Dan Thomas, Gary Slaymaker*
15:30	Pyroclastig
16:30	Y Cledrau
17:30	Trŵbz
18:30	DJs Bar Syched

Dydd Mawrth 8 Awst
Tuesday 8 August

11:30	Gweithdy ukelele / *Ukelele workshop*
12:30	Mr Phormula
13:30	Calfari
14:30	Stand-yp / *Comedy Stand-up – Karen Sherrard, Geth Robyns*
15:30	Hyll
16:30	Los Blancos
17:30	Mr Huw
17:00	DJs Bar Syched

Dydd Mercher 9 Awst
Wednesday 9 August

11:30	Gweithdy ukelele / *Ukelele workshop*
12:30	Rhywbeth i'w Ddweud / *Griff Lynch chats to Pat Morgan, Datblygu*
13:30	Adwaith
14:30	Stand-yp / *Comedy Stand-up – Eilir Jones, Beth Jones*
15:30	Alys Williams
16:30	Omaloma
17:30	Yr Eira
18:30	Cabarela

Dydd Iau 10 Awst
Thursday 10 August

11:30	Gweithdy ukelele / *Ukelele workshop*
12:30	#maesb20
13:30	Argrph
14:30	Stand-yp / *Comedy Stand-up – Hywel Pitts*
15:30	Chroma
17:30	HMS Morris
18:30	DJs Bar Syched

Dydd Gwener 11 Awst
Friday 11 August

11:30	Gweithdy ukelele / *Ukelele workshop*
12:30	Bingo #maesb20
13:30	Mei Emrys
14:30	Y Lle yn cyflwyno: Gareth yn sgwrsio gyda Eden / *Y Lle presents: Gareth chats to Eden*
15:00	Cyhoeddi Enillydd Albwm Cymraeg y Flwyddyn / *Announcing the Winner of Welsh Language Album of the Year*
15:30	Ffracas
16:30	Bryn Fôn
17:30	Candelas
18:30	Noson Atgyfodi Reu – Twinfield
19:30	Noson Atgyfodi Reu - DJs

Dydd Sadwrn 12 Awst
Saturday 12 August

11:30	Gweithdy ukelele / *Ukelele workshop*
12:30	Cwis y Selar / *Pop Quiz*
13:30	Cadno
14:30	Y Lle yn cyflwyno: Gareth yn sgwrsio gyda Yws Gwynedd / *Y Lle presents: Gareth chats to Yws Gwynedd*
15:30	Cpt Smith
16:30	Plu
17:30	Mei Gwynedd
18:30	Nyth – Ani Glass
19:30	Nyth

Llwyfan y Maes

Trefnir gan yr Eisteddfod / *Organised by the Eisteddfod*

Dydd Sadwrn 5 Awst
Saturday 5 August

12:00	Dawnsio Gwerin / *Folk Dancing*
13:00	Côr Bara Brith
14:00	Sioe Cyw
15:00	Patrobas
16:00	Wil Tân
17:00	John ac Alun
18:15	Calfari
19:30	Moniars

Dydd Sul 6 Awst
Sunday 6 August

12:00	Dawnsio Gwerin / *Folk Dancing*
13:00	Hogia Bodwrog / *Genod Gwyndy*
14:00	Sioe Cyw
15:00	Mônsŵn
16:00	Cordia
17:00	Geraint Lovgreen

Dydd Llun 7 Awst
Monday 7 August

12:00	Dawnsio Gwerin / *Folk Dancing*
13:00	Hogia Penrhos
14:00	Sioe Cyw
15:00	Nantgarw
16:00	Gildas
17:00	Daniel Lloyd a Mr Pinc
18:15	Band Pres Gwasanaeth Ysgolion William Mathias / *Gwynedd and Môn Youth Brass Band*

Dydd Mawrth 8 Awst
Tuesday 8 August

12:00	Dawnsio Gwerin / *Folk Dancing*
13:00	Côr Meibion Y Foel
14:00	Sioe Cyw
15:00	Adwaith
16:00	Gwilym Bowen Rhys a'r Band
17:00	Gai Toms
18:00	Cowbois Rhos Botwnnog

Dydd Mercher 9 Awst
Wednesday 9 August

12:00	Dawnsio Gwerin / *Folk Dancing*
13:00	Côr JMJ
14:00	Sioe Cyw
15:00	Chroma

Brwydr y Bandiau yn cyflwyno:

16:00	Gwilym
16:40	Eädyth
17:20	Jack Ellis
18:00	Alffa
18:40	Mabli Tudur
19:20	Mosco
21:00	Sŵnami

Dydd Iau 10 Awst
Thursday 10 August

12:00	Dawnsio Gwerin / *Folk Dancing*
13:00	Hogia'r Ddwylan
14:00	Sioe Cyw
15:00	Mojo
16:00	Cadno
17:00	Rifleros
18:15	Omaloma
19:30	Yucatan
21:00	Brython Shag

Dydd Gwener 11 Awst
Friday 11 August

12:00	Dawnsio Gwerin / *Folk Dancing*
13:00	Lleisiau Llannerch
14:00	Sioe Cyw
15:00	Mr Phormula
16:00	Band Pres Llarregub
17:00	HMS Morris
18:15	Alun Gaffey
19:30	Lleden a Gwesteion Arbennig – Set Dathlu #maesb20 / *Celebrating #maesb20*
21:00	Eden

Dydd Sadwrn 12 Awst
Saturday 12 August

12:00	Aelwyd yr Ynys
13:00	Band Arall - Hîmyrs
14:00	Ffracas
15:00	Fleur de Lys
17:00	Alys Williams
18:15	Maffia Mr Huws
19:30	Candelas
21:00	Elin Fflur a'r Band

Gŵyl Gomedi / Comedy Festival

Noddir gan Gronfa Gari / *Sponsored by Cronfa Gari* **#gwylgomedisteddfod**

Trefnir gan yr Eisteddfod / *Organised by the Eisteddfod*

Dydd Sadwrn 5 Awst
Saturday 5 August

17:45	Slot Chwarter i Chwech: Stand-yp! Be sy'n ddoniol? Tudur Owen a'i banelwyr yn darnio hiwmor y Cymry / *Funny or not? Comedian Tudur Owen chairs an open discussion*	Y Babell Lên *Literary Pavilion*

Dydd Llun 7 Awst
Monday 7 August

14:30	*Stand-yp / Comedy Stand-up – Dan Thomas, Gary Slaymaker*	Caffi Maes B
15:00	*Creu Cymeriadau Cartŵns – a Jôcs Ofnadwy! / Creating Cartoon Characters – and Awful Jokes! – Mellten & Huw Aaron*	Gŵyl Llên Plant *Children's Literature Festival*
15:30	Stand-yp / Comedy Stand-up – Gary Slaymaker, Dan Thomas	Llannerch
17:45	Slot Chwarter i Chwech: Hwyl a chwerthin lleol / *Local fun and humour – Emlyn Richards*	Y Babell Lên *Literary Pavilion*

Dydd Mawrth 8 Awst
Tuesday 8 August

13:00	Gweithdy Sgwennu Jôcs / *Joke-writing Workshop*	Gŵyl Llên Plant *Children's Literature Festival*
14:30	Stand-yp / *Comedy Stand-up – Karen Sherrard, Geth Robyns*	Caffi Maes B
16:00	Cau dy Geg / *One-man comedy show – Stifyn Parri*	Theatr y Maes
16:00	Comedi@Gŵyl Llên Plant (Gŵyl Llên Plant / *Children's Literature Festival*)	Gŵyl Llên Plant *Children's Literature Festival*

Dydd Mercher 9 Awst
Wednesday 9 August

14:30	**Stand-yp / Comedy Stand-up – Eilir Jones, Beth Jones** (Caffi Maes B)	Caffi Maes B
15:30	**Stand-yp / Comedy Stand-up – Karen Sherrard, Beth Jones**	Llannerch
16:00	Comedi@Gŵyl Llên Plant	Gŵyl Llên Plant *Children's Literature Festival*
18:30	Cabarela	Caffi Maes B

Dydd Iau 10 Awst
Thursday 10 August

12:00	Cau dy Geg / *One-man comedy show – Stifyn Parri*	Theatr y Maes
14:30	Stand-yp / *Comedy Stand-up – Hywel Pitts*	Caffi Maes B
15:00	Creu Cymeriadau Cartŵns – a Jôcs Ofnadwy! / *Creating Cartoon Characters – and Awful Jokes! – Mellten & Huw Aaron*	Gŵyl Llên Plant *Children's Literature Festival*

Dydd Gwener 11 Awst
Friday 11 August

14:30	Y Lle yn cyflwyno: Gareth yn sgwrsio gyda Eden / *Y Lle presents: Gareth chats to Eden*	Caffi Maes B
15:00	Comedi@Gŵyl Llên Plant	Gŵyl Llên Plant *Children's Literature Festival*
16:00	Romans! – Theatr Fach Llangefni	Theatr y Maes

Dydd Sadwrn 12 Awst
Saturday 12 August

14:30	Stand-yp / *Comedy Stand-up – Eilir Jones, Noel James*	Llannerch
14:30	Y Lle yn cyflwyno: Gareth yn sgwrsio gyda Yws Gwynedd / *Y Lle presents: Gareth chats to Yws Gwynedd*	Caffi Maes B
16:00	Romans! – Theatr Fach Llangefni	Theatr y Maes

Cofio'r Rhyfel Mawr

Ganrif yn ôl, roedd y Rhyfel Byd Cyntaf ar ei hanterth, gyda miloedd o fechgyn ifanc eisoes wedi'u lladd, a rhagor yn cael eu hanfon i'r Rhyfel bron yn ddyddiol. Roedd y dyddiau o ddewis mynd yn filwr wedi hen ddiflannu, a phob bachgen a dyn ifanc iach yn cael eu recriwtio i ymuno â'r Fyddin a'u hanfon i ymladd dros Brydain ar gyfandir Ewrop.

Un frwydr sy'n cael ei choffáu eleni yw Brwydr Passchendaele, cyflafan waedlyd ac erchyll lle y collodd dros hanner miliwn o ddynion eu bywydau – tua 325,000 ohonyn nhw o Fyddin Prydain a 260,000 o Fyddin yr Almaen. Parodd y frwydr am ychydig dros dri mis, wrth i'r ddwy ochr geisio ennill tir yng ngorllewin Fflandrys ger dinas Ypres.

Mae perthnasedd arbennig i'r frwydr hon yn hanes Cymru a hanes yr Eisteddfod Genedlaethol. Ar 31 Gorffennaf 1917, diwrnod cyntaf y frwydr, lladdwyd Ellis Humphrey Evans, gŵr ifanc o Drawsfynydd, a bardd disglair a oedd wedi cystadlu am Gadair yr Eisteddfod y flwyddyn honno.

Lladdwyd Hedd Wyn, fel roedd pawb yn ei adnabod, cyn iddo gael gwybod ei fod wedi ennill y Gadair, ac yn y seremoni a gynhaliwyd yn yr Eisteddfod ym Mhenbedw ar 6 Medi 1917, brin fis ar ôl ei farwolaeth, taenwyd lliain du dros y Gadair er cof amdano.

Erbyn heddiw, mae stori'r Gadair Ddu ac aberth y bardd ifanc yn rhan annatod o hanes Cymru, yn cynrychioli colled pob teulu ar hyd a lled Cymru, ac yn symbol o erchylltra rhyfel a'r gymuned a adawyd ar ôl. Eleni, bydd yr Eisteddfod yn nodi'r canmlwyddiant gyda chyfres o ddigwyddiadau ar hyd a lled y Maes.

Mae amryw o'n partneriaid ynghyd â sefydliadau eraill yn cynnal digwyddiadau i nodi'r canmlwyddiant eleni. Ceir rhestr o'r rheini a ddaeth i law cyn cyhoeddi'r Rhaglen hon.

Nos Wener 4 Awst

20:00 A Oes Heddwch? (Pafiliwn)

Gwaith newydd gan Aled a Dafydd Hughes (Cowbois Rhos Botwnnog), Guto Dafydd, Paul Mealor a Grahame Davies, gyda Osian Huw Williams, Casi Wyn, Emyr Gibson, Lleuwen Steffan, Cerddorfa Genedlaethol Gymreig y BBC dan arweiniad John Quirk, a Chôr Eisteddfod Genedlaethol Ynys Môn.

Dydd Llun 7 Awst

12:30 Bywyd fy Ewythr, Hedd Wyn – Gerald Williams a Mererid Hopwood

Sesiwn Prifysgol Cymru, Y Drindod Dewi Sant a Phrifysgol Cymru (Y Babell Lên)

15:00 Hedd Wyn: Canrif o Gofio

Dwy gerdd o bob degawd o 1917-2017, ac ugain o gerddi newydd wedi'u comisiynu gan feirdd newydd (Stondin Awdurdod Parc Cenedlaethol Eryri)

19:30 Dangosiad arbennig: Ffilm Hedd Wyn

Cyfle i weld un o ffilmiau mwyaf eiconig yr iaith Gymraeg (Sinemaes)

Oedran: 12A

Cynhyrchwyd gan BAFTA Cymru, Eisteddfod Genedlaethol Cymru, Gŵyl Ffilm Arfordir Cymru ac S4C

Dydd Mawrth 8 Awst

11:00 Cwlt Hedd Wyn: Golwg ar sut y tyfodd Hedd Wyn i fod yn fwy na bardd-filwr o gig a gwaed – Aneirin Karadog

Olrhain datblygiad 'cwlt' Hedd Wyn mewn sesiwn a drefnir gan Gynulliad Cenedlaethol Cymru (Cymdeithasau 1)

11:00 I Wyneb y Ddrycin – Haf Llewelyn

Cyfle i glywed yr awdur yn trafod ei chyfrol newydd, sy'n ddarlun byw o ardal Trawsfynydd ar ddechrau'r ugeinfed ganrif (Stondin Awdurdod Parc Cenedlaethol Eryri)

Dydd Mercher 9 Awst

13:15 Pêl-droedwyr y Rhyfel Mawr – Owain Tudur Jones, Geraint Vaughan Jones a Gary Pritchard

Sgwrs am rai o bêl-droedwyr blaenaf cyfnod y Rhyfel (Y Babell Lên)

Dydd Gwener 11 Awst

10:30 Yr Arwr

Cyfle i weld llawysgrif awdl 'Yr Arwr' a llythyr gan Hedd Wyn tra'n gwasanaethu yn y Fyddin, a chlywed Huw Garmon a Judith Humphreys yn darllen detholiad o'i waith

11:00 Hedd Wyn - Mewn Cymeriad

Sioe hanesyddol, addas i blant o bob oed, yn adrodd hanes Hedd Wyn a'r Rhyfel Mawr (Stondin Awdurdod Parc Cenedlaethol Eryri)

12:00 Hedd Wyn - Mewn Cymeriad

Perfformiad ar stondin Gŵyl Llên Plant

12:30 Hedd Wyn: Canrif o Gofio

Dwy gerdd o bob degawd o 1917-2017, ac ugain o gerddi newydd wedi'u comisiynu gan feirdd newydd (Y Babell Lên)

13:00 Hyrwyddo Heddwch a Chofio Hedd Wyn - Parch. Emlyn Richards a Robin Gwyndaf

Gair o Brofiad, a chyflwyniad o gyfrol newydd am Hedd Wyn. Trefnir gan Gymdeithas y Cymod (Cymdeithasau 1)

16:00 Hedd Wyn - Mewn Cymeriad

Perfformiad ar stondin Gŵyl Llên Plant

Dydd Sadwrn 12 Awst

12:00 Hedd Wyn - Mewn Cymeriad

Perfformiad ym Maes D (addas i ddysgwyr)

14:00 Hedd Wyn - Mewn Cymeriad

Perfformiad ar stondin Gŵyl Llên Plant

Rydym yn falch o gefnogi Eisteddfod Genedlaethol Cymru

We are proud to support the National Eisteddfod of Wales

hsbc.co.uk

HSBC

nos wener

4 Awst

A Oes Heddwch?

....

Cyngerdd Agoriadol

20:00 yn y Pafiliwn

....

Gan gymryd hanes enillydd y Gadair Ddu, Hedd Wyn, fel ysbrydoliaeth, dyma stori'r bechgyn a aeth i'r rhyfel ganrif yn ôl a'r gymuned a adawyd ar ôl yma yng Nghymru.

Gwaith newydd gan Aled a Dafydd Hughes (Cowbois Rhos Botwnnog), Guto Dafydd, Paul Mealor a Grahame Davies, gyda Chôr yr Eisteddfod, Cerddorfa Genedlaethol Gymreig y BBC, a'r unawdwyr Osian Huw Williams, Casi Wyn, Emyr Gibson a Lleuwen Steffan.

Mae'r prosiect hwn yn bartneriaeth rhwng yr Eisteddfod Genedlaethol, Awdurdod Parc Cenedlaethol Eryri, Cyngor Gwynedd, Cyngor Ynys Môn, Cyngor Celfyddydau Cymru a Cherddorfa Genedlaethol Gymreig y BBC.

Cydlynwyd y prosiect cyfan gan Mari Lloyd Pritchard.

CANMLWYDDIANT
HEDD WYN
CENTENARY

Aled Hughes

Cynhyrchydd, peiriannydd sain a cherddor o Ben Llŷn yw Aled Hughes. Gyda'i frodyr fe sefydlodd y band Cowbois Rhos Botwnnog yn 2007, ac mae hefyd yn aelod o fandiau Georgia Ruth ac Alys Williams a band byw Bendith. Teithiodd y byd gyda Cowbois Rhos Botwnnog a Georgia Ruth, gan ymweld â'r Ariannin, India, Fiet-nam a'r Ffindir.

Mae'n un o sefydlwyr label recordiau Sbrigyn Ymborth sy'n gyfrifol am artistiaid cyfoes megis Cowbois Rhos Botwnnog, Plu ac Alun Gaffey. Gweithiodd hefyd fel cynhyrchydd a pheiriannydd sain i labeli eraill megis Sain, Fflach ac I Ka Ching. Bu'n gyfrifol am recordiau gan Plu, Sen Segur, Bûr Hoff Bau, Cowbois Rhos Botwnnog, Patrobas, Yr Angen a Gwilym Bowen Rhys ymysg eraill, yn ogystal â phrosiect aml-gyfrannog *Codi Angor* yn 2013.

Dafydd Hughes

Cerddor o Ben Llŷn yw Dafydd Rhys Hughes. Yn un o frodyr y band Cowbois Rhos Botwnnog, mae hefyd yn aelod o fand Georgia Ruth ac yn gyn-aelod o'r band Endaf Gremlin. Bu hefyd yn gweithio a recordio gyda nifer o artistiaid eraill, yn eu plith Lleuwen Steffan a Plu.

Mae wedi perfformio mewn lleoliadau drwy Brydain – megis Gŵyl Y Dyn Gwyrdd, Glastonbury, Larmer Tree Garden Festival, Mosely Folk Festival a Gŵyl Sŵn – yn ogystal â lleoliadau yn yr Ariannin, India, Fiet-nam a'r Ffindir. Mae Dafydd hefyd yn gweithio'n llawrydd, yn rhedeg a datblygu prosiectau amrywiol ynghyd â gwneud gwaith marchnata a dylunio.

Guto Dafydd

Mae Guto Dafydd yn adnabyddus fel bardd ac awdur. Ar ôl bwrw'i brentisiaeth mewn eisteddfodau lleol, enillodd Goron Eisteddfod yr Urdd yn 2013, cyn ennill Coron yr Eisteddfod Genedlaethol yn 2014 a chyhoeddi cyfrol o gerddi, *Ni Bia'r Awyr,* sy'n archwilio'r berthynas rhwng pobl, eu treftadaeth, a'u tir. Cyhoeddodd nofel, *Stad,* yn 2015, cyn ennill Gwobr Goffa Daniel Owen yn 2016 am *Ymbelydredd,* nofel hunanffuglennol sy'n seiliedig ar ei brofiad o fod ar gwrs radiotherapi ym Manceinion.

Yn enedigol o Drefor, mae'n byw ym Mhwllheli gyda'i wraig, Lisa, a'u plant, Casi a Nedw, ac mae'n gweithio i Gomisiynydd y Gymraeg.

Paul Mealor

Yn ddi-os, Paul Mealor yw un o'r cyfansoddwyr blaenaf i hanu o Gymru dros y blynyddoedd diwethaf. Yn fwyaf enwog am ei waith corawl arobryn, mae'r cyfansoddwr – sydd wedi ennill Gwobr y Brits a dwy Wobr Brits Clasurol – wedi'i ganmol gan y wasg a'r cyfryngau ar draws y byd. Gan gyrraedd brig y siartiau am chwe wythnos yn Nhachwedd 2011 gyda'i albwm *A Tender Light,* Mealor oedd y cyfansoddwr clasurol cyntaf i fod ar frig y siartiau clasurol a phop ar yr un pryd, gan sicrhau safle rhif un gyda *Wherever You Are.* Yn 2012, cyhoeddwyd mai Mealor oedd hoff gyfansoddwr byw'r wlad mewn pleidlais gan wrandawyr Classic FM.

Yn wreiddiol o Lanelwy, astudiodd yn Efrog, Copenhagen a'r Unol Daleithiau, gan dderbyn gradd PhD mewn cyfansoddi yn 2003. Daeth yn enwog drwy'r byd yn 2011, pan glywodd 2.5 biliwn o bobl gorau Abaty Westminster yn perfformio ei Motet, *Ubi Caritas,* yn ystod seremoni priodas y Tywysog William a Catherine. Yn 2011, arwyddodd Mealor gyda Recordiau Decca, a sicrhau cytundeb cyhoeddi gyda Novello & Co.

Yn 2013, derbyniodd Wobr Glanville Jones gan Urdd Cerddoriaeth Cymru am ei gyfraniad i gerddoriaeth yng Nghymru, ac yn yr un flwyddyn fe'i penodwyd yn llywydd corau Côrdydd a Con Anima. Yn ddiweddarach, fe'i penodwyd yn ddirprwy-lywydd Gŵyl Gerddoriaeth Ryngwladol Gogledd Cymru, yn llywydd Tŷ Cerdd - Canolfan Gerddoriaeth Genedlaethol Cymru, ac yn ddirprwy-lywydd Eisteddfod Gerddorol Ryngwladol Llangollen. Fe'i penodwyd yn noddwr Urdd Cerddoriaeth Cymru yn 2016.

Mae'n Athro Cyfansoddi ym Mhrifysgol Aberdeen er 2003.

Grahame Davies

Mae Grahame Davies yn fardd, awdur a libretydd sydd wedi ennill nifer o wobrau. Cyhoeddodd 17 o lyfrau, gan gynnwys *Cadwyni Rhyddid,* a enillodd wobr Llyfr y Flwyddyn, y nofel *Rhaid i Bopeth Newid,* a roddyd ar y rhestr hir ar gyfer yr un wobr, yr astudiaeth o Gymru a'r Iddewon, *The Chosen People,* yr astudiaeth o Gymru ac Islam, *The Dragon and the Crescent,* a'r gyfrol seico-ddaearyddol, *Real Wrexham.*

Yn frodor o bentref Coedpoeth, Wrecsam, y mae bellach yn rhannu ei amser rhwng Caerdydd a Llundain. Mae ganddo radd mewn Saesneg o Brifysgol Anglia Ruskin, Caergrawnt, a doethuriaeth o Brifysgol Caerdydd, lle bu hefyd yn Gymrawd Ymchwil anrhydeddus yn yr adran grefydd. Derbyniodd radd D.Litt er anrhydedd gan Brifysgol Anglia Ruskin, ac mae'n llywodraethwr ac yn gymrawd Coleg Goodenough, Llundain. Mae'n teithio'n rhyngwladol fel bardd a darlithydd, yn cyflawni llawer o gomisiynau amlwg ac yn cydweithio'n helaeth gydag artistiaid gweledol a cherddorol.

Osian Huw Williams

Mae Osian yn gerddor llawn amser erbyn hyn. Graddiodd o Brifysgol Bangor, ac mae'n parhau i astudio yno i ennill ei radd Meistr mewn cyfansoddi. Mae'r rhan fwyaf o'i amser yn mynd i chwarae mewn bandiau megis Candelas, Alys Williams, Palenco a Siddi, ond mae hefyd yn rhedeg Stiwdio Drwm yn Llanllyfni gyda Ifan Emlyn Jones.

Enillodd Dlws y Cerddor yn Eisteddfod Maldwyn a'r Gororau 2015, ac mae Osian a'i frawd a'i chwaer wrthi'n datblygu'r gwaith hwnnw yn y gobaith o lwyfannu'r sioe gerdd yn y dyfodol agos.

Mae'r flwyddyn yma wedi bod yn eithriadol o brysur yn barod wrth iddo wneud gwaith i deledu, cyfansoddi gwaith corawl a recordio pob math o brosiectau gwahanol a chyffrous yn Stiwdio Drwm.

Emyr Gibson

Magwyd Emyr yn Neiniolen, ond bellach mae'n byw yn Nghaernarfon. Caiff ei gysylltu â Ysgol Glanaethwy – fel actor a chanwr – ac yna cafodd brofiadau theatrig gyda chwmnïau fel Cwmni'r Frân Wen, Theatr Tandem a Hanner a Hanner, ac roedd yn rhan o gynhyrchiad awyr-agored arbennig National Theatre Wales, *Yr Helfa (The Gathering)* yn 2014.

Mae wedi ymddangos ar gyfresi poblogaidd fel *Pengelli, Amdani* a *Tipyn o Stad,* ond mae'n fwyaf adnabyddus fel y cymeriad Meical ar *Rownd a Rownd,* rhan y mae wedi'i pherfformio am dros bymtheg mlynedd. Mae tipyn o alw amdano hefyd fel trosleisydd ar gyfer cyfresi animeiddiedig i blant.

Bu'n cystadlu am gyfnod, ac enillodd y gystadleuaeth 'Unawd o Sioe Gerdd' yn Eisteddfod Genedlaethol Eryri a'r Cyffiniau 2005. Mae'n rhan o ddeuawd boblogaidd gyda'i chwaer, Siân Wyn Gibson, ac maent wedi rhyddhau dwy CD – *Perthyn* a *Ffrindiau.* Erbyn hyn, mae'n aelod o'r grŵp Trio, sydd hefyd wedi rhyddhau dwy CD, *Trio* a *Cân Y Celt.* Yn 2018, bydd y grŵp yn teithio i'r Unol Daleithiau i berfformio yng nghyngerdd agoriadol Gŵyl Cymdeithas Gymraeg Gogledd America yn Washington DC.

Lleuwen Steffan

Daw Lleuwen Steffan yn wreiddiol o Riwlas, Dyffryn Ogwen. Mae hi wedi recordio dau albwm o'i chaneuon ei hun, sef *Penmon* (2006) a *Tân* (2011), ynghyd ag albwm o emynau, *Duw a Ŵyr,* yn 2004.

Ar ôl ennill gwobr Albwm y Flwyddyn yng ngwobrau FR3 France TV yn 2012, aeth Lleuwen ar daith Ewropeaidd gyda'r albwm *Tân.* Enillodd ei chân *Ar Gouloù Bev* wobr am y gân orau yn Liet International yn Gijon yr un flwyddyn.

Bu Lleuwen yn teithio yng ngogledd ddwyrain yr Unol Daleithiau am fis y llynedd, ac mae cynlluniau ar droed i ddychwelyd yno yn 2018.

Casi Wyn

O Eryri y daw Casi Wyn, ac mae ei llais hypnotig a'i halawon heintus wedi golygu iddi ennill ei phlwyf fel un o artistiaid mwyaf cyffrous Cymru ar hyn o bryd.

Yn ystod blwyddyn olaf ei gradd ym Mhrifysgol Llundain, bu Casi'n gweithio gyda Cherddorfa Genedlaethol y BBC ar gyfer ei pherfformiad yn BBC Proms Abertawe. Yn ddiweddarach fe ryddhawyd ei sengl ddwbl, *Lion* a *Golden Age Thinking,* gan dderbyn adolygiadau arbennig gan flogiau Noisey, Vice a Line of Best Fit. Dangoswyd ei fideo gyntaf ar wefan y cylchgrawn DAZED, ac fe'i henwebwyd am wobr 'Best Pop Newcomer' yng ngwobrau fideo Prydain (UK Music Video Awards).

Ym mis Mawrth eleni, perfformiodd yng ngŵyl SXSW yn Texas ar lwyfan 'BBC Introducing'. Cafodd ei chân *The Beast* ei chanmol gan Mista Jam a Huw Stephens, ac o ganlyniad fe'i gwahoddwyd gan BBC Radio 1 i recordio sesiwn yn stiwdio Maida Vale, gan barhau i gydweithio gyda Owain Llwyd a'r pedwarawd llinynnol.

Cerddorfa Genedlaethol Gymreig y BBC

Mae Cerddorfa Genedlaethol Gymreig y BBC yn un o gerddorfeydd mwyaf hyblyg y DU, sy'n perfformio cwmpas eang o weithiau fel cerddorfa ddarlledu a cherddorfa symffoni genedlaethol Cymru. Mae rhaglennu cyffrous ac uchelgeisiol y Gerddorfa'n cael ei yrru gan y Prif Arweinydd, Thomas Søndergård, y Prif Arweinydd Gwadd, Xian Zhang, a'r Arweinydd Llawryfog Tadaaki Otaka. Penodwyd y cyfansoddwr Cymreig, Huw Watkins, yn Gyfansoddwr Cysylltiol fis Hydref diwethaf.

Gan dderbyn cefnogaeth gan Gyngor Celfyddydau Cymru, ac yn rhan o BBC Cymru, mae'r Gerddorfa Genedlaethol yn perfformio'n rheolaidd yn Neuadd Dewi Sant, Caerdydd, ac mewn canolfannau ar draws Cymru a gweddill y DU.

Cartref y Gerddorfa yw Neuadd Hoddinott y BBC, neuadd gyngerdd a stiwdio recordio o safon fyd-eang yng Nghanolfan Mileniwm Cymru, lle mae'r Gerddorfa'n parhau i weithio fel cerddorfa recordio flaenaf y DU. Yn ddiweddar, rhyddhaodd y Gerddorfa CD yn cynnwys y recordiad cyntaf gyda Thomas Søndergård, gan berfformio Ail a Seithfed Symffoni Sibelius.

Siwan Llynor

Mae Siwan Llynor yn gyfarwyddwr ac ymarferydd theatr gymunedol, gan greu prosiectau creadigol a chynyrchiadau theatrig sy'n cynnig profiad newydd mewn lleoliadau cyfarwydd.

Yn wreiddiol o'r Bala, mae Siwan bellach wedi ymgartrefu ym Môn gyda'i gŵr a'i theulu ifanc. Dechreuodd ei gyrfa fel actores ar y gyfres deledu *Tipyn o Stad* a chyda cwmnïau theatr. Roedd yn rhan o gast gwreiddiol *Er Mwyn*

Yfory yn Eisteddfod Genedlaethol Meirion a'r Cyffiniau 1997, ac enillodd Wobr Goffa Lady Herbert Lewis yn Eisteddfod Maldwyn a'r Gororau 2003.

Mae hi wedi cyfarwyddo, sgriptio a dyfeisio cynyrchiadau i Amgueddfa Lechi Cymru, Cwmni Cofis Bach, Bara Caws, Cyngor Llyfrau Cymru, Galeri Caernarfon, Theatr Ieuenctid Môn, Cyngor Môn, Eisteddfod Genedlaethol yr Urdd, Cwmni Opera Cenedlaethol Cymru a National Theatre Wales.

John Quirk

Mae John Quirk yn gyfarwyddwr cerddorol profiadol sydd wedi gweithio gyda nifer o berfformwyr mwyaf blaenllaw y byd. Mae ganddo berthynas agos gyda'r Eisteddfod Genedlaethol, lle gweithiodd ar nifer o gyngherddau a digwyddiadau dros y blynyddoedd, ac mae'n brofiadol iawn ym myd y theatr – fel cyfarwyddwr cerddorol ar sioeau fel *Annie* a *Grease,* a dros ugain o bantomeimau gyda pherfformwyr amlwg o fyd adloniant.

Mae hefyd yn arweinydd dawnus, sydd wedi gweithio gyda sêr rhyngwladol fel Rebecca Evans, Jason Howard, Gwyn Hughes Jones a John Owen-Jones. Mae ganddo brofiad eang fel cyfarwyddwr cerddoriaeth a chyfansoddwr ar gyfer rhaglenni teledu, ac mae'n amlwg hefyd fel trefnydd cerddoriaeth, gan weithio ar nifer o ffilmiau a chyfresi sydd wedi bod yn llwyddiannus iawn, yn eu plith y ffilm *Ryan a Ronnie.* Bu hefyd yn gosod a threfnu cerddoriaeth ar gyfer nifer fawr o artistiaid, cerddorfeydd a grwpiau dros y blynyddoedd, gan gynnwys Only Men Aloud wrth iddyn nhw fynd ar daith yn ddiweddar.

Catrin Angharad Jones

Mae Catrin Angharad Jones yn adnabyddus am ei llwyddiant mewn llu o eisteddfodau. Bu'n cystadlu'n unigol am flynyddoedd fel aelod o Aelwyd yr Ynys ac fel aelod o Glwb Ffermwyr Ifanc Penmynydd, a phinacl y cystadlu unigol iddi oedd ennill Gwobr Goffa Lady Herbert Lewis yn Eisteddfod Genedlaethol Meirion a'r Cyffiniau 2009. Enillodd Ysgoloriaeth yr Urdd Bryn Terfel yr un flwyddyn.

Mae hi wedi sefydlu ac yn arwain tri chôr, sef Hogia Llanbobman, Harmoni a Chôr Esceifiog, ac mae'r tri chôr wedi dod i'r brig mewn eisteddfodau ac yn yr Ŵyl Cerdd Dant. Cipiodd Hogia Llanbobman y wobr gyntaf yn y corau hyd at 35 mewn nifer yn Eisteddfod Maldwyn a'r Gororau 2015, gan ennill y teitl 'Côr yr Ŵyl'.

Cyhoeddodd ddwy gyfrol o drefniannau o alawon gwerin i leisiau SSAA a TTBB yn 2016 o dan label Cwmni Cyhoeddi Gwynn. Mae Catrin yn parhau i berfformio yn unigol yn achlysurol, a bydd yn rhyddhau CD o alawon gwerin Môn yn ystod yr wythnos.

Gwen Elin

Enillodd Gwen Elin Ysgoloriaeth Bryn Terfel yn 2015, ac mae'n enillydd cenedlaethol mewn amryw o gystadlaethau sioeau cerdd. Mae'n gyn-actores o'r gyfres *Rownd a Rownd,* yn raddedig mewn Cymraeg ac Astudiaethau'r Theatr a'r Cyfryngau o Brifysgol Bangor, ac yn gobeithio parhau i astudio sioeau cerdd yn y dyfodol.

Aelodau Côr yr Eisteddfod, 2017

Endaf ap Ieuan
Gwyn Anwyl
Richard Barker
Mair Bebb-Jones
Jane Bown
Angharad de Bruin
Anest Bryn
Delwen McCallum
Anne Dilys Coleman
Manon Dafydd
Carol Davies-Owen
Ceinwen Lloyd Davies
Eirian Davies
Elen Ruth Davies
Ellen Davies
Eurfryn Davies
Gwyneth Marion Davies
Iestyn Davies
Iwan Davies
Janice Mary Davies
Lynn Davies
Olwen Davies
Rhiannon Davies
Sam Davies
Tommy Davies
Wendy Joy Davies
Anwen Edwards
Eleri Edwards
Hilma Lloyd Edwards
Llinos Edwards
Sioned Elin Edwards
Siwan Edwards
Dafydd Evans
Elizabeth Ann Evans
Ffion Mair Evans
Geraint Evans
Gwen Trevor Evans
Gwenan I Evans
Gwenan Evans
Ieuan Evans
Iola Evans

Iona Evans
Mari Gwenllian Evans
Rhys Evans
Sally Evans
Steve Fenton
John Foulkes
Huw Gethin
Rhys Glyn
Beryl Wyn Griffith
Elliw Haf Griffith
Dafydd Griffiths
Ceri Gwyn
Nia Heledd Hall
Helen Holland
Beryl Hughes
Bethan Rowland Hughes
Eirian Ceri Hughes
Elen Wyn Hughes
Elwyn Hughes
Gareth Hughes
Gladys Hughes
Len Hughes
Llinos Haf Hughes
Llio Mai Hughes
Lois Hughes
Mared Wyn Hughes
Margaret Hughes
Sian Helen Hughes
Sion Elwyn Hughes
Susan Hughes
Arwel Humphreys
Eryl Humphreys
Jean Humphreys
Williams John Humphreys
Eirian Isfryn
Alan Jones
Alun Jones
Alwyn Jones
Ann Elfed Jones
Ann Eluned Jones
Ann Evans Jones

Ann Jones
Bernard Jones
Caren Rees Jones
Cerys Jones
Dafydd P Jones
Dewi Elfed Jones
Dewi Jones
Dewi Jones
Dylan Jones
Eirwen Jones
Eleri Wyn Jones
Elisabeth M Jones
Ellis Wyn Jones
Emyr Jones
Eric Jones
Gareth Rhun Jones
Gareth Wyn Jones
Gareth Jones
Gareth Jones
Geraint Jones
Glenys Jones
Gwen Elisabeth Jones
Gwenno Jones
Gwilym Rhys Jones
Gwion Morris Jones
Gwyn Jones
Gwyn Jones
Heledd Fflur Jones
Huw Idris Jones
Hywel Jones
Ian Jones
Ian Morris Jones
Ieuan Gwynedd   Jones
Ieuan Gwynfor Jones
John Wyn Jones
Linda Margaret Jones
Lois Jones
Mair Searell Jones
Margaret Jones
Marred Glynn Jones
Mary Gwynedd Jones

Owena Wynn Jones
Rhian Lloyd Jones
Rhian Mair Jones
Rhian Pierce Jones
Rhiannon Jones
Rhys Lloyd Jones
Richard Evans Jones
Robin Jones
Sian Elen Jones
Susan Wyn Jones
Teleri Mair Jones
Tomos Alwyn Jones
Valerie Pritchard Jones
Winifred Jones
Gwenno Pierce Jones-Williams
Bethan Wyn Kennaway
Jenny Lane
Peter William Lane
Elen Lansdown
Nicoletta Laude
Catherine Lee
Bethany Lewis
Liz Lewis
Mared Lewis
Minnie Lewis
Gwyn Morgan Lloyd
Gwyn Lloyd
Margaret Wyn Lloyd
Margaret Lloyd
Dafydd Lowe
Claire Mace
Eluned Mason
Lyn McCann
Julie Mckeaveney
Nia Gwyn Meacher
Gweno Millar
Ifan Morgan
Rhiannon Morgan
Wyn Morgan
Einir Wyn Morris
Sharon O'Connor-Jones
Gareth Osmond
John Outram
Dafydd Owen
Gwenllian Owen
Heulwen Owen
Hilary Owen
Hywel Wyn Owen
Ken Owen
Lorna Owen

Nest Owen
Rhian Owen
Robert Owen
Ruth Elizabeth Owen
Sharon Owen
Siân Owen
William Gareth Owen
Ella Owens
Elin Angharad Parry
John Parry
Len Parry
Thelma Parry
William Parry
Ceinwen Price
Heulwen Price
Elspeth Pritchard
Gareth Pritchard
Gary Pritchard
Glenys Pritchard
Ifan Pritchard
Mari Lloyd Pritchard
Elain Rhys
Ann Kirwood Roberts
Bethan Lunt Roberts
Bethan Roberts
Bryn Roberts
Catrin Mair Roberts
Dafydd Roberts
Eirian Roberts
Enfys Roberts
Enid Roberts
Glenys Ann Roberts
Helen Roberts
John Alun Roberts
Lis Roberts
Lois Angharad Roberts
Meinir Roberts
Nerys Ann Roberts
Sian Pierce Roberts
Valerie Roberts
Gwyndaf Rowlands
Les Ryder
Jane Wendy Seddon
Daniela Shlick
Terri Stallard
Arwel Stephen
Eleanor Mae Stevens
Arfon Thomas
Emlyn Thomas
Gareth Rhys Thomas

Heidi Watts Thomas
Liam Thomas
Linda Thomas
Margaret Thomas
Marian Thomas
Wendy Webster
Anwen Weightman
Bethan Mai Williams
Bethan Mair Williams
Beti Wyn Williams
Carys E Williams
Catrin Heledd Williams
Ceri Williams
Dafydd Williams
Derwyn Williams
Dilys Williams
Eirian Williams
Eirianwen Williams
Ellen Williams
Enid Williams
Gareth Williams
Gethin L Williams
Gwilym Williams
Iona Williams
Iwan Wyn Williams
Llinos Williams
Manon Williams
Megan Williams
Meinir Eluned Williams
Non Gwenllian Williams
Sian Williams
Sioned Haf Williams
Sioned Williams
Tom Williams
Wendy Williams
Michael Willis
Catrin Withers
Rolant Wynne

Staff:

Mari Lloyd Pritchard
Catrin Angharad Jones
Olwen Jones

Ann Peters Jones, Grês
Pritchard, Elen Wyn Keen, Nia
Wyn Efans, Ffion Mair Evans,
Eirianwen Wiliams

Dewch draw i'n tŷ ni

Rydym wedi bod yn noddi'r Eisteddfod ers mwy na 35 mlynedd, felly mae'n gartref oddi cartref i ni erbyn hyn. Dewch draw i'n gweld ni yn ein stondin i ymlacio gydag adloniant byw a phaned.

Edrychwn ymlaen at eich croesawu!

Principality. Lle mae cartref yn bwysig.

Principality
Building Society
Cymdeithas Adeiladu

principality.co.uk

ydd sadwrn

5 Awst

Cefnogir gan Ymddiriedolaeth
Elusennol Ynys Môn

Nodwch: Gall amserlen cystadlaethau redeg yn fuan neu yn hwyr

Pafiliwn

Noddir gan

Arweinyddion:
Dei Tomos, Nia Thomas

10:00
Bandiau Pres Dosbarth 4 (14)

Hunanddewisiad heb fod yn fwy na 15 munud, a chyda lleiafswm o dair eitem.

Beirniad: Gary Davies

Gwobrau:
1. Her-gwpan Ivor Jarvis i'w ddal am flwyddyn a £500 (Ymddiriedolaeth James Pantyfedwen)
2. £300 (Seindorf Beaumaris)
3. £200 (Er cof am Tom ac Ann James, Aberaeron)

Ymgeiswyr:
1. Seindorf Dyffryn Nantlle
2. Band Porthaethwy
3. Band RAF Sain Tathan
4. Seindorf Beaumaris
5. Band Pres Rhondda

Noddir gan Ymddiriedolaeth Elusennol Simon Gibson

11:40
Bandiau Pres Dosbarth 3 (13)

Hunanddewisiad heb fod yn fwy na 15 munud, a chyda lleiafswm o dair eitem.

Beirniad: Gary Davies

Gwobrau:
1. Cwpan Ivor Jarvis i'w ddal am flwyddyn a £500 (Ymddiriedolaeth James Pantyfedwen)
2. £300 (Seindorf Beaumaris)
3. £200 (Er cof am Islwyn Jones)

Ymgeiswyr:
1. Band RAF Sain Tathan
2. Seindorf Beaumaris
3. Band Arian Ogmore Valley

Noddir gan Ymddiriedolaeth Elusennol Simon Gibson

12:40
Seremoni Agoriadol

Eifion Lloyd Jones, Llywydd y Llys a Derec Llwyd Morgan, Cadeirydd Pwyllgor Gwaith Ynys Môn.

12:50
Dawns Unigol Disgo, Hip Hop neu Stryd i rai 12 oed a throsodd (102)

i gerddoriaeth gyda geiriau Cymraeg neu heb eiriau o gwbl.

Amser: hyd at 2 funud o'r symudiad cyntaf

Beirniaid: Sarah Mumford, Catherine Young

Gwobrau:
1. £75 (Alun ac Esyllt, AE & AT Lewis Ltd Plant Hire, Llangwyllog)
2. £50 (RPO Williams – Peirianneg Sifil)
3. £25 (RPO Williams – Peirianneg Sifil)

13:05
Dawns Disgo, Hip Hop neu Stryd i Grŵp (105)

dros 4 mewn nifer i gerddoriaeth gyda geiriau Cymraeg neu heb eiriau o gwbl.

Amser: hyd at 3 munud o'r symudiad cyntaf

Beirniaid: Catherine Young, Sarah Mumford

Gwobrau:
1. £150
2. £100
3. £50
(£300 Merched y Wawr Caergybi)

Noddir gan

13:20
Cystadleuaeth Gorawl Eisteddfodau Cymru (200) Rhan 1

Unrhyw gyfuniad o leisiau heb fod yn llai nag 20 mewn nifer, i gyflwyno dau ddarn cyferbyniol heb fod yn hwy nag 8 munud, ac i gynnwys darn gan gyfansoddwr o Gymro. Ni chaniateir i unrhyw gôr ail ganu cân mewn categori arall adeg yr Ŵyl. Bydd cystadlu mewn dwy eisteddfod leol rhwng **1 Mai 2015 – 1 Mai 2017** yn rhoi'r hawl i gystadlu yn y gystadleuaeth hon yn Eisteddfod Genedlaethol Ynys Môn 2017.

Beirniaid: Richard Elfyn Jones, Beryl Lloyd Roberts, Geraint Roberts

Gwobrau:
1. Cwpan Miss Menai Williams a Mrs Nesta Davies i'w ddal am flwyddyn a £500
2. £300
3. £200
(£1,000 Gwobr Goffa Catherine Lloyd Morgan, gynt o Langors Fach, Ffair Rhos)
Cyflwynir Medal Goffa Gwilym E Humphreys [Cymrawd yr Eisteddfod Genedlaethol] i arweinydd y côr buddugol

Ymgeiswyr:
1. Côr y Gleision
2. Côr Lleisiau Llannerch
3. Côr Bro Meirion
4. Côr Crymych a'r Cylch

14:10
Canlyniad cystadleuaeth (14)

14:15
Bandiau Pres Dosbarth 2 (12)

Hunanddewisiad heb fod yn fwy na 15 munud, a chyda lleiafswm o dair eitem.

Beirniad: Gary Davies

Gwobrau:
1. Cwpan Ivor Jarvis i'w ddal am flwyddyn a £400 (Ymddiriedolaeth James Pantyfedwen)
2. £300 (Dewi ac Ann Elfed Jones a'r teulu, Benllech)
3. £200 (Er cof am Islwyn Jones)

Ymgeiswyr:
1. Seindorf Arian Crwbin

Noddir gan Ymddiriedolaeth Elusennol Simon Gibson

14:35
Canlyniad cystadleuaeth (13)

14:40
Cystadleuaeth Gorawl Eisteddfodau Cymru (200) Rhan 2

5. Côr Dros y Bont
6. Adlais
7. Côr Dre
8. Côr Alawon Llŷn
9. Grisial

15:40
Bandiau Pres Pencampwriaeth/ Dosbarth 1 (11)

Hunanddewisiad heb fod yn hwy nag 20 munud, a chyda lleiafswm o dair eitem.

Beirniad: Gary Davies

Gwobrau:
1. Cwpan Tiriogaeth Sir y Fflint i'w ddal am flwyddyn a £750 (Ymddiriedolaeth James Pantyfedwen)
2. £500 (Evan Jones, Llannerch-y-medd er cof am Elizabeth)
3. £300 (Derek, Mary, Tomos a Mari Evans, Plas Medd, Llannerch-y-medd)

Ymgeiswyr:
1. Band Llanrug
2. Band Arian Llaneurgain
3. Seindorf Arian Deiniolen
4. Band Tref Porth Tywyn

Noddir gan Ymddiriedolaeth Elusennol Simon Gibson

17:20
Seremoni cyflwyno enillwyr prif gystadlaethau yr adran Celfyddydau Gweledol

Beirniadaethau Celfyddyd Gain a Chrefft a Dylunio yn ogystal â Phensaernïaeth.

Cyhoeddi enwau'r buddugwyr ac yna'u harwisgo gan Lywydd y Llys, Eifion Lloyd Jones.

(i) Y Fedal Aur am Gelfyddyd Gain:
Gwobr: Medal Aur am Gelfyddyd Gain (replica) (Er cof am Gwilym Evans [Pensaer], Llangefni, rhoddedig gan ei briod Margaret a'r teulu) a £5,000 (Ymddiriedolaeth James Pantyfedwen) i'w rannu yn ôl doethineb y detholwyr.

(ii) Y Fedal Aur am Grefft a Dylunio:
Gwobr: Medal Aur am Grefft a Dylunio (replica) a £5,000 i'w rannu yn ôl doethineb y detholwyr.

Detholwyr: Carwyn Evans, Jessica Hemmings, Ceri Jones.

(iii) Y Fedal Aur am Bensaernïaeth:
Gwobr: Medal Goffa Alwyn Lloyd (replica), ar y cyd â Chymdeithas Frenhinol Penseiri yng Nghymru (Cefnogir gan Gomisiwn Dylunio Cymru).

Detholwyr Pensaernïaeth: Gwyn Lloyd Jones a Geraint Roberts.

17:30
Canlyniad cystadleuaeth (102)

17:35
Canlyniad cystadleuaeth (105)

17:40
Canlyniad cystadleuaeth (12)

17:45
Canlyniad cystadleuaeth (11)

17:50
Beirniadaeth cystadleuaeth (200)

Beirniad: Richard Elfyn Jones

Pagoda

13:00
Cyfeilio ar y Piano – Cystadleuaeth Goffa Eleri Evans (58)

Disgwylir i'r cystadleuwyr gyfeilio i ddarn ar gyfer offeryn cerddorfaol a bod yn barod i gyfeilio i ddarn arall a osodir ar y pryd. Bydd yr ail ddarn yn gân osodedig.

(a) Darn ar gyfer offeryn cerddorfaol

(b) Cân osodedig

Beirniad: Meirion Wynn Jones

Gwobr:
1. £300 (£200 o Gronfa Eleri a £100 gan Gwilym a Glenys Evans, Llandyrnog, Dinbych er cof am eu merch, Eleri i ariannu astudiaeth bellach mewn cyfeilio)

Dawns

09:00
Rhagbrawf: Dawns Unigol Disgo, Hip Hop neu Stryd i rai 12 oed a throsodd (102)

11:00
Rhagbrawf: Dawns Disgo, Hip Hop neu Stryd i Grŵp (105)

14:30
Dawns Unigol Disgo, Hip Hop neu Stryd i rai dan 12 oed (103)

i gerddoriaeth gyda geiriau Cymraeg neu heb eiriau o gwbl.

Amser: hyd at 2 funud o'r symudiad cyntaf

Beirniaid: Sarah Mumford, Catherine Young

Gwobrau:
1. £50 (Gerallt Wyn, Garej Bryntirion Llannerch-y-medd)
2. £25 (Ysgol Gynradd Bodedern)
3. £15 (Ysgol Gynradd Bodedern)

16:30
Dawns Greadigol / Gyfoes i Bâr (101)

Dehongliad creadigol drwy arddulliau cyferbyniol. Rhaid perfformio o leiaf ddwy arddull gyferbyniol i gerddoriaeth gyda geiriau Cymraeg neu heb eiriau o gwbl.

Amser: hyd at 3 munud o'r symudiad cyntaf

Beirniaid: Catherine Young, Sarah Mumford

Gwobrau:
1. £100
2. £60
3. £40
(£200 Rhiannon Mercer, Brynsiencyn)

Y Babell Lên

Trefnir gan yr Eisteddfod

Noddir y gweithgareddau llenyddol gan

10:30
Agoriad Swyddogol

Beirdd Môn – Cen Williams gyda Nia Wyn, Gwion Jones, Gwen Elin, Côr Seiriol a Gwennant Pyrs. Telynorion – Mona Meirion a Dylan Rowlands. Dan ofal Barddas.

11:45
Stori Cyn Cinio!

Detholiad o straeon William Owen gyda Linda'r Hafod.

12:30
'O Lys Aberffraw i Gribau Eryri'

Cip ar waith y nofelydd hanes, Rhiannon Davies Jones, ac atgofion am ei bywyd a'i gwaith – Cyflwyniad gan Haf Llewelyn, Nia Medi, Carys Edwards, gyda chân gan Cadog, Brychan a Guto Edwards a Bethan Antur yn cyfeilio.

13:15
Hawl i'r Gymraeg yn y Gyfraith

Y bargyfreithiwr amlwg o Fôn, Gwion Lewis, sy'n trafod yr iaith a'r gyfraith.

14:15
Rownd Derfynol Talwrn y Beirdd, BBC Radio Cymru

16:00
Awdur y Dydd

Rhwng Awyr Las a Chlychau'r Gog – Sonia Edwards yn trafod y dylanwadau ar ei gwaith a'r hyn sy'n ei hysbrydoli: hipopotamws, tedi bêr neu ddau, a chreigiau gwyllt a rhamantus arfordir Môn. Bydd sesiwn holi ac ateb ar Lwyfan y Llannerch am 17:00.

17:45
Slot Chwarter i Chwech: Be sy'n ddoniol?'

Tudur Owen a'i banelwyr yn darnio hiwmor y Cymry mewn sgwrs ffraeth. Noddir gan Gronfa Gari.
#gwylgomedisteddfod

Llwyfan y Llannerch

Trefnir gan yr Eisteddfod.
Noddir y gweithgareddau llenyddol gan

12:30
Picnic 4 a 6

Glain Rhys, Gwawn, Arwyn Groe a mwy.

15:30
Slot y Gweisg: Ewrop trwy eiriau

Cyflwyniad i *Fabula*, cyfrol newydd o straeon gan Llŷr Gwyn Lewis, a fydd yn sgwrsio â golygydd y gyfrol, Meinir Edwards. Bydd Llŷr hefyd yn trafod ei brofiadau wrth gymryd rhan yn y prosiect Lleisiau Newydd o Ewrop. Sesiwn yng ngofal Y Lolfa.

17:00
Slot Awdur y Dydd

Llŷr Gwyn Lewis yn holi a sgwrsio gyda Sonia Edwards.

Gŵyl Llên Plant

Trefnir gan yr Eisteddfod
Cefnogir gan Gronfa Park-Jones
Noddir y gweithgareddau llenyddol gan

12:00
Gweithdy Celf: Chwedlau

Camwch i mewn i fyd y Chwedlau i ddarganfod rhyfeddodau lu... Ydi, mae Cymru'n dirwedd hynafol, gyda miloedd o flynyddoedd o hanes a chwedlau lle bynnag yr edrychwch chi! Felly, fel rhan o Flwyddyn Chwedlau Cymru, ymunwch gyda ni mewn gweithdy celf arbennig i ddysgu mwy am ein chwedlau.

14:00
Gweithdy Celf: Tylwyth Teg

Wyddech chi fod y tylwyth teg ar y Maes eleni? Ond maen nhw angen eich help chi i greu drysau newydd i'w cartrefi bach clyd. Allwch chi helpu? Os felly, dyma'r gweithdy perffaith i chi – cyfle i greu drysau newydd i fynd adre gyda chi er mwyn i'r tylwyth teg allu symud i mewn. Sesiwn hudolus sy'n sicr o ddiddanu.

16:00
Parti Hwyl yn y Ffair gyda Peppa Pinc

Dewch yn llu! Dewch yn llu! Heddiw mae Peppa a'r teulu'n mynd i'r ffair, a bydd criw Gŵyl Llên Plant yno i greu parti mawr er mwyn dathlu'r achlysur. Ac os ydych chi'n lwcus iawn, efallai y bydd cyfle i gyfarfod â Peppa ei hun...

Theatr y Maes

Trefnir gan yr Eisteddfod
Noddir gan

12:00
Taith Hudolus o Llanbobman i Llanrwla... - Theatr Ieuenctid Môn

Daw criw TIM Bach Caergybi, Amlwch, Llangefni a Phorthaethwy ynghyd mewn dawns a chân i chwilio am drysorau ar hyd a lled yr Ynys. Dewch i ymuno â'r daith!

Sgript: Angharad Llwyd
Cerddoriaeth: Ynyr Llwyd.

14:00
Y Cyfarwydd Anghyfarwydd – Theatr Ieuenctid Theatr Fach Llangefni

Beth fyddai wedi digwydd pe byddai Dwynwen a Branwen wedi bod yn ffrindiau? Beth pe bai Bendigeidfran yn gorrach, ac mai grŵp gwerin enwog oedd gwrachod dychrynllyd Llanddona? Mae'n hawdd iawn i'n chwedlau a'n straeon gwerin gael eu hanghofio, felly dyma wedd newydd ar rai ohonynt wrth inni gydblethu cymeriadau a straeon ganrifoedd oed. Cawn ddathlu Blwyddyn y Chwedlau wrth eu cyflwyno i genhedlaeth a chynulleidfa newydd.

16:00
O no! Ffôr – O! – Ysgol Bodedern

Sioe ysgafn gan staff a chyfeillion Ysgol Uwchradd Bodedern i ddathlu pen-blwydd yr ysgol yn 40 oed ym mis Medi 2017. Oeddech chi'n un o'r criw gwreiddiol yn 1977? Efallai y byddwch chi'n adnabod ambell gymeriad felly...

Sgript: Menna Evans (Cwyrtai) ac Ianto Lloyd (Athro Drama cyntaf YUB)

Cyfarwyddo: Catrin Jones Hughes

Sinemaes

Cydlynir Sinemaes gan BAFTA Cymru gyda'r partneriaid canlynol:

Y Gymdeithas Deledu Frenhinol, Archif Genedlaethol Sgrîn a Sain Cymru, Canolfan Ffilm Cymru, Chapter, BBC Cymru Wales, BFI NET.WORK, Undebau'r Diwydiannau Creadigol yng Nghymru, Cwmni Pendraw, Gorilla, Into Film Cymru, S4C a TAC gyda chefnogaeth yr Eisteddfod a Chyngor Celfyddydau Cymru

09:30
Dangosiad: Arfordir Cymru ar Ffilm

Mae blas yr heli ar y detholiad yma o ffilmiau o gasgliad Archif Genedlaethol Sgrîn a Sain Cymru wrth inni ymweld â thraethau, ynysoedd a sawl harbwr a phromenâd am gipolwg ar fywyd arfordirol Cymru drwy'r 20fed ganrif. O Brestatyn i Benclawdd, o'r Bermo i Ynys Bŷr, cawn weld sut mae dyfroedd Cymru wedi cynnal pysgota, masnach fyd-eang a hafau hirfelyn o wyliau bythgofiadwy. Felly, ysgwydwch y tywod o'ch brechdanau, a mwynhewch y fordaith!

Oedran: Pob oed

Cynhyrchwyd gan Archif Genedlaethol Sgrîn a Sain Cymru, Canolfan Ffilm Cymru, Chapter

Rhan o BFI Britain on Film.

11:00
Dangosiad: GOGS Gogwana

Gyda'r elusen yn dathlu 26 mlynedd o wobrwyo cynnwys Cymreig eleni, dyma gyfle i fwynhau ambell raglen a dderbyniodd glod a gwobrau yn seremonïau BAFTA Cymru dros y blynyddoedd. Dewch draw i wylio'r gyfres boblogaidd GOGS: Gogwana yn Sinemaes! Eleni, bydd elfennau rhyngweithiol yn rhan o'r dangosiad.

Oedran: Pob oed

Cynhyrchwyd gan BAFTA Cymru.

13:00
Dangosiad: Arfordir Cymru ar Ffilm

Gweler bore Sadwrn am fanylion llawn.

14:30
Dangosiad: Solomon a Gaenor

Cymru, 1911. Mewn cyfnod heriol, mewn lleoliad annisgwyl, mae Solomon yn cwrdd â Gaenor. Daw Gaenor o gartref o löwyr, a gwerthu dillad rhad yw gwaith teulu Solomon. Mae Gaenor a'i theulu yn mynychu'r eglwys yn rheolaidd, ac Iddew yw Solomon, er nad yw'n cyfaddef hyn iddi hi. Cymraeg yw ei hiaith hi ac Iddeweg yw ei iaith ef. Ond, er gwaetha'r holl wahaniaethau diwylliannol, crefyddol, gwleidyddol a daearyddol hyn, mae eu cariad yn blaguro. Mae'r perfformiadau gafaelgar a'r ymdeimlad o berthyn yn y ffilm hon yn ei gwneud hi'n ffilm ramantus a phwerus.

Oedran: 15.

Cynhyrchwyd gan BAFTA Cymru

17:30
Dangosiad: Dan y Wenallt – Sesiwn holi ac ateb i ddilyn

Addasiad newydd o gyfieithiad godidog T James Jones o ddrama enwog Dylan Thomas i leisiau. Caiff bywydau mewnol trigolion Llaregub eu datgelu wrth iddynt hel atgofion am gyn-gariadon ac ail-fyw buddugoliaethau'r gorffenno.

Oedran: 15

Cynhyrchwyd gan Ganolfan Ffilm Cymru, Chapter a Chanolfan Ucheldre.

Theatr Stryd

Trefnir gan yr Eisteddfod

10:30
Bore Da gyda chymeriadau Cyw

Bob bore bydd ffrindiau Cyw yn y Ganolfan Ymwelwyr i'ch croesawu. Dyma'ch cyfle cyntaf i fynnu amserlen i ddigwyddiadau S4C ar y Maes, ac i ofyn am argaeledd tocynnau i Sioe Cyw!.

Lleoliad: Y Ganolfan Ymwelwyr.

11:00
Sgiliau Syrcas

Dewch draw i roi cynnig ar jyglo sgarffiau, peli, pasio clybiau jyglo, platiau troelli, diabolo, ffyn blodau, cylchyn hwla, sgiliau cydbwyso, beiciau, a llawer mwy. Cewch ddysgu tric newydd, cael hwyl a chadw'n heini ar yr un pryd! Gweithdai o 11:00 tan 17:00 ac yn addas i bawb

Lleoliad: Stondin Sgiliau Syrcas.

Beic Disgo #maesb20

Dewch i ddathlu pen-blwydd Maes B yn 20 oed gyda'r Beic Disgo! Bydd gennym gasgliad o recordiau sy'n cynnwys caneuon gan rai o'r bandiau fu'n perfformio ym Maes B dros yr 20 mlynedd ddiwethaf. Hoffi Big Leaves, Diffiniad neu'r Ods? Beth bynnag yw'ch dewis, rydym yn sicr o gael hyd i rywbeth i'ch plesio a rhoi cyfle i hel atgofion am Faes B y gorffennol wrth ddawnsio gyda'r Beic Disgo ar draws y Maes!

Lleoliad: Amrywiol

Tŷ Gwerin

Trefnir gan yr Eisteddfod.
Partneriaid: Trac, Clera a Chymdeithas Genedlaethol Dawns Werin Cymru.

Cefnogir gan

Cyngor Celfyddydau Cymru
Arts Council of Wales

09:30
Yoga@Maes

Cyfle i ymlacio ben bore gyda sesiwn yoga yn y Tŷ Gwerin.

12:00
Sesiwn Werin

Sesiwn gyda Meurig Williams ar gyfer chwaraewyr gyda pheth profiad. Trefnir y sesiwn gan Clera.

13:00
Tant

Dyma grŵp gwerin newydd ddaeth at ei gilydd ym mhenwythnos Gwerin Gwallgo' 2016. Yn dod o bob rhan o'r gogledd, mae Angharad, Elliw, Modlen, Non a Siwan eisoes wedi perfformio yn Sesiwn Fawr Dolgellau, ac maen nhw yma yn y Tŷ Gwerin am y tro cyntaf erioed heddiw.

14:00
Prosiect Dawns a Chlocsio Dawnswyr Môn

Cyfle i berfformio i ddawnswyr ifanc y prosiect dysgu dawnsio/clocsio i ysgolion a noddwyd gan Gymdeithas Genedlaethol Dawns Werin Cymru.

15:00
Unawd ar unrhyw offeryn gwerin (10)

Rhaglen o ganeuon gwerin neu geinciau traddodiadol Cymreig heb fod yn hwy na 5 munud. Rhoddir pwyslais ar dechneg, arddull a dehongliad traddodiadol Gymreig.

Beirniad: Gwilym Bowen Rhys

Gwobrau:
1. Tlws Coffa John Weston Thomas i'w ddal am flwyddyn a £75
2. £50
3. £25
   (£150 Wendy Davies, Llanfairpwll)

16:00
Doniau Cudd

Grŵp o bobl ifanc gydag anableddau dysgu sy'n cyd-brofi cerddoriaeth gyda cherddorion clasurol, gwerin a roc yr un oed, ac yn creu a pherfformio cerddoriaeth yn wythnosol dan adain Cymdeithas Gerdd William Mathias, Caernarfon.

17:00
Cyfeilio i rai o dan 25 oed (26)

Disgwylir i'r cystadleuwyr gyfeilio i ddatgeinydd Cerdd Dant ac i fod yn barod i drawsgyweirio'r ceinciau gosodedig, hyd at dôn yn uwch a thôn yn is.

Ceinciau: 'Mererid' a 'Coetmor' - Menai Williams

Beirniad: Dylan Cernyw

Gwobrau:
1. £100 (Eleanor Hughes a'r teulu, Tŷ Mawr er cof am Iorwerth G. Hughes)
2. £60 (Esther Wynne Edwards, Llangefni)
3. £40 (Elain Wyn Jones, Penrhos, Pwllheli)

Maes D

Trefnir gan yr Eisteddfod

Cefnogir gan

boom cymru

12:00
Agoriad Swyddogol

Mei Gwynedd sy'n arwain grwpiau cymunedol o Fôn a thu hwnt yn canu'r gân *Pethau Bychain.* Croeso i bawb

13:00
Cyflwyno tystysgrifau CBAC a Thlws Coffa Elvet a Mair Elvet Thomas

Ymgeiswyr Canolradd ac Uwch yn derbyn eu tystysgrifau, ynghyd â'r wobr i'r tiwtor gorau.

14:00
Gwyneth Glyn

Ers yn ddim o beth bu gan Gwyneth Glyn gariad at eiriau, a chyda dawn i ganu hefyd, mae'n gantores-gyfansoddwraig hynod boblogaidd yng Nghymru erbyn heddiw, wedi rhyddhau tri albwm a chydweithio gyda phob math o bartneriaid.

15:00
Clocs Ffit – Tudur Phillips!

Mae Tudur Phillips yn adnabyddus fel clocsiwr a chyflwynydd teledu, ond ers ychydig flynyddoedd mae wedi bod yn cynnal dosbarthiadau cadw'n heini – a hynny drwy glocsio. Anghofiwch felly am yr Yoga, pilates a Spin, ac ymunwch â ni am fymryn o Glocs Ffit.

Bydd clocs ar gael i'r rhai sydd eisiau ymuno.

Gwyddoniaeth a Thechnoleg

Partneriaeth rhwng yr Eisteddfod a'r Coleg Cymraeg Cenedlaethol.

Drwy'r wythnos

Rhwydwaith Ymchwil Peirianneg Cymru

Blas ar ymchwil wyddonol, blaengar a chyffrous yng Nghymru.

Prifysgol Bangor

Pob math o wyddoniaeth, o seicoleg a chemeg i wyddorau'r môr a mwy.

Rhwydwaith Ymchwil Carbon Isel, Ynni a'r Amgylchedd

Boddi pentref LEGO, creu eich trydan eich hunain, a gwneud tonnau.

Magnox

Mae Magnox Limited yn rhedeg safleoedd dadgomisiynu Wylfa a Trawsfynydd a safle trydan-dŵr Maentwrog. Bydd eu harddangosfa'n cynnwys nifer o weithgareddau sy'n gysylltiedig â thechnoleg ryngweithiol wedi'u hanelu at bobl ifanc hyd at Gyfnod Allweddol 2.

Morlais

Lleuad, llanw a thyrbinau dŵr gwyllt,

M-Sparc

Dewch i ddarganfod adeilad newydd Parc Gwyddoniaeth Menai gan ddefnyddio technoleg rithwir a llawer mwy.

Prifysgol Aberystwyth

Blas ar ymchwil arloesol gwyddonol, cyfarfod llysgenhadon a gweithgareddau lu.

RSC

Gweithgareddau chwarae a dysgu gyda ynni gwynt, ynni gwres a mwy.

Ynni Niwclear Horizon

Gwefru ffôn, creu ynni a chadw'n heini.

Ynni Da

Gwefru ffôn, creu ynni a chadw'n heini.

LEGO®

Ysbrydoli a datblygu adeiladwyr y dyfodol.

Grŵp Peirianneg a Gwyddoniaeth Gogledd Cymru

Gweithgareddau rhyngweithiol peirianneg, gan gynnwys rasio ceir bach F1 ac adeiladu pont grog.

Cymdeithas Seicolegol Prydain

Gêmau'r ymennydd, yn dangos sut mae'r synhwyrau'n cael eu trin gan yr ymennydd.

10:00
Codio, cylchedau, cerddoriaeth a'r Fenai

Pob math o weithgareddau sy'n dangos y cwmpas eang o sgiliau a chyrsiau sydd ar gael ym Mhrifysgol Bangor. O adeiladu lleidr trydan sy'n gallu 'dwyn' egni o fatri 'marw' i recordio cerddoriaeth unigryw trwy ryngweithiad dynol a thechnolegol, gwyddor môr a chyfle i ddysgu codio, mae'r gweithgareddau yma'n sicr o apelio.

11:00
Calonnau Cymru: Hyfforddiant Diffibriliwr

Dewch i brofi hyfforddiant CPR yma ar y Maes. Gallai'r wybodaeth achub bywyd, felly beth am ddod atom i ddysgu'r sgiliau pwysig yma yn ystod yr wythnos?

12:00
Ras Fformiwla 1

EESW STEM Cymru (sy'n rhan o grŵp ambarél Grŵp Peirianneg a Gwyddonaieth Gogledd Cymru) sy'n trefnu'r ras F1. Oes gennych chi'r gallu i gynllunio ac adeiladu car F1? Ai eich car chi fydd y cyflymaf? Dewch i brofi'ch doniau a rasio eich car F1 eich hunan.

12:30
Sioe Wyddoniaeth Wych

Wyddoch chi mai ynni yw sail pob adwaith cemegol? Dyma gyfle i gael eich diddanu gan arbrofion gwyddoniaeth swnllyd a lliwgar. Trefnir gan Ysgol Gemeg Prifysgol Bangor.

13:15
Sioe William Jones, Mathemategydd Môn

Dewch i fwynhau sioe arbennig am hanes William Jones, y mathemategydd enwog o Lanfihangel Tre'r Beirdd, Ynys Môn, a'r symbol mathemategol π. Perfformir gan gwmni Mewn Cymeriad.

14:00
Codio, cylchedau, cerddoriaeth a'r Fenai

Gweler bore Sadwrn am fanylion llawn.

15:15
Ras Fformiwla 1

Gweler bore Sadwrn am fanylion llawn.

15:45
Sioe Wyddoniaeth Wych

Gweler uchod am fanylion llawn.

16:30
Ras Fformiwla 1

Gweler bore Sadwrn am fanylion llawn.

Dŵr Cymru
Welsh Water

Cwmni nid er elw

Ry'n ni'n wahanol i gwmnïau dŵr eraill. Nid oes gennym gyfranddalwyr.

Mae hyn yn golygu bod pob un geiniog yn mynd i gadw eich biliau'n isel a gofalu am eich dŵr a'ch amgylchedd prydferth—nawr, ac am genedlaethau i ddod.

Ry'n ni'n credu ei bod hi'n ffordd well o wneud pethau.

We're not for profit

We're different from other water companies. We don't have shareholders.

This means that every penny goes back into keeping your bill down and looking after your water and beautiful environment—now, and for generations to come.

We think it's a better way of doing things.

Darganfyddwch i ble mae'ch arian yn mynd
dwrcymru.com/gwahanol

Discover where your money goes
dwrcymru.com/different

Newid Tirlun wrth i'r Ddaear Droelli

Eleni comisiynwyd Manon Awst o Bencarnisiog i wireddu'r Arddangosfa Arbennig sy'n dwyn y teitl Troelli. Yn y ffotograff mae llaw yr artist yn dal carreg o Fynydd Parys o flaen braslun o draeth Llanddwyn gan yr artist Charles Tunnicliffe. Amcan Troelli a'r gweithgareddau sy'n ymwneud â hi yw ymdrin â themâu ecolegol sy'n cyffwrdd â thrigolion Ynys Môn ynhyd â'r rheini sy'n ymweld â'r ynys. Mae'r eitem a'r ddelwedd yn y llun yn arwyddocaol – ym Mynydd Parys yn ail hanner y 18fed ganrif roedd diwydiant copr mwya'r byd, ac mae ei olion yno o hyd. Tynnodd yr artist bywyd gwyllt, Charles Tunnicliffe (1901-1979) y darlun o goedwig Niwbwrch ym 1953 pan oedd y coed pinwydd yn cael eu plannu. Erbyn hyn, mae'r goedwig yn lloches bwysig i'r wiwer goch. Cododd cryn wrthwynebiad pan gyhoeddwyd cynlluniau yn 2004 i gwympo coed ar draws rhan sylweddol o'r goedwig – mae'r broses o ymgynghori yn parhau.

Dyma gyfle, meddai Manon Awst, i gasglu gwybodaeth, cyflwyno gwaith ymchwil, ac arddangos darnau celf sy'n cyfrannu at y drafodaeth ynglŷn â sut yr ydym yn amgyffred tirlun heddiw. Ar yr un llaw, mae tirlun yn ddelwedd sydd â'i wraidd yn y traddodiad rhamantaidd, gyda chysylltiad cryf â hanes paentiadau tirluniau. Ar y llaw arall, mae'n realiti ffisegol a materol sydd ag oblygiadau sylweddol ar y ffordd yr ydym yn byw heddiw, ac yn gofyn cwestiynau ynghylch sut y dylem ni fyw yn y dyfodol.

Yn ôl yr artist, dyma gynnig golwg o'r newydd ar y tirlun yng nghyd-destun trafodaeth ddadleuol yr 'Anthroposen' – y term sydd wedi cael ei gynnig fel rhaniad amser daearegol newydd wrth gydnabod dylanwad pellgyrhaeddol gweithgareddau dyn ar wyneb y Ddaear. "Mae'n gyfle," meddai Manon Awst, "i ysgogi cynulleidfa'r Eisteddfod i ail-ystyried eu perthynas efo'r ddaear o dan eu traed, ac yn y pen draw i edrych yn wahanol ar yr amgylchedd o'u cwmpas – y tir, y môr a'r atmosffer."

A'r teitl Troelli? "Meddwl am y byd yn troi oeddwn i fel man cychwyn," meddai, "a bod ein heffaith ni ar ein hamgylchfyd yn bygwth dinistrio systemau a strwythurau bregus dynol, er yn y pen draw mi fydd y creigiau, y tirlun, a bywyd gwyllt yn ail-ffynnu. Mae Troelli hefyd yn awgrymu newid, neu'r posibilrwydd o fedru troi pethau o gwmpas a chynnig ongl neu bersbectif newydd, sydd efallai yn ystyr mwy positif."

Cefnogir Troelli gan Gyngor Celfyddydau Cymru

Delwedd y braslun drwy ganiatâd Ystad Charles F Tunnicliffe

57

Bwriad Cronfa William Park-Jones yw hybu a gwarchod y Gymraeg, gan gynnig cymorth i'r rheini sy'n ymroddedig i gadw'r iaith yn fyw a llewyrchus.

Mae'r Eisteddfod Genedlaethol yn ddiolchgar iawn am eu cefnogaeth barhaus.

nos sadwrn

Cefnogir gan
Gronfa Park-Jones

5 Awst

Gwyn Hughes Jones

20:00 yn Y Pafiliwn

Cyfle i glywed hen ffefrynnau ac ambell gân newydd yng nghwmni Gwyn a nifer o unawdwyr ifanc, sef Steffan Lloyd Owen, Meilir Jones, Llio Evans a Meinir Wyn Roberts – gyda Iwan Llewelyn-Jones ar y piano ac Ensemble Siambr Rhys Taylor. Y cyfarwyddwyr cerdd heno yw Annette Bryn Parri a Gareth Glyn.

Gwyn Hughes Jones

Yn hanu o Lanbedrgoch, Ynys Môn, gwnaeth Gwyn Hughes Jones ei ymddangosiad proffesiynol cyntaf ym 1995 gyda Opera Cenedlaethol Cymru fel Ismaele yn *Nabucco* o dan arweiniad Carlo Rizzi. Erbyn hyn, mae wedi ymddangos ar lwyfannau opera enwocaf y byd.

Mae wedi perfformio yn rhai o'n tai opera blaenaf, gan gynnwys y Tŷ Opera Brenhinol, Covent Garden (Pinkerton, *Madama Butterfly* a Macduff, *Macbeth*); Opera Metropolitan, Efrog Newydd (Ismaele, *Nabucco*, Fenton, *Falstaff*, Pinkerton, *Madama Butterfly* a Manrico, *Il Trovatore*, dan yr arweinydd Daniele Callefarì), Opéra national de Paris (Ismaele, *Nabucco* a Camille de Rossillon, *Die Lustige Witwe*), Lyric Opera of Chicago (Fenton, *Falstaff* dan yr arweinydd Pappano, Pinkerton,

Madama Butterfly a Rodolfo, *La Bohème*), Washington National Opera (Cavaradossi, *Tosca*), Opéra de Lyon (prif ran Werther dan yr arweinydd Christian Badea), a La Monnaie, Brussels (Fenton, *Falstaff* dan yr arweinydd Pappano).

Yn nhymor 2016-17, caiff Gwyn gyfle i ddychwelyd i'r Tŷ Opera Brenhinol ar gyfer Walter von Stolzing, *Die Meistersinger von Nürnberg* ac i'r English National Opera ar gyfer Cavaradossi, *Tosca*. Roedd uchafbwyntiau 2015-16 yn cynnwys Dick Johnson, *La fanciulla del West* ar gyfer Santa Fe Opera, a pherfformiadau cyntaf ym mhrif ran opera Verdi, *Ernani* (Chelsea Opera Group) ac fel Tiriddu, *Cavalleria Rusticana* a Canio, *Pagliacci* (Opera Cenedlaethol Cymru).

Iwan Llewelyn-Jones

Magwyd Iwan yn Ynys Môn, gan dderbyn ei addysg ym Mhrifysgol Rhydychen a'r Coleg Cerdd Brenhinol yn Llundain, lle'r enillodd sawl ysgoloriaeth a gwobr am ei berfformiadau a'i ysgolheictod. Mae wedi cyflwyno datganiadau unawdol yn neuaddau cyngerdd enwoca'r byd, megis Wigmore Hall, Neuadd Dewi Sant, Y Tŷ Opera yn Sydney, a'r Gewandhaus yn Leipzig.

Fel unawdydd cyngerdd, enillodd Iwan glod a pharch am ei ddehongliadau deallus o gerddoriaeth Ffrengig. Mae ei recordiadau yn cynnwys casgliadau o gerddoriaeth unawdol i'r piano gan Debussy, Ravel, Fauré, Chabrier, Poulenc a Messiaen *(Portreadau Ffrengig)* ynghyd â CD o gerddoriaeth Gymraeg sy'n cynnwys gweithiau a gyfansoddwyd ar ei gyfer gan Alun Hoddinott, John Metcalf, Richard Elfyn Jones, Pwyll ap Siôn a Syr Karl Jenkins.

Derbyniodd gryn ganmoliaeth am ei CD *Caneuon Heb Eiriau,* sef casgliad o ganeuon adnabyddus Cymraeg wedi'u trefnu a'u perfformio gan Iwan, a gyhoeddwyd yn 2011. Fe fydd CD o berfformiadau byw o weithiau Frédéric Chopin yn cael ei rhyddhau yn 2017 ynghyd â'r recordiad cyntaf o drefniant Iwan o'r Consierto Op. 11 ar gyfer piano unawdol. Mae Iwan wedi derbyn sawl anrhydedd gan gynnwys Gwobr Syr Geraint Evans er clod am ei gyfraniad sylweddol i gerddoriaeth yng Nghymru, Ysgoloriaeth Cymry Creadigol gan y Cyngor Celfyddydau, llywyddiaeth Ymddiriedolaeth Gerdd Ynys Môn ac is-lywyddiaeth Canolfan Gerdd William Mathias. Yn 2016 Iwan oedd Cyfarwyddwr Gŵyl Biano Rhyngwladol Cymru a gynhaliwyd yn Galeri Caernarfon.

Eleni, yn dilyn astudiaethau doethurol ar bianyddiaeth Maurice Ravel ym Mhrifysgol Caerdydd a'r Université de Paris-Sorbonne, derbyniodd Iwan radd Doethur mewn perfformio a cherddoreg. Yn Ionawr 2017, fe'i penodwyd yn Gyfeilydd a Darlithydd mewn Perfformio ym Mhrifysgol Bangor.

Iddon Jones – Cyflwynydd y noson

Yn wreiddiol o Lanfigael, Ynys Môn, graddiodd Iddon o Academi Celfyddydau'r Theatr Mountview gyda gradd dosbarth cyntaf, a chan ennill amryw o wobrau yn ystod ei gyfnod yn y coleg.

Perfformiodd ran Moritz yn *Deffro'r Gwanwyn,* Theatr Genedlaethol Cymru, a Llew Llaw Gyffes yng nghynhyrchiad THGC o *Blodeuwedd.* Mae'n perfformio rhan Boz yn *Wicked* ar y daith ryngwladol ar hyn o bryd, ac mae'i waith theatr arall yn cynnwys *The Tempest* (Caerfaddon), *Symphony* (Theatr Soho/ Caeredin), *Angry Young Man* (Gŵyl Adelaide) a *Christmas Carol* (Birmingham REP).

Bu Iddon yn perfformio rhan Osian yn *Rownd a Rownd* am ddeng mlynedd, ac mae'i ymddangosiadau sgrîn eraill yn cynnwys *Loose Ends, Last Choir Standing* ac *A Concert for Diana* yn Stadiwm Wembley. Enillodd wobr BAFTA Cymru y llynedd am ei ffilm *Dancing in Circles.* Yn ogystal â chynhyrchu ac ysgrifennu'r ffilm, Iddon hefyd oedd yn serennu.

Llio Evans

Yn enedigol o Lanfairpwll, Ynys Môn, mae'r soprano Llio Evans yn wyneb cyfarwydd ac yn enillydd cyson yn yr Eisteddfod Genedlaethol, yr Urdd, Llangollen a'r Ŵyl Cerdd Dant. Astudiodd y llais yng Ngholeg Brenhinol Cerdd a Drama Cymru cyn mynd ymlaen i dderbyn MA gydag anrhydedd yn Academi Llais Rhyngwladol Cymru o dan arweiniad Dennis O'Neill. Bu'n aelod o Opera Ieuenctid Cenedlaethol Cymru, Opera Ieuenctid Prydain ac yn Artist Ifanc Alvarez gyda Garsington Opera lle derbyniodd wobr Leonard Ingrams am ei chyfraniad. Mae Llio yn enillydd Gwobr Goffa Osborne Roberts, Gwobr Dame Anne Evans, Gwobr Ryng-golegol Russell Sheppard, Ysgoloriaeth Canwr Ifanc Eisteddfod Môn ynghyd â Gwobr Cymdeithas Corau Meibion Cymru.

Bu'n artist gwadd yng Ngŵyl Gerddorol Caerdydd, Abertawe, Llandeilo a Chonwy, a recordiodd *Gweddi*, Arwel Hughes, gyda Cherddorfa a Chorws Cenedlaethol Cymreig y BBC a ddarlledwyd ar BBC Radio 3. Mae Llio hefyd yn perfformio rhan Barbe ar recordiad stiwdio o *The Beauty Stone* gan Arthur Sullivan ar label Chandos.

Chwaraeodd ran The Little One ym mherfformiad cyntaf *The Golden Dragon* gan Peter Eötvös i Music Theatre Wales yng Ngŵyl Opera Buxton yn 2016. Mae hi hefyd wedi perfformio rhannau Clorinda (HighTime Opera), Blonde (Pop-Up Opera), Yum-Yum a Gretel (Co-Opera Co.), Susanna a Pamina (Opera'r Ddraig). Yn 2017, bydd Llio'n dychwelyd i Garsington Opera i chwarae rhan Iris yn *Semele*, Handel, ac yn ail-gydio yn ei rhan gyda Music Theatre Wales yn *The Golden Dragon* yn Ne Korea cyn mynd â'r sioe ar daith o amgylch y DU yn yr hydref.

Meilir Jones

Yn wreiddiol o Langefni, Ynys Môn, astudiodd Meilir yng Ngholeg Brenhinol Cerdd a Drama Caerdydd cyn symud i'r Academi Gerddoriaeth Frenhinol, lle mae'n astudio cwrs ôl-radd ar hyn o bryd. Dechreuodd gystadlu mewn eisteddfodau pan oedd yn ifanc, ac yn 2010 derbyniodd yr ysgoloriaeth am yr Unawdydd Mwyaf Addawol yn yr Urdd. Ymysg ei lwyddiannau eraill mae'r Fedal Ryngwladol i'r Unawdydd dan 21 oed yn Eisteddfod Gerddorol Ryngwladol Llangollen, a Gwobr Goffa Osborne Roberts yn Eisteddfod Genedlaethol Wrecsam a'r Fro 2011. Roedd Meilir hefyd yn un o'r rhai cyntaf i dderbyn Gwobr Astudio gan Ymddiriedolaeth Bryn Terfel yn 2012.

Mae uchafbwyntiau'i yrfa hyd yn hyn yn cynnwys rhan fel unawdydd bas yn y perfformiad cyntaf o'r *Meseia* gan Handel yng Nghanolfan Mileniwm Cymru, cyngerdd yn y Royal Festival Hall fel rhan o ŵyl Brynfest Bryn Terfel yn Llundain, ac unawdydd yng nghyngerdd Nadolig BBC Radio Cymru gyda'r soprano Rebecca Evans a'r tenor Gwyn Hughes Jones.

Mae'i berfformiadau operatig yn cynnwys rhan Dewi ym mherfformiad cyntaf *The Hidden Valley* gan Richard Barnard mewn cysylltiad gydag Opera Cenedlaethol Cymru ar gyfer Tête à Tête, Zaretsky yng nghynhyrchiad teithiol Opra Cymru o *Eugene Onegin*, ac yn fwyaf diweddar fel dirprwy Anwar yn *Gair ar Gnawd* gan Pwyll ap Siôn gyda Opera Cenedlaethol Cymru.

Steffan Lloyd Owen

Yn wreiddiol o Bentre Berw, Ynys Môn, mae Steffan Lloyd Owen ar ei drydedd flwyddyn yng Ngholeg Brenhinol y Gogledd, Manceinion yn dilyn cwrs canu. Mae'n enillydd toreithiog mewn amryw o eisteddfodau, wedi ennill yr Ysgoloriaeth ar gyfer Unawdydd Mwyaf Addawol yr Urdd, a Gwobr Goffa Osborne Roberts yn Eisteddfod Genedlaethol Sir Fynwy a'r Cyffiniau 2016. Yn ogystal, enillodd yr Unawd Bariton dan 25 oed, yr Unawd Lieder a'r Ddeuawd Cerdd Dant.

Ar ddiwedd ei flwyddyn gyntaf yn y coleg, enillodd wobr Canwr y Flwyddyn a chael ei ddewis i gynrychioli'r Brifysgol yng Ngwobrau Kathleen Ferrier yn Blackburn, gan gystadlu yn erbyn 15 o fyfyrwyr eraill o golegau ledled Prydain. Llwyddodd i gyrraedd y brig yn y gystadleuaeth hon, yr ail fyfyriwr o Goleg Brenhinol y Gogledd i'w hennill erioed.

Bydd Steffan yn chwarae rhan Hedd Wyn yn ffilm operatig Marc Evans o'r un enw – ffilm a gomisiynwyd gan Opera Cenedlaethol Cymru ac S4C. Fe'i gwelir ar S4C ac mewn sinemâu ar draws Cymru yn ddiweddarach eleni.

Meinir Wyn Roberts

Yn wreiddiol o Gaernarfon, graddiodd Meinir Wyn Roberts o Goleg Brenhinol y Gogledd gyda gradd dosbarth cyntaf. Ar hyn o bryd, mae'n astudio opera yn yr Academi Frenhinol yn Llundain, lle eleni chwaraeodd y brif rôl yn opera Handel, *Alcina*, a Minerve yn eu cynhyrchiad o *Orphée aux Enfers* gan Offenbach. Bydd Meinir hefyd yn perfformio yn y ffilm operatig newydd yn seiliedig ar hanes Hedd Wyn, gan Stephen McNeff, a welir ar S4C ac mewn sinemâu ar draws Cymru yn ddiweddarach eleni.

Enillodd Meinir gystadleuaeth ryngwladol 'Llais y Dyfodol' yn Eisteddfod Gerddorol Ryngwladol Llangollen 2015, ynghyd ag Ysgoloriaeth W Towyn Roberts yn yr Eisteddfod Genedlaethol. Flwyddyn ynghynt, daeth i'r brig ac ennill Ysgoloriaeth Osborne Roberts, Y Rhuban Glas ac Ysgoloriaeth Violet Mary Leais. Yn sgîl hyn, cafodd berfformio yng Ngŵyl Gymreig Gogledd America yn Columbus, Ohio.

Annette Bryn Parri (Cyfarwyddwr Cerdd)

Yn wreiddiol o Ddeiniolen, astudiodd Annette y piano yng Ngholeg Cerdd Brenhinol y Gogledd ym Manceinion, lle enillodd radd GRNCM. Ar ôl graddio, ymunodd â staff Adran Gerdd Prifysgol Bangor lle bu'n diwtor piano i fyfyrwyr yn dilyn cyrsiau BA a BMus. Caiff ei chydnabod nid yn unig fel unawdydd piano hynod dalentog, ond hefyd fel un sydd wedi cyfeilio i sêr y byd opera a chantorion mwyaf adnabyddus Cymru, a hynny ar lwyfannau ledled y byd.

Mae wedi perfformio yn Eisteddfod Genedlaethol yr Urdd ac Eisteddfod Genedlaethol Cymru ar sawl achlysur, mae'n gyfeilydd swyddogol yn Eisteddfod Gerddorol Ryngwladol Llangollen, ac fe berfformiodd yng Ngŵyl y Fringe yng Nghaeredin ar bedwar achlysur. Roedd yn un o sylfaenwyr Canolfan Gerdd William Mathias yng Nghaernarfon, ac mae'n gysylltiedig â thros 80 o recordiadau gyda Recordiau Sain. Annette a gynhyrchodd y CD boblogaidd *Benedictus* gyda Bryn Terfel a Rhys Meirion, CD a enwebwyd am wobr yn y Classical Brit Awards yn 2006.

Enillodd Fedal Grace Williams am gyfansoddi yn Eisteddfod Genedlaethol yr Urdd yn 1982, ac ennill y Rhuban Glas i offerynwyr yn Eisteddfod Genedlaethol y Rhyl a'r Cyffiniau 1985. Ffurfiodd Annette a Dylan Cernyw (telynor) ddeuawd boblogaidd o'r enw Piantel yn 2005, ac maent wedi rhyddhau pedair CD. Mae recordiadau Annette fel unawdydd yn cynnwys *Annette, Un Mondo Aparte* a *Myfyrdod*.

Gareth Glyn (Cyfarwyddwr Cerdd)

Mae Gareth Glyn, sy'n enedigol o Fachynlleth, yn gyfansoddwr llawn-amser sydd wedi byw yn Sir Fôn er 1978. Mae'r ynys, drwy ei thirlun, hanes a chwedloniaeth, yn parhau i fod yn ddylanwad allweddol ar ei waith.

Cafodd ei gyfansoddiadau eu perfformio gan gerddorfeydd ac ensemblau blaenllaw megis Cerddorfa Symffoni Llundain (yr LSO), Cerddorfa Gyngerdd y BBC, Cerddorfa Symffoni Gogledd Carolina, Cerddorfa BBC yr Alban, Cerddorfa Ffilharmonig Strasbwrg, Cerddorfa Ulster, Cerddorfa Genedlaethol Gymreig y BBC a Cherddorfa'r Bale Brenhinol, yn ogystal ag unawdwyr megis Bryn Terfel a Catrin Finch. Mae hefyd yn cael ei gyfri'n un o brif gyfansoddwyr corawl Cymru, ac mae rhai o'i ganeuon unawdol, megis *Llanrwst* a *Seithug*, yn rhan o repertoire ein cantorion mwyaf blaenllaw.

Cyfansoddodd y gerddoriaeth ar gyfer nifer o ddramâu cerdd, yn eu plith *Magdalen* a *3-2-1,* ac fe berfformiwyd *Gwydion* (i eiriau Penri Roberts a Derec Williams) gan Gwmni Theatr Maldwyn yn Eisteddfod Genedlaethol Maldwyn a'r Gororau 2015. Yn ddiweddarach eleni, ar drigainmlwyddiant cyhoeddi nofel eiconig Islwyn Ffowc Elis, *Wythnos yng Nghymru Fydd,* bydd opera newydd Gareth Glyn (i eiriau Mererid Hopwood) yn mynd ar daith drwy Gymru.

Trawsnewid Addysg…

Trawsnewid Bywydau

Creu Prifysgol Newydd i Gymru

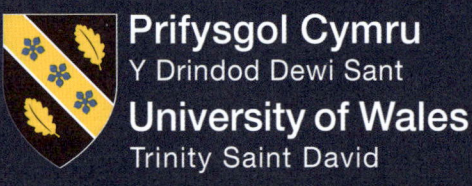

dydd sul

6 Awst

Cefnogir gan Ymddiriedolaeth
Elusennol Ynys Môn

65

Urdd

Eisteddfod yr Urdd
Brycheiniog a Maesyfed
28/05—02/06/2018

Rhestr Testunau

AR WERTH
NAWR

urdd.cymru/eisteddfod
 Eisteddfod yr Urdd
 eisteddfodurdd

Nodwch: Gall amserlen cystadlaethau redeg yn fuan neu yn hwyr

Pafiliwn

Noddir gan

Arweinwyr Llwyfan:
Nia Thomas, Nic Parry

Rhaid i bawb fod yn eu seddi erbyn 09:30

10:00
Oedfa'r Bore

Neges yr oedfa y bore 'ma yw pwysigrwydd brawdoliaeth a chariad dyn at gyd-ddyn yn enw Crist, ac yn enw moesoldeb sylfaenol dynoliaeth.

Mae'r llwyfan yn llawn o bobl ifanc Ynys Môn, sy'n barod i estyn eu breichiau i gofleidio ein holl frodyr a chwiorydd yn eu hamrywiaeth bendigedig, a'u gwahodd i ymuno efo ni yn ninasyddiaeth y byd.

Yn ymuno â'r criw mae'r Parchedig Joanna Penberthy, Esgob Tŷ Ddewi – esgob benywaidd cyntaf yr Eglwys Anglicanaidd yng Nghymru.

Dewch atom i ddathlu amrywiaeth, a chroesawu pawb dan ymbarél fawr cariad Crist.

Mae'r Oedfa dan ofal Rhian Mair Jones.

11:30
Pasiant Meithrin Môn

Gwlad yr Hwiangerddi - dewch am dro i fyd hudolus yr hwiangerddi gyda phlant bach cylchoedd meithrin Ynys Môn!

12:30
Cyflwyno Rhaglen o Adloniant - Côr heb fod yn llai nag 20 mewn nifer (27) Rhan 1

Anogir y cystadleuwyr i berfformio arddull amrywiol o gerddoriaeth hunan-ddewisiad o wahanol genres hyd at 12 munud o hyd i gynnwys o leiaf 3 o'r elfennau canlynol: pop, sioe gerdd, glee, crefyddol, jazz, gospel, barbershop, roc a thebyg.

Beirniaid: Geraint Roberts, Richard Elfyn Jones, Beryl Lloyd Roberts

Gwobrau:
1. Cwpan Y Cymro i'w ddal am flwyddyn a £750 (Ymddiriedolaeth James Pantyfedwen)
2. £500 (£300 Contractwyr PAR, Ynys Môn; £100 Er cof am Lewis R Jones, Awelfryn, Rhostrehwfa, Llangefni gan Beryl a Vaughan; £100 Parti Meibion Bara Brith)

3. £300 (Wyn a Julia Morgan, Llangefni) Cyflwynir Medal Ann Dwynant i'w dal am flwyddyn i arweinydd y côr buddugol.

Ymgeiswyr:
1. Adlais
2. Côr Meibion Colwyn
3. Côr Sbarc
4. Côr Ieuenctid Môn a CODA
5. Côr Dyffryn Dyfi

Noddir gan

14:00
Dawns Greadigol/ Gyfoes Unigol mewn unrhyw arddull (99)

Dehongliad creadigol drwy arddulliau cyferbyniol. Rhaid perfformio o leiaf ddwy arddull gyferbyniol i gerddoriaeth gyda geiriau Cymraeg neu heb eiriau o gwbl.

Amser: hyd at 2.5 munud o'r symudiad cyntaf.

Beirniaid: Sarah Mumford, Catherine Young

Gwobrau:
1. £75
2. £50
3. £25

(£150 Teulu Maes Llwyn, Bodedern)

Noddir gan

14:15
Cyflwyno Rhaglen o Adloniant - Côr heb fod yn llai nag 20 mewn nifer (27) Rhan 2

Ymgeiswyr:
1. Hogia Llanbobman
7. Aelwyd yr Ynys a'u Cyfeillion
8. Côr CF1
9. Côr Glanaethwy
10. Côr Bro Meirion

15:45
Canlyniad cystadleuaeth (99)

15:50
Dawns Disgo, Hip Hop neu Stryd i Bâr (104)

I gerddoriaeth gyda geiriau Cymraeg neu heb eiriau o gwbl.

Amser: hyd at 3 munud o'r symudiad cyntaf

Beirniaid: Catherine Young, Sarah Mumford

Gwobrau:
1. £100 (Canolfan Iechyd Amlwch a Chemaes)
2. £60 (RPO Williams – Peirianneg Sifil)
3. £40 (RPO Williams – Peirianneg Sifil)

16:05
Cyflwyno Rhaglen o Adloniant - Côr heb fod yn llai nag 20 mewn nifer (27) Rhan 3

Ymgeiswyr:
11. Côrnarfon
12. CoRwst
13. Côr Iau Glanaethwy
14. Côr Rhuthun
15. Côr Bro Cernyw

17:35
Canlyniad cystadleuaeth (104)

17:40
Dawns Greadigol/ Gyfoes mewn unrhyw arddull i Grŵp dros 4 mewn nifer (100)

Dehongliad creadigol drwy arddulliau cyferbyniol. Rhaid perfformio o leiaf ddwy arddull gyferbyniol i gerddoriaeth gyda geiriau Cymraeg neu heb eiriau o gwbl.

Amser: hyd at 4 munud o'r symudiad cyntaf.

Beirniaid: Sarah Mumford, Catherine Young

Gwobrau:
1. £150
2. £100
3. £50

(£300 Non, Bedwyr, Gwenlli a Lludd, Llandrygarn)

Ymgeiswyr:
1. Adran Amlwch
2. Abattak
3. Grŵp Nel
4. Barton Dance

Noddir gan

18:05
Beirniadaeth cystadleuaeth (27)

Beirniad: Geraint Roberts.

18:15
Canlyniad cystadleuaeth (100)

Pagoda

09:00
Unawd Telyn dan 16 oed (79)

Gofynnir i'r cystadleuwyr ddewis rhaglen o un darn neu fwy. Ni ddylai'r rhaglen gyflawn fod yn hwy na 10 munud.

Beirniaid: Catrin Morris Jones, Peryn Clement-Evans, Cai Isfryn, Gareth Owen, Dáire Roberts

Gwobrau:
1. £60
2. £30
3. £20
(£110 Er cof am Meri Rhiannon Elis, Talwrn).

11:20
Unawd Llinynnau dan 16 oed (76)

Gofynnir i'r cystadleuwyr ddewis rhaglen o un darn neu fwy. Ni ddylai'r rhaglen gyflawn fod yn hwy na 10 munud.

Beirniaid: Dáire Roberts , Peryn Clement-Evans, Cai Isfryn, Catrin Morris Jones, Gareth Owen

Gwobrau:
1. £60 (John Clifford Jones, Llandegfan)
2. £30 (John Clifford Jones, Llandegfan)
3. £20 (Marian Lloyd, Cenarth, Benllech er cof am ei phriod a'i rhieni).

13:20
Unawd Chwythbrennau dan 16 oed (75)

Gofynnir i'r cystadleuwyr ddewis rhaglen o un darn neu fwy. Ni ddylai'r rhaglen gyflawn fod yn hwy na 10 munud.

Beirniaid: Peryn Clement-Evans, Cai Isfryn, Catrin Morris Jones, Gareth Owen, Dáire Roberts

Gwobrau:
1. £60 (Owen a Llio Davies, Llangwyllog)
2. £30 (Er cof am Miss Mary Thomas, Renown [Mair Eilian])
3. £20 (Er cof am Miss Mary Thomas, Renown [Mair Eilian]).

15:50
Unawd Piano dan 16 oed (77)

Gofynnir i'r cystadleuwyr ddewis rhaglen o un darn neu fwy. Ni ddylai'r rhaglen gyflawn fod yn hwy na 10 munud.

Beirniaid: Gareth Owen, Peryn Clement-Evans, Cai Isfryn, Catrin Morris Jones, Dáire Roberts

Gwobrau:
1. £60
2. £30
3. £20

(£110 Rhoddedig er cof am Ellis J Morris, Y Groeslon a Lerpwl, gan Jan a Haydn E Edwards [nai], Llangefni).

18:05
Unawd Offerynnau Pres dan 16 oed (78)

Gofynnir i'r cystadleuwyr ddewis rhaglen o un darn neu fwy. Ni ddylai'r rhaglen gyflawn fod yn hwy na 10 munud.

Beirniaid: Cai Isfryn, Catrin Morris Jones, Peryn Clement-Evans, Gareth Owen, Dáire Roberts

Gwobrau:
1. £60
2. £30
3. £20
(£110 Gwenno Haf Williams, Congleton).

Stiwdio

10:00
Rhagbrawf: Unawd Alaw Werin dan 12 oed (7)

13:30
Rhagbrawf: Unawd dan 12 oed (57)

Dawns

09:00
Rhagbrawf: Dawns Greadigol / Gyfoes Unigol (99)

11:15
Rhagbrawf: Dawns Disgo, Hip Hop neu Stryd i Bâr (104)

15:00
Rhagbrawf: Unawd i Ferched 12 ac o dan 16 oed (55)

Y Babell Lên

Trefnir gan yr Eisteddfod
Noddir y gweithgareddau llenyddol gan

11:45
Stori Cyn Cinio!
Detholiad o straeon William Owen gyda Linda'r Hafod.

12:30
Caneuon Iwan Llwyd
Dathlu'r bardd, y cerddor a'r dyn ei hun gyda Manon Wynn Davies.

13:15
Môn Mam Cynan?
Cipolwg gan Gerwyn Wiliams, yng nghwmni'r soprano Marian Roberts, ar y blynyddoedd a dreuliodd Cynan, un o Gymry amlycaf yr ugeinfed ganrif, ym Môn.

14:15
Yr Hen Bant ifanca'n bod
Darlith gan Derec Llwyd Morgan i ddathlu trichanmlwyddiant Williams Pantycelyn. Cenir rhai o'i emynau gan Wil Tân. Trefnir y sesiwn gan Gymdeithas Emynau Cymru.

16:00
Awdur y Dydd
Hwyl Sgrifennu gyda Mair Wynn Hughes. Mwyniant o dros hanner can mlynedd o sgrifennu ar gyfer plant a'r arddegau, gyda darlleniad byr. Bydd sesiwn holi ac ateb ar Lwyfan y Llannerch am 17:00.

17:45
Slot Chwarter i Chwech: 1967 – Blwyddyn Blew a Blodau!
Maldwyn, Dafydd a Geraint, Y Blew yn hel atgofion - 50 mlynedd ers rhyddhau a pherfformio'r sengl 'Maes B'.

Llwyfan y Llannerch

Trefnir gan yr Eisteddfod
Noddir y gweithgareddau llenyddol gan

12:30
Picnic 4 a 6
Gwilym a mwy.

13:30
Llenorion y Dyfodol
Ifor ap Glyn yn cyflwyno criw o lenorion sydd wedi ennill Tlysau'r Ifanc mewn amryw o Eisteddfodau lleol. Sesiwn yng ngofal Cymdeithas Eisteddfodau Cymru.

14:30
Ceinciau Copr
Chwedlau Gwerin gyda Ceri Matthews a'i ffliwt bren.

15:30
Slot y Gweisg: O'r Llafar i'r Ddalen
Ar drothwy cyhoeddi ei hail gyfrol o straeon, bydd Mari Gwilym yn trafod y straeon llafar sy'n ei hysbrydoli i sgwennu, ac yn darllen peth o'i gwaith. Sesiwn yng ngofal Gwasg Carreg Gwalch.

17:00
Slot Awdur y Dydd
Bethan Gwanas yn holi a sgwrsio gyda Mair Wynn Hughes.

Gŵyl Llên Plant

Trefnir gan yr Eisteddfod
Cefnogir gan Gronfa Park-Jones
Noddir y gweithgareddau llenyddol gan

12:00
Gweithdy Celf: Chwedl Gwrachod Llanddona

Heb fod ymhell o bentref Llanddona ar Ynys Môn mae traeth o'r enw Traeth Coch. Mae'n draeth poblogaidd iawn, ac yn yr haf mae ymwelwyr yn tyrru yno i fwynhau'r môr a'r tywod melyn. Flynyddoedd lawer yn ôl, ymwelodd criw arall â Thraeth Coch, ond roedd rhain yn griw pur wahanol... Dewch i ddarganfod mwy am y stori leol ryfedd hon mewn gweithdy celf arbennig iawn.

14:00
Gweithdy Celf: Tylwyth Teg

Gweler dydd Sadwrn am fanylion llawn.

16:00
Parti Hwyl yn y Ffair gyda Peppa Pinc

Gweler dydd Sadwrn am fanylion llawn.

Theatr y Maes

Trefnir gan yr Eisteddfod
Noddir gan

14:00
Cystadleuaeth Drama fer agored (112)

Garddwest Gosforth: addasiad Emyr Edwards o ddrama Alan Ayckbourn – Cwmni Drama Llanystumdwy. Mae'n ddiwrnod yr arddwest o'r diwedd, ond mae cymylau'n casglu uwchben. All pethau waethygu? Amser a ddengys!

Milly	Carys Jones
Mrs.Pearce	Branwen Davies
Mr.Gosforth	Gwynne Wheldon
Y Ficer	Glenda Ifans
Stewart	Dic Parry
Cofweinydd	Lyn Rowlands
Mân Bethau	Elis Gwyn
Cynhyrchydd	Brian Ifans

Beirniaid: Siw Hughes, Janet Aethwy

Gwobrau:
1. Cwpan Gwynfor i'w ddal am flwyddyn a £500 (John Bryn a Valmai Jones, Y Fali, er cof am eu merch Catrin Prys Jones)
2. £300
3. £200

(£500 Ken a Nest Jones, Llanddaniel)

Actor gorau cystadleuaeth (112)

Gwobr:
Cwpan Bro Dinefwr i'w ddal am flwyddyn (Rhoddedig gan Eddie Thomas) a £100 (Wiliam Owen, Borth-y-Gest)

Cyfarwyddwr gorau cystadleuaeth (112)

Gwobr:
£100 (William Owen, Borth-y-Gest).

16:00
Sioe Deuluol: Sbri 3 – Cwmni'r Frân Wen

Ymunwch â ni am wledd o ganeuon poblogaidd o'r sioe gerdd deuluol Sbri 3 gan Gwmni'r Frân Wen, gyda amrywiaeth o ganeuon Cymraeg poblogaidd gan fandiau fel Candelas, Bandana, Geraint Jarman, Caryl Parry Jones, Y Cyrff, Yws Gwynedd a Gwenno. Gyda band byw Sbri, dan arweiniad Cyfarwyddwr Cerdd y sioe, Gethin Griffiths.

19:30
Dim Byd Ynni: Emlyn Gomer – Theatr Bara Caws

Beth yw cyfrinach Syr Felix ap Llywarch? Faint o ledi yw Angela? Beth ddaeth â Dylan Tudur 'nôl i'r Plas? Faint o actores yw Candi Mêl? Beth yn union mae Geriach y bwtler yn ei wybod? Faint o ddihiryn yw Malcom Leech? Bywyd pwy sydd mewn perygl – a pham? Tybed a all yr Arolygydd Carnben ddatrys pob dirgelwch cyn ei bod hi'n rhy hwyr? Ffars i'r teulu cyfan.

Cast yn cynnwys: Dyfan Roberts, Maldwyn John, John Glyn Owen, Rhian Blythe

Y Cwt Drama

Partneriaeth rhwng

11:00
Côr Cymunedol Sbarc

Cyfle i fwynhau perfformiad gan gôr cymunedol Llwyfan Ddrama Sbarc-Galeri. Gyda threfniannau hyfryd Manon Llwyd o rai o'n caneuon poblogaidd, cyfeiliant gorchestol Annette Bryn Parri a choreograffi a gosgo dan ofal Sarah Mumford, dewch draw i fwynhau sesiwn yng nghwmni'r cantorion o bob oed.

13:00
Er Cof – Myfyrwyr BA Drama ac Astudiaethau Theatr, Prifysgol Aberystwyth

Mae te angladd Amser yn esgor ar berfformiad gan bedair menyw ifanc. Bydd ein dathliad yn sbarduno oriau o straeon personol – chwedlau, atgofion, a chelwyddau noeth – a'r cyfan er mwyn lladd amser. Chi sy'n pennu hyd y perrfformiad a gallwch fynd a dod fel y mynnoch.

16:30
Rhagbrawf: Monolog i rai rhwng 12 ac o dan 16 oed (117)

Sinemaes

Cydlynir Sinemaes gan BAFTA Cymru gyda'r partneriaid canlynol: Y Gymdeithas Deledu Frenhinol, Archif Genedlaethol Sgrîn a Sain Cymru, Canolfan Ffilm Cymru, Chapter, BBC Cymru Wales, BFI NET.WORK, Undebau'r Diwydiannau Creadigol yng Nghymru, Cwmni Pendraw, Gorilla, Into Film Cymru, S4C a TAC gyda chefnogaeth yr Eisteddfod a Chyngor Celfyddydau Cymru.

09:30
Dangosiad: Arfordir Cymru ar Ffilm

Gweler bore Sadwrn am fanylion llawn.

11:30
Dangosiad: Ffilmiau Byrion Undeb Darlledu Ewropeaidd

Yr Undeb Darlledu Ewropeaidd (EBU) yw cynghrair mwyaf blaenllaw'r byd pan ddaw hi i gyfryngau gwasanaeth cyhoeddus. Yn flynyddol caiff ffilm fer ei chreu yn y Gymraeg, a'i dangos ar draws y gwledydd eraill sy'n rhan o'r gynghrair. Dewch i fwynhau'r rhaglenni Cymraeg, a chlywed gan Angharad Elen, cynhyrchydd y ffilm *Titsh* cyn i'r ffilm gael ei darlledu. Manylion y ffilmiau ar-lein.

Oedran: Pob oed
Cynhyrchwyd gan S4C.

14:00
Dangosiad: Arfordir Cymru ar Ffilm

Gweler bore Sadwrn am fanylion llawn.

16:00
Dangosiad: Macbeth (1964)

Perfformiad theatr wedi'i gyflwyno'n 'fyw' o'r gorffennol. Wedi'i gomsiynu'n wreiddiol fel arbrawf diwylliannol, cafodd addasiad T Gwynn Jones o *Macbeth* William Shakespeare ei ddarlledu'n fyw ar deledu cenedlaethol ym 1964, sef perfformiad theatrig wedi'i ffilmio yn y stiwdio ymhell cyn bodolaeth y theatr Gymraeg 'broffesiynol'. Bellach, mae cerddoriaeth electronig newydd ac arloesol yn rhoi blas modern i'r campwaith oesol hwn, ac mae ansawdd diamheuol y perfformiadau unigol yn cludo neges y ddrama drwy'r degawdau i'n byd ni heddiw.

Hoffem ddiolch yn arbennig i'r BBC, teulu T Gwynn Jones a'n partneriaid yn Pontio am eu cefogaeth i'r digwyddiad hwn.

Oedran: 12+
Cynhyrchwyd gan Ganolfan Ffilm Cymru, Chapter.

19:00
Dangosiad: Cameleon – Sesiwn holi ac ateb i ddilyn

I ddathlu 20 mlynedd ers dangosiad cyntaf y ffilm, byddwn yn dangos *Cameleon*, gyda sesiwn cwestiwn ac ateb i ddilyn yng nghwmni Aneirin Hughes. Mewn ffilm wedi'i chyfarwyddo gan Ceri Sherlock, adroddir hanes ffoadur o'r Ail Ryfel Byd sy'n dianc rhag erchylltra'r rhyfel yn ôl i'w gynefin. Mae'r ffilm yn ymdreiddio i isymwybod y ffoadur ac yn portreadu clawstroffobia ac ofn y cymeriad wrth iddo ymdopi â byw mewn caethiwed cwbl wahanol i'r hyn y dihangodd rhagddo. Gyda Aneurin Hughes, Sara McGaughey a Sue Jones Davies.

Oedran: 12+
Cynhyrchwyd gan BAFTA Cymru.

Theatr Stryd

Trefnir gan yr Eisteddfod

10:30
Bore Da gyda chymeriadau Cyw

Gweler dydd Sadwrn am fanylion llawn.
Lleoliad: Y Ganolfan Ymwelwyr.

11:00
Sgiliau Syrcas

Gweler dydd Sadwrn am fanylion llawn.
Lleoliad: Stondin Sgiliau Syrcas.

Beic Disgo #maesb20

Gweler dydd Sadwrn am fanylion llawn.

Tŷ Gwerin

Trefnir gan yr Eisteddfod
Partneriaid: Trac, Clera a Chymdeithas Genedlaethol Dawns Werin Cymru
Cefnogir gan

Cyngor Celfyddydau Cymru
Arts Council of Wales

09:30
Yoga@Maes

Gweler dydd Sadwrn am fanylion llawn.

12:00
Sesiwn Werin

Sesiwn ar gyfer chwaraewyr heb lawer o brofiad. Trefnir y sesiwn gan Clera.

13:00
Cofio Owen Huw Roberts

Teyrnged gan Ddawnswyr Môn i Owen Huw Roberts, un o glocswyr arloesol Cymru. Trefnir y sesiwn gan Gymdeithas Genedlaethol Dawns Werin Cymru.

14:00
Tegid Rhys

Mae Tegid Rhys yn creu cerddoriaeth sydd yn gymysgedd o acwstig traddodiadol, amgen a gwerin seicedelig gyda naws electronig. Yn frodor o Nefyn, mae'r tir, y môr a diwylliant yr ardal yn cael ei glywed trwy ei ganeuon. Cafodd ei sengl gyntaf, *Terfysg Haf*, ei rhyddhau ym Mawrth 2017.

15:00
Gwerin Gwallgo'

Dewch i glywed perfformiadau gan rai o'r bobl ifanc fu'n mynychu'r cwrs eleni, ynghyd â sain cyffrous Band Mawr Gwerin Gwallgo'.

16:00
Gweithdy Clocsio

Cyfle i gael tro ar glocsio yng nghwmni'r cyflwynydd ac athro clocsio, Tudur Phillip.

17:00
Gwyneth Glyn

Ers yn ddim o beth bu gan Gwyneth Glyn gariad at eiriau. Yn ystod ei chyfnod fel myfyrwraig yn Rhydychen, ymunodd â Chymdeithas Ddrama'r Brifysgol ac fe'i dewiswyd wedyn yn aelod o'r Oxford Revue.

Wedi dychwelyd adref, cafodd lwyddiant gyda'i halbwm gyntaf, *Wyneb Dros Dro*, yn 2005, ac aeth Gwyneth ymlaen i ennill gwobr Artist Benywaidd y Flwyddyn yng Ngwobrau Roc a Phop Radio Cymru 2006. Yr un flwyddyn fe'i hapwyntiwyd yn Fardd Plant Cymru.

Tri albwm yn ddiweddarach, mae hi wrthi'n archwilio cerddoriaeth a diwylliannau llenyddol gwledydd pell. Mae'i chydweithio presennol gyda'r cerddor Tauseef Akhtar o Fwmbai, India, yn gweu barddoniaeth Wrdu a chanu ghazal â hen benillion Cymraeg, ac offerynnau traddodiadol India â gitâr a llais Gwyneth, ynghyd â sain y delyn.

18:15
Bwncath

Bwncath yw grŵp Elidyr Glyn a Meredydd Wyn. Elidyr oedd enillydd cyntaf erioed Cystadleuaeth Tlws Sbardun yn 2016, ac mae hefyd yn canu gyda Gwilym Bowen Rhys. Bu Bwncath yn rhan o gyfres sesiwn Sbardun gan BBC Radio Cymru, gyda'r trac Yr Ofn yn drac yr wythnos. Byddant yn cyhoeddi albwm newydd yn ystod yr wythnos.

19:30
Bob Delyn

Wedi trwytho'u hunain yn y traddodiad gwerin – o ran geiriau ac alawon – mae Twm Morys a'i gyfeillion wedi creu'r traddodiad o'r newydd ac wedi rhoi dimensiwn gwahanol i gerddoriaeth werin Cymru.

Maes D

Trefnir gan yr Eisteddfod

Cefnogir gan

13:00
Cymdeithas Eryri

Perfformiad gan y band Y Cyffro.

15:00
Twmpath

Dewch draw i ymuno â Dawnswyr Môn am dwmpath hwyliog i'r teulu.

Gwyddoniaeth a Thechnoleg

Partneriaeth rhwng

Gweler dydd Sadwrn am weithgareddau sy'n digwydd drwy'r wythnos.

10:00
Codio, cylchedau, cerddoriaeth a'r Fenai

Gweler bore Sadwrn am fanylion llawn.

11:00
Calonnau Cymru: Hyfforddiant Diffibriliwr

Gweler bore Sadwrn am fanylion llawn.

12:00
Ras Fformiwla 1

Gweler bore Sadwrn am fanylion llawn.

12:30
Sioe Wyddoniaeth Wych

Gweler dydd Sadwrn am fanylion llawn.

13:15
Codio, cylchedau, cerddoriaeth a'r Fenai

Gweler bore Sadwrn am fanylion llawn.

15:15
Ras Fformiwla 1

Gweler bore Sadwrn am fanylion llawn.

15:45
Sioe Wyddoniaeth Wych

Gweler dydd Sadwrn am fanylion llawn.

16:30
Ras Fformiwla 1

Gweler bore Sadwrn am fanylion llawn.

Cymdeithasau 1

Cefnogir gan

10:00
Rhagbrawf: Llefaru Unigol dan 12 oed (145)

14:30
Rhagbrawf: Llefaru Unigol o'r Ysgrythur dan 16 oed (147)

Cymdeithasau 2

Cefnogir gan

11:30
Rhagbrawf: Unawd Cerdd Dant dan 12 oed (24)

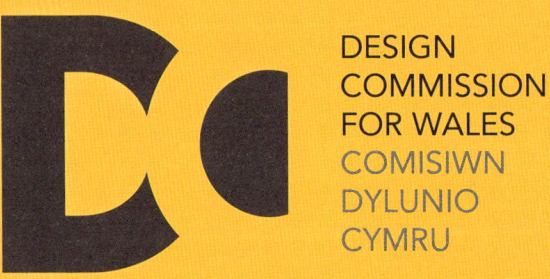

DESIGN COMMISSION FOR WALES
COMISIWN DYLUNIO CYMRU

Noddwyr Balch Medal Aur am Bensaernïaeth
Eisteddfod Genedlaethol Cymru

Cymru...wedi'i dylunio'n well

nos sul

6 Awst

Derec Llwyd Morgan sy'n cyflwyno cyd-destun y Gymanfa eleni.

Pan ddywedodd arweinwyr cynnar y Diwygiad Methodistaidd wrth ei gilydd, tua 1740, mai "Williams biau y canu", ychydig a feddylient y byddai'r gŵr o Bantycelyn yn mynd rhagddo i gyfansoddi yn agos i fil o emynau, heb sôn am weithiau mawr pwysig eraill, yn farddoniaeth a rhyddiaith.

Yr oedd yr emynau hynny'n chwyldroadol, o ran eu bod yn rhoi mynegiant cyffrous i brofiadau crefyddol dieithr, ac o ran eu hieithwedd, achos yr hyn a wnaeth Williams oedd priodi'i dafodiaith ei hun gyda Chymraeg Beibl William Morgan. Rhoddodd batrwm barddonol i'w olynwyr oll, ond gan mor rhyfeddol oedd ei gynnyrch, yr oedd ambell fardd llai a'i dilynodd yn dyheu fel hyn: "Doniau Williams pe baent gennyf...". Pan ddywedodd Wil Bryan yn y nofel Rhys Lewis fod "y Brenin mawr a'r hen Bant yn chums", fe drawodd ar ffordd arbennig ac annwyl iawn o gyfleu pwysigrwydd Pantycelyn yn hanes crefyddol Cymru.

A ninnau'n dathlu trichanmlwyddiant ei eni, yn naturiol bydd i Williams le nodedig yn y Gymanfa Ganu eleni (fel yn y Babell Lên). Ond bydd ynddi hefyd le i'w gyfoeswr, Goronwy Owen, a glodforodd Fôn mewn ffordd mor gofiadwy. Ac wrth gwrs bydd ynddi le i rai o emynwyr rhagorol Môn – Morswyn, er enghraifft, a John Roberts Llanfwrog, nad yw'r un gymanfa bellach yn gyflawn hebddynt. A chan mai ynys yw Môn, y mae'r arweinydd, Mari Lloyd Pritchard, hefyd am inni ganu ambell emyn y mae'r môr yn amlwg ynddo.

Williams a Môn a'r môr: dyna dri phwnc Cymanfa Ganu 2017.

Cymanfa Ganu

Cefnogir gan Ymddiriedolaeth Ivor ac Aeres Evans

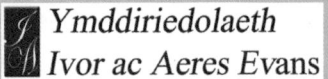

Cymanfa Ganu
20:00 yn Y Pafiliwn

Arweinydd:
Mari Lloyd Pritchard

Yn cyflwyno:
Seindorf Beaumaris dan arweiniad Gwyn Evans

Organydd
Grês Pritchard

Rhannau Arweiniol a'r Fendith:
Parchedig Gerallt Lloyd Evans

Cyflwynir Arweinydd Cymru a'r Byd, **D Gwyn Owen**, i'r gynulleidfa gan Lywydd y Llys, **Eifion Lloyd Jones**.

Cyfle i ymateb, ac yna pawb i gyd-ganu 'Unwaith eto 'Nghymru annwyl' gyda Steffan Lloyd Owen.

Yr Emynau:

TÔN	GEIRIAU
BLAEN-CEFN	Arglwydd, dangos imi heddiw
BLAEN-WERN	Arglwydd, cofia blant y gwledydd
BRAINT	Iawn, Iawn
BRO ABER	O tyred i'n gwaredu, Iesu da
BRYN MYRDDIN	Mawr oedd Crist yn nhragwyddoldeb
COEDMOR	Pan oedd Iesu dan yr hoelion
DEEMSTER	Mae'r gwaed a redodd ar y groes
ELLERS	Pan fwyf yn teimlo'n unig lawer awr
HYFRYDOL	O llefara, addfwyn Iesu
I DDUW BO'R GOGONIANT	Fe chwythodd yr awel ar Gymru drachefn
IN MEMORIAM	Arglwydd Iesu, arwain f'enaid
LAUSANNE	Iesu, Iesu, 'rwyt ti'n ddigon
LLWYNBEDW	Iesu, nid oes terfyn arnat
MILWAUKEE	Pererin wyf mewn anial dir
MORNING LIGHT	O llanwa hwyliau d'Eglwys
PANTYFEDWEN	Tydi a wnaeth y wyrth, O Grist, Fab Duw
PEN PARC	Ai am fy meiau i
PRESELI	Y mae Duw yn neffro'r gwanwyn
PRICE	I Galfaria trof fy wyneb
REGENT SQUARE	Arglwydd Iesu, Geidwad annwyl
RHONDDA	Arglwydd Iesu, dysg im gerdded
SARON	Tydi yw'r wir Winwydden, Iôr
TYDDEWI	Mi dafla' 'maich oddi ar fy ngwar
TYDDYN LLWYN	Pwy a'm dwg i'r Ddinas gadarn

Mari Lloyd Pritchard - Arweinydd

Yn enedigol o Rosmeirch, Ynys Môn, magwyd Mari ar aelwyd gerddorol, gan fynychu ymarferion corawl gyda'i rhieni o'r cychwyn. Graddiodd mewn cerddoriaeth ym Mhrifysgol Bangor, ac aeth ymlaen i ganu fel soprano mewn ensemblau clasurol ac operâu cyn rhannu ei dawn gerddorol gyda phobl ifanc yn Theatr Ieuenctid Môn a Chôr Ieuenctid Môn.

Mae dros 130 o aelodau yn y Côr Ieuenctid bellach, a than ei harweiniad maent wedi perfformio ar lwyfannau Neuadd Albert, Canolfan Mileniwm Cymru a Neuadd Symffoni Birmingham, yn ogystal â chyd-weithio gyda chyfansoddwyr a cherddorion fel Karl Jenkins, Catrin Finch a Gwyn Hughes Jones. Cipiodd y Côr Iau y wobr gyntaf yn Eisteddfod Gerddorol Ryngwladol Llangollen yn 2016, ac mae Mari wedi cyrraedd rownd gynderfynol Côr Cymru bum gwaith. Enillodd wobr arweinydd gorau'r gystadleuaeth yn 2007, ac eleni, y Côr Ieuenctid oedd y côr plant buddugol.

Yn ddiweddar, sefydlodd ei chwmni ei hun, gan weithio'n llawrydd ym maes y celfyddydau. Mae hyn wedi'i galluogi i ymestyn ei chariad at waith corawl drwy weithio gyda chôr cymysg Adlais ac Encôr (cantorion dros 60 oed) a sefydlwyd yn arbennig ar gyfer Eisteddfod Genedlaethol Ynys Môn. Braint iddi hefyd oedd cydlynu cynllun Hedd Wyn ar gyfer noson agoriadol yr Eisteddfod eleni.

Bu Mari'n rhan o'r gyfres deledu *Codi Canu,* ac fe'i gwelir yn aml ar y cyfryngau yn trafod y byd corawl. Mae hi hefyd yn aelod o Fwrdd Cerddorfa Genedlaethol Gymreig y BBC ac yn feirniad cenedlaethol.

Grês Pritchard - Organydd

Mae Grês yn gyfeilyddes fedrus, ac mae gofyn mawr am ei gwasanaeth. Mae hi hefyd yn gyfarwyddwr cerdd, cyfeilydd ac arweinydd Côr Meibion y Foel a Chôr Merched Lleisiau Llannerch. Bu'n gyfeilydd Côr y Traeth am 47 mlynedd.

Yn Eisteddfod Genedlaethol Abertawe a'r Cylch 2006, fe'i hurddwyd i'r wisg wen am ei chyfraniad cerddorol i'r celfyddydau, ac yn 2010, fe'i hanrhydeddwyd â'r MBE am ei chyfraniad i gerddoriaeth ar Ynys Môn am dros ddeugain mlynedd.

Gwyn Evans –
Arweinydd Seindorf Beaumaris

Brodor o Landegfan yw Gwyn, ac mae wedi bod yn un o hoelion wyth Seindorf Beaumaris o'r eiliad iddo chwythu cornet am y tro cyntaf yn saith oed. Ar ôl cyfnod yn y coleg, dychwelodd i Fôn er mwyn dilyn yn ôl traed ei dad, ac arwain Seindorf Beaumaris. Fel Cyfarwyddwr Cerdd Seindorf Beaumaris, llwyddodd i arwain y Band o'r Bedwaredd Adran i Adran y Bencampwriaeth a Phencampwriaeth Agored Ynysoedd Prydain, yn ogystal ag arwain Band Ieuenctid Beaumaris i lwyddiant ym Mhencampwriaeth Adloniant Bandiau Pres Ieuenctid Ynysoedd Prydain.

Mae Gwyn yn allweddol i lwyddiant adrannau iau Seindorf Beaumaris, sy'n addysgu dros 150 o gerddorion ifanc yn wythnosol. Fel tiwtor peripatetig gyda Gwasanaeth Ysgolion William Mathias, mae wedi cael sawl rôl o fewn y mudiad fel arweinydd y Band Symffonig, Band Jazz a'r Gerddorfa, yn ogystal â chipio Pencampwriaeth Bandiau Pres Ieuenctid Ynysoedd Prydain dair gwaith gyda Band Pres Gwynedd a Môn.

Yn ogystal â gweithio ym myd addysg, mae Gwyn yn gerddor proffesiynol sydd wedi chwarae trwmped gyda rhai o gerddorion amlycaf Cymru, gan gynnwys Bryn Terfel, Bryn Fôn, Dafydd Iwan, Shân Cothi, Elin Fflur, Gwyn Hughes Jones a Gwawr Edwards. Mae hefyd yn chwaraewr jazz amryddawn, ac wedi rhannu llwyfan gyda rhai o enwogion y byd jazz – Tina May, Clare Teal, Acker Bilk, Chris Barber, Kenny Ball a Humphrey Littleton. Mae'n aelod o banel ymgynghorol Band Pres Ieuenctid Cenedlaethol Cymru, ac mae'n teithio'n aml i Norwy lle mae'n gweithio'n agos gyda Ffederasiwn Bandiau Pres Norwy er mwyn datblygu Bandiau Pres Ysgolion a Bandiau Pres Cymunedol yn y wlad.

Seindorf Beaumaris

Wedi'i leoli yn nhref Beaumaris ar Ynys Môn, mae Seindorf Beaumaris yn fand a wreiddiwyd yn ei gymuned. Fe'i ffurfiwyd ym 1921, ond yn wahanol i nifer o fandiau cyfagos nid oedd cystadlu yn rhan o draddodiad y band tan y 1950au. Prif bwrpas y band oedd diddanu'r twristiaid oedd yn ymweld â chastell a phier enwog y dref, yn ogystal â chwarae eu rhan ym mywyd dinesig y dref – traddodiad sy'n parhau hyd heddiw wrth i'r band arwain gorymdaith flynyddol Sul y Maer yn ogystal â Sul y Cofio a'r gorymdeithiau Nadolig.

Ar ôl cystadlu am flynyddoedd ar y lefel uchaf, mae'r band ar ei hapusaf yn diddanu cynulleidfaoedd ledled Cymru, ac yn perfformio mewn arddull Jazz a Big Band yn ogystal â synau band pres traddodiadol. Llwyddodd i gyrraedd rownd derfynol *Band Cymru* ar S4C yn 2016, tra bod yr Adran Iau, sydd â dros 150 o aelodau, yn ffynnu. Llwyddodd y Band Iau i ennill Adran Iau Pencampwriaethau Bandiau Pres Ieuenctid Ynysoedd Prydain yn y Royal Northern College of Music ym Manceinion, tra bod y Band Ieuenctid wedi profi llwyddiant ym Mhencampwriaeth Adloniant Bandiau Pres Ieuenctid Ynysoedd Prydain yn y Winter Gardens, Blackpool.

Yn ogystal ag ennill Gwobr Aur am Arloesi yng Ngŵyl Genedlaethol Music For Youth yn Symphony Hall, Birmingham, mae'r Band Ieuenctid hefyd wedi perfformio yn y Schools Prom yn y Royal Albert Hall ac yng ngŵyl Brass in Concert yn y Sage, Gateshead.

Cred y band mai'r gyfrinach i'r llwyddiant yw'r gallu a'r awch i ddatblygu unigolion, a sicrhau bod pob aelod yn cael ei annog i gyrraedd, a hyd yn oed mynd y tu hwnt i'w lawn botensial. O'r herwydd, mae'n destun balchder mawr i weld cerddorion ifanc yn esgyn trwy'r adrannau iau er mwyn cyrraedd y Band Ieuenctid ac yna symud i gymryd eu seddi gyda'r Band Hŷn.

CYNRYCHIOLI POB LLAIS YNG NGHYMRU

Sut y gallwn ni eich helpu? Ymwelwch â ni a dysgwch am yr Aelodau Cynulliad sy'n eich cynrychioli chi a'ch cymuned.

Rydym ni eisiau clywed am y materion sy'n effeithio arnoch chi, a siarad â chi am y ffyrdd y gallwch sicrhau eich bod yn cael eich clywed.

Rydym ni'n cynrychioli pob llais yng Nghymru. A yw'n amser i chi godi eich llais?

REPRESENTING ALL VOICES IN WALES

What can we do for you? Visit us and find out about the Assembly Members who represent you and your community.

We want to hear about the issues affecting you, and talk to you about the ways you can make your voice heard.

We represent all voices in Wales. Is it time you used yours?

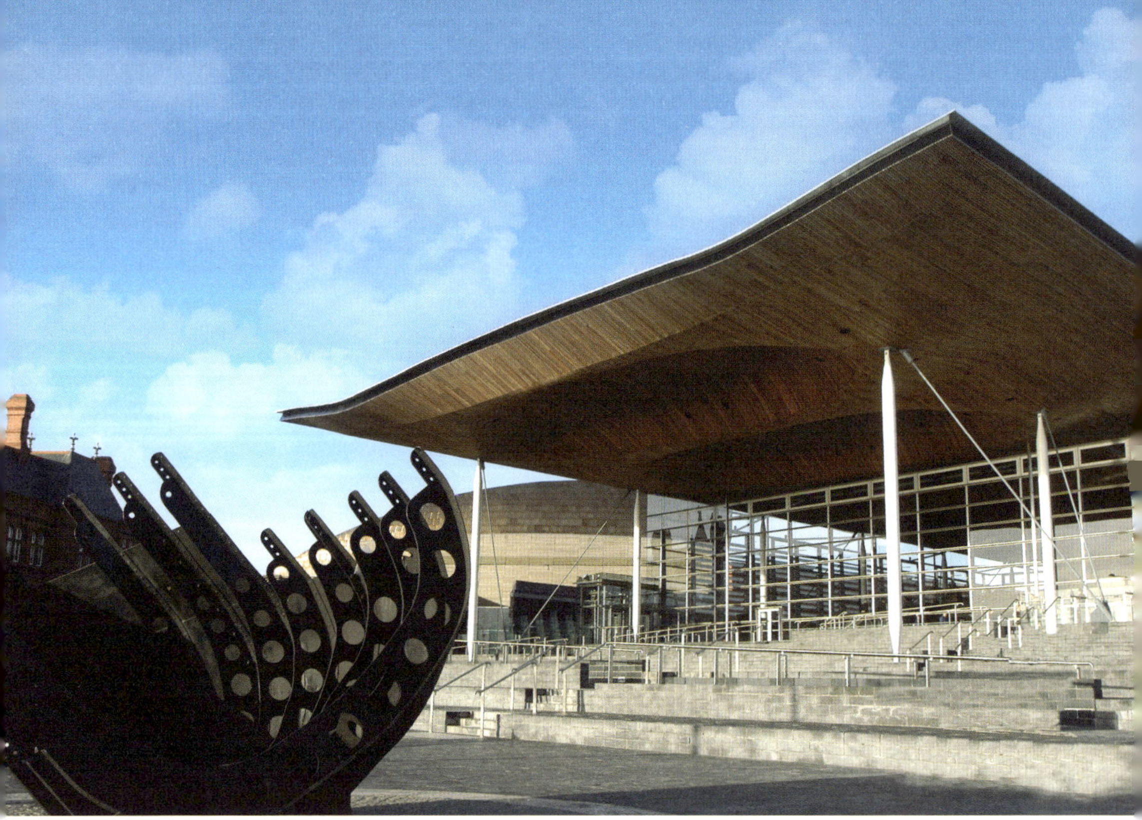

www.cynulliad.cymru
www.assembly.wales

Welsh councils are proud to support our National Eisteddfod

Mae cynghorau Cymru yn falch o roi cymorth i'r Eisteddfod Genedlaethol

PŴER NIWCLEAR
HORIZON
NUCLEAR POWER

WYLFA NEWYDD

MAE PŴER NIWCLEAR HORIZON YN DYMUNO'R GORAU I EISTEDDFOD MÔN 2017

Cofiwch ymweld â stondin Horizon yn y Pafiliwn Gwyddoniaeth a Thechnoleg i ddysgu mwy am ddyfodol ynni carbon isel trwy gyfrwng gemau a gweithgareddau difyr.

PŴER NIWCLEAR HORIZON – YSBRYDOLI, YSGOGI AC ARFOGI POBL IFANC Â SGILIAU AR GYFER Y DYFODOL

dydd llun

7 Awst

Llun 7 Awst
Cylch yr Orsedd
Maes yr Eisteddfod
am 11:00

Canu'r Corn Gwlad:
Dewi Corn a Paul Corn Cynan

Gweddi'r Orsedd: Gwyn ap Emlyn

Agor yr Orsedd:
Yr Archdderwydd

Emyn

Tôn: Sanctus

Molwn Di, O! Dduw ein tadau
   Uchel ŵyl o foliant yw;
Awn i mewn i'th byrth â diolch,
   Ac offrymwn ebyrth byw;
Cofiwn waith Dy ddwylaw arnom,
   A'th amddiffyn dros ein gwlad;
Tithau o'th breswylfa sanctaidd,
   Gwêl a derbyn ein mawrhad.

Ti â chariad Tad a'n ceraist
   Yn yr oesoedd bore draw;
O dywyllwch i oleuni
   Y'n tywysaist yn dy law;
Cawsom Di ym mhob cenhedlaeth
   Fel dy enw'n gadarn lôr:
Cysgod gwell na'r bryniau uchel,
   Ac na chedyrn donnau'r môr.

Cudd ni eto dan dy adain
   A bydd inni'n fur o dân;
Tywys Di ein tywysogion,
   Megis cynt â'th Ysbryd Glân;
Pâr i'n cenedl annwyl rodio
   Yn dy ofn o oes i oes,
Gyda'i ffydd yng ngair y cymod,
   Gyda'i hymffrost yn y groes.

Eifion Wyn

Gair o groeso: Yr Archdderwydd

Cyflwyno'r Corn Hirlas i'r Archdderwydd: Mared Wyn Hughes

Macwyaid y Llys:
Bradley Richard Jones a
Rhodri Morris Williams

Un o famau'r fro sydd i gyflwyno'r Corn Hirlas. Wrth ei gyflwyno i'r Archdderwydd fe ddywed:

'Hybarch Archdderwydd, yn enw aelwydydd Ynys Môn, atolwg iti yfed o win ein croeso i'r Orsedd a'r Eisteddfod.'

Wedi i'r Archdderwydd yfed o'r Corn Hirlas, fe'i dychwel i'r cyflwynydd gan ddweud:

'Diolch fy merch. Rhad y nef ar gartrefi Ynys Môn ac ar eich Eisteddfod.'

Croesawu Dirprwywyr y Cenhedloedd Celtaidd a Gorsedd Y Wladfa:

O Gernyw:
Bardd Mawr Gorsedd Cernyw – Telynyor an Weryn a Corolyores

O Lydaw:
Michel Le Gris a Jean Pierre Knockaert

Yr Alban, O'r Mod:
Alba -Am Mòd Nàiseanta

O Ynys Manaw, In Chruinnaght:
Robert Carswell

O Iwerddon, Oireachtas:
Máire Ni Laoire ac Eileen Barry

O'r Wladfa:
Benet ac Esyllt Nest

Datganiad Cerdd Dant:
Lyndsey Edffrwd

Byr goffâd am y Gorseddogion:
Y Cofiadur Penri Tanad

Yng nghanol ein llawenydd, gweddus ydyw dwyn ar gof enwau y Gorseddogion a aeth o'n blaen yn ystod y flwyddyn:

Y rhai a fu dda ganddynt drysorau ein llên mewn cerddoriaeth a mesur:

A ymhyfrydodd yn llafar-ganu ein cenedl, yn sŵn telyn a phob offeryn cerdd:

A greodd â'u dwylaw geinder lliw a llun:

A oleuodd ieuenctid gwlad â goleuni eu dysg:

A ddysgodd inni foes a chrefydd:

Gyda diolch i Dduw pob dawn am a roddes, ac ymbil Ei drugarog nodded ar y teuluoedd galarus ac ar y Cylch gweddw.

Yr Emyn Coffa

Tôn: Burford

Wrth gofio am y dyrfa lân
   Fu'n canlyn gyda ni,
Yn noddi llên a chelf a chân,
   O Dad, clodforwn Di.

Yn gryf eu gobaith am eu gwlad
   A'u cariad at yr iaith;
Yn bur eu bron yn erbyn brad,
   Yn gelfydd yn eu gwaith.

I Gymru, gwerthfawr fu eu dawn
   A gweddus eu mawrhau,
A boed i ninnau fesur llawn
   O'u hysbryd i barhau.

Tilsli

Anerchiad barddol:
Y Prifardd Cen

Urddo aelodau newydd:
(a) Trwy arholiad
(b) Trwy radd mewn Cymraeg neu Gerddoriaeth
(c) Prif Enillwyr Eisteddfod Genedlaethol Yr Urdd 2016
(ch) Enillwyr llwyfan Eisteddfod Genedlaethol Sir Fynwy a'r Cyffiniau 2016

Hen Wlad fy Nhadau

Telynores:
Gwenan Telynores Cymerau

Ceir rhestr y rhai a urddir heddiw ar dud 199

Nodwch: Gall amserlen cystadlaethau redeg yn fuan neu yn hwyr

Pafiliwn

Noddir gan

HSBC ◆▶

**Arweinyddion Llwyfan:
Betsan Powys, Dei Tomos**

10:00
Llefaru Unigol dan 12 oed (145)

'Llinell Gymorth y Conau', Aled Lewis Evans.

Beirniaid: Haf Evans, Eleri Richards

Gwobrau:
1. £50
2. £25
3. £15
(£90 Er cof am y diweddar Mona Morgan Jones gan ei phlant, Eurwyn, Margaret, Janet, Lynne a Stanley)

10:10
Unawd Cerdd Dant dan 12 oed (24)

'Dyfrig y Dwrgi', Gwenno Dafydd
Cainc: 'Mallt y Nos', Owain Siôn.

Beirniaid: Einir Wyn Jones, Menai Williams

Telyn: Elain Wyn

Gwobrau:
1. £50
2. £25
3. £15
(£90 Cledwyn a Glenys Rowlands, Benllech)

10:20
Unawd dan 12 oed (57)

'Cwningod', Dilys Elwyn-Edwards.

Beirniaid: Sian Meinir, Gareth Rhys-Davies

Gwobrau:
1. £50
2. £25
3. £15
(£90 Teulu Taleilian, Talwrn)

10:30
Canlyniad cystadleuaeth (24)

10:35
Unawd Alaw Werin dan 12 oed (7)

'Hen Wraig Fach'.

Beirniaid: Einir Wyn-Williams, Mair Beech Williams

Gwobrau:
1. £50
2. £25
3. £15
(£90 Rhoddedig gan Ann Gibbard, Benllech er cof am ei phriod Ithel)

10:45
Llefaru Unigol o'r Ysgrythur dan 16 oed (147)

Matthew, Pennod 4, adnodau 1-11: 'Iesu'n cael ei demtio'.

Beirniaid: Eleri Richards, Haf Evans

Gwobrau:
1. £60 (Er cof am y diweddar Goronwy Morgan Jones gan ei blant, Eurwyn, Margaret, Janet, Lynne a Stanley)
2. £30 (Margaret Evans, Rhinedd Hughes ac Emyr Huws er cof am y Parch Owen Evans, Nanhyfer, Bodffordd)
3. £20 (Margaret Evans, Rhinedd Hughes ac Emyr Huws er cof am y Parch Owen Evans, Nanhyfer, Bodffordd)

10:55
Canlyniad cystadleuaeth (145)

11:00
Canlyniad cystadleuaeth (57)

11:05
Canlyniad cystadleuaeth (147)

11:10
Deuawd Offerynnol Agored (60)

Rhaglen hunanddewisiad hyd at 5 munud.

Beirniaid: Peryn Clement-Evans, Catrin Morris Jones

Gwobrau:
1. £100
2. £60
3. £40
(£200 Asiantaeth Twristiaeth Ynys Môn)

11:35
Unawd i Ferched 12 ac o dan 16 oed (55)

'Ynys Wen', Purcell

Beirniaid: Andrew Rees, Glenys Roberts

Cyfeilydd: Rhiannon Pritchard

Gwobrau:
1. £60
2. £30
3. £20
(£110 Arwyn ac Eirian Jones, Llannerch-y-medd)

11:50
Canlyniad cystadleuaeth (7)

11:55
Unawd i Fechgyn 12 ac o dan 16 oed (56)

'Lle cerddi di', Semele, Handel

Beirniaid: Meirion Wynn Jones, Huw Euron

Cyfeilydd: Glian Llwyd

Gwobrau:
1. £60
2. £30
3. £20
(£110 Beti Lloyd, Bryngwran)

12:15
Canlyniad cystadleuaeth (60)

12:20
Rhuban Glas Offerynnol dan 16 oed (74)

Ysgoloriaeth Ymddiriedolaeth Ivor ac Aeres Evans

Bydd y panel beirniaid yn dewis pedwar cystadleuydd yng nghystadlaethau 75-79 i gystadlu ar lwyfan y pafiliwn.
Gofynnir i'r cystadleuwyr ddewis rhaglen o un darn neu fwy. Ni ddylai'r rhaglen gyflawn fod yn hwy na 10 munud.

Beirniaid: Catrin Morris Jones, Peryn Clement-Evans, Cai Isfryn, Gareth Owen, Dáire Roberts

Gwobr:
Y Rhuban Glas a £100 (Margaret Hughes, Llandegfan) ac ysgoloriaeth gwerth £1,000 (Ysgoloriaeth Ymddiriedolaeth Ivor ac Aeres Evans), i'w defnyddio i hyrwyddo gyrfa'r enillydd fel offerynnwr

13:10
Cyflwyniad ar lafar, dawns a chân (8)

Thema: Glannau

Rhaid cynnwys o leiaf tair elfen o blith y pump a nodir, sef alawon gwerin traddodiadol, cerdd dant, dawns, drama a llefaru i greu perfformiad dychmygus. Ni ddylai'r cyflwyniad fod yn hwy na 15 munud, yn cynnwys paratoi a chlirio'r llwyfan.

Beirniaid: Haf Evans, Eirian Llewelyn Davies, Mair Beech Williams

Gwobrau:
1. Tlws Parti'r Ffynnon i'w ddal am flwyddyn a £350 (Gwen Williams, Fferm Penrhyn, Llanfwrog)
2. £250 (Richard a Carys Parry, Rhostrehwfa)
3. £150 (Mari a Gwilym H Jones, Porthaethwy)

Ymgeiswyr:
1. Criw Ysgol David Hughes
2. Glanaethwy Iau
3. Aelwyd yr Ynys ac Adran Bro Alaw
4. Academi Indigo
5. Glanaethwy Hŷn

14:50
Canlyniad cystadleuaeth (55)

14:55
Canlyniad cystadleuaeth (56)

15:00
Monolog i rai rhwng 12 ac o dan 16 oed (117)

Monolog o ddrama/ddramâu addas. Gall gynnwys detholiad o waith gwreiddiol neu waith sydd wedi'i gyhoeddi. Caniateir hyd at 5 munud ar gyfer y cyflwyniad cyfan yn cynnwys paratoi a chlirio'r llwyfan.

Beirniaid: Owen Arwyn, Manon Wilkinson

Gwobrau:
1. £75
2. £50
3. £25
(£150 Gwobr Goffa Tom Griffiths Brydan, rhodd ei ddwy ferch, y ddiweddar Dr Bryneilen Griffiths a'r ddiweddar Dr Rosentyl Griffiths)

15:20
Beirniadaeth cystadleuaeth (74)

Beirniad: Catrin Morris Jones

15:30
Llefaru Unigol i rai rhwng 12 ac o dan 16 oed (144)

'Trydar', allan o Tyfu, Guto Dafydd.
Beirniad: Rhian Evans, Eleri Richards
Gwobrau:
1. £60
2. £30
3. £20
(£110 Ann ac Ellis Roberts, Bodffordd)

15:40
Beirniadaeth cystadleuaeth (8)

Beirniad: Haf Evans

15:50
Unawd Alaw Werin 12 ac o dan 16 oed (6)

'Y Gelynen', tr. Grace Gwyneddon Davies.
Beirniaid: Delyth Medi, Eleri Roberts
Gwobrau:
1. £60
2. £30
3. £20
(£110 Richard H Edwards, Llangwyllog)

16:00
Unawd Cerdd Dant 12 ac o dan 16 oed (23)

'Alaw', Mererid Hopwood.
Cainc: 'Beuno', Gwennant Pyrs
Beirniaid: Ann E Fox, Mari Watkin
Telyn: Dylan Cernyw
Gwobrau:
1. Cwpan Caradog Pugh i'w ddal am flwyddyn a £60 (Adrian a Janet Jones, Bodedern er cof am Goronwy a Mona Morgan-Jones, Tŷ Capel, Tabor, Fali)
2. £30 ([Megan Pritchard] a Beryl Williams, Llangwyllog)
3. £20 ([Megan Pritchard] a Beryl Williams, Llangwyllog)

16:10
Canlyniad cystadleuaeth (117)

16:15
Canlyniad cystadleuaeth (144)

16:20
Canlyniad cystadleuaeth (23)

15:45
Canlyniad cystadleuaeth (6)

16:30
Seremoni Coroni'r Bardd a Chroesawu Dirprwywyr Celtaidd

Rhybudd - Rhaid i bawb sydd am weld y seremoni fod yn eu seddau erbyn 16:15

Nid agorir y drysau wedyn hyd nes bod gorymdaith yr Orsedd wedi gadael y Pafiliwn tua 17:30.

Seremoni Cyflwyno Dirprwywyr y Cenhedloedd Celtaidd a Gorsedd Y Wladfa i'r Archdderwydd, a'u croesawu i'r Eisteddfod

Cernyw: Bardd Mawr Gorsedd Cernyw – Telynyor an Weryn a Corolyores

Lydaw: Michel Le Gris a Jean Pierre Knockaert

Mod, Yr Alban: Alba -Am Mòd Nàiseanta

Ynys Manaw. In Chruinnaght: Robert Carswell

Iwerddon, Oireachtas: Máire Ni Laoire ac Eileen Barry

Y Wladfa: Benet ac Esyllt Nest

Cyferchir gan gynrychiolydd Cernyw. Gellir darllen y cyfarchiad ar dud 88

Coroni'r Bardd
Pan genir y Corn Gwlad o'r llwyfan i gyfeiriad y gynulleidfa ar yr agoriad, gofynnir i chi sefyll tra offrymir Gweddi'r Orsedd

Corn Gwlad: Dewi Corn a Paul Corn Cynan

Gweddi'r Orsedd: Gwyn ap Emlyn

Beirniadaeth: M Wynn Thomas

Pryddest ddigynghanedd, heb fod yn fwy na 250 o linellau: Trwy Ddrych.

Gwobr: Coron yr Eisteddfod (Merched y Wawr) a £750 (Cwmni Dodrefn a Lloriau Perkins, Caernarfon)

Beirniaid: M Wynn Thomas, Glenys Mair Roberts, Gwynne Williams

Coroni'r Bardd yn ôl braint a defod Gorsedd Beirdd Ynys Prydain

Cân y Coroni: Huw Alun

Geilw Cymru ei lluoedd
i goroni'r Gwir ar goedd.
Gorau addurn gwareiddiad
yw bri cerdd nid gwobrau cad;
cerdd dafod nid clod y cledd,
hyn erioed ein hanrhydedd.

Wedi'n holl golledion hen
ein hadfywiad fu awen;
bu inni'n arf rhag darfod,
awen beirdd yn dweud ein bod,
yn rhoi i ing eiriau angerdd,
cyfuno'n cof yn ein cerdd.

Ti eleni'r olyniaeth,
ti yw'r un oedd yng Nghatraeth;

y traddodiad hardd ydwyt,
yr hen ddweud o'r newydd wyt,
a'th hawl i'r olyniaeth hon
ydyw gwir werth dy goron.

Gerallt Lloyd Owen

Cyfarch y Bardd: Y Prifardd Cen

Yna, cyflwynir y Ddawns Flodau er anrhydedd i'r buddugol

Cyflwynydd y Corn Hirlas: Mared Wyn Hughes

Macwyaid y Llys: Bradley Richard Jones a Rhodri Morris Williams

Cyflwynydd y Flodeuged: Eurgain Sara Lloyd

Morynion y Llys: Elliw Mair Huws a Greta Fflur Keen

Merched y Ddawns Flodau: Ysgolion Cynradd Bodedern, Bryngwran, Corn Hir, Goronwy Owen, Rhosybol, Santes Gwenfaen, Llanfairpwll, Llanfechell, Llannerch-y-medd, Morswyn, Y Borth ac Y Graig.

Esyllt Carlisle, Begw Dafydd, Lwsi Dafydd, Mabli Dafydd, Naomi Rhys Evans, Glesni Eleth Griffiths, Megan Lois Griffiths, Lexie Hussey, Rhianna Heminsley-Huws, Cadi Jen Huws, Megan Angharad Jones, Awen Haf Jones, Chloe Jones, Eli Jones, Mali Telford Jones, Marlee Jones, Non Fflur Jones, Sara-Mai Jones, Glain Keiley, Cara Michael, Elan Mai Owen, Mai Owen, Mia Fflur Owen-Hughes, Nel Palmer, Nel Angharad Parry, Alaw Haf Roberts, Lili Môn Thomas

Hyfforddwyd y dawnswyr gan Mair Jones, Mary Evans, Lowri Angharad, Fiona Bridle ac Olwen Green

Ymgynghorydd: Prydwen Elfed-Owens

Telyn: Gwenan Telynores Cymerau

Organydd: Ilid Anne

Hen Wlad fy Nhadau
Arweinir y bardd buddugol allan gan yr Archdderwydd, a'r Orsedd yn eu hebrwng.

Pagoda
08:30
Rhagbrawf: Deuawd Offerynnol Agored (60)

11:30
Rhagbrawf: Llefaru Unigol i rai 12 ac o dan 16 oed (144)

15:00
Rhagbrawf: Unawd i Ferched 16 ac o dan 19 oed (53)

17:15
Rhagbrawf: Unawd i Fechgyn 16 ac o dan 19 oed (54)

Stiwdio
08:30
Rhagbrawf: Unawd i Fechgyn 12 ac o dan 16 oed (56)

10:45
Rhagbrawf: Unawd Alaw Werin 12 ac o dan 16 oed (6)

Dawns
12:15
Rhagbrawf: Unawd Cerdd Dant 12 ac o dan 16 oed (23)

16:45
Rhagbrawf: Deialog (115)

Eisteddfod Genedlaethol Ynys Môn 2017

Y Goron

Noddir Coron Eisteddfod Genedlaethol Ynys Môn gan Ferched y Wawr, a hynny yn ystod blwyddyn o weithgareddau a dathliadau wrth i'r mudiad nodi'i hanner canfed pen-blwydd. Cyflwynir y wobr ariannol gan Gwmni Dodrefn a Lloriau Perkins, Caernarfon.

Lluniwyd y Goron gan y gof arian, John Price, cyn-athro crefft a gwneuthurwr nifer o goronau eisteddfodol cain, ac mae wedi llwyddo i wau ynghyd Merched y Wawr a lleoliad yr Eisteddfod eleni, Ynys Môn, mewn ffordd grefftus a gofalus.

Mae band y Goron yn cynrychioli Pont Menai, y strwythur eiconig sy'n cysylltu Môn â gweddill Cymru. Ond mae hefyd yn cynrychioli'r cysyniad o bontio yn ei ystyr ehangach – y pontio rhwng cymunedau, a'r ffaith bod yr Eisteddfod yn pontio rhwng y Cymry Cymraeg o bob rhan o'r wlad, rhwng y Cymry a Chymry di-Gymraeg, a rhwng y Cymry a dysgwyr.

Ceir ffresgo bychan ym mhob bwa, gyda'r rhain i gyd yn cynrychioli gwahanol elfennau. Yn un ohonynt, gwelir y genhinen, sy'n cynrychioli Merched y Wawr, y noddwyr a mudiad sydd wedi rhoi cymaint i ferched Cymru dros hanner canrif. Mewn ffresgo arall, ceir Dwynwen ac Ynys Llanddwyn, sy'n cynrychioli cysylltiad Môn â'r môr a chrefydd. Ceir dwy delyn deires mewn ffresgo arall, sy'n cynrychioli Telynorion Llannerch-y-medd, gan ddangos y cysylltiad gyda cherddoriaeth dros y blynyddoedd.

Mewn ffresgo arall gwelir un o atyniadau mwyaf deniadol yr Ynys, sef Melin Llynnon. Mae'n cynrychioli 'Môn Mam Cymru' – yr ynys a oedd yn cynhyrchu bwyd i Gymru gyfan ar un adeg. Gwelir cofeb Jona Jones i Dywysogion Gwynedd – sydd i'w gweld yn Aberffraw, sef safle un o lysoedd y Tywysogion – mewn un bwa. Ac yna, yn y ffresgo olaf, ceir Tlws Pant y Saer, sy'n cynrychioli siambr gladdu enwog o'r cyfnod Neolithig, sy'n agos at bentref Benllech, ac yn symbol o'r ffaith ein bod ni'n dal yma ac yn gofalu am drysorau ein cenedl ganrifoedd yn ddiweddarach.

Meddai John Price: "Er 'mod i wedi creu amryw o goronau eisteddfodol dros y blynyddoedd, mae'r wefr o gael eich dewis i ymgymryd â'r gwaith yn dal i fodoli, ac rwyf wrth fy modd yn mynd ati i ddechrau ar y gwaith o feddwl am syniadau cyn creu'r Goron ei hun.

"Mae'n bleser mawr cael y gwahoddiad i greu Coron sydd wedi'i noddi gan Ferched y Wawr, mudiad sydd wedi bod yn gonglfaen i'n hiaith a'n diwylliant dros yr hanner canrif ddiwethaf. Ac wrth gwrs, mae cymaint o ysbrydoliaeth yn nhirwedd ac yng nghyfoeth diwylliannol Môn, a gobeithio bod y Goron hon yn adlewyrchiad o gyfraniad Merched y Wawr ac Ynys Môn i ni fel cenedl."

Eleni, cyflwynir y Goron am bryddest ddigynghanedd heb fod yn fwy na 250 o linellau dan y teitl Trwy Ddrych. Y beirniaid yw M Wynn Thomas, Glenys Mair Roberts a Gwynne Williams. Cawn wybod am 16:30 a oes teilyngdod, yn ystod y seremoni a gynhelir ar lwyfan y Pafiliwn.

Cyfarchiad Bardd Mawr Cernyw

Mae'n bleser mawr gen i gael bod yma yn Eisteddfod Genedlaethol Cymru: mae'n fraint bersonol i mi ac hefyd yn fraint i Gernyw. Dwi wrth fy modd gyda Gorsedd Cymru, digwyddiadau'r Eisteddfod a'r siawns i ddysgu mwy am hanes a thraddodiadau Cymru. Dwi'n meddwl bod hanes sefydlu Y Wadfa ym Mhatagonia yn ddiddorol ac yn apelgar – dyma enghraifft o'r Celtiaid yn gyrru eu diwylliant a'u treftadaeth ar draws y byd.

Mae hanes tebyg i hyn yng Nghernyw wrth i'r cymunedau mwyngloddio deithio'r byd yn y bedwaredd ganrif ar bymtheg, a heddiw, mae cymunedau Cernyweg i'w cael ar draws y byd. Ym mis Mai eleni, euthum i Awstralia ar gyfer Gŵyl Gernyweg a gynhaliwyd yno. Daeth miloedd o bobl yno i ddathlu diwylliant Cernyw, ei hiaith a'i bwydydd. Dwi'n gwybod bod gwyliau fel hyn yn cael eu cynnal ar draws y byd gan gymunedau o'r gwledydd Celtaidd eraill.

Fodd bynnag, nid yw Cernyw rhyngwladol yn cael ei chydnabod gan y Llywodraeth yn Llundain. Dywedant bod Cernyw ar gyrrion de orllewin Lloegr, ac felly mae'n rhaid i ni gyplysu gyda nhw. Dwi'n sylweddoli bod hyn yn cael ei ddweud hefyd am y gwledydd Celtaidd eraill gan Lywodraethau yn Llundain a Pharis. Ond, rydym ni o'r farn bod Cernyw a'r gwledydd Celtaidd eraill yn rhan o'r byd rhyngwladol, ac nid 'ar gyrrion' unrhyw genedl arall.

I am delighted to be here at the Welsh Eisteddfod: it is a great honour for me personally and for Cornwall. I love the ceremonies of the Welsh Gorsedd, the Eisteddfod events and the opportunity to learn more about the history and heritage of Wales. I find the story of the Welsh settlement in Patagonia fascinating – here is an example of a Celtic people taking their heritage and culture around the world.

Something similar to this happened in Cornwall, with the mining communities that travelled the world in the nineteenth century, and today Cornish communities can still be found throughout the world. In May I went to Australia for a Cornish Festival held there. Many thousands of people came there to engage in the culture of Cornwall and its language, dance and cuisine. I know that festivals like this are held around the world by communities from the other Celtic countries.

But "global Cornwall" is not recognised by the London Government. They say that Cornwall is a periphery of the South West region and must be joined in with them. I am aware that much the same is said of the other Celtic nations by the governments of London and Paris. Well, we say that Cornwall and the Celtic nations are part of the global community and not a peripheral place for anyone!

Areth Bardh Meur Kernow - Esedhvos Kembra 2017

Lowen of vy dos omma dhe'n Esedhvos Kembra - enor meur yw ragov vy ow honen ha rag Kernow. My a gar an solempnitys Gorsedh Kembra ha hwarvosow an Esedhvos ha'n chons dhe dhyski moy a-dro dhe'n istori ha'n ertach a Gembra. Y hwrav vy kavos didheurek hwedhel an trevesigeth Kembra yn Patagoni. Ottomma ensampel a dus keltek ow kemeres aga ertach ha'ga gonisogeth dres an norvys.

Yma istori kepar hemma yn Kernow ha'n kemenethow balweyth hag a viajyas a-dro dhe'n bys y'n nawnsegves kansvledhen. Y'n jydh hedhyw y hyllir kavos hwath kemenethow kernewek dres an norvys oll. Mis Me my eth dhe Ostrali rag Gool Kernewek a veu synsys ena. Milyow a dus a dheuth di dhe omworra y'n wonisogeth a Gernow ha'y yeth, hy dons ha hy heginieth. My a wor bos Golyow kepar henna synsys dres oll an norvys gans an kemenethow broyow Keltek erel.

Mes nyns yw "Kernow ollvysel" aswonnys gans an Governans Loundres. I a lever bos Kernow le amelek a ranndir Soth-West ha res yw dhedhi bos omjunys ganso. My a wor bos an keth tra leverys a-dro dhe'n gwlasow keltek erel gans an governansow a Loundres ha Paris. Wel, ni a lever bos Kernow ha'n gwlasow keltek rann an gemeneth ollvysel ha nag yw le amelek a dhenvyth!

Capel Saron, Bodedern

13:00
Rhagbrawf: Unawd Soprano 19 ac o dan 25 oed (45)

16:30
Rhagbrawf: Unawd Bariton / Bas 19 ac o dan 25 oed (48)

Y Babell Lên

Trefnir gan yr Eisteddfod
Noddir y gweithgareddau llenyddol gan

10:45
Yr Awdur a'r Bardd Blaengar, Emyr Humphreys

M Wynn Thomas sy'n edrych ar fywyd, gwaith a chyfraniad y llenor, Emyr Humphreys.

11:45
Stori Cyn Cinio!

Gwion Rhys Gwilym yn adrodd stori *Y Gŵr o Baradwys.*

12:30
Bywyd fy Ewythr, Hedd Wyn

Mererid Hopwood sy'n sgwrsio gyda nai Hedd Wyn, Gerald Williams am ei deulu, a'i fywyd yn gofalu am Yr Ysgwrn. Trefnir y sesiwn gan Brifysgol Cymru a Phrifysgol Cymru Y Drindod Dewi Sant.

Rhan o raglen Canmlwyddiant Hedd Wyn

13:15
Darn o'r Haul

Cyfle i ddathlu dawn lenyddol Sian Owen, Marian-glas, yng nghwmni Annes Glyn Angharad Price, Marlyn Samuel a chriw o Gôr Ieuenctid Môn dan arweiniad Mari Pritchard.

14:15
A Bedwyr i Bawb Ydoedd: Bywyd a gwaith Bedwyr Lewis Jones

Rhaglen i goffáu Bedwyr Lewis Jones chwarter canrif wedi'i farw. Eifion Glyn sy'n cyflwyno, gyda Geraint Percy Jones, Derec Llwyd Morgan, Gerwyn Wiliams, Meinir Pierce Jones, Gwenan Gibbard a Non Indeg. Dan ofal BBC Radio Cymru.

16:00
Awdur y Dydd

Pwysigrwydd lleoliad yn y broses greadigol gyda Mared Lewis. Bydd sesiwn holi ac ateb ar Lwyfan y Llannerch am 17:00.

17:45
Slot Chwarter i Chwech

Hwyl a chwerthin lleol gyda Emlyn Richards Noddir gan Gronfa Gari Williams.
#gwylgomedisteddfod

Llwyfan y Llannerch

Trefnir gan yr Eisteddfod.
Noddir y gweithgareddau llenyddol gan

10:30
Dysgu Cynganeddu

Gyda Mererid Hopwood (Ysgol Farddol Caerfyrddin).

12:30
Picnic 4 a 6

Tudur Owen yn cyflwyno Gorwel a Fiona Owen, Iestyn Tyne a Karen Owen.

13:30
Barddas yn cyflwyno Rhifyn yr Haf

Sesiwn i ddathlu cyhoeddi rhifyn diweddaraf *Barddas* yng nghwmni'r golygydd, Twm Morys, a rhai o golofnwyr a chyfranwyr y cylchgrawn.

15:30
Stand-yp

Gary Slaymaker, Dan Thomas
#gwylgomedisteddfod

17:00
Slot Awdur y dydd

Nia Roberts yn holi a sgwrsio gyda Mared Lewis.

Gŵyl Llên Plant

Trefnir gan yr Eisteddfod

Cefnogir gan Gronfa Park-Jones
Noddir y gweithgareddau llenyddol gan.

11:00
Migldi Magldi: Dawns yr Anifeiliaid

Os wyt ti weithiau'n dawnsio,
Os wyt ti'n hoffi canu,
Ar ddawns yr anifeiliaid fe fyddi di yn dwli!

Neidio, jiglo, troi yn sydyn, rhowlio, cicio, bownsio... a chwerthin. Trefnir mewn partneriaeth gyda Dawns i Bawb a Galeri.

12:00
10 Chwedl o Gymru – Meinir Edwards

Mae gan Gymru gyfoeth o chwedlau, a does neb yn gwybod mwy amdanyn nhw na Meinir Edwards. Eisteddwch, ymlaciwch, a dewch i fwynhau ambell stori dda.

13:00
EisteddfODLI! – Anni Llŷn

Does dim byd yn fwy o hwyl nag odli! Wel, dyna mae Anni Llŷn, Bardd Plant Cymru yn ei feddwl. Wyt ti'n cytuno? Tyrd i gael hwyl wrth odli yn ein sesiwn EisteddfODLI gyda Anni.

14:00
Yoga i Blant

Angen munud o heddwch i ffwrdd o fwrlwm y Maes? Pa ffordd well i ymlacio na sesiwn Yoga yn arbennig i blant yng Ngŵyl Llên Plant? Ymhen dim byddwch yn barod i grwydro, darganfod a bod yn wyllt unwaith eto!

15:00
Creu Cymeriadau Cartŵns - a Jôcs Ofnadwy! – Mellten a Huw Aaron

Tyrd draw am sesiwn i ddysgu sut i greu cymeriadau cartŵns gyda chriw Mellten a Huw Aaron

#gwylgomedisteddfod

16:00
Parti Dinosopio-Deinosoriaid

Wyt ti'n hoffi deinosoriaid? Fyddet ti'n hoffi dod i barti deinosoriaid i glywed straeon ac i gael digonedd o hwyl? Tyrd draw i stondin Gŵyl Llên Plant y pnawn 'ma i weld be sy'n digwydd...

17:00
Stori Cyn Troi: Y Biliwnydd Bach – Mair Tomos Ifans

Ymunwch gyda ni am stori i orffen y dydd. Ymgasglwch o gwmpas y tân, lle byddwn yn rhostio malws melys ac yn camu i fyd y rhyfeddodau...

Mair Tomos Ifans sy'n darllen addasiad Cymraeg Mared Llwyd o *Billionaire Boy* gan David Walliams.

Theatr y Maes

Trefnir gan yr Eisteddfod
Noddir gan

12:00
Cofio JO Roberts

Dewch i ymuno â chyfeillion y diweddar JO Roberts wrth iddynt hel atgofion am ei fywyd a'i yrfa ddisglair fel adroddwr, athro ac actor amryddawn.

Cadeirydd: William R Lewis

Cydlynydd: Catrin Jones Hughes

Hoffai'r Pwyllgor Drama ddiolch i Gareth a Nia am bob cydweithrediad wrth baratoi'r deyrnged hon.

14:00
Cystadleuaeth Drama fer agored (112)

Crafu Ceiniog: William Owen – Cwmni Brynrhos, Y Groeslon.

Yn ôl Idris Davies, "Mae'r Loteri felltith 'ma'n sefydliad peryg sy'n hybu ac yn annog hunanoldeb!"

Megan Davies	Susan Evans
Nanw Gregson	Menna Medi
Idris Davies (blaenor yn Horeb)	John Dilwyn Williams
HE Edwards BD	Robert Morris
Gwraig y Post	Nerys Williams
Criw Llwyfan	Cen a Nesta Thomas a Nerys Williams
Cynhyrchydd	Wenna Williams

Gweler dydd Sul am fanylion llawn.

16:00
Sioe Deuluol: Ŵy, Chips a Nain – Cwmni'r Frân Wen

Wedi'i hysgrifennu gan Gwyneth Glyn, mae'r sgript yn dathlu dychymyg plentyn, gan archwilio'r berthynas arbennig rhwng dwy genhedlaeth, a sut mae dementia yn gallu effeithio ar y berthynas yma dros amser.

Bydd y cyd-gynhyrchiad hwn rhwng Frân Wen a Galeri yn mynd ar daith drwy theatrau Cymru yng ngwanwyn 2018.

19:30
Dim Byd Ynni: Emlyn Gomer – Theatr Bara Caws

Gweler nos Sul am fanylion llawn.

Cwt Drama

Partneriaeth rhwng

18:00
Estron – Hefin Robinson

Gliniadur, tun siocledi Quality Street ac awdur yn chwilio am ei ddrama mewn bydysawd diderfyn. Mae digwyddiadau ysgytwol diweddar wedi troi byd Alun ar ei ben, ond yn y tywyllwch mae'n ceisio cysur gan ymwelydd o fyd arall. Drama newydd, amgen ar gyfer y genhedlaeth hon; enillydd y Fedal Ddrama yn Eisteddfod Genedlaethol Sir Fynwy a'r Cyffiniau, 2016. Cyd-gynhyrchiad gan Theatr Genedlaethol Cymru a'r Eisteddfod Genedlaethol.

Tocynnau: £5 (ar gael o www.eisteddfod.cymru / **0845 4090 800**).

Sinemaes

Cydlynir Sinemaes gan BAFTA Cymru gyda'r partneriaid canlynol:

Y Gymdeithas Deledu Frenhinol, Archif Genedlaethol Sgrîn a Sain Cymru, Canolfan Ffilm Cymru, Chapter, BBC Cymru Wales, BFI NET.WORK, Undebau'r Diwydiannau Creadigol yng Nghymru, Cwmni Pendraw, Gorilla, Into Film Cymru, S4C a TAC gyda chefnogaeth yr Eisteddfod a Chyngor Celfyddydau Cymru.

09:30
Dangosiad: Arfordir Cymru ar Ffilm

Gweler dydd Sadwrn am fanylion llawn.

11:30
Dangosiad Premiere: Cyfres newydd Deuawdau Rhys Meirion

Cyfle i weld pennod gyntaf cyfres newydd Deuawdau Rhys Meirion. Gyda phwy fydd y deuawdau eleni?

Oedran: Pob oed

Cynhyrchwyd gan S4C a Cwmni Da.

13:30
Gweithdy Animeiddio gyda Huw Aaron

Gweithdy sy'n edrych ar rinweddau archarwyr ffilm enwog, gan sbarduno plant i ddefnyddio'u dychymyg a'u creadigrwydd i greu cymeriad gwych. Dan arweiniad bywiog a brwd Huw, mae'n gyfle i ddysgu am y proses o greu cymeriad unigryw ac eithriadol ar gyfer ffilm neu gêm gyfrifiadurol

Oedran: 9-11

Cynhyrchwyd gan Into Film Cymru.

15:00
Dangosiad a Thrafodaeth: Ffermio – Dathlu 20

Cyfle i fwynhau rhai o uchafbwyntiau *Ffermio,* wrth i'r gyfres ddathlu 20 mlynedd o ddarlledu eleni. Dewch draw i weld toreth o glipiau, o'r dwys i'r digri! Yna, bydd cyfle i drafod y gyfres

Oedran: Pob oed

Cynhyrchwyd gan Y Gymdeithas Deledu Frenhinol yng Nghymru.

16:30
Y Seremoni ar y Sgrîn Fawr

Cyfle i wylio Seremoni'r Coroni ar y sgrîn fawr.

Oedran: Pob oed

Cynhyrchwyd gan Y Gymdeithas Deledu Frenhinol yng Nghymru.

19:30
Dangosiad arbennig: Ffilm Hedd Wyn

Yn 1917, mae bardd ifanc o ogledd Cymru yn cystadlu am y Gadair – y wobr uchaf ei bri yn yr Eisteddfod Genedlaethol – o dan ei enw barddol, Hedd Wyn. Ond cyn cyhoeddi enw'r enillydd, mae'n cael ei anfon i ymladd gyda'r Saeson yn ffosydd y Rhyfel Byd Cyntaf. Mae'r sinematograffi gwych sydd yn darlunio'r gwrthgyferbyniad rhwng harddwch ei gartref ym Meirionnydd ac erchyllterau Passchendaele yn cyfleu oferedd rhyfel yn y ffilm gyntaf hon o Gymru i gael ei henwebu am Oscar yn y categori 'Ffilm Iaith Dramor Orau'.

Oedran: 12A

Cynhyrchwyd gan BAFTA Cymru, Eisteddfod Genedlaethol Cymru, Gŵyl Ffilm Arfordir Cymru, S4C.

Theatr Stryd

Trefnir gan yr Eisteddfod

10:30
Bore Da gyda chymeriadau Cyw

Gweler dydd Sadwrn am fanylion llawn.

Lleoliad: Y Ganolfan Ymwelwyr.

11:00
Sgiliau Syrcas

Gweler dydd Sadwrn am fanylion llawn.

Lleoliad: Stondin Sgiliau Syrcas.

11:00
Bwystfilod – Theatr Bara Caws

Sioe bypedau symudol gan Angela Roberts fydd yn annog y plant i ganu, dawnsio, cymeradwyo, bwian, sgrechian, chwerthin, a hisian! Fersiwn drawiadol a hwyliog o rai o chwedlau gwerin Llanberis a Chaernarfon, sy'n cynnwys afanc bach unig, morforwyn hyll, hunanol a chorrach sy'n cnocio ar waliau'r chwarel i godi ofn!

Lleoliad: Pentref Drama.

13:00
Ymgyrchu - Mr & Mrs Clark

Mae Ymgyrchu yn cyflwyno hanes dau gymeriad sy'n wleidyddol uchelgeisiol, ac sy'n defnyddio'r CD hunan-help ffug, A Dummy's Guide to Becoming a Successful Politician mewn ymdrech ddigri i wella eu poblogrwydd ymysg y cyhoedd. Tybed sut fyddwch chi'n pleidleisio? Comisiynwyd gan Articulture, mewn cydweithrediad â Chonsortiwm Comisiynu Celfyddydau Awyr Agored Cymru. Cefnogir gan Gyngor Celfyddydau Cymru.

Lleoliad: Y Traeth.

14:00
Bwystfilod – Theatr Bara Caws

Gweler uchod am fanylion llawn.

Lleoliad: Pentref Drama.

15:40
Ymgyrchu – Mr & Mrs Clark

Gweler uchod am fanylion llawn.

Lleoliad: Pentref Bwyd.

17:00
Ymgyrchu – Mr & Mrs Clark

Gweler uchod am fanylion llawn.

Lleoliad: Pentref Drama.

Beic Disgo #maesb20

Gweler dydd Sadwrn am fanylion llawn.

Tŷ Gwerin

Trefnir gan yr Eisteddfod

Partneriaid: Trac, Clera a Chymdeithas Genedlaethol Dawns Werin Cymru.

Cefnogir gan

 Cyngor Celfyddydau Cymru
Arts Council of Wales

09:30
Yoga@Maes

Gweler dydd Sadwrn am fanylion llawn.

11:00
Sesiwn Werin

Sesiwn gyda Iestyn Tyne ar gyfer chwaraewyr gyda pheth profiad. Trefnir y sesiwn gan Clera.

12:00
Awr y Ffidlwyr: Môn – Cartra'r ffidil a'r hen alawon

Huw Roberts yn sôn am boblogrwydd y ffidil yn niwylliant gwerin yr ynys dros y canrifoedd – straeon bach difyr, alawon hyfryd a llond llwyfan o ffidlwrs lleol!.

13:00
Seiat Stori

14:00
Chris Jones

Canwr gwerin o Gwm y Glo ger Caernarfon yw Chris Jones, a daeth ar draws nifer o ganeuon traddodiadol y gwledydd Celtaidd a Lloegr wrth ganu mewn band gwerin fel myfyriwr ym Mryste. Roedd Chris yn rhan o'r prosiect Gorwelion cyntaf yn 2014 – sef cynllun a redir gan BBC Cymru Wales mewn partneriaeth â Chyngor Celfyddydau Cymru i ddatblygu cerddoriaeth gyfoes annibynnol, newydd yng Nghymru. Ar hyn o bryd, mae Chris yn gweithio ar ei albwm newydd.

16:00
Cilmeri

Roedd Cilmeri yn un o'r grwpiau a oedd yno ar gychwyn y dadeni gwerin Cymraeg ddiwedd y 70au. Ffurfiwyd y grŵp pan ddaeth Tudur Huws Jones, Huw Roberts ac Ywain Myfyr at ei gilydd – ffrindiau coleg a ymddiddorai yn yr hyn oedd yn digwydd yn y byd gwerin yn Iwerddon trwy grwpiau fel Planxty a'u tebyg, gan fethu deall pam bod traddodiadau'r Cymry'n cael eu hanwybyddu. Mae Huw 'Bach' Roberts (ffidil, telyn), Tudur Huws Jones (banjo, mandolin, bouzouki, pib), Iwan Roberts (mandolin, gitâr), Elwyn Rowlands (gitâr), Dan Morris (ffidl), Ywain Myfyr (bodhran, organ geg, bouzouki) wedi dychwelyd at ei gilydd am ambell gig eleni.

17:00
Dawnswyr Talog

Cyfle i fwynhau gallu a gwrhydri Dawnswyr Talog yn sesiwn ddyddiol Cymdeithas Genedlaethol Dawns Werin Cymru.

Maes D

Trefnir gan yr Eisteddfod
Cefnogir gan

11:00
Sesiwn blasu'r iaith Gymraeg

12:00
Canolfan Dysgu Cymraeg Genedlaethol

Mae'n bleser gan y Ganolfan Dysgu Cymraeg Genedlaethol groesawu'r cwmni Mewn Cymeriad gyda'r perfformiad cyntaf o sioe sydd yn arbennig ar gyfer dysgwyr.

13:00
Archaeoleg Lleol

Yr archaeolegydd a'r cyflwynydd Rhys Mwyn sy'n amlinellu hanes archaeolegol bro'r Eisteddfod.

14:00
Sesiwn Ukelele

Sesiwn gerddorol anffurfiol gyda chriw Menter Iaith Môn.

15:00
Cemegau yn ein bwydydd

Cyfle i ddysgu mwy am y cemegion yn ein bwydydd mewn sesiwn arbennig i ddysgwyr. Cofiwch alw i mewn yn y Pafiliwn Gwyddoniaeth a Thechnoleg wedyn.

16:30
Gwylio Seremoni'r Coroni

Dewch atom i Faes D i wylio un o seremonïau pwysicaf yr wythnos.

Gwyddoniaeth a Thechnoleg

Partneriaeth rhwng

Gweler dydd Sadwrn am weithgareddau sy'n digwydd drwy'r wythnos.

10:00
Codio, cylchedau, cerddoriaeth a'r Fenai

Gweler bore Sadwrn am fanylion llawn.

11:00
Calonnau Cymru: Hyfforddiant Diffibriliwr

Gweler bore Sadwrn am fanylion llawn.

12:00
Ras Fformiwla 1

Gweler bore Sadwrn am fanylion llawn.

12:30
Sioe Wyddoniaeth Wych

Gweler dydd Sadwrn am fanylion llawn.

13:15
Sioe William Jones, Mathemategydd Môn

Gweler bore Sadwrn am fanylion llawn.

14:00
Codio, cylchedau, cerddoriaeth a'r Fenai

Gweler bore Sadwrn am fanylion llawn.

14:00
Yn ôl i'r Dyfodol: Gorffennol Newydd y Gell Danwydd

Yr Athro Iwan Morus sy'n traddodi Darlith Wyddonol y Coleg Cymraeg Cenedlaethol ar y cyd â Chymdeithas Ddysgedig Cymru, gyda'r Athro Alan Shore yn y gadair. Sesiwn yn Cymdeithasau 1.

15:15
Ras Fformiwla 1

Gweler bore Sadwrn am fanylion llawn.

15:45
Sioe Wyddoniaeth Wych

Gweler dydd Sadwrn am fanylion llawn.

16:30
Ras Fformiwla 1

Gweler bore Sadwrn am fanylion llawn.

Y Lle Celf

Trefnir gan yr Eisteddfod
Cefnogir gan

 Cyngor Celfyddydau Cymru
Arts Council of Wales

14:00
Ysbryd y Frwydr

Dyfarnu Gwobr Ifor Davies am waith sy'n cyfleu ysbryd y frwydr dros iaith, diwylliant a gwleidyddiaeth Cymru
Sesiwn yn Y Lle Celf.

Cymdeithasau 1

Cefnogir gan

Cynulliad Cenedlaethol Cymru — National Assembly for Wales

11:00
Tywysogion a Môn

Bob Morris sy'n traddodi darlith Fforwm Hanes Cymru.

12:00
Trwy Sbectol Cymro: Gyrfa Glasurol T Hudson-Williams

Samuel Jones, Prifysgol Bangor sy'n trafod hanes T Hudson-Williams yn narlith Adran Glasurol, Cymdeithas Cynfyfyrwyr Prifysgol Cymru.

13:00
Cartref Cof Cenedl

Linda Tomos, Prif Weithredwr a Llyfrgellydd, Llyfrgell Genedlaethol Cymru sy'n trafod rôl Llyfrgell Genedlaethol Cymru ym mywyd y genedl, yn sesiwn Y Lle Hanes.

14:00
Yn ôl i'r Dyfodol: Gorffennol Newydd y Gell Danwydd

Yr Athro Iwan Morus sy'n traddodi Darlith Wyddonol y Coleg Cymraeg Cenedlaethol ar y cyd â Chymdeithas Ddysgedig Cymru, gyda'r Athro Alan Shore yn y gadair.

15:00
Beth mae Cymru wedi'i wneud dros heddwch yn y ganrif ddiwethaf?

Dyna'r cwestiwn sy'n cael ei ofyn gan brosiect Cymru Dros Heddwch. Dadl yn ymwneud â'r cwestiwn mawr hwn gyda phanelwyr yn cynrychioli Cymru dros Heddwch, Cymdeithas y Cymod a CND Cymru.

17:00
Trafodaeth am ddyfodol papur newydd Y Cymro

Iestyn Jones, Twm Morys, Lyn Ebenezer, Androw Bennett a Myrddin ap Dafydd fydd yn trafod dyfodol ein papur cenedlaethol wythnosol. Sesiwn Cyfeillion *Y Cymro*.

Cymdeithasau 2

Cefnogir gan

Cynulliad Cenedlaethol Cymru — National Assembly for Wales

10:30
Dallu gwerinoedd: ydi Cymru'n llithro o'n gafael?

Simon Brooks a Huw Ll Williams, awduron dau o lyfrau mwyaf dadleuol y blynyddoedd diweddar, sef Pam na fu Cymru a Credoau'r Cymry, yn trafod Prydeindod, Ewrop, sosialaeth a chenedlaetholdeb, ac yn gofyn a oes dyfodol i'r genedl Gymreig. Sesiwn Gwasg Prifysgol Cymru.

11:30
Cynulliad Cenedlaethol Cymru

12:30
Martin Luther a'i fyd Dieflig

Darlith i ddathlu 500 mlwyddiant y Diwygiad Protestannaidd gan y Dr Robert Pope ar ran Adran Diwinyddiaeth Prifysgol Cymru. Noddir gan Gyfundeb Annibynwyr Môn.

13:30
Hybu'r Gymraeg drwy ddeddfu

Eleni rydym yn nodi hanner can mlynedd ers Deddf yr Iaith Gymraeg 1967. Ers hynny, mae dau ddarn pellach o ddeddfwriaeth wedi arwain at greu mwy o gyfleoedd a hawliau i bobl ddefnyddio'r Gymraeg yn eu bywydau bob dydd. Yn y sesiwn hon bydd Comisiynydd y Gymraeg a phanel o arbenigwyr o faes y gyfraith yn trafod y tir sydd wedi'i ennill o ran defnyddio'r Gymraeg yn sgîl deddfu.

14:30
Ffynhonnau Môn

Sgwrs gan Eirlys Gruffudd-Evans ar ran Cymdeithas Ffynhonnau Cymru, gyda Howard Huws yn y gadair.

15:30
Troi'r dŵr/gwynt i'n melin ein hunain: datrys anghenion ynni lleol yn lleol

Mae'r heriau sy'n gysylltiedig â newid yn yr hinsawdd a chadw'r golau ymlaen yn adnabyddus i ni i gyd, a'r dadleuon o blaid ac yn erbyn cynlluniau cynhyrchu trydan mawr yn gallu bod yn danllyd ar brydiau. Sesiwn gan y Sefydliad Materion Cymreig a Lab Cynaliadwyedd Prifysgol Bangor, yn troi'r chwyddwydr ar beth all unigolion a chymunedau ei wneud i'w helpu nhw eu hunain i gwrdd â'r galw.

16:30
Y Gair, y Gymdeithas a'r Genhadaeth: Nodweddion Bedyddwyr Cymru ar hyd y canrifoedd

Dathlu 150 mlwyddiant Undeb Bedyddwyr Cymru, gyda'r Athro D Densil Morgan.

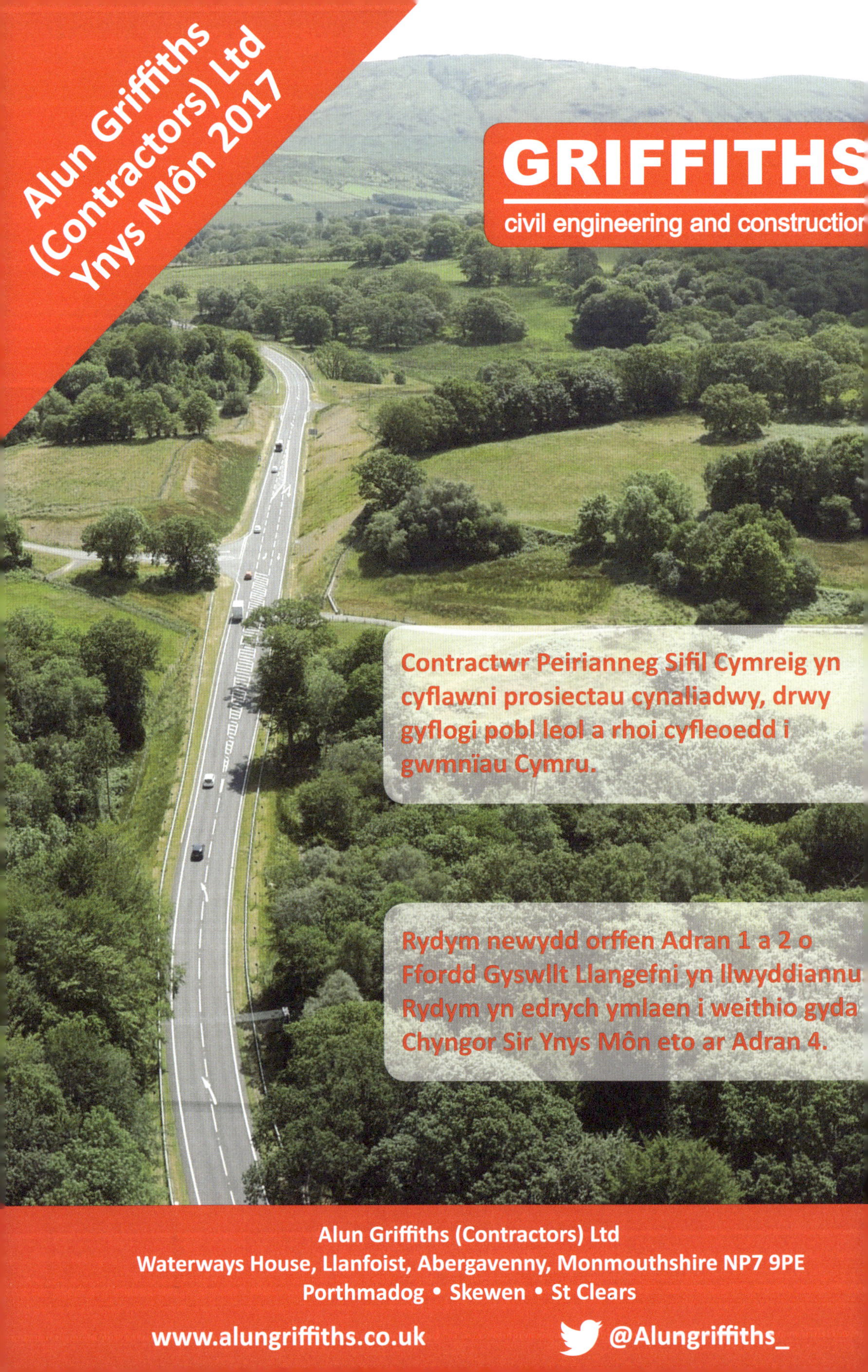
Alun Griffiths
(Contractors) Ltd
Ynys Môn 2017
GRIFFITHS
civil engineering and constructio
Contractwr Peirianneg Sifil Cymreig yn cyflawni prosiectau cynaliadwy, drwy gyflogi pobl leol a rhoi cyfleoedd i gwmnïau Cymru.
Rydym newydd orffen Adran 1 a 2 o Ffordd Gyswllt Llangefni yn llwyddiannu
Rydym yn edrych ymlaen i weithio gyda Chyngor Sir Ynys Môn eto ar Adran 4.
Alun Griffiths (Contractors) Ltd
Waterways House, Llanfoist, Abergavenny, Monmouthshire NP7 9PE
Porthmadog • Skewen • St Clears
www.alungriffiths.co.uk
@Alungriffiths_

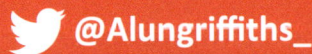

nos lun

7 Awst

Noddir gan

GRIFFITHS
civil engineering and construction

99

Noson Lawen

Noddir gan

GRIFFITHS
civil engineering and construction

Noson Lawen
20:00 yn Y Pafiliwn

Dilwyn Morgan yn cyflwyno Elin Fflur, Côr Glanaethwy, Eilir Jones, Wil Tân, Trio, Y Tri Trwmpedwr (Gwyn Evans, Gwyn Owen a Cai Isfryn), Bach a Mawr ac Edern.

Dilwyn Morgan

Yn frodor o Benrhyn Llŷn, ond wedi ymgartrefu ym Mhenllyn ers ei ddyddiau yn gweithio gyda'r Urdd yng ngwersyll Glan Llyn, mae Dilwyn bellach yn un o 'hen wynebau cyfarwydd' y Noson Lawen. Bwriodd ei brentisiaeth mewn cytiau gwair a siediau gwartheg o Drawsfynydd i Lanefydd, ac mae wedi treulio oriau lawer gyda chorau merched yn y bêls gwair! Yn hwyliwr brwd, mae'n edrych ymlaen at gael croesi'r Fenai ac ymuno â phobol Môn mewn Noson Lawen i'w chofio.

Elin Fflur

Daeth Elin i sylw'r cyhoedd yn 2002 ar ôl perfformio'r gân fuddugol yng nghystadleuaeth *Cân i Gymru* ar S4C. Cyn hynny, bu'n brif ganwr y grŵp Carlotta gyda'i brawd Ioan Llewelyn. Ymunodd â'r grŵp Y Moniars cyn mentro ar ei phen ei hun yn 2003 a rhyddhau'r albwm *Dim Gair*. Mae ganddi 6 albwm ac 1 EP i'w henw erbyn hyn, sef *Harbwr Diogel, Dim Gair, Cysgodion, Ysbryd Efnisien, Hafana* a *Goreuon Elin Fflur.*

Mae Elin wedi gweithio fel cyflwynydd ar S4C am rai blynyddoedd, ar raglenni fel *Nodyn* a *Cân i Gymru.* Erbyn hyn, mae'n cyflwyno o'r stiwdio yn Llanelli ac o ddigwyddiadau ym mhob rhan o Gymru fel rhan o dîm y rhaglen gylchgrawn *Heno* ar S4C.

Côr Glanaethwy

Sefydlwyd Ysgol Glanaethwy ym 1990, ac ers eu llwyddiannau cynnar yma yng Nghymru mae'r corau wedi teithio i bob cwr o'r byd i berfformio. O Broms y BBC yn Neuadd Albert, Llundain, i ennill dwy fedal aur yn y World Choir Games yn Shaoxing, Tsieina, mae'r corau wedi gwefreiddio cynulleidfaoedd ledled y byd. Maen nhw hefyd wedi teithio i Fwlgaria, Yr Eidal, Y Swistir, Yr Wcráin, Y Weriniaeth Tsiec, Hwngari, Iwerddon a'r Alban, ac yn ddiweddar, teithiodd y Côr i Buenos Aires a Phatagonia yn ogystal â pherfformio *Cantata Memoria*, Karl Jenkins, yn y Carnegie Hall fis Ionawr diwethaf.

Mae Côr Glanaethwy, a gafodd lwyddiant ysgubol ar gyfresi megis *Last Choir Standing a Britain's Got Talent* yn gyfuniad o'r tri chôr sy'n rhan o weithgaredd yr ysgol. Dan arweiniad Cefin a Rhian Roberts, mae'r Côr Iau, y Côr Hŷn a Chôr Aethwy wedi dod i'r brig mewn nifer o wyliau corawl megis Choir of the Year, Music For Youth, The World Choir Games a Musica Mundi. Maen nhw hefyd wedi ennill teitl Côr yr Ŵyl yma ar lwyfan y Brifwyl, ac ym mis Rhagfyr y llynedd fe ryddhawyd eu seithfed CD – *Haleliwia.*

Eilir Jones

Mae Eilir yn wyneb cyfarwydd iawn i ni gan ei fod wedi bod ar ein sgrîniau teledu nifer fawr o weithiau yn ystod yr wyth mlynedd ar hugain ers iddo gychwyn fel diddanwr ac actor proffesiynol. Fel sgîl-effaith o fod yn fab i weinidog, mae wedi byw ym Mlaenau Ffestiniog, Dolgellau, Tywyn, Y Drenewydd a Dinas Mawddwy, ond bellach mae'n byw yn ardal Llansannan. Mae'n briod â Karen, ac mae ganddynt ddau fab, Osian a Rhydian.

Wil Tân

Emrys Roberts – neu fel y mae'r rhan fwyaf o bobl yn ei adnabod, Wil Tân – yw'r canwr poblogaidd a'r dyn tân o Fôn sy'n llais cyfarwydd ar Radio Cymru ac yn wyneb cyfarwydd ar S4C mewn cyfresi fel *Noson Lawen a Deuawdau Rhys Meirion*.

Fe'i magwyd yn ardal Porthaethwy a Llandegfan, ac mae bellach wedi dychwelyd yno i fyw gyda'i deulu bach. Ond mae ganddo hefyd gysylltiadau cryf â'r Ynys Werdd, yn arbennig Connemara, lle y dechreuodd ganu'n gyhoeddus, a hyd heddiw, adleisir dylanwad y diwylliant Gwyddelig arno yn ei ganeuon. Mae Eisteddfod Genedlaethol Ynys Môn yn achlysur pwysig iawn i Wil, gan y bydd yn rhyddhau CD newydd, ac mae'n edrych ymlaen at gael canu ar lwyfan y Pafiliwn yn y Noson Lawen gyda'i wraig, Ceri.

Trio

Ffurfiwyd Trio, sef grŵp lleisiol o ddynion o Ogledd Cymru, yn Rhagfyr 2012, ac fe gynhaliwyd eu perfformiad cyhoeddus cyntaf yn Galeri Caernarfon ym Mehefin 2013. Gyda'r gynulleidfa ar ei thraed ar y diwedd, bu llawer iawn o gyngherddau ers hynny. Gwelwyd eu hymddangosiad cyntaf ar y teledu yn Eisteddfod Genedlaethol Dinbych a'r Cyffiniau yn y Noson Lawen, a oedd y flwyddyn honno'n deyrnged i Hogia'r Wyddfa a oedd yn dathlu 50 mlynedd o berfformio. Ers hynny, mae Trio yn gyfranwyr cyson ar y radio a'r teledu.

Mae Emyr Wyn Gibson (tenor) yn actor proffesiynol sy'n chwarae rhan Meical yn y gyfres boblogaidd *Rownd a Rownd* ar S4C, tra bo Bedwyr Gwyn Parri (bariton) yn gymhorthydd dosbarth yn Ysgol Brynrefail, Llanrug. Mae Steffan Lloyd Owen (bas) yn astudio llais yng Ngholeg Cerdd Brenhinol y Gogledd. Caiff y grŵp ei hyfforddi gan Annette Bryn Parri, sydd hefyd yn gyfrifol am drefnu caneuon i Trio, ac am gynhyrchu eu dwy CD a sengl ar label Sain.

Y Tri Trwmpedwr

Gwyn Evans

Brodor o Landegfan yw Gwyn, ac mae wedi bod yn un o hoelion wyth Seindorf Beaumaris o'r eiliad iddo chwythu cornet am y tro cyntaf yn saith oed. Ar ôl cyfnod yn y coleg, dychwelodd i Fôn er mwyn dilyn yn ôl traed ei dad, ac arwain Seindorf Beaumaris. Fel Cyfarwyddwr Cerdd Seindorf Beaumaris, llwyddodd i arwain y Band o'r Bedwaredd Adran i Adran y Bencampwriaeth a Phencampwriaeth Agored Ynysoedd Prydain, yn ogystal ag arwain Band Ieuenctid Beaumaris i lwyddiant ym Mhencampwriaeth Adloniant Bandiau Pres Ieuenctid Ynysoedd Prydain.

Mae Gwyn yn allweddol i lwyddiant adrannau iau Seindorf Beaumaris, sy'n addysgu dros 150 o gerddorion ifanc yn wythnosol. Fel tiwtor peripatetig gyda Gwasanaeth Ysgolion William Mathias, mae wedi cael sawl rôl o fewn y mudiad fel arweinydd y Band Symffonig, Band Jazz a'r Gerddorfa, yn ogystal â chipio Pencampwriaeth Bandiau Pres Ieuenctid Ynysoedd Prydain dair gwaith gyda Band Pres Gwynedd a Môn.

Yn ogystal â gweithio ym myd addysg, mae Gwyn yn gerddor proffesiynol sydd wedi chwarae trwmped gyda rhai o gerddorion amlycaf Cymru, gan gynnwys Bryn Terfel, Bryn Fôn, Dafydd Iwan, Shân Cothi, Elin Fflur, Gwyn Hughes Jones a Gwawr Edwards. Mae hefyd yn chwaraewr jazz amryddawn, ac wedi rhannu llwyfan gyda rhai o enwogion y byd jazz – Tina May, Clare Teal, Acker Bilk, Chris Barber, Kenny Ball a Humphrey Littleton. Mae'n aelod o banel ymgynghorol Band Pres Ieuenctid Cenedlaethol Cymru, ac mae'n teithio'n aml i Norwy lle mae'n gweithio'n agos gyda Ffederasiwn Bandiau Pres Norwy er mwyn datblygu Bandiau Pres Ysgolion a Bandiau Pres Cymunedol yn y wlad.

Cai Isfryn

Bu Cai, sy'n wreiddiol o Landegfan, yn astudio'r trwmped yng Ngholeg Cerdd y Guildhall yn Llundain a'r Royal Northern ym Manceinion. Mae wedi mwynhau gyrfa eang iawn, gan chwarae gyda bandiau pres (Black Dyke, Eikanger a Cory), cerddorfeydd (Halle, Ffilharmonig Lerpwl, Opera Cenedlaethol Cymru, Bournemouth, Ffilharmonig Brenhinol a Symffoni St Petersburg) ac mewn sioeau yn y West End (Wicked, Chitty Chitty Bang Bang, ac Oliver). Mae Cai'n aelod o'r band Old Dirty Brasstards a fu'n chwarae yn Glastonbury am y drydedd flwyddyn yn olynol eleni, ac yn mwynhau eilyddu bob hyn a hyn gyda Band Pres Llareggub.

Gwyn Owen

Yn wreiddiol o Fangor, mae Gwyn newydd raddio o'r Academi Frenhinol gyda gradd Meistr, ar ôl astudio yno am bum mlynedd. Yn ogystal â bod ar ganol cyfnod prawf fel Prif Drwmpedwr cerddorfa'r Scottish Opera, mae wedi ymddangos gyda nifer o gerddorfeydd y wlad – Cerddorfa Genedlaethol Gymreig y BBC, y Royal Scottish National Orchestra, City of Birmingham Symphony Orchestra, London Philharmonic Orchestra a'r Gustav Mahler Youth Orchestra. Eleni, bydd yn cychwyn ar gwrs blwyddyn gyda'r Southbank Sinfonia yn Llundain fel aelod llawn amser. Bu Gwyn yn aelod o Gerddorfa a Band Pres Cenedlaethol Ieuenctid Cymru am saith mlynedd, ac yn rhan o nifer o ensemblau sirol Gwasanaeth Ysgolion William Mathias, a Bandiau Pres Porthaethwy a Beaumaris. Fel unawdydd, bu'n cystadlu'n rheolaidd yn yr Eisteddfod, ac yn 2016, enillodd y Rhuban Glas Offerynnol yn Eisteddfod Sir Fynwy a'r Cyffiniau.

Bach a Mawr

Mae Richard yn byw ym Mhorth Swtan, Ynys Môn gyda'i wraig Llinos a'u dwy ferch, Gwen a Mared. Mae'n hunan-gyflogedig ac yn gallu troi ei law at bopeth, bron iawn! Yn Llanfairfechan y mae Dafydd yn byw, gyda'i wraig Mel a'u plant Tomos a Siwan. Swyddog Adfocatiaeth yw Dafydd, ac mae'n gweithio gyda Gwasanaeth Adfocatiaeth Gogledd Cymru.

Cyfarfod yn Theatr Fach Llangefni wnaeth y ddau – a hynny ddwy flynedd ar bymtheg yn ôl wrth actio yn un o'r sioeau oedolion blynyddol. Ers blynyddoedd bellach maent wedi bod yn cydweithio a chyd-gyfarwyddo'r sioeau yma, gan sylweddoli eu bod yn rhannu'r un math o hiwmor. Arweiniodd hyn at greu act ddwbwl o'r enw Bach a Mawr.

Maent wedi rhannu mynydd o chwerthin wrth ysgrifennu, ymarfer a pherfformio o flaen cynulleidfaoedd hwyliog ar draws Gogledd Cymru, ac yn gobeithio y bydd hyn yn parhau yn y dyfodol.

Edern

Pan sefydlwyd Edern yn 2014, roedd y ddwy chwaer a'u ffrind yn ddisgyblion yn Ysgol Uwchradd Bodedern. Mae Elain ac Annest wedi gadael yr ysgol erbyn hyn, ac yn edrych ymlaen at gael astudio ym Mhrifysgol Bangor, tra bod Glesni'n parhau'n ddisgybl ym Modedern.

Enillodd Edern y gystadleuaeth 'Ensemble Lleisiol' yn Eisteddfod Sir Fynwy a'r Cyffiniau y llynedd, gan ennill Ysgoloriaeth Cymdeithas Eisteddfodau Cymru. Mae cryn ddisgwyl am eu hail CD, sy'n cael ei rhyddhau yn ystod wythnos yr Eisteddfod. Maent yn mwynhau canu ystod eang o ganeuon, o alawon gwerin a cherdd dant i ganeuon cyfoes, ac maent yn ddiolchgar iawn i Ann Peters Jones am gyfeilio, hyfforddi a chreu trefniannau amrywiol ar eu cyfer.

Cynorthwyo Creadigrwydd yng Nghymru
Supporting Creativity in Wales

Cyngor Celfyddydau Cymru
Arts Council of Wales

Noddir gan
Lywodraeth Cymru
Sponsored by
Welsh Government

Yn dyfarnu arian / Awarding funds from
**Y LOTERI GENEDLAETHOL
THE NATIONAL LOTTERY**®

Sunder, Kelly Best, g39 (llun/image: © Kelly Best)

Dydd mawrth

8 Awst

105

Nodwch: Gall amserlen cystadlaethau redeg yn fuan neu yn hwyr

Pafiliwn

Noddir gan

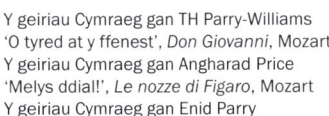

Arweinyddion Llwyfan:
Nic Parry, Nia Tomos

09:45
Grŵp Offerynnol neu offerynnol a lleisiol (9)

Trefniant heb fod yn hwy na 7 munud o ganeuon gwerin neu geinciau traddodiadol Cymreig ar gyfer cyfuniad o offerynnau gwerin neu offerynnau gwerin a lleisiau. Rhoddir pwyslais ar natur draddodiadol y perfformiad.

Beirniad: Gwilym Bowen Rhys

Gwobrau:
1. £150 (Lis Williams, Llandegfan)
2. £100 (Er cof annwyl iawn am Ffion Haf a'r diweddar Elfed Wyn Hughes gan Fflur Mai Hughes, Llangefni)
3. £50 (Lis Williams, Llandegfan)

Ymgeiswyr:
1. Criw Maentwrog
2. Grŵp Traeth Lafan
3. Sesiwn Caerdydd
4. Awen a Chloe
5. Mansant

10:35
Unawd i Ferched 16 ac o dan 19 oed (53)

'Canu ar yr afon', Schubert
Y geiriau Cymraeg gan J Gwynn Griffiths

Beirniaid: Sian Meinir, Huw Euron

Cyfeilydd: Meirion Wynn Jones

Gwobrau:
1. £75 (Cymdeithas Gymraeg Chelmsford a'r Cylch)
2. £50 (Soroptimist Rhyngwladol Ynys Môn)
3. £25 (Soroptimist Rhyngwladol Ynys Môn)

10:50
Unawd i Fechgyn 16 ac o dan 19 oed (54)

'Cân yr Arad Goch', Idris Lewis

Beirniaid: Gareth Rhys-Davies, Huw Euron

Cyfeilydd: Meirion Wynn Jones

Gwobrau:
1. £75 (Cymdeithas Gymraeg Chelmsford a'r Cylch)
2. £50 (Ann Peters Jones a'r teulu er cof am Ted Peters)
3. £25 (Undeb Amaethwyr Cymru Ynys Môn)

11:00
Deialog (115)

Rhwng 2-4 mewn nifer. Detholiad o ddrama heb fod yn hwy na 10 munud gan gynnwys gosod a chlirio'r llwyfan.

Beirniaid: Owen Arwyn, Manon Wilkinson

Gwobrau:
1. £150 (William a Nia Lewis, Llangefni)
2. £100 (AddysGar)
3. £50 (Gwen Williams, Fferm Penrhyn, Llanfwrog)

11:50
Canlyniad cystadleuaeth (9)

11:55
Unawd Alaw Werin 16 ac o dan 21 oed (5)

Bechgyn: 'Yr Hen Ŵr Mwyn' (2)
Merched: 'Adar Mân y Mynydd'

Beirniaid: Delyth Medi, Einir Wyn-Williams

Gwobrau:
1. Medal Goffa J Lloyd Williams (Cymdeithas Alawon Gwerin Cymru) a £75 (Cronfa Jane Williams)
2. £50 (Mairwenna Lloyd, Y Rhyl, wyres Jane Williams)
3. £25 (Mairwenna Lloyd, Y Rhyl, wyres Jane Williams)

12:10
Canlyniad cystadleuaeth (53)

12:15
Canlyniad cystadleuaeth (54)

12:20
Unawd Bariton / Bas 19 ac o dan 25 oed (48)

Dewis un gân o Rhan A ac un o Rhan B.

Rhan A:

Opera:
''Mewn egwan gylch beunos daena'n wawl', The rape of Lucretia, Britten
Y geiriau Cymraeg gan Sian Meinir
'Ti sy'n esgus huno'n gynnes', Faust, Gounod

Y geiriau Cymraeg gan TH Parry-Williams
'O tyred at y ffenest', Don Giovanni, Mozart
Y geiriau Cymraeg gan Angharad Price
'Melys ddial!', Le nozze di Figaro, Mozart
Y geiriau Cymraeg gan Enid Parry

Oratorio/Offeren:
'Pob mur ddymchwelwyd' / 'Gwêl y fflamau'n dod o'r tân', Joshua, Handel
Y geiriau Cymraeg gan Emyr Davies
'Wele'n awr t'wllwch dros ddaear a ddaw' / 'Y bobl a rodia mewn t'wllwch', Meseia, Handel
Y geiriau Cymraeg gan Delyth Medi
'Mi af ar fy ffordd yng nghadernid yr lôr' / 'Y mynyddoedd ciliant hwy', Elijah, Mendelssohn
Y geiriau Cymraeg gan TH Parry-Williams
'Fy Nuw, rho drugaredd', Sant Paul, Mendelssohn
Y geiriau Cymraeg gan Stephen J Williams.

Rhan B:

Hen Ganiadau
'Bryniau aur fy ngwlad', T Vincent Davies
'O na byddai'n haf o hyd', William Davies
'Rhosyn yr haf', William Davies
'Darlun fy mam', John Hughes
'Fy Mlodwen, f'anwylyd', Joseph Parry
'Y gân orchfygol', Daniel Protheroe

Cân Gymraeg
Unrhyw gân o'r cyfrol Caneuon y Tymhorau, Dilys Elwyn–Edwards neu Adlewych, Meirion Williams

Beirniaid: Glenys Roberts, Robyn Lyn Evans, Anthony Stuart Lloyd

Cyfeilydd: Glian Llwyd

Gwobrau:
1. £100 (Catherine Ll G Roberts er cof am R Glyn Roberts)
2. £60 (Geraint a Beth Roberts, Caergybi)
3. £40 (Esther Wyn Edwards er cof am ei phriod Robin Edwards, Bryngwran)

13:00
Seremoni Cyflwyno Medal Syr TH Parry-Williams – er clod
Eleni, dyfarnwyd y Fedal i Dan Puw, Parc, Y Bala

Y Fedal: ar wyneb y fedal arian mae llun o ben Syr TH Parry-Williams

Ar ei chefn gwelir llun o'r Wyddfa a'i chriw o Dŷ'r Ysgol, Rhyd-Ddu, a'r geiriau 'diolch am destun diolch'.

Meistr y Seremoni: R Alun Evans

Organydd: Ilid Anne

13:30
Unawd Soprano 19 ac o dan 25 oed (45)

Dewis un gân o Rhan A ac un o Rhan B.

Rhan A:

Opera:

'Walts Monica', *The Medium*, Menotti
Y geiriau Cymraeg gan Dafydd Wyn Jones
'Cei weld, fy nghariad', *Don Giovanni*, Mozart
Y geiriau Cymraeg gan John Stoddart

Oratorio/Offeren:

'Os Duw sydd drosom', *Meseia*, Handel
Y geiriau Cymraeg gan TH Parry-Williams
'Doed rhinweddau, doed Awenau',
Come ye sons of art, Purcell
Y geiriau Cymraeg gan Angharad Price

Rhan B:

Hen Ganiadau

'Bryniau aur fy ngwlad', T Vincent Davies
'O na byddai'n haf o hyd', William Davies
'Rhosyn yr haf', William Davies
'Darlun fy mam', John Hughes
'Fy Mlodwen, f'anwylyd', Joseph Parry
'Y gân orchfygol', Daniel Protheroe

Cân Gymraeg

Unrhyw gân o'r cyfrol *Caneuon y Tymhorau*,
Dilys Elwyn–Edwards neu *Adlewych*,
Meirion Williams

Beirniaid: Glenys Roberts, Robyn Lyn Evans, Anthony Stuart Lloyd

Cyfeilydd: Rhiannon Pritchard

Gwobrau:

1. £100
2. £60
3. £40
(£200 Jac a Marian Roberts, Brynsiencyn)

14:10
Canlyniad cystadleuaeth (115)

14:15
Canlyniad cystadleuaeth (5)

14:20
Canlyniad cystadleuaeth (48)

14:25
Côr Pensiynwyr dros 60 oed heb fod yn llai nag 20 mewn nifer (31)

Rhaglen o gerddoriaeth hunanddewisiad hyd at 12 munud o hyd i gynnwys darn digyfeiliant a darn gan gyfansoddwr o Gymro.

Beirniaid: Beryl Lloyd Roberts, Richard Elfyn Jones, Geraint Roberts

Gwobrau:

1. Cwpan OR Owen (Owen Gele) i'w ddal am flwyddyn a £750 (Ymddiriedolaeth James Pantyfedwen)
2. £500 (Côr Meibion Caergybi)
3. £300 (Hywel a Susan Williams, Llanrug)

Cyflwynir Medal Goffa Hilda Morgan i'w dal am flwyddyn i arweinydd y côr buddugol

Ymgeiswyr:

1. Encôr
2. Henffych
3. Côr Hen Nodiant

Noddir gan **Principality**
Building Society
Cymdeithas Adeiladu

15:15
Canlyniad cystadleuaeth (45)

15:20
Llefaru Unigol i rai rhwng 16 ac o dan 21 oed (143)

Detholiad penodol o stori 'Stafell Draf', Sonia Edwards.

Beirniaid: Haf Evans, Rhian Evans

Gwobrau:

1. Medal Goffa Gwyneth Morus Jones a £75
2. £50
3. £25
(£150 Er cof am Elen Roger Jones, Marian Glas)

15:40
Unawd Cerdd Dant 16 ac o dan 21 oed (22)

'Enwau', Wyn Owens
Cainc: 'Lowri', Menai Williams.

Beirniaid: Mari Watkin, Menai Williams

Telyn: Alecs Peate

Gwobrau:

1. Tlws Plas Maenan i'w ddal am flwyddyn a £75 (Emlyn a Dilys Parry, Rhosybol er cof am eu merch, Sian Emlyn).
2. £50 (Teulu Frogwy Bach, Llangwyllog).
3. £25 (Emlyn a Dilys Parry, Rhosybol er cof am eu merch, Sian Emlyn)

Gwobr Goffa Haf J Morris (un o sylfaenwyr y Cwrs Gosod) yn rhoddedig i'r enillydd gan Gymdeithas Cerdd Dant Cymru, er mwyn annog diddordeb a meithrin y grefft ymysg pobl ifanc.

15:55
Canu Emyn i rai 60 oed a throsodd (41)

Hunanddewisiad.

Beirniaid: Gareth Rhys-Davies, Sian Meinir

Cyfeilydd: Grês Pritchard

Gwobrau:

1. £75 (Er cof am Huw Williams, Paradwys, Gaerwen)
2. £50 (Raymond, Gwenda ac Annest Mair Jones, Mônarfon, Tŷ Croes)
3. £25 (Rona Jones, Llanddaniel er cof am ei phriod Clarence Jones)

16:10
Llefaru Unigol o'r Ysgrythur 16 oed a throsodd (146)

Diarhebion, Pennod 1, adnodau 8-19: 'Cyngor i bobl Ifanc'.

Beirniaid: Haf Evans, Rhian Evans

Gwobrau:

1. £75
2. £50
3. £25 (£150 Annwen Price er cof am Gwilym Price)

16:20
Cyhoeddi enwau buddugwyr Tlysau Sefydliad y Merched

Y stondin orau a'r ail orau ar Faes yr Eisteddfod, ynghyd â'r siop orau yn nalgylch yr Eisteddfod.

16:30
Canlyniad cystadleuaeth (143)

16:35
Canlyniad cystadleuaeth (22)

16:40
Canlyniad cystadleuaeth (146)

16:45
Canlyniad cystadleuaeth (41)

16:50
Beirniadaeth cystadleuaeth (31)

Beirniad: Beryl Lloyd Roberts

17:00
Seremoni Gwobrwyo Enillydd Gwobr Goffa Daniel Owen (161)

Nofel heb ei chyhoeddi gyda llinyn storïol cryf a heb fod yn llai na 50,000 o eiriau.

Beirniaid: Bethan Gwanas, Tony Bianchi, Caryl Lewis

Wedi marw

Gwobr: Medal Goffa Daniel Owen a £5,000 (Ann Clwyd, AS er cof em ei phriod Owen Roberts a'i rieni, Mr a Mrs WH Roberts, Niwbwrch)

Ffanffer i agor y Seremoni.

Cân gan Gôr Plant yr Ynys (ceir enwau aelodau'r côr ar wefan yr Eisteddfod): Gerfydd fy nwylo gwyn - Twm Morys a Pwyll ap Sion, dan ofal Mari Lloyd Pritchard

Cyhoeddi'r gystadleuaeth a chyflwyno'r beirniaid a'r osgordd gan Feistr y Seremoni: R Alun Evans

Y feirniadaeth i'w thraddodi gan: Bethan Gwanas

Ffanffer i alw'r buddugol i sefyll

Cyrchir y buddugol i'r llwyfan gan yr Osgordd:

Cadeirydd y Pwyllgor Gwaith: Derec Llwyd Morgan

Swyddogion yr Is-bwyllgor Llenyddiaeth: Meirion Jones, Rhian Mair Jones, John Wyn Jones

Cyhoeddi ffugenw'r Awdur buddugol ac arwisgo'r enillydd gan: Lywydd y Llys, Eifion Lloyd Jones

Cyhoeddi enw'r enillydd a chyflwyno'r wobr iddo/iddi

Cân: Y Dewin, Myrddin ap Dafydd, cainc 'Llwyndyrus', Owain Siôn

Hyfforddwraig: Eirianwen Williams

Telynores: Elain Wyn Jones

Cyflwyniad o'r gwaith buddugol

Cân gan y côr: Gwinllan a Roddwyd – Caradog Williams

Hen Wlad fy Nhadau

Organydd: Ilid Anne

Pagoda

08:30
Rhagbrawf: Unawd Alaw Werin 16 ac o dan 21 oed (5)

11:00
Unawd Telyn 16 ac o dan 19 oed (73)

Gofynnir i'r cystadleuwyr ddewis rhaglen o un darn neu ragor. Ni ddylai'r rhaglen gyflawn fod yn hwy na 12 munud.

Beirniaid: Catrin Morris Jones, Cai Isfryn, Peryn Clement-Evans, Gareth Owen, Dáire Roberts

Gwobrau:
1. £75
2. £50
3. £25
(£150 Fflur Mai Hughes a'r diweddar Elfed Wyn Hughes, Llangefni er cof annwyl iawn am Mam – Eryl Haf Tomos)

13:00
Cofio Haf:

Cymdeithas Cerdd Dant Cymru'n cofio Haf Morris, un a roddodd oes o gyfraniad i ddatblygiad y grefft. Sesiwn dan ofal Iwan Morgan, gyda chyfraniadau gan Maureen Hughes, Linda'r Hafod, Ieuan ap Sion, Einir Wyn Jones, Elliw Mai, Elain Wyn ac eraill.

14:00
Unawd Piano 16 ac o dan 19 oed (71)

Gofynnir i'r cystadleuwyr ddewis rhaglen o un darn neu ragor. Ni ddylai'r rhaglen gyflawn fod yn hwy na 12 munud.

Beirniaid: Gareth Owen, Cai Isfryn, Peryn Clement-Evans, Catrin Morris Jones, Dáire Roberts

Gwobrau:
1. £75
2. £50
3. £25
(£150 John a Beryl Williams, Lerpwl)

17:05
Unawd Chwythbrennau 16 ac o dan 19 oed (69)

Gofynnir i'r cystadleuwyr ddewis rhaglen o un darn neu ragor. Ni ddylai'r rhaglen gyflawn fod yn hwy na 12 munud.

Beirniaid: Peryn Clement-Evans, Cai Isfryn, Catrin Morris Jones, Gareth Owen, Dáire Roberts

Gwobrau:
1. £75
2. £50
3. £25 (£150 John a Beryl Williams, Lerpwl)

19:10
Unawd Offerynnau Pres 16 ac o dan 19 oed (72)

Gofynnir i'r cystadleuwyr ddewis rhaglen o un darn neu ragor. Ni ddylai'r rhaglen gyflawn fod yn hwy na 12 munud.

Beirniaid: Cai Isfryn, Peryn Clement-Evans, Catrin Morris Jones, Gareth Owen, Dáire Roberts

Gwobrau:
1. £75
2. £50
3. £25
(£150 Fflur Mai Hughes a'r diweddar Elfed Wyn Hughes, Llangefni)

Stiwdio

08:30
Rhagbrawf: Llefaru Unigol 16 ac o dan 21 oed (143)

12:30
Rhagbrawf: Llefaru Unigol o'r Ysgrythur 16 oed a throsodd (146)

16:30
Cyfarfod Blynyddol: Cymdeithas Eisteddfodau Cymru

Dawns

09:30
Rhagbrawf: Unawd Cerdd Dant 16 ac o dan 21 oed (22)

11:15
Rhagbrawf: Canu Emyn i rai 60 oed a throsodd (41)

13:30
Rhagbrawf: Perfformiad Unigol i rai dan 19 oed o gân o Sioe Gerdd (51)

Capel Saron, Bodedern

15:00
Rhagbrawf: Unawd Tenor 19 ac o dan 25 oed (47)

17:00
Rhagbrawf: Unawd Mezzo-Soprano / Contralto / Gwrth-denor 19 ac o dan 25 oed (46)

Neuadd Goffa Bodedern

13:00
Rhagbrawf: Ysgoloriaeth W Towyn Roberts ac Ysgoloriaeth William Park-Jones (35)

Y Babell Lên

Trefnir gan yr Eisteddfod

Noddir y gweithgareddau llenyddol gan

10:45
Tros bedair gwaith o gwmpas y byd: Teithiau a gweithiau William Williams Pantycelyn

Eryn M White, Darllenydd yn Adran Hanes a Hanes Cymru Prifysgol Aberystwyth sy'n traddodi Darlith Flynyddol y Coleg Cymraeg Cenedlaethol.

11:45
Stori Cyn Cinio!

Marlyn Samuel sy'n adrodd Stori Mrs Mop.

12:30
O'r Gair i'r Gân: Opera Wythnos yng Nghymru Fydd

Sgwrs rhwng Gareth Glyn a Catrin Beard am yr opera newydd *Wythnos yng Nghymru Fydd* (gan Gareth Glyn a Mererid Hopwood). Trefnir y sesiwn gan Brifysgol Cymru a Phrifysgol Cymru Y Drindod Dewi Sant.

13:15
Ehangu'r Darlun: RS Thomas, ME Eldridge a Chelf Fodern

Jason Walford Davies sy'n sgwrsio am hanes y bardd hynod, RS Thomas a'i ddiddordeb yn y celfyddydau gweledol Sesiwn yng ngofal Y Lle Celf.

14:15
Ymryson y Beirdd a chyflwyno enillwyr cystadlaethau yr Adran Lenyddiaeth

Cyflwyno enillwyr cystadlaethau yr Adran Lên

150. Englyn unodl union: Mam
Beirniad: John Gwilym Jones
Gwobr: Tlws Coffa Dic yr Hendre i'w ddal am flwyddyn a £100 (Alan Wyn ac Ann Roberts, Brynsiencyn)

151. Englyn unodl union crafog: Medra
Beirniad: Dafydd Islwyn
Gwobr: £100 (Manon, Irfon ac Elliw er cof am John Glyn Jones, Dinbych)

152. Hir-a-thoddaid: Bedwyr
Beirniad: Myrddin ap Dafydd
Gwobr: £100 (Rhoddir gan Iola, Nia, Gwion a Rhun er cof am Joseff Wyn Jones, Brynteg, Trawsfynydd, Hafod Las, Ysbyty Ifan a Thŷ Mawr Wybrnant)

153. Cerdd gaeth ar ffurf deialog, rhwng 30 a 40 llinell: Trydar
Beirniad: Llion Jones
Gwobr: £100 (Cen a Gwenda Williams, Llanfaelog, Lois, Twm, Siôn ac Alaw)

154. Vers Libre gynganeddol, rhwng 30 a 40 llinell: Alaw
Beirniad: Einir Jones
Gwobr: £100 (Cen a Gwenda Williams, Llanfaelog, Lois, Twm, Siôn ac Alaw)

155. Telyneg: Rhwyg
Beirniad: John Gruffydd Jones
Gwobr: £100 (Cen a Gwenda Williams, Llanfaelog, Lois, Twm, Siôn ac Alaw)

156. Soned neu Filanél: Tymor
Beirniad: Nesta Wyn Jones
Gwobr: £100 (Ken, Gruffydd, Heledd a Morfudd er cof am Sian Owen, Marian-glas)

157. Chwe phennill telyn: Cariadon
Beirniad: Mererid Hopwood
Gwobr: £100 (Tîm Bro Alaw er cof am Sian ac Arwyn)

Ymryson y Beirdd

Timau: Caerfyrddin, Maldwyn, Penceirddiaid
Meuryn: Tudur Dylan Jones
Englyn y Dydd: Dai Rees Davies
Limrig y Dydd: Mererid Hopwood

Gwobr Englyn y Dydd: £30.00 (RJH [Machraeth] a Catherine Griffiths, Bodffordd)

Gwobr Limrig y Dydd: £20.00 (Gwynn Roberts, Pen y Sarn, Amlwch, er cof am ei briod Nellie)

Cyflwynir Tlws WD Williams a Thlws Roy Stephens.

Mae modd cystadlu ar Englyn a Limrig y Dydd ar-lein. Cyhoeddir y testunau ar wefan yr Eisteddfod, www.eisteddfod.cymru am 09:00, a rhaid derbyn pob ymgais erbyn 13:30. Cynhelir yr Ymryson drwy gydweithrediad Barddas ac Is-bwyllgor Llenyddiaeth yr Eisteddfod.

Cedwir at Ganllawiau a Rheolau Ymryson y Beirdd, Barddas 1983.

16:00
Awdur y Dydd

O'r Syniad i'r Silff gyda Dyfed Edwards. Sut mae nofel yn mynd ar daith o'r syniad gwreiddiol i gyfrol gyhoeddedig ar silff mewn siop? Bydd sesiwn holi ac ateb ar Lwyfan y Llannerch am 17:00.

17:45
Slot Chwarter i Chwech

Ymryson Rhyddiaith – Sir Fôn yn erbyn y byd. Dewi Prysor yn cadeirio, gyda Gareth Evans Jones a Bethan Gwanas yn gapteiniaid i timau.

Llwyfan y Llannerch

Trefnir gan yr Eisteddfod

Noddir y gweithgareddau llenyddol gan

10:30
Dysgu Cynganeddu

Gyda Mari Lisa (Ysgol Farddol Caerfyrddin).

12:30
Picnic 4 a 6

John Pierce Jones yn cyflwyno, Beth Celyn, Grug Muse, Annes Glyn a mwy.

13:30
Y Goron

Cyfle i glywed mwy am gystadleuaeth y Goron eleni yng nghwmni'r beirniad a'r enillydd – os oes teilyngdod!

14:30
Chwedlau: Bwystfilod – Theatr Bara Caws

Gweler dydd Llun am fanylion llawn.

15:30
Slot y Gweisg: Croesi i Fôn, Fferïau a Phontydd Menai

Nia Roberts yn sgwrsio a holi J Richard Williams. Mae ei gyfrol newydd yn adrodd hanes croesi'r culfor rhwng y tir mawr a Môn o'r canrifoedd cynharaf hyd at y presennol. Sesiwn yng ngofal Gwasg Carreg Gwalch.

17:00
Slot Awdur y Dydd

Llŷr Gwyn Lewis yn holi a sgwrsio gyda Dyfed Edwards.

Gŵyl Llên Plant

Trefnir gan yr Eisteddfod

Cefnogir gan Gronfa Park-Jones
Noddir y gweithgareddau llenyddol gan

11:00
Migldi Magldi: Dawns yr Anifeiliaid

Gweler dydd Llun am fanylion llawn.

12:00
Sesiwn Stori – Mair Tomos Ifans

Mae Cymru'n llawn chwedlau am anifeiliaid o bob math – gwiberod drewllyd a gwartheg hud, pysgod a llyffantod, heb sôn am y neidr o Benhesgyn a Tyger y ci bach dewr. Ymunwch gyda'r storïwr Mair Tomos Ifans i ddarganfod mwy.

13:00
Gweithdy Sgwennu Jôcs

Rhan o #gwylgomedisteddfod

14:00
Arwresau 'go iawn' Cymru - Anni Llŷn

Mae Goodnight Stories for Rebel Girls wedi dal y dychymyg ers iddo gael ei gyhoeddi eleni – ond beth am ferched anturus a dewr Cymru? Mae cannoedd ohonynt – ond pwy ydyn nhw, a phwy yw dy arwres di, tybed? Ymuna gyda Anni i ddarganfod mwy am ferched ysbrydoledig Cymru.

15:00
Gweithdy Celf: Tylwyth Teg

Gweler dydd Sadwrn am fanylion llawn.

16:00
Comedi @ Gŵyl Llên Plant

Rhan o #gwylgomedisteddfod

17:00
Stori Cyn Troi: Y Bwystfil Gwyrdd Llamsachus – Mererid Hopwood

Mererid Hopwood fydd yn darllen Y Bwystfil *Gwyrdd Llamsachus,* sef ei haddasiad hi o *The Giant Jumperee* gan awdures *The Gruffalo,* Julia Donaldson.

Theatr y Maes

Noddir gan

12:00
Theatr Unnos – Cwmni'r Frân Wen

Cyfle i agor drws Theatr y Maes ar ôl i griw o berfformwyr Cwmni'r Frân Wen gael eu cloi i mewn dros nos i weithio ar waith newydd, unigryw. Dewch draw i fwynhau'r perfformiad heddiw!.

14:00
Cystadleuaeth Drama fer agored (112)

Diwedd y Byd: Meic Povey – Clwb Ffermwyr Ifanc Bodedern, Ynys Môn

Mae Rhi, Em, Mags a Deio ar un antur olaf ar ddiwedd gwyliau'r haf, 1962. Wrth wersylla ar y mynydd, mae sialens symud ymlaen i'r 'ysgol fawr' a newid byd ar y gorwel. Ond tybed a ddaw'r chwalfa ynghynt na'r disgwyl?

Deio	Rhys Elis Richards
Rhi	Lois Mererid Williams
Em	Siôn Ynyr Williams
Mags	Llio Mai Huws
Cyfarwyddwyr	Iwan Huws, Teleri Mair Jones, Llio Mai Hughes
Set	Stuart Jones, Iwan Huws a Rhys Elis Richards

Gweler dydd Sul am fanylion llawn.

16:00
Cau dy Geg – Stifyn Parri

Gwledd o glecs gan un o gegau mwya'r wlad – sydd hefyd wedi gweithio hefo rhai o sêr mwya'r byd. Mae hon yn sioe un-dyn, di-sgript, di-flewyn ar dafod – a digywilydd!
#gwylgomedisteddfod

19:30
Dim Byd Ynni: Emlyn Gomer – Theatr Bara Caws

Gweler nos Sul am fanylion llawn.

Y Cwt Drama

Partneriaeth rhwng

11:00
Sbesial – Cwmni Spectacle

Drama newydd gan Paul Swift sy'n adrodd stori am gyfeillgarwch, bwlio a pheidio â pherthyn. Stori dyn o'r enw Terry a merch un-ar-ddeg mlwydd oed o'r enw Megan yw Sbesial. Ar ôl sgwrsio gyda bachgen sy'n hŷn na nhw ar Facebook, mae Megan a'i ffrindiau yn mynd i'r parc i gyfarfod ag ef, ond yr unig berson sydd yno yw'r 'hen foi yma' – sef Terry.

Gweithdy i ddilyn yng Nghaffi'r Theatrau.

15:00
Rhyfel Troea, Drama Gymraeg – Cwmni Theatr Invertigo, Pontio a Theatr Genedlaethol Cymru

Darlleniad theatrig o uchafbwyntiau un o ddramâu cynharaf Cymru, *Troelus a Chresyd* (c.1590). Yn sgîl rhyfel ffyrnig rhwng Troea a'r Groegiaid, a all un ferch oroesi? Ai awdures ei hanffawd neu ddioddefwraig ddi-euog yw Cresyd? Gyda sgwrs sy'n datgelu enaid y ddrama, dirgelwch y dramodydd, a chyd-destun ei chyfnod.

18:00
Estron – Hefin Robinson

Gweler nos Lun am fanylion llawn.

Sinemaes

Cydlynir Sinemaes gan BAFTA Cymru gyda'r partneriaid canlynol:

Y Gymdeithas Deledu Frenhinol, Archif Genedlaethol Sgrîn a Sain Cymru, Canolfan Ffilm Cymru, Chapter, BBC Cymru Wales, BFI NET.WORK, Undebau'r Diwydiannau Creadigol yng Nghymru, Cwmni Pendraw, Gorilla, Into Film Cymru, S4C a TAC gyda chefnogaeth yr Eisteddfod a Chyngor Celfyddydau Cymru.

09:30
Dangosiad: Arfordir Cymru ar Ffilm

Gweler bore Sadwrn am fanylion llawn.

11:30
Aduniad Miri Mawr, i ddathlu cyfraniad y cynhyrchydd Peter Elias Jones i deledu

Fel teyrnged i'r diweddar gynhyrchydd Peter Elias Jones, oedd yn wreiddiol o Ynys Môn, dyma gyfle i werthfawrogi ei waith a'i grefft. Peter gynhyrchodd sioe *Miri Mawr* yn y 70au –a chawn ail fyw'r hwyl gyda chymeriadau eiconig fel Miss Blodyn Tatws, Llewelyn, Caleb, Dan Dŵr a Dyn Creu. Bydd rhai o'r actorion a'r criw oedd yn gysylltiedig â'r gyfres hefyd yn bresennol.

Cynhyrchwyd gan BAFTA Cymru

12:30
Dangosiad: Arfordir Cymru ar Ffilm

Gweler bore Sadwrn am fanylion llawn.

14:30
Dathlu Rownd a Rownd

Sgwrs gyda aelodau o dîm cynhyrchu a chast yr opera sebon poblogaidd sy'n cael ei ffilmio yn Ynys Môn er 22 mlynedd. Cawn wylio digwyddiadau mwyaf eiconig y gyfres – o'r cecru i'r caru, ac o'r dwys i'r digri – ac yn ystod yr wythnos bydd cyfle i ymweld â set y gyfres ym Mhorthaethwy.

Oedran: Pob oed

Cynhyrchwyd gan Y Gymdeithas Deledu Frenhinol yng Nghymru

16:30
S4C a darlledu digidol y dyfodol

Panel trafod TAC (Teledwyr Annibynnol Cymru) gyda chynrychiolaeth o amrywiol sectorau'r diwydiant teledu.

Oedran: 12+

Cynhyrchwyd gan TAC

18:30
Dangosiad: Teyrnged i JO Roberts – Branwen

Cyfle i dalu teyrnged i ddoniau'r diweddar actor o Fôn, JO Roberts, a fu farw'r llynedd. Dyma addasiad modern o chwedl Branwen, tywysoges Cymru, sy'n priodi Brenin Iwerddon. Mae'r ffilm wedi'i seilio yn y 90au cynnar, gyda Branwen yn genedlaetholwraig Gymreig sydd ar fin priodi'r Gwyddel, Kevin. Gan fod Kevin yn genedlaetholwr mawr hefyd, mae Branwen yn gallu uniaethu ag achos gweriniaethol y Gwyddelod, ac mae hi'n ei berswadio i symud 'nôl i Belfast. Er bod Kevin yn gwrthwynebu, mae Branwen yn ymuno gydag ymdrechion yr IRA – sy'n arwain at ganlyniadau trasig.

Oedran: 15

Cynhyrchwyd gan BAFTA Cymru / S4C

Theatr Stryd

Trefnir gan yr Eisteddfod

10:30
Bore Da gyda chymeriadau Cyw

Gweler dydd Sadwrn am fanylion llawn.

Lleoliad: Y Ganolfan Ymwelwyr

11:00
Sgiliau Syrcas

Gweler dydd Sadwrn am fanylion llawn.

Lleoliad: Stondin Sgiliau Syrcas

11:00
Bwystfilod – Theatr Bara Caws

Gweler dydd Llun am fanylion llawn.

Lleoliad: Tu allan i Maes D

14:30
Bwystfilod – Theatr Bara Caws

Gweler dydd Llun am fanylion llawn.

Lleoliad: Pentref Llên

Beic Disgo #maesb20

Gweler dydd Sadwrn am fanylion llawn.

Tŷ Gwerin

Trefnir gan yr Eisteddfod
Partneriaid: Trac, Clera a Chymdeithas Genedlaethol Dawns Werin Cymru

Cefnogir gan

Cyngor Celfyddydau Cymru
Arts Council of Wales

09:30
Yoga@Maes

Gweler dydd Sadwrn am fanylion llawn.

11:00
Sesiwn Werin

Gweler dydd Llun am fanylion llawn.

12:00
Alawon Gwerin Môn

Dewch draw i lansiad CD newydd yn y Tŷ Gwerin gyda pherfformiad hwyliog a chartrefol Catrin Angharad Jones a'r band o alawon gwerin Ynys Môn. Cewch gyfle i brynu CD wedi'i arwyddo yn ystod y sesiwn.

13:00
Llechi – 9Bach

Cyfle arbennig i grafu dan wyneb LLECHI, sef cyd-gynhyrchiad 9Bach a Pontio. Cyfle i glywed ambell i gân, ac i holi 9Bach a'u cyd-berfformwyr am y persbectif ffres ac arloesol a geir yn y cynhyrchiad ar arwyddocâd ac ystyr llechi i genhedlaeth heddiw. Bydd cyfle i'w gweld ar 7 a 9 Awst yn Theatr Bryn Terfel, Pontio.

14:00
Serch y Ferch

Gwenan Gibbard, Siân James, Gwyneth Glyn a Meinir Gwilym – pedair o gantoresau gwerin cyfoes Cymru yn dod ynghyd am y tro cyntaf mewn perfformiad arbennig o ganeuon serch amrywiol.

15:00
Cyflwyno Cân Werin Hunan-gyfeiliant (203)

Ydych chi'n mwynhau canu gwerin? Oes gennych chi'r ddawn i gyfeilio i chi'ch hun wrth berfformio? Bydd angen i chi gyflwyno'r gân cyn ei chanu. Beth am gystadlu? Rhaid cofrestru yn y Tŷ Gwerin o leiaf awr o flaen llaw.

Beirniad: Tecwyn Ifan

Gwobrau:
1. £75 (Clwb y Marian, Marian-glas)
2. £50 (Marian Lloyd, Cenarth, Benllech er cof am ei phriod a'i rhieni)
3. £25 (Clwb y Marian, Marian-glas)

16:00
Ymryson Clocsio

Dyma atgyfodi hen arfer Cymreig o ddyddiau'r llofft stabal pan fydd clocswyr (yn ddynion a merched) yn cael cyfle i ymryson yn erbyn ei gilydd – i ddangos eu triciau gorau a herio unrhyw glocsiwr i'w maeddu!

Mae angen cofrestru ymlaen llaw.

17:00
Siân James

Siân yw'r amlycaf o gantorion gwerin Cymru, sydd erbyn hyn wedi rhyddhau 9 albwm o'i gwaith. Mae Siân wedi teithio'r byd gyda'i chanu am flynyddoedd lawer – Japan, UDA, Canada, Yr Almaen, Yr Eidal, Llydaw, Ffrisland, Iwerddon, Yr Alban, Lloegr – ac wrth gwrs, ymwelodd â bron pob pentref a thref yng Nghymru fach!

18:15
Gwerinos

Dechreuodd Gwerinos berfformio mewn twmpathau yng Nghymru. Cyfansoddwyd llawer o'u caneuon gan aelodau'r band, ac maent hefyd yn defnyddio ffynonellau traddodiadol cyfoethog cerddoriaeth dawns a chân Cymru. Ymhyfrydant mewn canu cynganeddol clos, a gan mai'n bur anaml y byddant yn perfformio erbyn hyn, mae ymddangosiad y grŵp yn y Tŷ Gwerin yn siŵr o blesio'r selogion.

Maes D

Trefnir gan yr Eisteddfod

Cefnogir gan

11:00
Bwystfilod

Theatr Bara Caws sy'n perfformio Theatr Stryd y tu allan i Faes D y bore 'ma.

12:00
Cyflwyno gwobrau cyfansoddi

Yr Archdderwydd sy'n cyflwyno'r gwobrau cyfansoddi ar gyfer dysgwyr eleni.

125. Y Gadair - Cerdd: Llwybrau
Beirniad: Ifan Prys
Gwobr: Cadair (Er cof am Pat Neill) a £75 (Cyril Hughes, Llanfairpwll er cof am ei briod Nan Hughes)

126. Y Tlws Rhyddiaith - Darn o ryddiaith, tua 500 o eiriau: Llanw
Beirniad: Angharad Price
Gwobr: Tlws ([Vernon] a Valmai Jones, Llanfairpwll) a £75 (Ysgol Uwchradd Caergybi)

127. Sgwrs o flaen y teledu - Tua 100 o eiriau
Beirniad: Mark Stonelake
Gwobr: £50 (Elwyn ac Eirian Hughes, Llanfairpwll)

128. Llythyr yn gwahodd rhywun i ddosbarth - Tua 150 o eiriau
Beirniad: Nia Llwyd
Gwobr: £50 (Merched y Wawr Llannerch-y-medd)

129. Llythyr neu e-bost yn canmol - Tua 200 o eiriau
Beirniad: Eryl R Jones
Gwobr: £50 (Cylch Dysgwyr Cymraeg Derby)

130. Adolygiad o westy neu dŷ bwyta - Tua 300 o eiriau
Beirniad: Elin Williams
Gwobr: £50 (Margaret a Gwyn Lloyd, Llanfairpwll)

131. Gwaith Grŵp neu unigol - Blog fideo gan unigolyn neu grŵp: Fy Ardal, 5-10 munud o hyd.
Beirniad: Gareth Mahoney
Gwobr: £100 (Er cof am Pat Neill)

Paratoi deunydd ar gyfer dysgwyr

132. Gwaith unigol - Casgliad o 3 stori i ddysgwyr lefel Canolradd hyd at 1,000 o eiriau yr un
Beirniad: Sian Eirian Lewis
Gwobr: £100 (Olwen Hughes, Llangefni)

13:00
Lansiad: Nofel i Ddysgwyr

Cyfle i glywed am nofel Mared Lewis, *Fi a Mr Jones!*, sy'n addas ar gyfer dysgwyr.

14:00
Magi Ann a Selog

Dewch i gyfarfod y cymeriadau annwyl Magi Ann a Selog, mewn sesiwn i'r plant lleiaf. Trefnir y sesiwn gan Fenter Iaith Môn.

15:00
Merched y Wawr yn dathlu 50

Cyfle i ddymuno pen-blwydd hapus iawn i fudiad Merched y Wawr, yng nghwmni rhai o'r aelodau lleol.

16:00
Fy nhaith i Batagonia

Nia Wyn Thomas sy'n adrodd hanes ei thaith arbennig i Batagonia y llynedd gyda chriw o bobl ifanc.

Gwyddoniaeth a Thechnoleg

Partneriaeth rhwng

Gweler dydd Sadwrn am weithgareddau sy'n digwydd drwy'r wythnos.

10:00
Codio, cylchedau, cerddoriaeth a'r Fenai

Gweler bore Sadwrn am fanylion llawn.

11:00
Calonnau Cymru: Hyfforddiant Diffibriliwr

Gweler bore Sadwrn am fanylion llawn.

12:00
Ras Fformiwla 1

Gweler bore Sadwrn am fanylion llawn.

12:30
Sioe Wyddoniaeth Wych

Gweler dydd Sadwrn am fanylion llawn.

13:15
Codio, cylchedau, cerddoriaeth a'r Fenai

Gweler bore Sadwrn am fanylion llawn.

14:00
Fforwm Ynni Carbon Isel

Trafodaeth wyddonol am ffynonellau ynni gyda'r Athro Gareth Wyn Jones ac eraill, a'r Athro Alan Shore yn y gadair. Sesiwn yn Cymdeithasau 1.

14:00
Cystadleuaeth Cael Wil i'w Wely (136)

Cystadleuaeth ymarferol ar gyfer grŵp o 2 neu 3 o ddisgyblion o oed ysgol uwchradd.

Caiff yr ymgeiswyr hyd at awr a hanner i greu teclyn neu fodel gyda'r defnyddiau a'r celfi fydd wedi'u darparu.

Gwobrau dyddiol a thystysgrifau:

1. £30
2. £20
3. £10

(£200 Alwyn ac Ella Owens, Porthaethwy; £200 Mona a Huw Chambers i gofio am Llewelyn Gwyn Chambers, Bangor).

15:15
Ras Fformiwla 1

Gweler bore Sadwrn am fanylion llawn.

15:45
Sioe Wyddoniaeth Wych

Gweler dydd Sadwrn am fanylion llawn.

16:30
Ras Fformiwla 1

Gweler bore Sadwrn am fanylion llawn.

17:00
2071: Hanes a Hinsawdd y Ddaear

"Yn 2071 bydd wyres fach yr Athro Chris Rapley yr un oed ag yw ef heddiw. Sut fyd fydd o'i blaen?" Ymchwiliad i hanes y Ddaear a'i hinsawdd mewn geiriau (Wyn Bowen Harries), cerddoriaeth (Angharad Jenkins) a delweddau fideo (Siôn Eirwyn Richards). Cynhyrchiad Cwmni Pendraw. Sesiwn yn Cymdeithasau 1.

Y Lle Celf

Trefnir gan yr Eisteddfod
Cefnogir gan

Cyngor Celfyddydau Cymru
Arts Council of Wales

12:00
Frank Lloyd Wright – Tu hwnt i'r UDA

Dathlu 150 mlwyddiant geni'r pensaer, gyda Manon Awst, Gwyn Lloyd Jones a Geraint Roberts.

Sesiwn yn Cymdeithasau 1.

13:15
Ehangu'r Darlun: RS Thomas, ME Eldridge a Chelf Fodern

Jason Walford Davies sy'n sgwrsio am hanes y bardd hynod, RS Thomas a'i ddiddordeb yn y celfyddydau gweledol.

Sesiwn yn Y Babell Lên.

Cymdeithasau 1

Cefnogir gan

Cynulliad National
Cenedlaethol Assembly for
Cymru Wales

10:00
Bwrdd yr Orsedd

Cyfarfod caeedig.

11:00
Cwlt Hedd Wyn: Golwg ar sut y tyfodd Hedd Wyn i fod yn fwy na bardd-filwr o gig a gwaed

Aneirin Karadog sy'n trafod y 'cwlt' a ddatblygodd o amgylch Hedd Wyn yn dilyn Eisteddfod 'Y Gadair Ddu' ym Mhenbedw ganrif yn ôl. Trefnir y sesiwn gan Gynulliad Cenedlaethol Cymru.

Rhan o raglen Canmlwyddiant Hedd Wyn

12:00
Frank Lloyd Wright – tu hwnt i'r UDA

Dathlu 150 mlwyddiant geni'r pensaer, gyda Manon Awst, Gwyn Lloyd Jones a Geraint Roberts. Sesiwn yng ngofal Y Lle Celf.

13:00
Archaeoleg Canoloesol Môn

Spencer Smith sy'n trafod archaeoleg ardal yr Eisteddfod yn sesiwn Ymddiriedolaeth Archaeolegol Gwynedd. Sesiwn Y Lle Hanes.

14:00
Fforwm Ynni Carbon Isel

Trafodaeth wyddonol am ffynonellau ynni gyda'r Athro Gareth Wyn Jones ac eraill, a'r Athro Alan Shore yn y gadair.

15:00
'Y peth byw': ethos casglu'r casglyddion cynnar

Dr Rhidian Griffiths yn traddodi Darlith Goffa Lady Amy Parry-Williams.

16:00
'Dyrchafaf fy llygaid i'r mynyddoedd...'

John Grisdale a George Jones, dau aelod o Glwb Mynydda Cymru, ond dau sydd hefyd wedi rhoi blynyddoedd o wasanaeth i Dîm Achub Llanberis. Bydd y ddarlith yn dod â phrofiad arbennig y ddau fel aelodau o'r tîm achub i sylw eisteddfodwyr, gan dynnu sylw at bwysigrwydd diogelwch ar ein copaon. Darlith Goffa Llew Gwent.

17:00
2071: Hanes a Hinsawdd y Ddaear

"Yn 2071 bydd wyres fach yr Athro Chris Rapley yr un oed ag yw ef heddiw. Sut fyd fydd o'i blaen?" Ymchwiliad i hanes y Ddaear a'i hinsawdd mewn geiriau (Wyn Bowen Harries), cerddoriaeth (Angharad Jenkins) a delweddau fideo (Siôn Eirwyn Richards). Cynhyrchiad Cwmni Pendraw.

Cymdeithasau 2

Cefnogir gan

Cynulliad National
Cenedlaethol Assembly for
Cymru Wales

10:30
Dwy lenyddiaeth Cymru: oes cwlwm perthyn

Pan sefydlwyd Llywodraeth i Gymru yn 1998, daeth datganiad cyhoeddus, clir o gyfeiriad y Bae bod Cymru'n wlad a ddylai ymfalchïo yn ei dwy lenyddiaeth. Ond faint o Gymraeg sydd bellach, tybed, rhwng ein hawduron ar draws ffin iaith? Trafodaeth rhwng awduron a deallusion – gan gynnwys yr Athro Jerry Hunter – a gadeirir gan yr Athro M Wynn Thomas. Sesiwn Gwasg Prifysgol Cymru.

11:30
"Yr Owain hwn yw Harri'r Nawfed / Sydd yn trigo yng ngwlad estroniaid": Owain Lawgoch, yr arwr sy'n cysgu

Yr Athro AD Carr sy'n olrhain hanes Owain Lawgoch sydd, yn ôl chwedloniaeth, yn cysgu ac yn aros am alwad y genedl. Darlith Goffa Syr Thomas Parry-Williams gan Anrhydeddus Gymdeithas y Cymmrodorion, gyda'r Athro Prys Morgan yn y gadair.

12:30
Meddygon Esgyrn Môn

John Richard Williams sy'n trafod hanes difyr y meddygon esgyrn a ddaeth i Fôn ac a chwaraeodd ran mor allweddol ym myd iechyd. Darlith Cymdeithas Bob Owen.

13:30
Hanes sefydlu Cymdeithas Ted Breeze Jones

Cyfle i drafod cyfraniad Ted Breeze Jones i'r astudiaeth o fyd natur, a chyfle hefyd i adrodd am weithgareddau'r Gymdeithas, gan ddangos lluniau o rai o'r pethau diddorol a welwyd yn ystod y teithiau. Ymunwch gyda Twm Elias a rhai o aelodau'r Gymdeithas.

14:30
Etholiad Cyffredinol 2017

Yr Athro Roger Scully sy'n dadansoddi canlyniadau'r Etholiad Cyffredinol a gynhaliwyd yn ddiweddar. Trefnir y sesiwn gan Brifysgol Caerdydd.

15:30
Teyrnged i Rhodri Morgan – Tad y Genedl

Gwleidyddion, haneswyr ac academyddion yn talu teyrnged i gyn-Brif Weinidog Cymru, Rhodri Morgan. Eluned Morgan AC yn y gadair, a threfnir y sesiwn gan Gymdeithas Cledwyn.

16:30
Gwasanaeth Llysoedd a Thribiwnlysoedd EM

Aled Hughes
Llun – Gwener
8.30am

Sgwrsio ffraeth a'r
gerddoriaeth orau

BBC | radio
cymru

nos tawrth

Hynna Be 'Di O – Y Sioe Lwyfan

20:00 yn Y Pafiliwn

Wedi ail-leoli eu stiwdio radio ar y llwyfan enwog, bydd Tudur a'r criw yn cyflwyno sioe unigryw a chofiadwy i gynulleidfa ddryslyd y Brifwyl. Llond carafán o westeion wedi'u trefnu gan Manon, llond adlen o gerddorion wedi'u dewis gan Dyl Mei a digon o chwerthin gan Tudur i lenwi Elsan. Mymryn bach o sylwedd, fawr ddim swmp ond llond lle o hwyl – Hynna Be 'Di O!

Tudur Owen

Yn enedigol o Fodorgan, Ynys Môn, mentrodd Tudur Owen i fyd y digrifwr am y tro cyntaf yn Eisteddfod Genedlaethol Môn 1999, ac ers hynny, mae wedi crwydro'r wlad ar y gylchdaith gomedi proffesiynol.

Mae Tudur wedi ymddangos ar S4C, Face Book Live a YouTube, ac yn cyflwyno ei raglen radio wythnosol ar BBC Radio Cymru.

Mae'n edrych ymlaen yn fawr iawn at gael dychwelyd i'r ynys. 'Dwi'n edrych ymlaen yn fawr iawn at gael dychwelyd i'r ynys,' meddai.

'Comedïwr Honedig' – *Y Cymro*

Dyl Mei

Athrylithgar, rhyfeddol a gweledigaethol – dim ond rhai o'r geiriau y mae Dyl Mei wedi'u darganfod i'w ddisgrifio ei hun.

Wedi ennill gwobrau lu am ei waith fel cynhyrchydd rhai o fandiau mwyaf blaenllaw Cymru, mae Dyl Mei bellach yn gweithio i BBC Radio Cymru fel cynhyrchydd rhaglenni ac arbenigwr recordiau coll / siopau elusen.

Mewn cyfweliad ffôn yn ddiweddar, dywedodd, 'Gadwch negas a 'nai ffonio 'nôl os gynnai fynadd.'

'Ma'r boi yn absolwt lejend, dwi'n lyfio fo' – Dei Tomos

Manon Rogers-Thomas

Yn gyn-ddisgybl o Ysgol Syr Thomas Jones, Amlwch, ac wedi graddio yng Ngholeg y Drindod Caerfyrddin, mae Manon bellach yn ôl yn ei chartref ar Ynys Môn, sef Coedan (fferm, nid planhigyn), Llanfechell, gyda'i gŵr Gareth a'u merch Efa.

Mae Manon yn mwynhau coginio, cerddoriaeth / ffasiwn y 90au a chasglu llwyau te. Mae hi'n gweithio i'r BBC ym Mangor ac yn aelod gwerthfawr o dîm rhaglen Tudur Owen, lle mae hi'n arbenigo mewn dilyn cyfarwyddiadau syml, ymateb yn annibynnol i gwestiynau a defnyddio'r ffotocopïwr (o dan oruchwyliaeth).

'Mae'r ferch yn drysor cenedlaethol' – Gerallt Pennant, *Galwad Cynnar.*

Osian Huw Williams

Mae Osian yn gerddor llawn amser erbyn hyn. Graddiodd o Brifysgol Bangor, ac mae'n parhau i astudio yno i ennill ei radd Meistr mewn cyfansoddi. Mae'r rhan fwyaf o'i amser yn mynd i chwarae mewn bandiau megis Candelas, Alys Williams, Palenco a Siddi, ond mae hefyd yn rhedeg Stiwdio Drwm yn Llanllyfni gyda Ifan Emlyn Jones.

Enillodd Dlws y Cerddor yn Eisteddfod Maldwyn a'r Gororau 2015, ac mae Osian a'i frawd a'i chwaer wrthi'n datblygu'r gwaith hwnnw yn y gobaith o lwyfannu'r sioe gerdd yn y dyfodol agos.

Mae'r flwyddyn yma wedi bod yn eithriadol o brysur yn barod wrth iddo wneud gwaith i deledu, cyfansoddi gwaith corawl a recordio pob math o brosiectau gwahanol a chyffrous yn Stiwdio Drwm.

PRIFYSGOL BANGO

UN O BRIF NODDWYR
Y PAFILIWN GWYDDONIAETH
THECHNOLEG

www.bangor.ac

dydd mercher

9 Awst

Pafiliwn

Noddir gan

Arweinyddion: Dei Tomos, Nic Parry

10:00
Rhuban Glas Offerynnol 16 ac o dan 19 oed (68)

Ysgoloriaeth Leslie Wynne-Evans – £1,500

Ysgoloriaeth Rachael Ann Thomas – £500

Bydd y panel beirniaid yn dewis pedwar cystadleuydd yng nghystadlaethau 69-73 i gystadlu ar lwyfan y pafiliwn.

Gofynnir i'r cystadleuwyr ddewis rhaglen o un darn neu ragor. Ni ddylai'r rhaglen gyflawn fod yn hwy na 12 munud

Beirniaid: Cai Isfryn, Peryn Clement-Evans, Catrin Morris Jones, Gareth Owen, Dáire Roberts

Gwobr:
Y Rhuban Glas a £150 (Iwan Llewelyn-Jones, Llundain) ac ysgoloriaeth gwerth £2,000 (£1,500 Ysgoloriaeth Leslie Wynne-Evans; £500 Ysgoloriaeth Rachael Ann Thomas, i'w defnyddio i hyrwyddo gyrfa'r enillydd fel offerynnwr)

11:00
Perfformiad unigol i rai dan 19 oed o gân o Sioe Gerdd yn arddull y genre (51)

Gellir defnyddio piano neu gyfeiliant addas neu drac cefndir ond dylid cofio am anghenion technegol y llwyfan a'r rhagbrawf.

Amser: heb fod yn hwy na 5 munud.

Beirniaid: Connie Fisher, Stifyn Parry

Gwobrau:
1. Tlws Derek Williams, Cwmni Theatr Maldwyn i'w ddal am flwyddyn a £75
2. £50
3. £25
(£150 Teulu Maes Llwyn, Bodedern)
Cynigir Ysgoloriaeth gwerth £1,000 rhoddedig gan Ymddiriedolaeth Elusennol Simon Gibson i alluogi'r enillydd i gael hyfforddiant pellach.

11:20
Unawd Mezzo-Soprano / Contralto / Gwrth-denor 19 ac o dan 25 oed (46)
Dewis un gân o Rhan A ac un o Rhan B

Rhan A:

Opera:
'Ewch i neges i'r ferch', *Faust,* Gounod
Y geiriau Cymraeg gan Dyfnallt Morgan
'Rwyf fel un sydd ar goll', *Le Nozze di Figaro,* Mozart
Y geiriau Cymraeg gan Dyfnallt Morgan
'Llais merch neu ryw angyles deg', *La Gioconda,* Ponchielli
Y geiriau Cymraeg gan John Stoddart
'Yma'n ei hystafell wyf', *Mignon,* Ambroise Thomas
Y geiriau Cymraeg gan T Gwynn Jones

Oratorio/Offeren:
'Yr arwr pennaf!' / 'Mor gyflym yw'th gyrch di', *Judas Maccabeus,* Handel
Y geiriau Cymraeg gan Eifion Lloyd Jones
'Dduw ein Tad, bob nos a dydd', *Theodora,* Handel
Y geiriau Cymraeg gan Dafydd Wyn Jones
'Gwna fi gyda thi'n gyfrannog', *Stabat Mater,* Haydn
Y geiriau Cymraeg gan Dyfnallt Morgan
'Gad im gofio Ei farwolaeth', *Stabat Mater,* Pergolesi
Y geiriau Cymraeg gan Dyfnallt Morgan

Rhan B:

Hen Ganiadau
'Bryniau aur fy ngwlad', T Vincent Davies
'O na byddai'n haf o hyd', William Davies
'Rhosyn yr haf', William Davies
'Darlun fy mam', John Hughes
'Fy Mlodwen, f'anwylyd', Joseph Parry
'Y gân orchfygol', Daniel Protheroe

Cân Gymraeg
Unrhyw gân o'r gyfrol *Caneuon y Tymhorau,* Dilys Elwyn–Edwards neu *Adlewych,* Meirion Williams

Beirniaid: Glenys Roberts, Robyn Lyn Evans, Anthony Stuart Lloyd

Cyfeilydd: Olwen Jones

Gwobrau:
1. £100 (Iona Gilford, Llanfairpwll)
2. £60 (William ac Eunice Stephens, Tynlon, Caergybi)
3. £40 (Iona Stephen Williams, Llynfaes)

12:00
Cyflwyniad Merched y Wawr

Cyflwyniad arbennig (wedi'i lunio gan Marlyn Samuel) gan aelodau Merched y Wawr Môn i ddathlu cyfraniad merched i hanes Cymru. Bydd y diweddglo yn uno'r Mudiad, wrth i gynrychiolwyr o bob rhanbarth ddod i'r llwyfan, a phawb yn cydganu anthem y mudiad i Ddathlu'r Aur.

12:30
Beirniadaeth cystadleuaeth (68)

Beirniad: Cai Isfryn

12:40
Canlyniad cystadleuaeth (51)

12:45
Dawns Stepio Unigol i Fechgyn dan 16 oed (95)

Gan ddefnyddio gwisg, camau, patrymau, arddull a cherddoriaeth fyw sydd yn y traddodiad gwerin Cymreig.

Amser: heb fod yn hwy na 3 munud

Beirniaid: Eirian Llewelyn Davies, Bethan Williams-Jones

Gwobrau:
1. Tlws Bro Taf er cof am Lowri Gruffydd i'w ddal am flwyddyn a £60
2. £30
3. £20
(£110 Teulu Llety'r Bugail, Gwersyllt, Wrecsam)

13:00
Dawns Stepio Unigol i Ferched dan 16 oed (96)

Gan ddefnyddio gwisg, camau, patrymau, arddull a cherddoriaeth fyw sydd yn y traddodiad gwerin Cymreig.

Amser: heb fod yn hwy na 3 munud

Beirniaid: Bethan Williams-Jones, Eirian Llewelyn Davies

Gwobrau:
1. £60
2. £30
3. £20

(£110 Soroptimist Rhyngwladol Ynys Môn)

13:15
Canlyniad cystadleuaeth (46)

13:20
Deuawd Cerdd Dant dan 21 oed (20)

'Traeth Llanddona', John Pinion Jones
Cainc: 'Y Marial Gwyn', Morfudd Maesaleg.

Beirniaid: Ann E Fox, Einir Wyn Jones

Telyn: Elain Wyn

Gwobrau:
1. £100
2. £60
3. £40
(£200 Margaret Hughes, Llwydiarth Fawr, Llannerch-y-medd)

13:35 _1.30_
Côr Ieuenctid dan 25 oed heb fod yn llai nag 20 mewn nifer (32)

Rhaglen o gerddoriaeth hunanddewisiad hyd at 12 munud o hyd i gynnwys darn digyfeiliant a darn gan gyfansoddwr o Gymro. (Gellid cyfuno'r ddwy elfen a chael darn digyfeiliant gan gyfansoddwr o Gymro).

Beirniaid: Richard Elfyn Jones, Beryl Lloyd Roberts, Geraint Roberts

Gwobrau:
1. Cwpan y Daily Post i'w ddal am flwyddyn a £750
2. £500
3. £300
(£1,550 Eisteddfod Gadeiriol Bodffordd)
Cyflwynir Medal Goffa Twm Dwynant i'w dal am flwyddyn i arweinydd y côr buddugol

Ymgeiswyr:
1. Côr Hŷn Cytgan Clwyd
2. Côr Ieuenctid Môn
3. Côr Ysgol Gerdd Ceredigion
4. Côr Dyffryn Conwy
5. Côr Iau Cytgan Clwyd
6. Côr Iau Ieuenctid Môn

Noddir gan  **Principality** Building Society Cymdeithas Adeiladu

15:05
Canlyniad cystadleuaeth (95)

15:10
Canlyniad cystadleuaeth (96)

15:15
Unawd Tenor 19 ac o dan 25 oed (47)
Dewis un gân o Rhan A ac un o Rhan B

Rhan A:

Opera:
'Taer fy mron, llawn o serch', *Martha,* von Flotow
Y geiriau Cymraeg gan John Stoddart
'Ar fryn Ida, roedd tair Duwies', *La belle Hélene,* Offenbach
Y geiriau Cymraeg gan Emyr Davies

Oratorio/Offeren:
'Mor fwyn yw'r gainc' / 'Anrhydedd fo pan haeddir o', *Judas Maccabeus,* Handel
Y geiriau Cymraeg gan Eifion Lloyd Jones
'Drwy Ei groesbren, o cryfhâ fi', *Stabat Mater,* Haydn
Y geiriau Cymraeg gan Dyfnallt Morgan

Rhan B:

Hen Ganiadau
'Bryniau aur fy ngwlad', T Vincent Davies
'O na byddai'n haf o hyd', William Davies
'Rhosyn yr haf', William Davies
'Darlun fy mam', John Hughes
'Fy Mlodwen, f'anwylyd', Joseph Parry
'Y gân orchfygol', Daniel Protheroe

Cân Gymraeg
Unrhyw gân o'r gyfrol *Caneuon y Tymhorau,* Dilys Elwyn–Edwards neu *Adlewych,* Meirion Williams

Beirniaid: Glenys Roberts, Robyn Lyn Evans, Anthony Stuart Lloyd

Cyfeilydd: Meirion Wynn Jones

Gwobrau:
1. £100 (Teifryn Rees, Llanelli)
2. £60 (Iwan Davies, Porthaethwy)
3. £40 (Iwan Davies, Porthaethwy)

15:55
Canlyniad cystadleuaeth (20)

16:00
Beirniadaeth cystadleuaeth (32)

Beirniad: Richard Elfyn Jones

16:10
Canlyniad cystadleuaeth (47)

16:30
Seremoni Y Priflenor Rhyddiaith

Rhybudd - Rhaid i bawb sydd am weld y seremoni fod yn eu seddau erbyn 16:15.

Nid agorir y drysau wedyn hyd nes bod gorymdaith yr Orsedd wedi gadael y Pafiliwn tua 17:30.

Pan genir y Corn Gwlad o'r llwyfan i gyfeiriad y gynulleidfa ar yr agoriad, gofynnir i chi sefyll tra offrymir Gweddi'r Orsedd.

Corn Gwlad: Dewi Corn a Paul Corn Cynan

Gweddi'r Orsedd: Meilir

Beirniadaeth: Gerwyn Wiliams
Cyfrol o ryddiaith greadigol heb fod dros 40,000 o eiriau: Cysgodion (163)

Gwobr: Y Fedal Ryddiaith a £750 (Pwyllgor Cronfa Eisteddfod Genedlaethol Môn 1957)

Beirniaid: Francesca Rhydderch, Lleucu Roberts, Gerwyn Wiliams

Geilw'r Archdderwydd ar yr osgordd i gyrchu'r llenor buddugol, a gofynnir iddo/iddi sefyll ar alwad y Corn Gwlad.

Cyhoeddir enw'r llenor buddugol a rhoddir braslun o'i hanes, a gwahoddir ef/hi i eistedd yn hedd yr Eisteddfod.

Arwisgo'r Priflenor yn ôl braint a defod Gorsedd Beirdd Ynys Prydain

Cywydd Cyfarch y Priflenor:
Dafydd Wyn Glantwymyn

Rhown i ti fawl ein Prifwyl,
Rhown gainc i lenor ein gŵyl;
Swyn dyddiau Awst sy'n dy ddull,
Hirddydd o haf dy arddull
A'i thinc megis cyfoeth hen
Storïau a'u cystrawen.

Loywed yw hi'r fedal deg,
Breuddwyd consuriwr brawddeg
A'n cyffrôd ag ansoddair,
Un dan gamp yw dewin gair.
Onid ir, fel meillion dôl,
Yw rhyddiaith gyfareddol?

Rhan wyt ti o'r wythïen
Gain ei lliw yng nghreigiau'n llên;
Gwledd yw'r aur pan gloddir hon
Yn ogo'r Mabinogion;
Pur yw haen y trysor prin,
Haen o aur chwedlau gwerin.

A daw i gof, fel ffrwd gêl,
Ferw a nwyf a rhin nofel;
Ac afiaith gwefr o gofiant
O dlysni hoyw adlais nant;
Llifa nerth, fel sy'n llyfnhau
Gro afon, trwy ysgrifau.

Celwyddau yw geiriau'r gwan:
'Mae'r Gymraeg, O mor egwan!'
Dawn creu sy'n donic i'r iait
I'w hybu, – taer yw'n gobaith
Y cei oes o'i bywiocáu
Â heulwen dy gyfrolau.

Emrys Roberts

Cyfarch y Priflenor: Y Priflenor Eurig

Cyflwynir dawns er anrhydedd i'r Priflenor gan ddawnswyr Clocswyr Garmon, Dawnswyr Delyn a Dawnswyr Tanat

Hyfforddwyr: Meinir Siencyn, Frances Jones, Rhian Davies

Cyflwynydd y Corn Hirlas: Mared Wyn Hughes

Macwyaid y Llys: Bradley Richard Jones a Rhodri Morris Williams

Cyflwynydd y Flodeuged: Eurgain Sara Lloyd

Morynion y Llys: Elliw Mair Huws a Greta Fflur Keen

Telyn: Gwenan Telynores Cymerau

Organydd: Ilid Anne

Hen Wlad fy Nhadau

Arweinir y Priflenor allan gan yr Archdderwydd, a'r Orsedd yn eu hebrwng.

Pagoda

11:00
Rhagbrawf: Cymdeithas Eisteddfodau Cymru – Ensemble Lleisiol 10-26 oed (201)

13:00
Rhagbrawf: Llefaru Unigol Agored (141)

16:00
Rhagbrawf: Deuawd Cerdd Dant 21 oed a throsodd (19)

Stiwdio

10:00
Rhagbrawf: Deuawd Cerdd Dant dan 21 oed (20)

14:30
Achub y Plant: Ocsiwn

Arwerthiant Ategolion Enwogion er budd Achub y Plant – awr hwyliog i godi arian at achos da yng nghwmni'r arwerthwr adnabyddus, Dafydd Hardy. Gwerthir bagiau, teis, sgarffiau a gemwaith sydd wedi'u rhoi'n garedig gan enwogion Cymru megis Dafydd Iwan, Katherine Jenkins, Bryn Terfel, Siân Phillips, Shân Cothi a llawer mwy.

Dawns

09:00
Rhagbrawf: Dawns Stepio Unigol i Fechgyn dan 16 oed (95)

09:45
Rhagbrawf: Dawns Stepio Unigol i Ferched dan 16 oed (96)

12:15
Rhagbrawf: Perfformiad unigol i rai 19 oed a throsodd o gân o Sioe Gerdd (50)

Eglwys Plwyf Bodedern

10:00
Rhagbrawf: Unawd Tenor 25 oed a throsodd (38)

17:00
Rhagbrawf: Unawd Soprano 25 oed a throsodd (36)

Y Babell Lên

Trefnir gan yr Eisteddfod

Noddir y gweithgareddau llenyddol gan

10:45
Storïau'r Henllys Fawr

Dafydd Glyn Jones sy'n edrych ar y gyfrol boblogaidd a'i hawdur, WJ Griffith, yn Y Ddarlith Lenyddol eleni.

11:45
Stori Cyn Cinio!

Bedwyr Rees sy'n ein diddanu gyda straeon o ardal arfordir Môn a thu hwnt.

12:30
110 blynedd ers sefydlu'r Llyfrgell Genedlaethol

Y cyn-Lyfrgellydd Andrew Green sy'n sgwrsio gyda Catrin Beard yn sesiwn Prifysgol Cymru a Phrifysgol Cymru Y Drindod Dewi Sant.

13:15
Pêl-droedwyr y Rhyfel Mawr

Y pêl-droediwr Owain Tudur Jones sy'n trafod straeon rhai o bêl-droedwyr y Rhyfel Mawr gyda'r hanesydd Geraint Vaughan Jones a Gary Pritchard.
Rhan o raglen Canmlwyddiant Hedd Wyn.

14:15
Ymryson y Beirdd a chyflwyno enillwyr cystadlaethau yr Adran Lenyddiaeth
Cyflwyno enillwyr cystadlaethau yr Adran Lên

158. Chwe limrig: Damweiniau
Beirniad: Arwel Pod Roberts
Gwobr: £100 (Clwb Trefdraeth).

159. Casgliad o 3 cerdd wreiddiol ar unrhyw un thema. Cyfyngedig i rai sydd heb ennill gwobr yn y Genedlaethol yn yr adran Farddoniaeth.
Beirniad: Rhys Dafis
Gwobr: £100 (Ken, Gruffydd, Heledd a Morfudd er cof am Sian Owen, Marianglas).

Rhyddiaith:

**165. Ysgoloriaeth Emyr Feddyg
Er cof am Dr Emyr Wyn Jones, Cymrawd yr Eisteddfod:**
Sefydlwyd yr Ysgoloriaeth hon i hyfforddi llenor neu fardd na chyhoeddwyd cyfrol o'i (g)waith eisoes. Dyfernir yr ysgoloriaeth yn flynyddol i'r cystadleuydd mwyaf addawol. Ar gyfer Eisteddfod 2017 fe'i cynigir i lenor. Gofynnir i'r cystadleuwyr anfon darn neu ddarnau rhyddiaith o gwmpas 3,000 o eiriau ar un o'r ffurfiau canlynol: braslun nofel, pennod agoriadol nofel, straeon byrion neu ysgrifau.

Beirniad: Dyfed Edwards
Gwobr: Ysgoloriaeth Emyr Feddyg, gwerth hyd at £1,000 yn cynnwys £100 i'r enillydd ar gyfer meddalwedd neu lyfrau. Yna trefnir, ar gost yr Ysgoloriaeth, i'r enillydd gael prentisiaeth yng nghwmni mentor profiadol a benodir gan y Panel Llenyddiaeth. Bydd yr hyfforddiant yn parhau am tua chwe mis, ac yn cynnwys pedair o sesiynau dwy awr, yn ogystal â derbyn sylwadau manwl ar bedair o dasgau a anfonir drwy'r post neu e-bost.

166. Stori fer hyd at 4,000 o eiriau: Angor
Beirniad: Elin Llwyd Morgan
Gwobr: £200 (Cen a Gwenda Williams, Llanfaelog, Lois, Twm, Siôn ac Alaw).

167. Llên micro - 8 darn: Gwawrio
Beirniad: Siân Melangell Dafydd
Gwobr: £200 (J Richard a Mavis Williams, Llangefni).

168. Ysgrif, heb fod dros 2,000 o eiriau: Tirion dir
Beirniad: Sian Northey
Gwobr: £200 (Cymdeithas Lenyddol Bro Goronwy).

169. Portread, heb fod dros 2,000 o eiriau, o gynefin neu unigolyn
Beirniad: Geraint Vaughan Jones
Gwobr: £200 (Rheinallt a Rowenna Thomas, Caerdydd).

Ymryson y Beirdd

Timau: Caernarfon, Ceredigion, Morgannwg

Cyflwynir Tlws D Gwyn Evans a Thlws y Gerdd Rydd

Gweler dydd Mawrth am fanylion llawn.

16:00
Awdur y Dydd

Ysbrydoliaeth. Manon Steffan Ros sy'n esbonio pam bod gan bawb stori sy'n werth ei hadrodd, a sut mae canfod ysbrydoliaeth mewn bywyd bob dydd. Bydd sesiwn holi ac ateb ar Lwyfan y Llannerch am 17:00.

17:00
Merched y Wawr yn dathlu 50

Sandra Morris Jones sy'n croesawu'r cyn-Lywyddion Cenedlaethol a swyddogion Prosiect Treftadaeth y Loteri i'n tywys ar daith hanesyddol a chofiadwy trwy lun ac atgof.

Llwyfan y Llannerch

Trefnir gan yr Eisteddfod

Noddir y gweithgareddau llenyddol gan

10:30
Dysgu Cynganeddu

Gyda Aneirin Karadog (Ysgol Farddol Caerfyrddin).

12:30
Picnic 4 a 6

Patrobas, Osian Rhys Jones, Anni Llŷn a mwy.

13:30
Barddas yn cyflwyno Talwrn Ysgolion Uwchradd Môn

Gornest frwd rhwng Ysgolion David Hughes a Bodedern. Pa griw o feirdd talentog fydd yn cipio'r wobr? Aneirin Karadog fydd yn penderfynu ac yn ceisio cadw trefn arnyn nhw i gyd!

14:30
Slot y Gweisg: Cyfaill Pwy o'r Hen Wlad?

Gyda Rhiannon Heledd Williams. Sesiwn yng ngofal Gwasg Prifysgol Cymru.

15:30
Stand-yp

Beth Jones, Karen Sherrard
#gwylgomedisteddfod

17:00
Slot Awdur y Dydd

Llŷr Gwyn Lewis yn holi a sgwrsio gyda Manon Steffan Ros.

Gŵyl Llên Plant

Trefnir gan yr Eisteddfod

Cefnogir gan Gronfa Park-Jones
Noddir y gweithgareddau llenyddol gan

11:00
Migldi Magldi: Dawns yr Anifeiliaid

Gweler dydd Sadwrn am fanylion llawn.

12:00
Owain Glyndŵr – Mewn Cymeriad

Cyfle i gyfarfod Owain Glyndŵr mewn sioe llawn hwyl wedi'i hanelu at blant 6 - 11 oed. Beth achosodd y gwrthryfel? Beth ddigwyddodd yn ystod y deuddeng mlynedd o frwydro, a pham rydyn ni'n dal i gofio a chyfeirio at Owain Glyndŵr fel un o'r arwyr mwyaf erioed?

13:00
Ofnadwy Nos: Trysor y Royal Charter – Bedwyr Rees

Mae stori'r Royal Charter yn adnabyddus i nifer o blant Cymru, diolch i nofel T Llew Jones, *Ofnadwy Nos*. A hithau bron â chyrraedd pen y daith ar ôl mordaith hir, hwyliodd y Royal Charter â 452 o deithwyr a chriw a gwerth £320,000 o aur o fwyngloddiau Awstralia, i ganol storm enbyd wrth droi am Fôn. Suddodd y llong a'i chargo o aur ger pentre Moelfre ar Ynys Môn ar 25 Hydref 1859. Bedwyr Rees fydd yn adrodd y stori am un o hanesion mwyaf tywyll Sir Fôn, a dirgelwch y trysor coll.

14:00
Arwresau 'go iawn' Cymru

Gweler dydd Mawrth am fanylion llawn.

15:00
Owain Glyndŵr – Mewn Cymeriad

Gweler uchod am fanylion llawn.

16:00
Comedi @ Gŵyl Llên Plant

Rhan o #gwylgomedisteddfod

17:00
Stori Cyn Troi: Garddwr y Gwyll – Rhodri Siôn

Rhodri Siôn fydd yn darllen *Garddwr y Gwyll*, sef addasiad Delyth George o *The Night Gardener*.

Theatr y Maes

Trefnir gan yr Eisteddfod

Noddir gan

Theatr
Genedlaethol
Cymru

08:00
Rhagbrawf: Gwobr Richard Burton (116)

14:00
Cystadleuaeth Drama fer agored (112)

Helyntion Aled ap Aled: Gwynedd Huws Jones – Cwmni Drama Uwchaled

Awn yn ôl mewn amser i'r flwyddyn 993 ac i ardal wasgaredig Uwchaled lle mae'r brenin creulon Foelas yn tra-arglwyddiaethu ar werin dlawd. Mae pethau'n anodd ac mae'n rhaid i Foelas gael arian ar frys i gadw'i wraig drachwantus Gwenhwylus yn hapus. Tybed a all ei brif farchog Aled ap Aled o Uwchaled achub y dydd, a rhoi ceiniog neu ddwy yn ei boced? Cawn weld...

Aled ap Aled: Gwion Evans
Silwen Hafesb: Lowri Evans
Wmffre ap Caradog: Aeron Humphreys
Y Brenin Foelas: Erfyl Edwards
Y Frenhines Gwenhwylus: Siân Edwards
Merfyn Frech: Gareth Jones
Dafi Owen: Aled Hughes
Llefarydd: Teleri Jones
Herald y Corn: John Jones

Cynhyrchydd: Trebor Roberts

Gweler dydd Sul am fanylion llawn.

16:00
Props ar y Pryd

Tri thîm, naw perfformiwr, bocs o bropiau a nesaf peth i ddim amser i baratoi – beth all fynd o'i le!?

Theatr fyrfyfyr wedi'i guradu gan Linda Brown.

19:30
Dim Byd Ynni: Emlyn Gomer – Theatr Bara Caws

Gweler nos Sul am fanylion llawn.

Cwt Drama

Partneriaeth rhwng

Eisteddfod
Genedlaethol
Cymru

Theatr
Genedlaethol
Cymru

11:00
Sbesial – Cwmni Spectacle

Gweler dydd Mawrth am fanylion llawn.

13:00
Gweni – Mair Tomos Ifans

"Sgen i ddim craith fach wen fel edau rownd fy ngwddw i nodi be' 'nath o imi... a tydw inna ddim yn Santes..."

Mae 'na ferched yn byw yn ein cymunedau bach cymdogol diwylliedig sydd hefyd yn byw efo trais. Mae 'na ferched sy'n canu yn ein corau ac yn gwneud paneidiau yn ein festris sy'n cael bywyd erchyll adre...

15:00
Protest Fudr

Pedwar actor. Pedair drama fer. Byddwn yn gwahodd pedwar dramodydd amrywiol o bob cwr o Gymru i ymateb i thema gyfredol sy'n hawlio sylw, ac yn rhannu ffrwyth y llafur mewn darlleniadau beiddgar a bywiog sgript mewn llaw.

18:00
Estron – Hefin Robinson

Gweler nos Lun am fanylion llawn.

Sinemaes

Cydlynir Sinemaes gan BAFTA Cymru gyda'r partneriaid canlynol:

Y Gymdeithas Deledu Frenhinol, Archif Genedlaethol Sgrîn a Sain Cymru, Canolfan Ffilm Cymru, Chapter, BBC Cymru Wales, BFI NET.WORK, Undebau'r Diwydiannau Creadigol yng Nghymru, Cwmni Pendraw, Gorilla, Into Film Cymru, S4C a TAC gyda chefnogaeth yr Eisteddfod a Chyngor Celfyddydau Cymru.

Drwy'r dydd: Sialens dyddiadur ffilm o Faes yr Eisteddfod.

Cyfle i greu dyddiadur ffilm ar Faes yr Eisteddfod dan arweiniad Into Film Cymru.

Gan ddefnyddio technegau syml i ffilmio ar dabledi rhyngweithiol, mi fydd y sialens yn cynnig profiadau o'r rolau gwahanol sydd yn y diwydiant ffilm – sgriptio, cyfarwyddo, cyflwyno/actio a golygu.

Cofrestru – 10.00 / Ffilmio 10:30 – 15:00

Am 16:00 bydd cyfle i wylio'r ffilm orffenedig ar y sgrîn fawr yn Sinemaes

Oedran: 10-15

Cynhyrchwyd gan Into Film Cymru.

09:30
Dangosiad: Arfordir Cymru ar Ffilm

Gweler bore Sadwrn am fanylion llawn.

11:30
Dangosiad: Ffilmiau byrion myfyrwyr Prifysgol Aberystwyth

Cyfres o ffilmiau byrion gan dalent newydd o Adran Astudiaethau Theatr, Ffilm a Theledu Prifysgol Aberystwyth. Ymhlith y ffilmiau mae *Aros* gan Ashley Rhys Evans, ffilm arobryn categori Drama gwobrau myfyrwyr RTS eleni ac enillydd y ffilm Gymraeg Orau yng Ngwyl Ffilm Bae Caerfyrddin, *Yr Hen a Ŵyr* gan Kameron Harrhy, enillodd y wobr am y ffilm Gymraeg orau yng ngwobrau Ffresh, a ffilm newydd sbon *Henaint Ni Ddaw ei Hun* gan Megan Cynllo Lewis.

Cynhyrchwyd gan Brifysgol Aberystwyth.

13:00
Sesiwn sgwrsio gyda Hywel Gwynfryn

Gyda BBC Radio Cymru yn dathlu carreg filltir nodedig eleni – sef deugain mlynedd o ddarlledu – dewch i ail-fyw rhai o uchafbwyntiau'r orsaf ar sgrîn trwy lygaid un o'r cyflwynwyr blaenllaw, sef yr hogyn o Fôn, Hywel Gwynfryn

Oedran: Pob oed

Cynhyrchwyd gan BBC Cymru Wales.

15:00
Sesiwn drafod: Cyflawni gyrfa gynaliadwy yn y sector

Sesiwn drafod yn edrych ar feysydd Teledu – Radio – Ffilm – Digidol – Theatr – Digwyddiadau Byw.

Oedran: Pob oed

Cynhyrchwyd gan Undebau'r Diwydiannau Creadigol yng Nghymru.

16:00
Dangosiad: Sialens dyddiadur ffilm o Faes yr Eisteddfod

Cyfle i weld y ffilm sydd wedi'i chreu gan bobl ifanc ac Into Film Cymru heddiw, sef *Dyddiadur Maes yr Eisteddfod 2017*.

Oedran: Pob oed

Cynhyrchwyd gan Into Film Cymru.

17:00
2071: Hanes a Hinsawdd y Ddaear

"Yn 2071, bydd wyres fach yr Athro Chris Rapley yr un oed ag yw ef heddiw. Sut fyd fydd o'i blaen?" Ymchwiliad i hanes y Ddaear a'i hinsawdd mewn geiriau (Wyn Bowen Harries), cerddoriaeth (Angharad Jenkins) a delweddau fideo (Siôn Eirwyn Richards)

Oedran: 10+

Cynhyrchwyd gan Gwmni Theatr Pendraw a noddir gan Antena, Cwmni Da, Rondo, TAC a Chyngor Celfyddydau Cymru.

18:30
Dangosiad: Pum Cynnig i Gymro

Teyrnged i'r diweddar gynhyrchydd a chyfarwyddwr Peter Edwards, a fu farw'r llynedd. Gwnaeth Peter gyfraniad amhrisiadwy i deledu yng Nghymru, a dyma gyfle i werthfawrogi ei ddawn arbennig mewn ffilm a ddangoswyd gyntaf yn 1998. Seiliwyd y ddrama ar hunangofiant John Elwyn Jones o Ddolgellau, a'i brofiadau yn ystod yr Ail Ryfel Byd

Oedran: 12+

Cynhyrchwyd gan BAFTA Cymru.

Theatr Stryd
Trefnir gan yr Eisteddfod

10:30
Bore Da gyda chymeriadau Cyw

Gweler dydd Sadwrn am fanylion llawn

Lleoliad: Y Ganolfan Ymwelwyr

11:00
Sgiliau Syrcas

Gweler dydd Sadwrn am fanylion llawn.

Lleoliad: Stondin Sgiliau Syrcas.

11:00
Bwystfilod – Theatr Bara Caws

Gweler dydd Llun am fanylion llawn.

Lleoliad: Tu allan i Maes D.

13:00
Kitsch n Sync

Perfformiadau comedi a dawns ar grwydr ar gyfer y teulu i gyd. Mae Kitsch n Sync yn arbenigo ym mhopeth vintage, retro, rhyfeddol a hollol hurt! Perfformwyr cyffrous, unigryw ac ychydig yn swrrealaidd... Ychwanegiad gwych i unrhyw ddigwyddiad!

Lleoliad: Pentref Llên.

14:00
Bwystfilod – Theatr Bara Caws

Gweler dydd Llun am fanylion llawn

Lleoliad: Pentref Drama.

15:40
Kitsch n Sync
Gweler uchod am fanylion llawn.

Lleoliad: Ardal Llwyfan y Maes.

18:15
Kitsch n Sync
Gweler uchod am fanylion llawn.

Lleoliad: Bar Syched a Chaffi Maes B.

Beic Disgo #maesb20
Gweler dydd Sadwrn am fanylion llawn.

Tŷ Gwerin

Trefnir gan yr Eisteddfod

Partneriaid: Trac, Clera a Chymdeithas Genedlaethol Dawns Gwerin Cymru Cefnogir gan

Cyngor Celfyddydau Cymru
Arts Council of Wales

09:30
Yoga@Maes
Gweler dydd Sadwrn am fanylion llawn.

11:00
Clocs Ffit
Mae Tudur Phillips yn adnabyddus fel clocsiwr a chyflwynydd teledu, ond ers ychydig flynyddoedd mae wedi bod yn cynnal dosbarthiadau cadw'n heini – a hynny drwy glocsio. Anghofiwch felly am yr Yoga, pilates a Spin, ac ymunwch â ni am fymryn o Glocs Ffit.

Bydd clocs ar gael i'r rhai sydd eisiau ymuno.

12:00
Sesiwn Werin
Dewch i fwynhau rhai o alawon Morris Edwards yng nghwmni Huw Roberts yn sesiwn Clera heddiw.

13:00
Unnos Gwerin – Tŷ Gwerin a Radio Cymru
15 awr i greu set ar gyfer perfformiad gwerin arbennig iawn! Bydd grŵp o berfformwyr dewr yn treulio nos Fawrth yr Eisteddfod yn y Tŷ Gwerin gyda dim ond un bwriad – creu set i'w pherfformio yn y Tŷ Gwerin heddiw. Peidiwch â cholli'r cyfle i glywed y canlyniad cyffrous!

14:00
Brwydr y Shantis Môr
Tîm Penllyn sy'n herio Tîm Môn ym mrwydr y shantis môr. Bydd yr ornest yn cynnwys deuawdau, unawdau, perfformiadau offerynnol a sawl medli forwrol – y gynulleidfa sy'n cael dewis y pencampwyr!

Capteiniaid: Catrin Angharad Jones a Gwenan Gibbard.

15:00
Hogia Llanbobman
Cyfle i glywed un o bartïon meibion amlycaf y Sir yn canu detholiad o ganeuon a threfniannau gwerin ynghyd â chaneuon poblogaidd Cymreig.

16:00
Sesiwn yng nghwmni Cantorion Newydd y Sîn
Perfformiadau gan rai o wynebau ifanc, newydd y sîn canu gwerin yng Nghymru, sef Glain Rhys, Bethany Celyn, Emyr Lloyd Jones a Cadi Mars Jones. Sesiwn yng ngofal Cymdeithas Alawon Gwerin Cymru.

17:00
Noson Lawen Anffurfiol
Sesiwn hwyliog (goch ei naws!) gyda llu o artistiaid – o gomedïwyr i glocswyr, offerynwyr a chantorion. Llond llwyfan o chwerthin, a chyfraniad y gynulleidfa yn holl-bwysig. Dewch i brofi hwyl y Noson Lawen!

19:30
Meic Stevens
Mae Meic Stevens, sy'n enedigol o Solfach, Sir Benfro yn un o ffigyrau canolog y byd canu cyfoes Cymraeg fel cyfansoddwr, gitarydd a chanwr, a hynny er pedair degawd. Mae Meic wedi cyfansoddi a pherfformio er y 1960au, ac yn gallu troi ei law at werin, roc neu'r blŵs. Mae nifer o'i ganeuon bellach yn rhan o gof cenedl.

20:45
Cowbois Rhos Botwnnog
Tri brawd dawnus o Ben Llŷn sy'n ffurfio Cowbois Rhos Botwnnog – band hynod dalentog sy'n chwarae cymysgedd o ganu gwerin, gwlad a cherddoriaeth roc. Yn ogystal â'u deunydd eu hunain, mae'r band yn aml yn perfformio addasiadau hyfryd o alawon traddodiadol. Bydd awyrgylch pabell Tŷ Gwerin yn plethu'n berffaith gyda cherddoriaeth y band.

Maes D

Trefnir gan yr Eisteddfod
Cefnogir gan

11:00
Yoga
Sesiwn yoga gyda Morfudd Hughes.

11:00
Bwystfilod
Gweler dydd Llun am fanylion llawn.

12:00
Gweithdy Theatr Genedlaethol Cymru
Gweithdy hwyliog ar gyfer y teulu cyfan.

13:00
Sgwrs Byd Natur
Bethan Wyn Jones & Twm Elias *(Galwad Cynnar,* BBC Radio Cymru) yn sgwrsio am rai o naturiaethwyr adnabyddus Cymru.

14:00
Dysgwr y Flwyddyn
Ymunwch â ni ym Maes D ar gyfer rhan olaf cystadleuaeth Dysgwr y Flwyddyn.

15:00
Elin Fflur
Sesiwn gyda'r gantores a'r gyflwynwraig amryddawn o Fôn.

18:00
Noson Dysgwr y Flwyddyn – Gwesty Tre Ysgawen, Llangefni
Dyma noson wobrwyo un o brif gystadlaethau'r Eisteddfod. Pwy fydd yn cipio teitl Dysgwr y Flwyddyn 2017, tybed?

Gwyddoniaeth a Thechnoleg

Partneriaeth rhwng

Gweler dydd Sadwrn am weithgareddau sy'n digwydd drwy'r wythnos.

10:00
Codio, cylchedau, cerddoriaeth a'r Fenai
Gweler bore Sadwrn am fanylion llawn.

11:00
Calonnau Cymru: Hyfforddiant Diffibriliwr
Gweler bore Sadwrn am fanylion llawn.

12:00
Ras Fformiwla 1
Gweler bore Sadwrn am fanylion llawn.

12:30
Sioe Wyddoniaeth Wych
Gweler dydd Sadwrn am fanylion llawn.

13:15
Sioe William Jones, Mathemategydd Môn
Gweler dydd Sadwrn am fanylion llawn.

14:00
Gwyddonwyr Ifanc Bro'r Eisteddfod
Cyfle i glywed profiadau Awen Iorwerth, Cai Ladd a Dr Marian Pye yn Narlith Goffa Eilir Hedd Morgan, gyda'r Athro Alan Shore yn y gadair. Sesiwn yn Cymdeithasau 1.

14:00
Cystadleuaeth Cael Wil i'w Wely (136)
Gweler dydd Mawrth am fanylion llawn.

15:15
Ras Fformiwla 1
Gweler bore Sadwrn am fanylion llawn.

15:45
Sioe Wyddoniaeth Wych
Gweler dydd Sadwrn am fanylion llawn.

16:30
Ras Fformiwla 1
Gweler bore Sadwrn am fanylion llawn.

17:00
Dwyieithrwydd a sgiliau uwch-wybyddol: mantais neu ddim?
Yr Athro Enlli Thomas, Prifysgol Bangor sy'n traddodi darlith Cymdeithas Seicolegol Prydain. Sesiwn yn Cymdeithasau 1.

17:00
2071: Hanes a hinsawdd y Ddaear
Gweler dydd Mawrth am fanylion llawn. Cynhelir perfformiad heddiw yn Sinemaes.

Cymdeithasau 1

Cefnogir gan

Cynulliad Cenedlaethol Cymru
National Assembly for Wales

10:00
Cyfarfod blynyddol
Cymdeithas Brodwaith Cymru.

11:00
Cynlluniau Tai a'r Gymraeg
Sesiwn Dyfodol I'r Iaith yn sôn am yr angen i fod yn onest, yn effeithiol ac yn wrthrychol yng nghyd-destun cynlluniau tai a'r iaith.

12:00
Thomas Stephens a Chymreigyddion Y Fenni
Dr Marion Löffler sy'n traddodi darlith Cymdeithas Carnhuanawc, gyda Keith Bush yn y gadair.

13:00
Prosiect Archaeoleg Bryn Celli Ddu
Dr Ffion Reynolds, Cadw sy'n trafod hanes diddorol Bryn Celli Ddu a'r prosiect archaeoleg ar y safle hynafol. Sesiwn yng ngofal Y Lle Hanes.

14:00
Gwyddonwyr Ifanc Bro'r Eisteddfod
Cyfle i glywed profiadau Awen Iorwerth, Cai Ladd a Dr Marian Pye yn Narlith Goffa Eilir Hedd Morgan, gyda'r Athro Alan Shore yn y gadair.

15:00
O ble y daeth enwau lleoedd Môn?
Dr Glenda Carr sy'n trafod ei hymchwil a rhai o enwau difyr a diddorol ardal yr Eisteddfod, yn narlith Cymdeithas Hynafiaethau Cymru a Chymdeithas Enwau Lleoedd Cymru, gyda'r Athro Prys Morgan yn y gadair.

16:00
Cymru a'i lle yn y byd
Cyfle i holi, herio, adlewyrchu a chwestiynu syniadau am y Gymru gyfoes a'i lle yn y byd gyda chylchgrawn llyfrau Cymru, *O'r Pedwar Gwynt.*

17:00
Dwyieithrwydd a sgiliau uwch-wybyddol: mantais neu ddim?
Yr Athro Enlli Thomas, Prifysgol Bangor sy'n traddodi darlith Cymdeithas Seicolegol Prydain.

Cymdeithasau 2

Cefnogir gan

Cynulliad Cenedlaethol Cymru
National Assembly for Wales

10:00
Cofio Gwyn Thomas, Eifion a Iola
Cyfle i gofio cyfeillion annwyl Gwyn Thomas, Eifion a Iola, a gwobrwyo enillydd Gwobr Cyfeillion Ysgol y Moelwyn 2017.

11:30
Cynulliad Cenedlaethol Cymru

12:30
Cyfarfod Cyhoeddus RhAG

13:30
Yr Eiliad, Yr Awr a'r Twll yn y To
Golwg ar bwyslais y Crynwyr ar chwilio am y profiad drwy edrych ar brosesau creadigol yr artist, yng nghwmni Huw Meredydd Owen o Gymdeithas Grefyddol y Cyfeillion (Y Crynwyr), a Rhian Parry yn y gadair.

14:30
Deddfu a'r Gymraeg
Sesiwn yng ngofal Cymdeithas yr Iaith.

15:30
Goleuo'r Dyfodol – Ynni Cymunedol
Sesiwn Plaid Cymru.

16:30
Gadewch i ni siarad am iechyd meddwl
Trafodaeth banel yn ymwneud â cheisio gwella profiadau byw pobl sydd â diagnosis iechyd meddwl, a'u defnydd o wasanaethau hanfodol bob dydd, drwy ddileu rhwytrau, creu cyfleoedd a chyflawni newid. Sesiwn Cyngor ar Bopeth.

Hugh Brightwell   Emma Chappell   Richard Furniss   Daniela Schlick

Dysgwr y Flwyddyn

Heno yw'r noson fawr! Cawn glywed pwy sy'n ennill Tlws Dysgwr y Flwyddyn Eisteddfod Ynys Môn 2017, wrth i bawb ddod ynghyd i glywed y cyhoeddiad mewn noson gala arbennig yn Neuadd Tre Ysgawen ger Llangefni.

Daeth pedwar i'r brig yn y gystadleuaeth eleni, ac, yn ogystal â'r seremoni ei hun, bydd cyfle i Eisteddfodwyr eu cyfarfod ym Maes D wrth iddyn nhw ddod draw i sgwrsio cyn y seremoni am 14:00. Bydd cyfle hefyd i groesawu'r enillydd yn ôl yno yfory, ar ôl seremoni fer ar lwyfan y Pafiliwn ei hun.

Y beirniaid eleni oedd Jenny Pye, R Alun Charles a Nia Roberts, ac roedd y tri yn hapus iawn gyda safon y gystadleuaeth, ac yn edrych ymlaen at gael cyfarfod â'r pedwar unwaith eto yn ystod yr wythnos.

Ond pwy yw'r pedwar? Dyma rywfaint o'u hanes:

Mae **Hugh Brightwell** yn byw yn Ellesmere Port, ac aeth ati i ddysgu Cymraeg ar-lein ac mewn gwersi. Mae'n hoff iawn o fynychu cyrsiau fel ysgolion haf ac ysgolion undydd, ac mae'n awyddus i rannu'i brofiadau gyda dysgwyr eraill gan ei fod yn deall yr heriau maen nhw'n eu hwynebu. Mae Hugh yn hoff iawn o hanes a diwylliant, ac wedi dilyn cyrsiau archaeoleg drwy gyfrwng y Gymraeg.

Deiniolen yw cartref **Emma Chappell**, ac mae'n byw yno gyda'i chymar, Arwel, a'i dau fab ifanc, Deion a Guto. Sylweddolodd bod y Gymraeg yn bwysig iawn i Arwel, felly aeth ati i ddysgu – a chael hyd i ddosbarth nos yn Warrington – cyn symud i Gymru. Erbyn heddiw, Cymraeg yw iaith yr aelwyd, ac mae Emma'n defnyddio'r iaith bob dydd yn ei gwaith ym Mhrifysgol Bangor a gartref yn ei chymuned.

Dechreuodd **Richard Furniss** o Langefni ddysgu Cymraeg wrth chwilio am waith, ond yn fuan, wrth iddo ddysgu mwy, roedd hi'n amlwg bod yr iaith wedi dod yn rhan bwysig o'i fywyd. Bu'n mynychu gwersi gyda'r nos, ac erbyn hyn mae'n teimlo'n hyderus i ddefnyddio'r iaith yn ei fywyd bob dydd, yn y gwaith a gartref. Mae'n teimlo'n ffodus iawn ei fod yn ddwyieithog.

Disgynnodd **Daniela Schlick** mewn cariad â Chymru pan ddaeth yma ar wyliau, ac aeth ati i ddysgu Cymraeg ar ôl dychwelyd adref. Ddwy flynedd yn ôl, gadawodd ei chartref a'i swydd, symud i Borthaethwy, a chofrestru gyda dosbarth Cymraeg lleol. Mae'n defnyddio'r Gymraeg yn ei gwaith ac yn gymdeithasol, yn mwynhau gweithgareddau diwylliannol yn arw. Bu'n cystadlu yn yr Eisteddfod y llynedd, a bydd yn rhan o gôr prysur yr Eisteddfod yn ystod yr wythnos eleni.

Bydd yr enillydd yn derbyn tlws arbennig, yn rhoddedig gan Rhian a Harri Pritchard, Cemaes, a £300 (Cymraeg i Oedolion Prifysgol Bangor), a bydd y tri arall sy'n cyrraedd y rownd derfynol yn derbyn tlysau, sydd hefyd yn rhoddedig gan Rhian a Harri Pritchard, Cemaes, a £100 yr un (Teulu'r Wern, Talwrn). Bydd y rheini sy'n cyrraedd y rownd derfynol yn derbyn tanysgrifiad blwyddyn i'r cylchgrawn *Golwg* a rhoddion gan fudiad Merched y Wawr. Bydd yr enillydd hefyd yn cael ei g/wahodd i fod yn aelod o'r Orsedd.

Gallwch brynu tocynnau ar gyfer Noson Dysgwr y Flwyddyn drwy ffonio 0845 4090 800 neu drwy fynd i www.eisteddfod.cymru

nos ferchen

9 Awst

Pafiliwn

Noddir gan

Arweinydd Llwyfan: Betsan Powys

18:00

Parti Dawnsio Gwerin dan 25 oed (90)

Naill ai: 'Bae Beaumaris'

Neu: 'Tribant Morgannwg'

Beirniaid: Dai Williams, Liz Cyffin-Roberts

Gwobrau:
1. Tlws Dawnswyr Elli i'w ddal am flwyddyn a £150
2. £100
3. £50
(£300 Delwyn ac Eira Pritchard, Llangefni)

Ymgeiswyr:
1. Dawnswyr Talog

18:10

Bydd y ddwy gystadleuaeth ganlynol yn cyd-redeg am yn ail:

Perfformiad unigol i rai 19 oed a throsodd o gân o Sioe Gerdd yn arddull y genre (50)

Amser: heb fod yn hwy na 5 munud.

Beirniaid: Stifyn Parry, Connie Fisher

Gwobrau:
1. £100 (Gareth a Heulwen Owen, Penmynydd)
2. £60 (Dafydd a Lwsi Williams, Llannerch-y-medd er cof am Karen)
3. £40 (Dafydd a Lwsi Williams, Llannerch-y-medd er cof am Karen)

Cynigir Ysgoloriaeth gwerth £1,000 rhoddedig gan Cwmni Anrhydeddus Lifrai Cymru i alluogi'r enillydd i gael hyfforddiant pellach.

Gwobr Richard Burton i rai rhwng 16 ac o dan 25 oed (116)

Caniateir 8 munud ar gyfer y cyflwyniad cyfan yn cynnwys paratoi a chlirio'r llwyfan.

(i) Cyflwyno un o'r isod:

Bechgyn: Detholiad penodol cymeriad Llywelyn o'r ddrama Llywelyn Fawr, Thomas Parry

Merched: Detholiad penodol cymeriad Siwan o'r ddrama Llywelyn Fawr, Thomas Parry

(ii) Hunanddewisiad sy'n gyferbyniol i'r dewis uchod

Beirniaid: Ffion Dafis, Maldwyn John

Gwobr: Medal Richard Burton a £500 (Cronfa Gŵyl Ddrama Charles Williams)

19:00

Beirniadaeth cystadleuaeth (90)

Beirniad: Dai Williams

19:05

Tlws y Cerddor (80)

Darn i fand pres yn seiliedig ar y thema 'Seryddiaeth' (sêr, planedau a/neu gofod) heb fod yn hwy na 7 munud.

Beirniaid: Geraint Cynan, Branwen Gwyn, Philip Harper

Gwobr: Tlws y Cerddor (Urdd Cerddoriaeth Cymru) a £750 (Prosiect y Gymdeithas Seryddiaeth Frenhinol) ac Ysgoloriaeth gwerth £2,000 (Cymdeithas Frenhinol Seryddiaeth) i hyrwyddo gyrfa'r cyfansoddwr buddugol.

Cyhoeddi'r gystadleuaeth a chyflwyno'r beirniaid
Traddodir y feirniadaeth gan Geraint Cynan, ac fe gyhoeddir ffugenw'r cyfansoddwr buddugol

Cyrchu'r cyfansoddwr buddugol i'r llwyfan ac arwisgo'r cyfansoddwr buddugol gan Lywydd y Llys, Eifion Lloyd Jones

Cyhoeddi enw'r enillydd fel Prif Gerddor yr Ŵyl a chyflwyno Tlws iddo/iddi.

Meistr y Ddefod: Betsan Powys

Organydd: Ilid Anne

Yr Osgordd:
Cadeirydd y Pwyllgor Gwaith: Derec Llwyd Morgan

Swyddogion yr Is-bwyllgor Cerdd: Mari Lloyd Pritchard, Iona Stephen Williams, Rhys Glyn Pritchard a Nia Wyn Efans

19:35

Ysgoloriaeth W Towyn Roberts, er cof am ei briod, Violet Jones, Nantclwyd ac Ysgoloriaeth William Park-Jones (35)

Disgwylir i'r cystadleuwyr baratoi rhaglen heb fod yn hwy na 15 munud.

Ystyrir cynnig perfformiad i enillydd yr ysgoloriaethau yn un o eisteddfodau'r dyfodol.

Beirniaid: Buddug Verona James, Rhian Lois, Huw Llywelyn

Cyfeilydd: Jeffrey Howard

Gwobrau:
1. Ysgoloriaeth gwerth £5,000 (£3,000 Ysgoloriaeth W Towyn Roberts; £2,000 Ysgoloriaeth William Park-Jones)
2. £3,000 (Cronfa William Park-Jones)
3. £1,000 (£500 Cyngor Cymdeithas Llannerch-y-medd; £300 Clwb Cinio Porthaethwy; £200 Mary Roberts, Bedw Gwynion, Llanrug er cof am ei rhieni, Mr a Mrs JT Evans, Hafod, Bryntwrog)
4. £500 (Eglwys Gymraeg Melbourne, Awstralia)

20:55

Cymdeithas Eisteddfodau Cymru – Ensemble Lleisiol 10 - 26 oed (201)

Rhwng 3 a 6 mewn nifer.

Hunanddewisiad gyda chyfeiliant neu'n ddigyfeiliant. Geiriau Cymraeg.

Dim mwy na 4 munud i'w pherfformio.

Beirniaid: Huw Euron, Sian Meinir

Gwobr:
1. £150 (Rhoddedig gan Arthur Lloyd Owen er cof am ei wraig Wendy [Alawes yr Wyddfa])
2. £100 (Teulu Taleilian, Talwrn)
3. £50 (Capel Gosen, Llangwyllog)

Ysgoloriaeth Cymdeithas Eisteddfodau Cymru

Cynigir Ysgoloriaeth Cymdeithas Eisteddfodau Cymru i alluogi'r enillwyr i dderbyn hyfforddiant pellach ym maes perfformio ar lwyfan eisteddfodol.

Noddwyr yr ysgoloriaeth yn 2017, gwerth £1,000 yw John Elfed a Sheila Jones i gofio'r dyddiau dedwydd pan yn byw yn Sir Fôn.

21:10

Beirniadaeth cystadleuaeth (50)

Beirniad: Stifyn Parry

21:20

Beirniadaeth cystadleuaeth (116)

Beirniad: Ffion Dafis

21:30

Cyhoeddi Enillydd Ysgoloriaeth Goffa Wilbert Lloyd Roberts (52)

Beirniad: Maldwyn John

Cynigir £600 o Ysgoloriaeth Goffa Wilbert Lloyd Roberts ar gyfer cystadleuwyr yr Unawd o Sioe Gerdd a Gwobr Richard Burton. Fe'i dyfernir i'r cystadleuydd mwyaf addawol er mwyn iddo/iddi ddatblygu gyrfa fel perfformiwr theatrig proffesiynol

21:35

Canlyniad cystadleuaeth (201)

21:40

Beirniadaeth cystadleuaeth (35)

Beirniad: Buddug Verona James

Coleg
Cymraeg
Cenedlaethol

Dy Iaith
Dy Ddyfodol
Dy Ddewis Di

@DyDdyfodolDi
www.colegcymraeg.ac.uk

Ariennir gan
Lywodraeth Cymru
Funded by
Welsh Government

dydd iau

10 Awst

Nodwch: Gall amserlen cystadlaethau redeg yn fuan neu yn hwyr

Pafiliwn

Noddir gan

Arweinyddion Llwyfan:
Dei Tomos, Nia Thomas

10:00
Llefaru Unigol Agored (141)

Naill ai: Detholiad penodol o Y Gŵr o Baradwys, Ifan Gruffydd
neu
Detholiad penodol o Craciau, Bet Jones

Beirniaid: Rhian Evans, Eleri Richards

Gwobrau:
1. £100 (Bethan Jones, Llanfairpwll)
2. £60 (Teulu Bryncroes, Tyn Lôn, Caergybi)
3. £40 (Teulu Bryncroes, Tyn Lôn, Caergybi)

10:20
Deuawd Cerdd Dant 21 oed a throsodd (19)

'Cofio Haf', Iwan Morgan.

Cainc: 'Mallwyd', Gwenan Roberts

Beirniaid: Mari Watkin, Einir Wyn Jones

Telyn: Dylan Cernyw

Gwobrau:
1. £150
2. £100
3. £50
(£300 Er cof am Haf Morris)

10:35
Unawd Tenor 25 oed a throsodd (38)

Dylid dewis un gân o Rhan A ac un o Rhan B.

Rhan A:
Opera:
'Dos at anwylyd fy nghalon', *Don Giovanni,* Mozart

Y geiriau Cymraeg gan Thomas Parry

'Angerdd a nwyd ieuenctid ffôl', *La Traviata,* Verdi

Y geiriau Cymraeg gan John Stoddart

Oratorio/Offeren:
'Elynion balch a'ch arswyd ofer', *Christmas Oratorio,* Bach

Y geiriau Cymraeg gan Mererid Hopwood

'Fry, fry bydd i'r cyfiawn hoen', *Elijah,* Mendelssohn

Y geiriau Cymraeg gan TH Parry-Williams

Rhan B:
Hen Ganiadau
'Yr Ornest', William Davies
'Brad Dynrafon', D Pughe Evans
'Yr Ynys Wen', MW Griffith
'Arglwydd arwain trwy'r anialwch', J Pryce Hughes
'Arafa Don', RS Hughes
'Y Tair Mordaith', RS Hughes
'Pwy fel fy Mam', T Amos Jones
'Baner ein Gwlad', Joseph Parry
'Gwraig y Morwr', Joseph Parry

Cân Gymraeg
Unrhyw gân o'r gyfrol *I Wefr Dadeni,* Gareth Glyn neu *Llanrwst,* Gareth Glyn

Beirniaid: Arwel Huw Morgan, Nicola Morgan, Andrew Rees

Cyfeilydd: Glian Llwyd

Gwobrau:
1. £150
2. £100
3. £50
(£300 Valerie Ellis, Bangor a'r teulu er cof am Tecwyn Ellis)

Noddir gan

11:25
Canlyniad cystadleuaeth (141)

11:30
Canlyniad cystadleuaeth (19)

11:35
Unawd Soprano 25 oed a throsodd (36)

Dylid dewis un gân o Rhan A ac un o Rhan B.

Rhan A:
Opera:
'Byw'n rhyfeddol', *Roméo et Juliette,* Gounod

Y geiriau Cymraeg gan John Stoddart

'Crefaf, serch', *Le Nozze di Figaro,* Mozart

Y geiriau Cymraeg gan Dyfnallt Morgan.

Oratorio/Offeren:
'Bydd lon lawen, o ferch annwyl Seion', *Meseia,* Handel

Y geiriau Cymraeg gan TH Parry-Williams

'Arglwydd ein Duw', *Gloria,* Vivaldi

Y geiriau Cymraeg gan Stephen J Williams

Rhan B:
Hen Ganiadau
'Yr Ornest', William Davies
'Brad Dynrafon', D Pughe Evans

'Yr Ynys Wen', MW Griffith
'Arglwydd arwain trwy'r anialwch', J Pryce Hughes
'Arafa Don', RS Hughes
'Y Tair Mordaith', RS Hughes
'Pwy fel fy Mam', T Amos Jones
'Baner ein Gwlad', Joseph Parry
'Gwraig y Morwr', Joseph Parry

Cân Gymraeg
Unrhyw gân o'r gyfrol *I Wefr Dadeni,* Gareth Glyn neu *Llanrwst,* Gareth Glyn

Beirniaid: Arwel Huw Morgan, Nicola Morgan, Andrew Rees

Cyfeilydd: Rhiannon Pritchard

Gwobrau:
1. £150
2. £100
3. £50
(£300 Jane Edwards, Tregaian, Llangefni, er cof am ei mam, Mair Edwards, Niwbwrch, soprano ac organyddes)

Noddir gan

12:25
Dawns Stepio Unigol i Fechgyn 16 oed a throsodd (93)

Gan ddefnyddio gwisg, camau, patrymau, arddull a cherddoriaeth fyw sydd yn y traddodiad gwerin Cymreig.

Amser: heb fod yn hwy na 3 munud

Beirniaid: Eirian Llewelyn Davies, Bethan Williams-Jones

Gwobrau:
1. Tlws Coffa Menna Griffiths i'w ddal am flwyddyn a £75
2. £50
3. £25
(£150 Ffrancon a Thelma Margaret Morris, Llandegfan)

12:40
Dawns Stepio Unigol i Ferched 16 oed a throsodd (94)

Gan ddefnyddio gwisg, camau, patrymau, arddull a cherddoriaeth fyw sydd yn y traddodiad gwerin Cymreig.

Amser: heb fod yn hwy na 3 munud

Beirniaid: Bethan Williams-Jones, Eirian Llewelyn Davies

Gwobrau:
1. Tlws Coffa Myfi a Megan Wynn i'w ddal am flwyddyn a £75
2. £50
3. £25
(£150 Ffrancon a Thelma Margaret Morris, Llandegfan)

12:55
Cyflwyno Enillydd Tlws Dysgwr y Flwyddyn gan Lywydd y Llys, Eifion Lloyd Jones

Beirniaid: R Alun Charles, Jenny Pye, Nia Roberts.

Gwobrau:

Tlws Dysgwr y Flwyddyn (Rhian a Harri Pritchard, Cemaes) a £300 i'r enillydd (Cymraeg i Oedolion: Prifysgol Bangor)

Tlysau i'r tri arall sy'n ymddangos yn y Rownd Derfynol (Rhian a Harri Pritchard, Cemaes) ynghyd â £100 yr un i bawb arall sy'n ymddangos yn y Rownd Derfynol (£300 Teulu'r Wern, Talwrn)

Tanysgrifiad blwyddyn yr un gan y cylchgrawn *Golwg* i'r ymgeiswyr sy'n cyrraedd y Rownd Derfynol.

Cydnabyddir hefyd roddion gan fudiad Merched y Wawr i'r pedwar sy'n cyrraedd y Rownd Derfynol.

Caiff yr enillydd wahoddiad i fod yn aelod o'r Orsedd.

13:05
Cyflwyno Y Fedal Wyddoniaeth a Thechnoleg Er Anrhydedd gan Lywydd y Llys, Eifion Lloyd Jones

Cyflwynir y Fedal i gydnabod ac anrhydeddu cyfraniad helaeth i'r defnydd o'r Gymraeg ym myd gwyddoniaeth. Eleni dyfernir y fedal i **Deri Tomos, Llanllechid, Bangor.**

13:10
Canlyniad cystadleuaeth (38)

13:15
Canlyniad cystadleuaeth (36)

13:20
Canlyniad cystadleuaeth (93)

13:25
Canlyniad cystadleuaeth (94)

13:30
Parti Alaw Werin dan 25 oed hyd at 20 mewn nifer (3)

(a) Unsain: 'Twn Sol-Ffa'
(b) Trefniant i 2, 3 neu 4 llais o unrhyw gân werin draddodiadol wrthgyferbyniol ac eithrio'r rhai a osodwyd yn yr adran hon eleni.

Beirniaid: Eleri Roberts, Delyth Medi

Gwobrau:
1. £150 (Mair C Jones, Dolgellau)
2. £100 (Eirwen Lloyd, Y Fflint er cof am ei phriod, Cyril)
3. £50 (Iwan Williams, Pentreberw).

Ymgeiswyr:
1. Aelwyd yr Ynys
2. Aelwyd Chwilog
3. Encôr
4. Parti Dyffryn Clwyd

14:00
Côr Dysgwyr (119)

Rhwng 10 a 40 mewn nifer, unrhyw gân neu gyfuniad o ganeuon o'ch dewis chi, mewn unrhyw arddull hyd at 5 munud.

Beirniad: Robat Arwyn

Gwobrau:
1. £150 (Côr Dros y Bont)
2. £100 (Teulu'r Wern, Talwrn)
3. £50 (Heledd Pritchard, Llangwyllog).

14:25
Llefaru Unigol 16 oed a throsodd (120)

'Tai Unnos', Iwan Llwyd

Lefel: Agored

Beirniad: Robat Arwyn

Gwobrau:
1. £60 (Gwobr Goffa Megan Jane Davidson [rhoddedig gan Gymdeithas Gymreig-Americanaidd Gogledd Califfornia])
2. £30 (Mared Lewis, Llanddaniel)
3. £20 (Gwen Jones a Glenys Little)

14:40
Parti Cerdd Dant dan 25 oed hyd at 20 mewn nifer (17)

'Cannwyll yn Olau, Eirlys Parri

Cainc: 'Ael y Bryn', Owain Siôn

Beirniad: Ann E Fox, Menai Williams

Telynau: Alecs Peate, Elain Wyn

Gwobrau:
1. Cwpan Môn i'w ddal am flwyddyn a £150 (Rhoddedig gan Arthur Lloyd Owen er cof am ei wraig Wendy [Alawes yr Wyddfa])
2. £100 (Er cof am Tad-cu, Gwyn Thomas, Mynyddygarreg, Sir Gaerfyrddin oddi wrth Gwenllian, Heledd, Tom, Gruff, Alys a Ned)
3. £50 (Er cof am Tad-cu, Gwyn Thomas, Mynyddygarreg, Sir Gaerfyrddin oddi wrth Gwenllian, Heledd, Tom, Gruff, Alys a Ned)

Ymgeiswyr:
1. Encôr
2. Parti Dyffryn Clwyd
3. Parti Mared Ysgol Uwchradd Bodedern
4. Aelwyd yr Ynys

15:05
Beirniadaeth cystadleuaeth (3)

Beirniad: Eleri Roberts

15:15
Seremoni Y Fedal Ddrama

Cyfansoddi drama lwyfan heb unrhyw gyfyngiad o ran hyd. Gwobrwyir y ddrama sydd yn dangos yr addewid mwyaf ac sydd â photensial i'w datblygu ymhellach o gael cydweithio gyda chwmni proffesiynol **gyda Chefnogaeth Cronfa Goffa Hugh Griffith**

Beirniaid: Tony Llewelyn, Sian Summers, Sara Lloyd

Gwobr:
Y Fedal Ddrama (Er cof am Urien Wiliam, rhoddedig gan ei briod Eiryth a'r plant, Hywel, Sioned a Steffan) a £750 (Cronfa Goffa Huw Roberts, Pwllheli).

Ffanffer i agor y Seremoni

Cân gan Gôr Plant y Sir dan ofal Elen Wyn Keen

Dyma gôr sydd wedi ei ffurfio'n arbennig ar gyfer yr Eisteddfod

Enwau:

Ysgol Bodedern: Elliw Mair Huws, Awen Haf Jones, Yasmin Wilcox, Tomos Aled Jones, Elliw Non Hughes, Catherine Judge, Charlie Loise Hughes Jones, Megan Ware, Madi Jones

Ysgol Bodorgan: Ella Geal, Eleri Morris, Casey Smith, Megan Roberts

Ysgol Bryngwran: Lowri Rees Williams, Gareth Edwards, Brooklyn Jones, Nathan Willis, Fflur Humphreys

Ysgol Caergeiliog: Emily Cross, Molly Howley, Hannah Jones, Caian Jones, Isabella Latham, Natasha Lesser, Erin Mason, Olivia Oates, Roman Redmond, Esme Redmond, Seren Williams

Ysgol Corn Hir: Huw Roberts, Megan Angharad Jones, Cadi Roberts, Mari Fon Hughes, Morgan Jones

Ysgol Ffrwd Win: Lily Ann Reed

Ysgol Goronwy Owen: Elis Kellett, Ceri Lightfoot, Olivia Lilly Vials, Isla May Ramsay

Ysgol Gymuned Y Fali: Ashley Jones

Ysgol Gynradd Amlwch: Llinos Evans, Holly Owen, Siobhan Jones, Mared Jones, Oliver Roberts, Alicia Gadsby, Ellie Williams, Kayleigh Wallis, Siwan Jones, Casey Cranston

Ysgol Gynradd Rhoscolyn: Emyr Hughes, Cadi Jen Huws, Daisy Ingram

Ysgol Llanbedrgoch: Ania Edwards, Mared Williams, Mali Hughes, Erin G Williams, Ela Maden, Keira Grindlay

Ysgol Llandegfan: Efan Hodson, Ella Roberts, George Hughes Roberts, Martha Sommerlad

Ysgol Llanfairpwll: Mabli Dafydd, Begw Dafydd, Sera Bell, Lili Ann Morris Jones, Ann Fflur Edwards, Fflur Sidan Thomas, Caleb Efans, Harri Sutton, Tomos Williams, Cynan Griffiths, Alaw Glynn Owen, Anna Megan Williams, Ela Fflur Redfern-Jones, Lois Jones, Saran Griffiths, Alaw Haf Roberts

Ysgol Llangoed: Lacey Taylor, Isobel Ward, Lola Lawrence, Siôn Elsworth

Ysgol Llannerch-y-medd: Cadi Hughes, Amaelia Young, Mai Owen, Megan Evans, Nel Lovelock, Ceira Parry, Beca Bown, Teagan Cairns, Tomos Wyn, Sion Mckeaveney

Ysgol Parc y Bont: Hannah Howick, Ioan Jones, Harri Morgan, Seren Owen, Tomos Rogers, Gwenno Fflur Jones, Ella Owens

Ysgol Penysarn: Jason Parry, Casi Grug Evans, Darcy Warren

Ysgol Rhosybol: Cai Roberts, Dafydd Griffiths, Glesni Griffiths, Elena Roberts, Llio Cedwyn Jones

Ysgol Santes Fair: Joseph Virgo-Williams, Niamh Jones, Chloe Jones, Keish Jones, Cameron McClean

Ysgol y Ffridd: Non Evans, Emily Boakes Mardell

Ysgol y Graig: Tudur Hywel Jones, Elin Williams, Jasmine Rothery, Rhodri Morris Williams, Alisha Robertson, Non Fflur Jones, Mia Erin Owen, Lois Gwyn Gwilym, Kira Owen

Mae disgyblion o **Ysgol Henblas** ac **Ysgol Llanfechell** hefyd yn y côr.

Cyhoeddi'r gystadleuaeth a chyflwyno'r beirniaid a'r osgordd gan Feistres y Seremoni, Carys Edwards, Cadeirydd y Panel Drama

Y feirniadaeth i'w thraddodi gan Tony Llewelyn

Ffanffer i alw'r buddugol i sefyll

Cyrchu'r buddugol i'r llwyfan gan yr Osgordd:

Cadeirydd y Pwyllgor Gwaith:
Derec Llwyd Morgan

Swyddogion yr Is-bwyllgor Drama: Catrin Jones Hughes, Marlyn Samuel, Ffion Wyn Gough

Cyhoeddi ffugenw'r dramodydd buddugol ac arwisgo'r enillydd gan Lywydd y Llys, Eifion Lloyd Jones

Cyhoeddi enw'r enillydd fel Prif Ddramodydd yr Ŵyl a chyflwyno'r Fedal iddo/iddi.

Cyflwyniad o ran o'r gwaith buddugol gyda chefnogaeth Cronfa Goffa JO Roberts

Cân gan y côr

Organydd: Ilid Anne

16:00
Canlyniad cystadleuaeth (119)

16:05
Canlyniad cystadleuaeth (120)

16:10
Beirniadaeth cystadleuaeth (17)

Beirniad: Ann E Fox

16:20
Côr Merched heb fod yn llai nag 20 mewn nifer (30)

Rhaglen o gerddoriaeth hunanddewisiad hyd at 12 munud o hyd i gynnwys darn digyfeiliant a darn gan gyfansoddwr o Gymro.

Beirniaid: Beryl Lloyd Roberts, Richard Elfyn Jones, Geraint Roberts

Gwobrau:
1. Cwpan Charles Dawe i'w ddal am flwyddyn a £750 (Ymddiriedolaeth James Pantyfedwen)
2. £500 (£300 Undeb Amaethwyr Cymru Ynys Môn; £200 Gladys, Iwan ac Elfyn Pritchard, Caergybi)
3. £300 (Leon ac Eirian Gibson, Waunfawr, Aberystwyth)

Cyflwynir Medal Côr Merched Hafren – Jayne Davies i arweinydd y côr buddugol

Ymgeiswyr:
1. Harmoni
2. Lleisiau Mignedd

Noddir gan

16:55
Gwobr Goffa Osborne Roberts – Y Rhuban Glas (49)

Bydd y panel beirniaid yn dewis pedwar cystadleuydd ar draws y categorïau yng nghystadlaethau 45-48 i gystadlu ar lwyfan y pafiliwn.

(a) Unawd o Rhan A
(b) Unawd o Rhan B

Beirniaid: Glenys Roberts, Robyn Lyn Evans, Anthony Stuart Lloyd

Cyfeilyddion: Meirion Wynn Jones, Olwen Jones, Glian Llwyd, Rhiannon Pritchard

Gwobr:
Medal Goffa Osborne Roberts (Rona Jones, Llanddaniel er cof am ei phriod Clarence Jones) a £150 (Arwyn, Eirian, Emlyn, Kelly, Meilir a Moli, gan i'w mam/nain [Iona Stephen Williams] ennill yn Llangefni, 1983)

Gwobr Sefydliad Cymru-America. Bydd yr enillydd yn derbyn gwobr ychwanegol gan Sefydliad Cymru-Gogledd America i'w (g)alluogi i ymweld â Gogledd America a pherffformio yn ystod gŵyl flynyddol Gogledd America.

Gwobr Cronfa Goffa Violet Mary Lewis.
Cynigir Cronfa Goffa Violet Mary Lewis, gwerth £220, rhoddedig gan ei mab, Dr Cyril David Jones, Michigan, U.D.A., a'i merch Phyllis Marie Jones-Gaide, Florida, UDA i'r soprano fwyaf disglair yng nghystadlaethau 45-48 er mwyn iddi gael hyfforddiant pellach.

Gwobr Cronfeydd Coffa David Lloyd a Jean Skidmore, Aberdyfi. Cynigir £160 o Gronfa Gwobr Goffa David Lloyd a £60 o Gronfa Goffa Jean Skidmore, Aberdyfi, er cof am David Lloyd, i'r tenor mwyaf disglair yng nghystadlaethau 45-48 er mwyn iddo gael hyfforddiant pellach.

Ysgoloriaethau:
Mae'r ysgoloriaethau isod i'w defnyddio i hyrwyddo gyrfa yr enillydd.

Ysgoloriaeth William Park-Jones gwerth £2,000 i enillydd Gwobr Goffa Osborne Roberts

Ysgoloriaeth Côr Meibion Cymry Llundain gwerth £500 i enillydd Gwobr Goffa Osborne Roberts

Ysgoloriaeth William Park-Jones gwerth £1,000 i'r unawdydd mwyaf addawol yng nghystadlaethau 45-48 i'w galluogi i dderbyn hyfforddiant pellach mewn ysgol neu goleg cerdd cydnabyddedig neu gan athro llais cydnabyddedig

17:40
Beirniadaeth cystadleuaeth (30)

Beirniad: Beryl Lloyd Roberts

17:50
Beirniadaeth cystadleuaeth (49)

Beirniad: Glenys Roberts

Pagoda

08:45
Unawd Piano 19 oed a throsodd (64)

Gofynnir i'r cystadleuwyr ddewis rhaglen o un darn neu ragor. Ni ddylai'r rhaglen gyflawn fod yn hwy na 15 munud.

Beirniaid: Dáire Roberts, Gareth Owen, Peryn Clement-Evans, Catrin Morris Jones, Bari Gwilliam

Gwobrau:
1. £100
2. £60
3. £40
(£200 Elspeth Pritchard, Y Fali er cof am ei mam Maimie Noel Jones)

11:45
Seremoni cyflwyno'r Fedal Wyddoniaeth a Thechnoleg er anrhydedd

12:30
Unawd Chwythbrennau 19 oed a throsodd (62)

Gofynnir i'r cystadleuwyr ddewis rhaglen o un darn neu ragor. Ni ddylai'r rhaglen gyflawn fod yn fwy na 15 munud.

Beirniaid: Peryn Clement-Evans, Gareth Owen, Catrin Morris Jones, Bari Gwilliam, Dáire Roberts

Gwobrau:
1. £100
2. £60
3. £40
(£200 John a Margery Edwards, Rhosmeirch, Llangefni)

14:10
Unawd Llinynnau 19 oed a throsodd (63)

Gofynnir i'r cystadleuwyr ddewis rhaglen o un darn neu ragor. Ni ddylai'r rhaglen gyflawn fod yn hwy na 15 munud.

Beirniaid: Dáire Roberts, Gareth Owen, Peryn Clement-Evans, Catrin Morris Jones, Bari Gwilliam

Gwobrau:
1. £100
2. £60
3. £40
(£200 Heulwen Richards, Bae Trearddur, Caergybi)

16:10
Unawd Offerynnau Pres 19 oed a throsodd (65)

Gofynnir i'r cystadleuwyr ddewis rhaglen o un darn neu ragor. Ni ddylai'r rhaglen gyflawn fod yn hwy na 15 munud.

Beirniaid: Bari Gwilliam, Gareth Owen, Peryn Clement-Evans, Catrin Morris Jones, Dáire Roberts

Gwobrau:
1. £100 (Fred a Mair Carrington Roberts, Llanfairpwll)
2. £60 (Esther Wynne Edwards, Llangefni)
3. £40 (Wheldon Joinery, Llanfwrog)

17:45
Unawd Telyn 19 oed a throsodd (66)

Gofynnir i'r cystadleuwyr ddewis rhaglen o un darn neu ragor. Ni ddylai'r rhaglen gyflawn fod yn hwy na 15 munud.

Beirniaid: Catrin Morris Jones, Gareth Owen, Peryn Clement-Evans, Bari Gwilliam, Dáire Roberts

Gwobrau:
1. £100
2. £60
3. £40
(£200 Kathleen Owen, er cof am ei phriod Eddie, Gorad, Y Fali)

Stiwdio

14:00
Cystadleuaeth Dweud Stori (142)

Cystadleuaeth agored i unigolion o bob oed i gyflwyno 'Y Stori y tu ôl i'r Llun'. Dylai'r stori ddod o'r frest, heb fod yn hwy na 6 munud o hyd.

Beirniaid: Mari Gwilym, Catherine Aran

Gwobrau:
1. £100
2. £60
3. £40
(£200 Er cof am John ac Annie Williams, Tŷ Cwyfan, Tŷ Croes gan y plant).

Dawns

09:30
Rhagbrawf: Dawns Stepio Unigol i Fechgyn 16 oed a throsodd (93)

10:00
Rhagbrawf: Dawns Stepio Unigol i Ferched 16 oed a throsodd (94)

11:00
Rhagwrandawiad: Parti Cerdd Dant dan 25 oed hyd at 20 mewn nifer (17)

Eglwys Plwyf Bodedern

14:30
Rhagbrawf: Unawd Bariton / Bas 25 oed a throsodd (39)

Y Babell Lên

Trefnir gan yr Eisteddfod

Noddir y gweithgareddau llenyddol gan

10:45
Chwilio am Dir Newydd: Gwrthsafiad yn Oes Hiliaeth a Ffasgaeth

Rhwng 1935 a 1939, golygodd Alun Llywelyn-Williams y cylchgrawn gwrth-ffasgaidd, *Tir Newydd*. Simon Brooks sy'n trafod sut y byddai'n cenhedlaeth ni'n ymateb i'r her, yn Narlith Goffa Hywel Teifi.

11:45
Stori Cyn Cinio

Maldwyn John sy'n adrodd *Storïau'r Henllys Fawr* gan WJ Griffith.

12:30
Corlannau a Chlymau, y Prifardd Eluned Phillips

Sgwrs gan Menna Elfyn yn olrhain hanes a gwaith Eluned Phillips. Trefnir y sesiwn gan Brifysgol Cymru a Phrifysgol Cymru Y Drindod Dewi Sant.

13:15
Englynion y Brifwyl

Cyfle i edrych yn ôl ar rai o englynion buddugol yr Eisteddfod dros y blynyddoedd yng nghwmni difyr Peredur Lynch.

14:15
Ymryson y Beirdd a chyflwyno enillwyr cystadlaethau yr Adran Lenyddiaeth

Cyflwyno enillwyr cystadlaethau yr Adran Lên

170. Pum erthygl gwahanol eu maes a'u naws ar gyfer papur bro
Dim mwy na 400 gair i bob erthygl

Beirniad: Emyr Llywelyn

Gwobr: £200 (Manon, Irfon ac Elliw er cof am John Glyn, Dinbych)

171. Adolygiad cynhwysfawr o gyfrol wedi'i chyhoeddi yn y ganrif hon **neu Adolygiad cynhwysfawr o Berfformiad byw** sydd wedi digwydd rhwng Gorffennaf 2016 a Mawrth 2017.

Beirniad: Dylan Iorwerth

Gwobr:£200 (£100 Er cof am Tegwyn Thomas, Llannerch-y-medd gan ei deulu; £100 Gorsedd Beirdd Eisteddfod Môn).

172. Darn o ryddiaith - naill ai lythyr, dyddiadur neu ymson, heb fod dros 1,500 gair: Ymadael.

Beirniad: Rocet Arwel Jones

Gwobr: £200 (Menna Lloyd Williams, Penrhyn-coch, Aberystwyth)

173. Blog ar un elfen o fywyd cyfoes e.e. teithio, bwyd, teulu, chwaraeon, gwleidyddiaeth, heb fod dros 2,000 o eiriau.

Beirniad: Beca Brown

Gwobr: £200 (Grace Roberts, Y Felinheli)

174. Erthygl newyddiadurol yn cynnig ymdriniaeth dreiddgar o destun cyfoes, heb fod dros 2,000 o eiriau.

Beirniad: Gwion Lewis

Gwobr: £200 (Eunice ac Arwel Jones a'r teulu, Cynefin, Rhos-y-bol, Amlwch).

175. Casgliad o dair stori fydd yn apelio at bobl ifanc 14-16 oed, heb fod dros 1,500 o eiriau.

Beirniad: Geraint Percy Jones

Gwobr: £200 (Ken, Gruffydd, Heledd a Morfudd er cof am Sian Owen, Marian-glas).

176. Darn neu ddarnau o lenyddiaeth, ffeithiol neu greadigol neu gyfuniad o'r ddau, a ysgogwyd wrth ddarllen enwau'r meirwon ar gofeb neu gofebau'r Rhyfel Mawr, heb fod dros 3,000 o eiriau.

Gall fod yn Rhyddiaith, Barddoniaeth neu yn gyfuniad o'r ddau

Beirniad: Gerwyn Wiliams

Gwobr: £200 (Er cof am Islwyn Jones).

177. Cystadleuaeth i rai sydd wedi byw yn y Wladfa ar hyd eu hoes ac yn dal i fyw yn yrAriannin: '20 mlynedd Cynllun yr Iaith Gymraeg yn Chubut – llwyddiant?' (heb fod yn llai na 1,500 o eiriau).

Beirniad: Richard Snelson

Gwobr: £200 (Gwobr Goffa Shân Emlyn: Rhodd gan ei merched, Elin Edwards a Mari Emlyn).

Ymryson y Beirdd

Timau: Deheubarth, Llŷn ac Eifionydd, Meirionnydd

Cyflwynir Tlws yr Ysgolion Uwchradd a Thlws Pat Neill

Gweler dydd Mawrth am fanylion llawn.

16:00
Awdur y Dydd

Trefor, Lerpwl, Llangefni a'r Nant gyda Bet Jones. Cawn glywed sut aeth Bet ati i sgwennu'r llyfrau a phwysigrwydd y lleoliadau fel llwyfan i'w storïau. Bydd sesiwn holi ac ateb ar Lwyfan y Llannerch am 17:00.

17:45
Slot Chwarter i Chwech

Geiriau'r Gân – gyda Arfon Wyn a'i gyfeillion.

Llwyfan y Llannerch

Trefnir gan yr Eisteddfod

Noddir y gweithgareddau llenyddol gan

10:30
Dysgu Cynganeddu

Gyda Aled Evans (Ysgol Farddol Caerfyrddin).

12:30
Picnic 4 a 6

Mike Parker yn cyflwyno Gai Toms, Caryl Bryn, Hywel Griffiths a mwy.

13:30
Y Fedal Ryddiaith

Cyfle i glywed mwy am gystadleuaeth Y Fedal Ryddiaith eleni yng nghwmni'r beirniad a'r enillydd – os oes teilyngdod!

14:30
Chwedlau: Bwystfilod – Theatr Bara Caws

Gweler dydd Llun am fanylion llawn.

15:30
Slot y Gweisg: Sgwrs efo Sonia!

Dewch draw i fwynhau cwmni'r awdures, Sonia Edwards. Sesiwn yng ngofal Gwasg y Bwthyn.

17:00
Slot Awdur y Dydd

Llŷr Gwyn Lewis yn holi a sgwrsio gyda Bet Jones.

Gŵyl Llên Plant

Trefnir gan yr Eisteddfod

Cefnogir gan Gronfa Park-Jones
Noddir y gweithgareddau llenyddol gan

10:00
Migldi Magldi: Dawns yr Anifeiliaid

Gweler dydd Llun am fanylion llawn.

12:00
Cardiau Chwedl – Huw Aaron

Sesiwn rhyngweithiol a llawn hwyl gyda'r cartwnydd Huw Aaron, awdur a dylunydd gêm gardiau newydd sbon Atebol, sef Cardiau Brwydro – Chwedlau Cymru. Dyma gyfle i gwrdd â'r cymeriadau, brwydro yn erbyn eich gilydd a gweld y talentog Huw Aaron wrth ei waith!

13:00
Gweithdy Celf: Tylwythen Deg Hud yr Enfys

Wyddech chi fod y tylwyth teg ar y Maes eleni? Ond maen nhw angen eich help chi i greu drysau newydd i'w cartrefi bach clyd. Allwch chi helpu Glesni, Indeg, Grug a'u ffrindiau? Os felly, dyma'r gweithdy perffaith i chi - cyfle i greu drysau newydd i fynd adre gyda chi er mwyn i'r tylwyth teg allu symud i mewn. Sesiwn hudolus sy'n sicr o ddiddanu.

14:00
Anti Afiach – Manon Steffan Ros

Dyma stori Swyn, merch ifanc sydd ar fin etifeddu'r enwog Plas y Sarnau. OND... mae ei Anti Alwen a'i thylluan fawr yn mynd i geisio atal hyn i gyd rhag digwydd! Addasiad Cymraeg newydd o *Awful Auntie* gan David Walliams.

15:00
Creu Cymeriadau Cartŵns – a Jôcs Ofnadwy! – Mellten a Huw Aaron

Gweler dydd Llun am fanylion llawn
#gwylgomedisteddfod

16:00
Parti Odli Barddas

Sesiwn fywiog a hwyliog. Dewch i odli gyda Aneirin Karadog!

17:00
Stori Cyn Troi: Na, Nel! – Meleri Wyn James

Meleri Wyn James yn darllen ei chyfrol arbennig, *Na, Nel!*

Theatr y Maes

Trefnir gan yr Eisteddfod

Noddir gan

11:00
Gwobrwyo enillwyr Cystadleuaeth cerddoriaeth

81. Emyn-dôn i eiriau Cen Williams

Cenir yr emyn ar y dôn fuddugol yng Nghymanfa Ganu'r Eisteddfod.

Beirniad: Rob Nicholls

Gwobr: £200 (Brenda Hughes, Porthyfelin, Caergybi).

82. Darn rhwng 4 a 6 munud i ensemble siambr o unrhyw offerynnau

Beirniad: Geraint Cynan

Gwobr: £200 (Gladys, Iwan ac Elfyn Pritchard, Caergybi)

83. Darn i gôr plant / ieuenctid SSA / SAB

Beirniad: Eilir Owen Griffiths

Gwobr: £200 (Y Moniars)

84. Darn o gerddoriaeth i gyd-fynd â ffilm ar y thema gofod a/neu sêr.

Beirniad: Ceiri Torjussen

Gwobr: £200 (Gareth Glyn ac Eleri Cwyfan, Frogwy Fawr)

85. Unawd neu ddeuawd sioe gerdd ar y thema 'seren'.

Beirniad: Osian Huw Williams

Gwobr: £200 (Gan y teulu er cof am Huw ac Elizabeth Jones, Llanfairpwll)

86. Cystadleuaeth i ddisgyblion 16 ac o dan 19 oed (gwaith unigol, NID cywaith)

Casgliad o ddarnau mewn unrhyw gyfrwng na chymer fwy nag 8 munud

Beirniad: Pwyll ap Siôn

Gwobr: £200 (Er cof am Tom ac Ann James, Aberaeron)

87. Cystadleuaeth Tlws Sbardun

Cân werinol ac acwstig ei naws. Mae'n rhaid i'r gerddoriaeth a'r geiriau fod yn wreiddiol, a dylid cyflwyno'r gân ar gryno-ddisg neu MP3. Caniateir cywaith. Ystyrir perfformio'r gân fuddugol yn yr Eisteddfod y flwyddyn ganlynol.

Beirniaid: Linda Griffiths, Dewi Pws

Gwobr: Tlws Alun Sbardun Huws i'w ddal am flwyddyn a £500 (Rhoddedig gan Gwenno Huws)

12:00
Cau dy Geg – Stifyn Parri

Gweler dydd Mawrth am fanylion llawn
#gwylgomedisteddfod

14:00
Cystadleuaeth Drama fer agored (112)

Tair Ochr i'r Geiniog – Y Bangoriaid

Drama am ddyn ifanc (Fi) mewn ystafell a'i ffrind dychmygol (Fo) sy'n galw draw yn achlysurol

Fi	Osian Wyn Owen
Fo	Gethin Morgan

Cyfarwyddwr Gareth Evans-Jones

Gweler dydd Sul am fanylion llawn.

16:00
Sioeau Cerdd Cwta – Cynhyrchiadau Leeway

Awr o bleser pur i gefnogwyr sioeau cerdd. Pum sioe gerdd gwta wedi'u creu'n arbennig ar gyfer yr Eisteddfod, yn dilyn cyfres o weithdai diweddar. Mae Sioeau Cerdd Cwta yn ysbrydoli artistiaid yng Nghymru i gydweithio â'i gilydd er mwyn creu sioeau cerdd byr a chofiadwy.

Cwt Drama

Partneriaeth rhwng

11:00
Sioe Deuluol: Oes Rhaid imi Ddeffro? – Cwmni Theatr Arad Goch

Cerddoriaeth, dawns, hedfan, breuddwydion, byd hudol lle mae hosanau yn troi'n frecwast... a lot fawr o hwyl! Mae *Oes Rhaid imi Ddeffro?* yn gynhyrchiad rhyngweithiol i blant ifanc (2-8) a'u teuluoedd, ac yn wledd i ddychymyg y gwylwyr!

13:00
Rhaglen Arddangos Dramodwyr Cymreig Newydd– Theatr y Sherman

Mae Theatr y Sherman yn ymrwymedig i feithrin talent ysgrifennu newydd disgleiriaf Cymru. Mae'r digwyddiad arddangos arbennig hwn yn cynnig cyfle i chi brofi gwaith gan dri o'r lleisiau newydd mwyaf ysbrydoledig ym myd y theatr Gymraeg. Cafodd pob awdur ei fentora gan y dramodydd Brad Birch am gyfnod o ddau fis.

Noddir gan The Carne Trust.

15:00
Môn Mam Theatr – Dewi Wyn Williams

Beth yw rhan Ynys Môn yn natblygiad y theatr amatur yng Nghymru? I gael yr hanes a'r hanesion – y dwys a'r doniol – ymunwch â Dewi Wyn Williams a'i westeion lleol. Ni fydd Plismon y Pentref na'r Gweinidog yn bresennol.

18:00
Estron – Hefin Robinson

Gweler nos Lun am fanylion llawn.

Sinemaes

Cydlynir Sinemaes gan BAFTA Cymru gyda'r partneriaid canlynol:

Y Gymdeithas Deledu Frenhinol, Archif Genedlaethol Sgrîn a Sain Cymru, Canolfan Ffilm Cymru, Chapter, BBC Cymru Wales, BFI NET.WORK, Undebau'r Diwydiannau Creadigol yng Nghymru, Cwmni Pendraw, Gorilla, Into Film Cymru, S4C a TAC gyda chefnogaeth yr Eisteddfod a Chyngor Celfyddydau Cymru.

09:30
Dangosiad: Arfordir Cymru ar Ffilm

Gweler bore Sadwrn am fanylion llawn.

11:30
Dangosiad: Albi a Noa yn Achub yr Iwnifyrs – Sesiwn holi ac ateb i ddilyn

Dyma ffilm gerdd i'r teulu cyfan sy'n olrhain hanes bachgen bach 7 oed o'r enw Noa. Mae'r ffilm yn adrodd hanes y teulu yn ystod un gaeaf hudolus wrth i fywyd Noa gael ei drawsnewid am byth. Ysgrifennwyd y sgript gan Caryl Parry Jones a Non Parry, ac mae pwysigrwydd cyfeillgarwch, teulu a phŵer oesol y dychymyg wrth galon y ffilm.

Oedran: Pob oed
Cynhyrchwyd gan S4C.

13:30
Dangosiad: Ffilmiau o Wyliau Ffilm Cymru

Cyfres o ffilmiau byrion wedi'u dethol gan Wyliau Ffilm partner BAFTA Cymru – Cymru a'r Byd yn Un (canolfannau dros Gymru), PICS (Caernarfon), Cardiff Independent a Wicked (Rhyl) – a siawns i gael gwybod mwy am y gwyliau eu hunain

Y ffilmiau fydd *Adar Angau* gan Lleucu Meinir; *Noddfa,* a grëwyd gan ffoaduriaid yng Nghaerdydd; *Gwlân,* a grëwyd gan ysgol gynradd yn Rhyl; byrion animeiddio *Roadkill* (PG) a *Line* (U) a rhai o enillwyr PICS eleni: *Ysbryd, Yr Hwb, Atal* a *Nain Stori Wir.*

Oedran: Pob oed
Cynhyrchwyd gan BAFTA Cymru.

15:00
Dangosiad: Steddfod! Steddfod!

Yn Eisteddfod Genedlaethol 1968, cafodd bachgen ifanc gam gan y beirniad enwog, SO Hughes. 20 mlynedd yn ddiweddarach, mae o'n ceisio dial, a hynny ar lwyfan y Brifwyl o flaen y genedl gyfan...

Oedran: Pob oed
Cynhyrchwyd gan BAFTA Cymru.

19:30
Dangosiad gyda cherddoriaeth fyw: Earth

Campwaith barddonol mud y cyfarwyddwr Aleksandr Dovzhenko, sy'n darlunio gweledigaeth ddelfrydol o bosibiliadau Comiwnyddiaeth, a wnaethpwyd cyn i Stalin newid ffocws y Chwyldro. Trwy ddarlunio taith gwerinwr o'r Wcráin i oes cyfunoli, mae'r comisiwn cerddorol blaengar yma'n rhoi gogwydd modern i'r campwaith oesol hwn.

+ Perfformiad byw o drac sain wedi'i gyfansoddi'n arbennig gan R Seiliog, a gomisiynwyd yn wreiddiol gan Pontio.

Oedran: 12A

Cynhyrchwyd gan R Seiliog, Pontio, Canolfan Ffilm Cymru, Chapter.

Theatr Stryd

Trefnir gan yr Eisteddfod

10:30
Bore Da gyda chymeriadau Cyw

Gweler dydd Sadwrn am fanylion llawn
Lleoliad: Y Ganolfan Ymwelwyr

11:00
Sgiliau Syrcas

Gweler dydd Sadwrn am fanylion llawn.
Lleoliad: Stondin Sgiliau Syrcas.

11:00
Kitsch n Sync

Gweler dydd Mercher am fanylion llawn.
Lleoliad: Y Ganolfan Ymwelwyr.

11:00
Bwystfilod – Theatr Bara Caws

Gweler dydd Llun am fanylion llawn
Lleoliad: Pentref Drama.

14:30
Bwystfilod – Theatr Bara Caws

Gweler dydd Llun am fanylion llawn
Lleoliad: Pentref Llên

15:00
Kitsch n Sync

Gweler dydd Mercher am fanylion llawn.
Lleoliad: Bar Syched a'r Pentref Drama.

16:00
Bwystfilod – Theatr Bara Caws

Gweler dydd Llun am fanylion llawn.
Lleoliad: Pentref Drama.

17:00
Kitsch n Sync

Gweler dydd Mercher am fanylion llawn.
Lleoliad: Pentref Llên.

Beic Disgo #maesb20

Gweler dydd Sadwrn am fanylion llawn.

Tŷ Gwerin

Trefnir gan yr Eisteddfod

Partneriaid: Trac, Clera a Chymdeithas Genedlaethol Dawns Werin Cymru
Cefnogir gan

Cyngor Celfyddydau Cymru
Arts Council of Wales

09:30
Yoga@Maes

Gweler dydd Sadwrn am fanylion llawn.

11:00
Dosbarth Meistr Dawnsio Gwerin

Ymunwch gyda Padrig Farfog ar gyfer dosbarth meistr dawns i ddathlu canmlwyddiant geni'r gŵr a roddodd Tŷ Coch Caerdydd, Sawdl y Fuwch a sawl dawns arall i Gymru. Sesiwn yng ngofal Cymdeithas Genedlaethol Dawns Werin Cymru.

12:00
Pererin

Daeth y grŵp gwerin roc seicadelig i amlygrwydd yn 1979 wrth ryddhau eu LP cyntaf, *Haul ar yr Eira,* un o'r albymau Cymraeg a werthodd orau erioed ac un sy'n dal i fod ar gael ar feinyl a CD. Eleni rhyddhawyd casgliad newydd o'r holl fersiynau o ganeuon gwerin traddodiadol a ganodd y grŵp dros y blynyddoedd, sef *Pererin Gwerin.*

13:00
Llio Rhydderch a'r telynwyr – Hen linach nad yw'n darfod

Cyfle i ddathlu cyfraniad Llio Rhydderch i'r traddodiad gwerin Cymreig. Perfformiadau ar y delyn deires gan Llio a nifer o'i chyfeillion a'i chyn-ddisgyblion. Trefnir gan Gymdeithas Alawon Gwerin Cymru.

14:00
Rhywbeth i'w Ddweud

Barddas yn cyflwyno sgwrs a chân yn edrych ar y gân *Tân yn Llŷn*, gyda Plethyn, Ifor ap Glyn, Linda Griffiths ac Ann Fychan.

15:00
Cwis Gwerin

Mae'r cwis yn ôl! Ymunwch â Eiry Palfrey am hwyl a sbri a gwobrau anhygoel!

16:00
Nantgarw

Band ifanc, bywiog o gerddorion talentog sy'n mwynhau perfformio alawon traddodiadol Cymreig mewn ffordd gyfoes, ynghyd â chlocsio cyffrous a chanu.

17:00
Y Gymanfa Gerdd Dant

Sesiwn hwyliog o gyd-ganu cerdd dant dan ofal Bethan Bryn. Trefnir gan Gymdeithas Cerdd Dant Cymru.

17:30
Stomp Cerdd Dant

Un o uchafbwyntiau'r wythnos yn ddi-os, a'r Tŷ Gwerin yn sicr o fod dan ei sang. Dei Tomos sy'n cadw trefn ar gerdd dantwyr sy'n mynnu amharchu rheolau a thanseilio chwaeth a pharchusrwydd.

19:30
Twmpath i'r Teulu

Sesiwn ddawnsio deuluol dan ofal Cymdeithas Genedlaethol Dawns Werin Cymru.

Maes D

Trefnir gan yr Eisteddfod

Cefnogir gan

boom cymru

08:30
Rhagbrawf: Llefaru Unigol 16 oed a throsodd (120)

09:15
Cyflwyno trysor neu lun o ddiddordeb personol (123)

Beirniad: Robat Arwyn

Gwobrau:
1. £60 (Glyn a Iola Roberts, Mynydd-Mechell, Amlwch)
2. £30
3. £20
(£50 Gerry Sanger, Benllech).

10:00
Cân: Unawd o'ch dewis chi mewn unrhyw arddull (122)

Beirniad: Robat Arwyn

Gwobrau:
1. £60 (Glyn a Iola Roberts, Mynydd-Mechell, Amlwch)
2. £30 (Seiriol Arts Fiesta, Biwmares)
3. £20 (Dosbarth Meistroli Llanfairpwll).

10:45
Rhagbrawf: Côr Dysgwyr, 10 i 40 mewn nifer (119)

11:45
Sgets hyd at 5 munud: Idiom Gymraeg (124)

Beirniad: Robat Arwyn

Gwobrau:
1. £60
2. £30
3. £20
(£110 Gwobr Goffa Tim Artro Morris).

12:30
Parti canu, 3 i 9 mewn nifer (121)

Beirniad: Robat Arwyn
Gwobrau:
1. £100 (Gail Kincaid, Llanddaniel)
2. £60
3. £40
(£100 Mair a Meinir Williams, Llangwyllog).

14:00
Dawnsio Bol

Sesiwn hwyliog gyda Marian Jones.

15:00
Croesawu enillydd Dysgwr y Flwyddyn

Croesawu'r enillydd i Faes D.

16:00
Countdown Cymraeg

Fel y gêm deledu boblogaidd, ond yn Gymraeg – ac yma ym Maes D!

17:00
Dafydd Iwan

Cyfle i fwynhau un o hoelion wyth y sîn gerddorol yng Nghymru yn perfformio ym Maes D.

Gwyddoniaeth a Thechnoleg

Partneriaeth rhwng

Gweler dydd Sadwrn am weithgareddau sy'n digwydd drwy'r wythnos.

10:00
Codio, cylchedau, cerddoriaeth a'r Fenai

Gweler bore Sadwrn am fanylion llawn.

11:00
Calonnau Cymru: Hyfforddiant Diffibriliwr

Gweler bore Sadwrn am fanylion llawn.

11:45
Seremoni Cyflwyno'r Fedal Wyddoniaeth a Thechnoleg

Cyflwynir y Fedal Wyddoniaeth a Thechnoleg eleni i'r Athro Deri Tomos. Sesiwn yn y Pagoda.

12:00
Ras Fformiwla 1

Gweler bore Sadwrn am fanylion llawn.

12:30
Sioe Wyddoniaeth Wych

Gweler dydd Sadwrn am fanylion llawn.

13:15
Codio, cylchedau, cerddoriaeth a'r Fenai

Gweler bore Sadwrn am fanylion llawn.

14:00
Cyhoeddi enillwyr cystadlaethau gwyddoniaeth a thechnoleg

Cyfle i glywed pwy sydd wedi ennill Cystadleuaeth Arloesi / Dyfeisio'r Eisteddfod a chystadleuaeth yr erthygl wyddonol eleni. Sesiwn yn Cymdeithasau 1.

14:00
Hen adeiladau a newid hinsawdd. Dim byd newydd o dan yr haul

Keith Jones, Yr Ymddiriedolaeth Genedlaethol sy'n traddodi prif ddarlith wyddoniaeth yr Eisteddfod, gyda'r Athro Andrew Evans yn y gadair. Sesiwn yn Cymdeithasau 1.

14:00
Cystadleuaeth Cael Wil i'w Wely (136)

Gweler dydd Mawrth am fanylion llawn.

15:15
Ras Fformiwla 1

Gweler bore Sadwrn am fanylion llawn.

15:45
Sioe Wyddoniaeth Wych

Gweler dydd Sadwrn am fanylion llawn.

16:30
Ras Fformiwla 1

Gweler bore Sadwrn am fanylion llawn.

Cymdeithasau 1

Cefnogir gan

 Cynulliad Cenedlaethol Cymru / National Assembly for Wales

10:00
Gorsedd y Beirdd

Cyfarfod blynyddol.

11:00
Cymru, Y Cymry a Brexit

Ar 23 Mehefin 2016, pleidleisiodd Cymru i adael yr Undeb Ewropeaidd. Yr Athro Richard Wyn Jones sy'n egluro pam, yn y sesiwn hon a drefnir gan Gynulliad Cenedlaethol Cymru.

12:00
Twyn y Balog: enwau o'r Moelfre i'r Leinws

Bedwyr Rees sy'n traddodi Darlith Goffa Hedley Gibbard, Cymdeithas Cyfieithwyr Cymru.

13:00
Cyfraniad Elwyn Roberts i Gymru a'r mudiad cenedlaethol

Yn gyfarwyddwr cyllid, ysgrifennydd cyffredinol a thrysorydd cenedlaethol, bu Elwyn Roberts fel angor i Blaid Cymru drwy flynyddoedd helbulus ail hanner yr ugeinfed ganrif, gan ddod yn gynghorydd sir effeithiol yn Ynys Môn yn nes ymlaen. Fe'i cofir hefyd fel trefnydd athrylithgar ymgyrch Senedd i Gymru yn y pumdegau. Dewch i glywed mwy am hanes y gŵr rhyfeddol hwn yng nghwmni panel sy'n cynnwys Dafydd Wigley, Gwynn Matthews a Dafydd Williams. Trefnwyd gan Gymdeithas Hanes Plaid Cymru.

14:00
Hen adeiladau a newid hinsawdd. Dim byd newydd o dan yr haul

Keith Jones, Yr Ymddiriedolaeth Genedlaethol sy'n traddodi prif ddarlith wyddoniaeth yr Eisteddfod, gyda'r Athro Andrew Evans yn y gadair.

15:00
Darganfod cartrefi Môn

80 mlynedd o ymchwil gan Gomisiwn Brenhinol Henebion Cymru yng nghwmni Eurwyn William, Cadeirydd y Comisiwn. Sesiwn yng ngofal Y Lle Hanes.

16:00
Darlith Flynyddol

Cymdeithas y Cyfreithwyr

17:00
Yr angen i gryfhau cyfryngau a newyddion annibynnol a chenedlaethol Cymru

Panel yn trafod y cyfryngau a newyddion yng Nghymru: Lowri Jones (Radio Beca), Pol Wong (Powys Fadog/Deffro'r Ddraig Wrecsam), Gruffydd Meredith (Label Tarw Du, Deisebau Cymru Sofren) a Wyn Williams (Dai Lingual).

Cymdeithasau 2

Cefnogir gan

 Cynulliad Cenedlaethol Cymru / National Assembly for Wales

10:30
Jonesiaid ym Môn, Y Wladfa a Chile yn ail hanner y 19eg ganrif

Darlith flynyddol Canolfan Uwchefrydiau Cymry America, Prifysgol Caerdydd, yng nghwmni Yr Athrawon E Wyn James a Bill Jones.

11:30
Môn Mam Cymru

Rhun ap Iorwerth yn traddodi darlith flynyddol Undeb Cymru a'r Byd.

14:00
Cyfarfod Blynyddol a chroesawu ymwelwyr o'r Wladfa

Esyllt Roberts de Lewis, Gaiman sy'n trafod bywyd yn Y Wladfa, a Rhiannon Ifan yn edrych ar y prosiect cerdd dant a chanu gwerin.

15:30
Darlith Flynyddol

Cynllunwyr Iaith Cymru.

16:30
Môn Mam Meddyg

Awen Iorwerth sy'n amlinellu rôl Môn yn cynhyrchu meddygon sydd wedi gadael eu stamp ar y byd meddygol a sut y gallwn ysbrydoli meddygon o Fôn i wasanaethu eu cymuned i'r dyfodol. Sesiwn Prifysgol Caerdydd.

CROESO I GAERDYDD 2018
Y BRIFDDINAS - EICH MAES

A470 ↑

CAEAU PONTCANNA
PONTCANNA FIELDS

COLEG BRENHINOL GERDD A DRAMA CYMRU
ROYAL WELSH COLLEGE OF MUSIC & DRAMA

EISTEDDFOD

AMGUEDDFA GENEDLAETHOL CAERDYDD
NATIONAL MUSEUM CARDIFF

NEUADD Y DDINAS
CITY HALL

CASTELL GAERDYDD / CARDIFF CASTLE

ABERTAWE M4
M4 SWANSEA

CASNEWYDD
NEWPORT

STADIWM PRINCIPALITY STADIUM

DEWI SANT
ST DAVID'S

CAERDYDD HEOL Y FRENHINES
CARDIFF QUEEN STREET

YR HEN LYFRGELL
THE OLD LIBRARY

ARENA MOTORPOINT
MOTORPOINT ARENA

CAERDYDD CANOLOG
CARDIFF CENTRAL

CROESO I GAERDYDD
WELCOME TO CARDIFF

BAE CAERDYDD
CARDIFF BAY

CANOLFAN MILENIWM CYMRU
WALES MILLENNIUM CENTRE

EISTEDDFOD

ROALD DAHL PLASS

LLWYFAN Y MAES

Y SENEDD

TECHNIQUEST

ADEILAD Y PIERHEAD
PIERHEAD BUILDING

EGLWYS NORWYAIDD
NORWEGIAN CHURCH

CroesoCaerdydd.com
@CroesoCaerdydd

CARDIF
CAERDYD

www.croesocaerdydd

Gwyddoniaeth a Thechnoleg yn yr Eisteddfod

Bu'r Eisteddfod Genedlaethol yn hybu a hyrwyddo gwyddoniaeth a thechnoleg er deugain mlynedd a mwy, ac er mai pinacl y gwaith yw'r Pafiliwn ar y Maes ei hun, mae llawer o waith yn digwydd yn ystod y flwyddyn er mwyn sicrhau llwyddiant.

Ein prif amcan yw hyrwyddo STEM (Gwyddoniaeth, Technoleg, Peirianneg a Mathemateg) ymysg pobl Cymru. Mae partneriaethau'n hollbwysig i'n gwaith, ac rydym yn cydweithio gyda sefydliadau addysg uwch, cynghorau ymchwil, cymunedau, cymdeithasau, Llywodraeth Cymru, sefydliadau proffesiynol a'r sector preifat yn barhaus er mwyn hybu a hyrwyddo STEM, a cheisio ysgogi diddordeb drwy gyfrwng y Gymraeg neu'n ddwyieithog.

Rydym hefyd yn ceisio hybu dealltwriaeth y cyhoedd o STEM, a, chan ganolbwyntio'n arbennig ar deuluoedd, awn ati i wneud hyn drwy gynnal arddangosfeydd o ddiddordeb yn y Pafiliwn yn ystod yr wythnos.

Yn ogystal, mae'r prosiect yn cefnogi'r cwricwlwm ysgol, ac yn ysgogi cymhelliant a dyhead disgyblion cynradd ac uwchradd mewn STEM. Drwy hyn, gallwn weithio tuag at wella cyrhaeddiad disgyblion Cymru.

Trefnir gweithgaredd gwyddoniaeth a thechnoleg yr Eisteddfod gan y Coleg Cymraeg Cenedlaethol.

Rydym yn ddiolchgar i'n holl noddwyr:

boom cymru

Mae **Boom Cymru a Boom Plant**
yn falch o gefnogi

**Eisteddfod Genedlaethol Cymru
Ynys Môn, 2017**

Y doeth eleni deithia - o Fynwy
i Fôn i steddfota;
Edrych! yng Ngwlad y Medra
yn ddiau ceir dyddiau da.

www.boom.cymru

nos iau

10 Awst

Gig y Pafiliwn
Nos Iau - 20:00 yn Y Pafiliwn

Yn dilyn llwyddiant mawr y gig y llynedd, mae mwy o fandiau gorau Cymru'n perfformio ar lwyfan y Pafiliwn eleni. **Huw Stephens** fydd yn cyflwyno **Yws Gwynedd, Yr Eira, Alys Williams** a **Mr Phormula** gyda **Cherddorfa'r Welsh Pops.** Unwaith eto eleni, mae **Owain Llwyd** yn gyfrifol am y trefniannau ar gyfer y Gerddorfa.

Yws Gwynedd

Heb os, un o brif sêr y sîn gerddoriaeth yn Gymraeg yw Yws Gwynedd, sydd wedi swyno Cymru gyfan â'i ganeuon bachog a'i gigs egnïol.

Bu'i albwm diwethaf *Codi/\Cysgu* yn llwyddiant mawr, gan gyrraedd rhestr fer Albwm Cymraeg y Flwyddyn 2015, yn ogystal ag ennill Gwobr Y Selar am record hir orau 2014. Enillodd y gân *Neb Ar Ôl* o'r albwm y wobr am y gân orau y flwyddyn honno, a derbyniodd Yws y wobr am yr artist unigol gorau am 2014 a 2015. Enillodd *Sebona Fi* y wobr am y fideo gorau yn 2015 hefyd. Gyda'i albwm newydd yn gweld golau dydd yng ngwanwyn 2017, bydd casgliad newydd o ganeuon i'w hychwanegu at yr anthemau sydd wedi bod mor llwyddiannus a phoblogaidd gyda phobl o bob oed ar draws Cymru a thu hwnt.

Yn ogystal â pherfformio gyda Cherddorfa'r Welsh Pops yn y Pafiliwn, Yws Gwynedd fydd hefyd yn cloi Maes B ar nos Sadwrn olaf yr Eisteddfod yn Ynys Môn eleni.

Yr Eira

Mae cerddoriaeth Yr Eira yn ymosod ar y templed a grëwyd gan fandiau fel Big Leaves, Yr Ods a Sŵnami gyda'u cyflenwad di-dor o alawon tanbaid.

Ffrwydrodd Yr Eira ein clustiau gyda'u cân gyntaf un – y gân bop berffaith – *Elin*. Wedi hynny, rhyddhawyd dwy sengl, *Yr Euog* ac *Ymollwng* cyn rhyddhau'r EP *Colli Cwsg* ac yna sengl arall, *Suddo*. Mae *Pan Na Fyddai'n Llon,* sy'n ymddangos ar gasgliad aml-gyfrannog *I Ka Ching V*, yn brawf arall eto bod y band yma'n fwy na 'chrëwyr-un-gân-a-dyna-ni'. Mae'r torfeydd eisoes wedi'i mabwysiadu, ac yn morio canu'r gytgan. Does dim dwywaith mai'r un fydd yr hanes wrth i Yr Eira berfformio yng nghyngerdd Gig y Pafiliwn.

Dewiswyd Yr Eira fel un o fandiau Gorwelion y BBC yn 2015, gydag uchafbwyntiau'n cynnwys chwarae T in the Park a recordio sesiwn yn stiwdios chwedlonol Maida Vale.

Alys Williams

Mae 'na rai pethau sy'n mynnu glynu yn y cof: mae clywed unrhyw gân sy'n cael ei chyffwrdd gan lais unigryw Alys Williams yn un o'r rheini. Pwy all anghofio *Synfyfyrio* (Big Leaves), *Pan Fo'r Nos Yn Hir* (Ryan a Ronnie) ac *Un Seren* (Big Leaves) – i enwi ond ychydig.

Mae Alys, a'i ffordd ddihafal o gyflwyno melodïau, wedi serennu ar sawl prosiect dros y blynyddoedd diwethaf. Penderfynodd Ifan Dafydd samplo ei llais ar y trac trip-hop tywyll *Celwydd,* mae'r ddeuawd *Llwytha'r Gwn* gyda Candelas yn ffefryn cenedlaethol, ac mae hi'n aml i'w gweld rhwng offerynnau Band Pres Llareggub yn perfformio *Gweld y Byd Mewn Lliw.*

Bellach, mae Alys wedi'i sefydlu ei hun fel artist unigol gyda chriw o gerddorion y tu ôl iddi. Mae'r band hwnnw, sydd a'u bysedd mewn amryw o basteiod cerddorol, yn cynnwys Osian Williams (Candelas / Palenco / Siddi), Gwion Llewelyn (Race Horses / Villagers), Aled Hughes (Cowbois Rhos Botwnnog) a Branwen Williams (Cowbois Rhos Botwnnog / Siddi). Cawsant gyfle i berfformio ar *Stiwdio Gefn* ddiwedd 2016, rhyddhau fideo o'r gân ddigyfeiliant iasol *Tyrd Ata I,* ac maent hefyd wrthi'n rhyddhau traciau newydd yn barod at adeiladu albwm cyn y Nadolig.

Mr Phormula

Mae Mr Phormula yn un o arloeswyr y sîn bît-bocsio yn y DU. Wedi'i wreiddio'n ddwfn yn nhirwedd Cymru, mae'i berfformiadau ysbrydoledig a'i gyfansoddiadau lleisiol wedi rhoi cydnabyddiaeth ryngwladol i'w waith fel bît-bocsiwr, rapiwr a chynhyrchydd blaenllaw.

Mae doniau dwyieithog Mr Phormula yn unigryw ac mae hyn, ynghyd â'i rythmau slic, llinellau bas cymhellol a'i ddawn lleisiol wedi denu cefnogwyr ymroddedig ym mhob rhan o Gymru, y DU a'r Unol Daleithiau. Ef yw Pencampwr Lwpio Cymru ar hyn o bryd, ac yn 2013, bu'n Is-bencampwr Lwpio'r DU.

Mae wedi gweithio gyda rhai o fawrion y byd hip-hop gan gynnwys The Pharcyde, Jungle Brothers, Boy Better Know, Plan B, Professor Green a'r chwedlonol KRS-One, ac mae hyn oll yn dangos ansawdd a chwmpas doniau cynhyrchu Mr Phormula, ac yn pwysleisio natur farddonol ei ddwyieithrwydd.

Mae Mr Phormula'n un o'r artistiaid mwyaf prysur yn sîn hip-hop y DU, ac mae wedi perfformio mewn nifer o leoliadau, clybiau nos a gwyliau (gan gynnwys Neuadd Albert yn Llundain) yn ogystal ag ymddangosiadau lawer ar deledu a radio cenedlaethol.

Mae ei waith newydd arloesol yn datblygu'r sîn hip-hop yng Nghymru tra'n hyrwyddo'r genre dwyieithog deinamig yma ar draws y byd.

Cerddorfa'r Welsh Pops

Mae Cerddorfa'r Welsh Pops yn gerddorion hyblyg a meistrolgar sy'n gallu perfformio pob math o gerddoriaeth, ac sy'n llawn syniadau newydd a gwreiddiol.

Syniad Lucy Morgan oedd y gerddorfa'n wreiddiol, ac er 2003, hi yw'r chwaraewr feiolin a fiola yn Kevin Rowland's Dexys. Mae Lucy hefyd wedi gweithio gyda Michael Buble, Elbow, Tom Odell, Keane, Natalie Cole, Kanye West, Jools Holland, Take That, Diana Krall a The Proclaimers, ac wedi cytundebu cerddorion ar gyfer artistiaid fel Lionel Richie, John Cale, Katie Melua, Alfie Boe a Bonnie Tyler. Bu hefyd ynghlwm â sioeau teledu fel *Friday Night with Jonathan Ross, Parkinson, BBC Children in Need* a'r *Royal Variety Performance.*

Yn 2015, gweithiodd y gerddorfa gyda Mike Peters a The Alarm, gan ddarparu cyfeiliant mwy symffonig ar gyfer y band, gyda llinynnau, offerynnau pres ac offerynnau taro.

Y llynedd, bu'r gerddorfa'n gweithio gyda John Cale ar gyngerdd agoriadol Gŵyl y Llais yng Nghaerdydd, ac yn 2016 yn y gig gyntaf i'w chynnal ym Mhafiliwn yr Eisteddfod Genedlaethol, gyda Candelas, Yr Ods a Sŵnami.

Huw Stephens

Mae Huw Stephens yn adnabyddus fel cyflwynydd ar Radio 1 a Radio Cymru. Ymunodd â Radio 1 yn 17 oed oherwydd ei angerdd am gerddoriaeth newydd, a bu'n rhedeg ei label ei hun ac yn ysgrifennu am gerddoriaeth mewn amryw o gylchgronau a chyhoeddiadau. Erbyn hyn, mae'n un o brif gyflwynwyr Radio 1, yn cyflwyno rhaglen wythnosol boblogaidd ar Radio Cymru, ac i'w weld yn rheolaidd ar y teledu yma yng Nghymru.

Mae wedi darlledu o bob rhan o'r byd, gan gynnwys South by South West yn Texas a Sonar ym Marcelona. Mae hefyd wedi teithio'r byd yn chwilio am gerddoriaeth newydd, ac mae hyn yn cael ei adlewyrchu yn ei raglenni.

Mae Huw yn gefnogwr mawr o'r Eisteddfod ac yn perfformio ym Maes B yn rheolaidd. Cyflwynodd Gig y Pafiliwn yn Eisteddfod Sir Fynwy a'r Cyffiniau y llynedd, a braf yw ei groesawu'n ôl atom eto eleni.

Owain Llwyd

Mae Owain Llwyd yn dychwelyd i drefnu'r gerddoriaeth ar gyfer artistiaid Gig y Pafilwn eleni yn dilyn llwyddiant ysgubol y noson hon y llynedd. Astudiodd ym Mhrifysgol Bangor gyda'r cyfansoddwyr Bill Connor a Dr Pwyll ap Siôn, gan raddio yn 2005, a derbyn Gwobr Dr John Robert Jones am un o'r marciau uchaf yn y brifysgol. Derbyniodd radd PhD mewn Cyfansoddi Cerddoriaeth ar gyfer Ffilm a'r Cyfryngau yn 2010. Mae'n ddarlithydd yn Ysgol Gerddoriaeth Prifysgol Bangor.

Daeth Owain i'r amlwg fel cyfansoddwr rhwng 2002 a 2005, gan ennill pob un o'r medalau cerddoriaeth yn yr Eisteddfod Genedlaethol ac yn Eisteddfod yr Urdd – yr unig gyfansoddwr erioed i lwyddo i wneud hyn. Mae ei waith cyngerdd yn cynnwys operâu, sioeau, gwaith cerddorfaol ac ensemble, a darlledwyd ei waith ar draws y byd gan BBC America, BBC DU, Sky, Channel 4, ITV a Fox ar raglenni fel *The X Factor, Top Gear, US Open, Eurosport* a *Big Brother*, i enwi dim ond rhai.

copi

Eich cyfle i brynu copi DVD o
gystadlaethau a seremoniau'r
Pafiliwn o 1999 ymlaen.
Gwasanaeth gan Archif
Genedlaethol Sgrin a Sain Cymru.

01970 632 828
copi@llgc.org.uk

Your chance to buy a DVD copy of
competitions and ceremonies held
in the Pavillion from 1999 onwards.
A service from the National Screen
and Sound Archive of Wales.

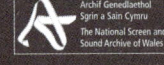

Archif Genedlaethol
Sgrin a Sain Cymru
The National Screen and
Sound Archive of Wales

dydd gwener

11 Awst

CRONFA GARI

Mae Cronfa Gari'n falch o noddi gweithgareddau #gwylgomedisteddfod yn Ynys Môn eleni.

Mae'r Gronfa wedi gwneud cyfraniad sylweddol tuag at rai o gwmnïau, nosweithiau a theithiau comedi mwyaf poblogaidd Cymru ac yn gwahodd ceisiadau am nawdd.

Cysylltwch am ragor o fanylion.

Dafydd Hughes
Ysgrifennydd Cronfa Gari
cronfagari@btinternet.com
07778 025566

GARI

Gwener 11 Awst

Cylch yr Orsedd Maes yr Eisteddfod

am 11:00

Sylwer:
Os yw'r tywydd yn anffafriol, cynhelir y seremoni yn y Neuadd Ddawns.

Canu'r Corn Gwlad:
Dewi Corn a Paul Corn Cynan

Gweddi'r Orsedd: Steffan Lloyd Owen

Emyn
Tôn: Groes-wen

Cofia'n gwlad, Benllywydd tirion,
    Dy gyfiawnder fyddo'i grym;
Cadw hi rhag llid gelynion -
    Rhag ei beiau'n fwy na dim;
Rhag pob brad, nefol Dad,
    Taena d'adain dros ein gwlad.

Yma mae beddrodau'n tadau,
    Yma mae ein plant yn byw;
Boed pob aelwyd dan dy wenau,
    A phob teulu'n deulu Duw:
Rhag pob brad, nefol Dad,
    Cadw Di gartrefi'n gwlad.

Gwna'n Sabathau'n ddyddiau'r nefoedd
    Yng ngoleuni d'eiriau glân
Dyro'r gwlith i'n cymanfaoedd -
    Gwna ein crefydd fel ein cân.
Nefol Dad, boed mawrhad
    Ar d'efengyl yn ein gwlad.
Elfed

Cyflwyno'r Flodeuged i'r Archdderwydd:
Eurgain Sara Lloyd

Morynion y Llys:
Elliw Mair Huws a Greta Fflur Keen

Un o forynion bro'r Eisteddfod sydd i gyflwyno'r Flodeuged – ysgub fechan o flodau tir a daear Cymru. Wrth ei chyflwyno i ddwylo'r Archdderwydd fe ddywed: 'Hybarch Archdderwydd, yn enw morynion ein gwlad, atolwg i ti dderbyn y Flodeuged hon o dir a daear Cymru.'

Fe etyb yr Archdderwydd:

'Yr wyf yn derbyn y Flodeuged hon o dir a daear Cymru'n arwyddlun o ymgyflwyniad ar ein rhan ni oll yng ngwasanaeth diwylliant ein gwlad, yr iaith Gymraeg, y celfyddydau a'r gwyddorau yng Nghymru. Diolch fy merch. Bendith y nef arnat, ac ar holl blant ein cenedl.'

Merched y Ddawns Flodau: Ysgolion Cynradd Bodedern, Bryngwran, Corn Hir, Goronwy Owen, Rhosybol, Santes Gwenfaen, Llanfairpwll, Llanfechell, Llannerch y medd, Morswyn, Y Borth ac Y Graig.

Hyfforddwyd y dawnswyr gan Mair Jones, Mary Evans, Lowri Angharad, Fiona Bridle ac Olwen Green

Ymgynghorydd: Prydwen Elfed-Owens

Cân Werin: Catrin Mathafarn Wnion

Urddo Aelodau Newydd Er Anrhydedd

Cau'r Orsedd: Yr Archdderwydd

Hen Wlad fy Nhadau.

Telynores: Gwenan Telynores Cymerau

Ceir rhestr y rhai a urddir heddiw ar dud 199

Pafiliwn

Noddir gan

Arweinyddion:
Betsan Powys, Nic Parry

10:00
Rhuban Glas Offerynnol 19 oed a throsodd (61)

Ysgoloriaeth Cronfa Peggy a Maldwyn Hughes

Bydd y panel beirniaid yn dewis pedwar cystadleuydd yng nghystadlaethau 62-67 i gystadlu ar lwyfan y pafiliwn.

Gofynnir i'r cystadleuwyr ddewis rhaglen o un darn neu ragor. Ni ddylai'r rhaglen gyflawn fod yn hwy na 15 munud.

Beirniaid: Gareth Owen, Peryn Clement-Evans, Catrin Morris Jones, Bari Gwilliam, Dáire Roberts

Gwobr:
Y Rhuban Glas a £150 (Gwenda a Walter Davies, Amlwch) ac ysgoloriaeth gwerth £3,000 (Ysgoloriaeth Cronfa Peggy a Maldwyn Hughes, i'w defnyddio i hyrwyddo gyrfa'r enillydd fel offerynnwr).

11:10
Cystadleuaeth Tlws Coffa Lois Blake (88)
Dilyniant di-dor o ddawnsfeydd gwerin cyhoeddiedig, gwrthgyferbyniol, yn cynnwys

Naill ai: 'Rhisiart Annwyl'
neu
'Croen y Ddafad Felan'
heb fod yn hwy na 12 munud o hyd

Beirniaid: Dai Williams, Liz Cyffin-Roberts

Gwobrau:
1. Tlws Coffa Lois Blake i'w ddal am flwyddyn a £500 (Rhodeddig gan Euros Wyn Jones a'r plant, Gwenno, Huw, Mari, Lowri a Dewi er cof am Sioned Ann Jones)
2. £300 (David Owens, Dwyran)
3. £200 (Islwyn a Bethan Williams, Biwmares)

Ymgeiswyr:
1. Dawnswyr Talog
2. Dawnswyr Môn

11:40
Parti Llefaru hyd at 16 o leisiau (139)

'Olion', Iwan Llwyd.

Beirniaid: Garry Owen, Eleri Richards

Gwobrau:
1. Cwpan Lleisiau Llifon i'w ddal am flwyddyn a £300 (£200 Gwobr Goffa Tryweryn [Rhodd gan Watcyn Jones er cof am ei chwaer, Elizabeth a frwydrodd mor galed i achub Capel Celyn]; £100 Teulu Rhos Llwyn, Llangwyllog)
2. £200 (Dic a Nesta Pritchard, Llangwyllog)
3. £100 (R Gwynedd Jones, Rhuthun er cof am ei briod, Megan)

Ymgeiswyr:
1. Llais Afon
2. Mamau Genod Llŷn
3. Parti Man a Man
4. Parti'r Ffrwd
5. Rhiannedd y Cwm
6. Criw y Ddinas
7. Parti Gobaith

12:20
Beirniadaeth cystadleuaeth (61)

Beirniad: Gareth Owen

12:30
Beirniadaeth cystadleuaeth (88)

Beirniad: Dai Williams

12:35
Parti Alaw Werin hyd at 20 mewn nifer (2)

(a) Unsain: 'Titrwm-Tatrwm'
(b) Trefniant i 2, 3 neu 4 llais o unrhyw gân werin draddodiadol wrthgyferbyniol ac eithrio'r rhai a osodwyd yn yr adran hon eleni

Beirniaid: Mair Beech Williams, Einir Wyn-Williams

Gwobrau:
1. Tlws Rhianedd Môn i'w ddal am flwyddyn a £300 (Lil a Brian Evans [Pentraeth gynt] er cof am Robin Evans)
2. £200 (Margaret Hughes, Llwydiarth Fawr, Llannerch-y-medd)
3. £100 (Gweno Parri, Caernarfon er cof am ei phriod Emyr [Siop Carmel gynt] a'i mab Elfyn)

Ymgeiswyr:
1. Eryrod Meirion
2. Genod y Gwyndy
3. Hogia Penrhos
4. Parti'r Cut Lloi
5. Hogie'r Berfeddwlad
6. Lodesi Dyfi
7. Parti'r Efail

13:15
Beirniadaeth cystadleuaeth (139)

Beirniad: Garry Owen

13:25
Unawd Bariton / Bas 25 oed a throsodd (39)

Dylid dewis un gân o Rhan A ac un o Rhan B

Rhan A:

Opera:
'Y llo aur', *Faust*, Gounod
Y geiriau Cymraeg gan TH Parry-Williams
'Wrth dy draed, hudol unbennes', *Irene*, Gounod
Y geiriau Cymraeg gan ET Griffiths a T Ifor Rees
'O! mi fyddaf fi mor llawen', *Die Entführung aus dem Serail,* Mozart
Y geiriau Cymraeg gan Dyfnallt Morgan
'Pwy ond ti a ddifwynodd yr annwyl un' *Un Ballo in Maschera,* Verdi
Y geiriau Cymraeg gan Glyndwr Richards

Oratorio/Offeren:
'Gan ddial awn i'r gad', *Alexander's Feast,* Handel
Y geiriau Cymraeg gan John Stoddart
'Pam mae'r cenhedloedd?', *Meseia,* Handel
Y geiriau Cymraeg gan TH Parry-Williams
'Dygodd drosom ein pechodau', *Stabat Mater,* Haydn
Y geiriau Cymraeg gan Dyfnallt Morgan
'Digon yw hyn!', Elijah, Mendelssohn
Y geiriau Cymraeg gan TH Parry-Williams

Rhan B:

Hen Ganiadau
'Yr Ornest', William Davies
'Brad Dynrafon', D Pughe Evans
'Yr Ynys Wen', MW Griffith
'Arglwydd arwain trwy'r anialwch', J Pryce Hughes
'Arafa Don', RS Hughes
'Y Tair Mordaith', RS Hughes
'Pwy fel fy Mam', T Amos Jones
'Baner ein Gwlad', Joseph Parry
'Gwraig y Morwr', Joseph Parry

Cân Gymraeg
Unrhyw gân o'r cyfrol *I Wefr Dadeni*, Gareth Glyn neu *Llanrwst,* Gareth Glyn

Beirniaid: Arwel Huw Morgan, Nicola Morgan, Andrew Rees

Cyfeilydd: Jeffrey Howard

Gwobrau:
1. £150
2. £100
3. £50
(£300 Lois Gwyn ac Alaw Aeron er cof am eu hewyrth Aeron Gwyn, Ysbylltir)

Noddir gan

14:15
Parti Cerdd Dant hyd at 20 mewn nifer – Agored (16)

'Â Deunaw Gŵr, Dyna'i Gyd', Geraint Lloyd Owen

Cainc: 'Cwm Main', Gwennant Pyrs

Beirniaid: Einir Wyn Jones, Ann E Fox

Telynau: Dylan Cernyw, Elain Wyn

Gwobrau:
1. Cwpan Coffa Llyfni Huws i'w ddal am flwyddyn a £300 (Eiluned Ann er cof am ei phriod William John Thomas)
2. £200 (Eiluned Ann er cof am ei phriod William John Thomas)
3. £100 (Cronfa Watcyn o Feirion)

Ymgeiswyr:
1. Chwiban
2. Parti Meibion y Gorad Goch
3. Parti Tegeirian
4. Parti Pen Barras
5. Cofiadwy
6. Hogie'r Berfeddwlad
7. Lodesi Dyfi

15:05
Beirniadaeth cystadleuaeth (2)

Beirniad: Mair Beech Williams

15:15
Unawd Mezzo-Soprano / Contralto / Gwrth-denor 25 oed a throsodd (37)

Dylid dewis un gân o Rhan A ac un o Rhan B

Rhan A:

Opera:
'Draw ger y mur yn Sevilla', *Carmen,* Georges Bizet
Y geiriau Cymraeg gan Thomas Parry
'Gwyddoch amdano', *Cavalleria Rusticana,* Mascagni
Y geiriau Cymraeg gan Dyfnallt Morgan
Aria Pauline: 'Fy nghyfeillesau llon', *The Queen of Spades,* Tchaikovsky
Y geiriau Cymraeg gan John Stoddart
'Gwridog y fflamau', *Il Trovatore,* Verdi
Y geiriau Cymraeg gan John Stoddart

Oratorio/Offeren:
'Tosturia Di, fy Nuw', *St. Matthew Passion,* Bach
Y geiriau Cymraeg gan Stephen J Williams
'Gwae fo i ti a gwae i'r byd i gyd', *Jephtha,* Handel
Y geiriau Cymraeg gan Sian Meinir

'Ond pwy a oddefa ddydd Ei ddyfodiad?', *Meseia,* Handel
Y geiriau Cymraeg gan TH Parry-Williams
'Gwelir llyfr ysgrifenedig', *Messe di Requiem,* Verdi
Y geiriau Cymraeg gan TH Parry-Williams

Rhan B:

Hen Ganiadau
'Yr Ornest', William Davies
'Brad Dynrafon', D Pughe Evans
'Yr Ynys Wen', MW Griffith
'Arglwydd arwain trwy'r anialwch', J Pryce Hughes
'Arafa Don', RS Hughes
'Y Tair Mordaith', RS Hughes
'Pwy fel fy Mam', T Amos Jones
'Baner ein Gwlad', Joseph Parry
'Gwraig y Morwr', Joseph Parry

Cân Gymraeg
Unrhyw gân o'r cyfrol *I Wefr Dadeni*, Gareth Glyn neu *Llanrwst,* Gareth Glyn

Beirniaid: Arwel Huw Morgan, Nicola Morgan, Andrew Rees

Cyfeilydd: Meirion Wynn Jones

Gwobrau:
1. £150 (Delyth a Trefor Edwards, Rhostrehwfa, Llangefni)
2. £100 (Mary Owens, Llannerch-y-medd)
3. £50 (Rheinallt a Rowenna Thomas, Caerdydd)

Noddir gan

16:05
Canlyniad cystadleuaeth (39)

16:10
Beirniadaeth cystadleuaeth (16)

Beirniad: Einir Wyn Jones

16:20
Canlyniad cystadleuaeth (37)

Y Gadair

Eleni, cyflwynir y Gadair am awdl ar fwy nag un o'r mesurau traddodiadol, heb fod yn hwy na 250 o linellau o dan y teitl Arwr neu Arwres. Yr Arwr oedd teitl yr awdl ganrif yn ôl hefyd, yn Eisteddfod y Gadair Ddu ym Mhenbedw, lle daeth gwaith Ellis Humphrey Evans, Hedd Wyn, i'r brig, ac yntau wedi'i ladd ar faes y gad wythnosau cyn y seremoni. Yn 2017, mae'r Eisteddfod Genedlaethol yn cofio am aberth y bardd ifanc, ynghŷd â'r golled o genhedlaeth o fechgyn ifanc i Gymru.

Dros y blynyddoedd diwethaf, mae Awdurdod Parc Cenedlaethol Eryri wedi bod yn adnewyddu Yr Ysgwrn, cartref Hedd Wyn, a chyda'r gwaith bellach yn dod i ben, yr Awdurdod sydd wedi rhoi'r Gadair eleni. Ym mlwyddyn canmlwyddiant y Gadair Ddu, mae'r gadair erbyn hyn wedi'i hadfer i'w gogoniant gwreiddiol, yn barod i gael ei gweld unwaith eto yng nghartref y bardd ifanc yn Nhrawsfynydd.

Ac mae dolen bwysig arall rhwng Hedd Wyn a Chadair Eisteddfod Ynys Môn eleni, gan fod Cadair 2017 wedi'i chreu'n rhannol o ynn a derw a lifiwyd o goed a dyfodd ar dir Yr Ysgwrn, coed a fyddai wedi bod yn tyfu yno yn nyddiau Hedd Wyn ei hun. Y crefftwr ifanc, Rhodri Owen, sy'n egluro: "Mae'r syniad o ail-eni a symud ymlaen yn ganolog i gysyniad y Gadair eleni. Ond mae'r ddolen gyda'r gorffennol hefyd yn bwysig, ac felly fe fûm yn ystyried siapiau'r offer ac arfau a fyddai'n cael eu defnyddio'n ddyddiol mewn ardal wledig ganrif yn ôl, gan eu datblygu a'u mewnosod yn y cynllun.

"Mae'r ddwy goes ôl yn codi tua'r 'lloer' ac ar siâp pladuriaid, a gwaelod y cefn ar siâp dau haearn marcio, a fyddai wedi'u defnyddio i farcio'r tywyrch cyn torri'r mawn ym myd amaeth. Mae'r ddau siâp cefn wrth gefn yn creu un haearn donni, a fyddai'n torri'r dywarchen ar ôl ei marcio, yn pwyntio tua'r is-fyd, gan gynrychioli tywyllwch a marwolaeth, tra bo pen y Gadair a'r Nod Cyfrin yn cynrychioli goleuni a bywyd newydd.

"Rydw i hefyd wedi cadw mewn cof y ffaith mai ym Môn y cynhelir yr Eisteddfod eleni, ac wrth gwrs, mae'r cyswllt Celtaidd felly'n amlwg, a'r syniad Celtaidd o ail-eni a symud o'r tywyllwch i'r goleuni sydd i'w weld yng nghynllun y Gadair. Mae egin bywyd yn codi wrth i'r düwch ildio i oleuni a'r gobaith o fywyd newydd, heddychlon mewn oes o ansicrwydd gwleidyddol byd-eang ac argyfwng hunaniaethol y Cymry.

"Roedd hi'n bwysig i'r Parc ac i minnau fod y Gadair yn cyfleu ei neges ei hun, ac rwy'n gobeithio fy mod wedi gwireddu hyn, gan roi'r pwyslais ar gamu ymlaen yn hyderus fel cenedl o Gymry i ddyfodol newydd, gwell a heddychlon."

Gwnaethpwyd y Gadair â llaw yng ngweithdy Rhodri Owen yn Ysbyty Ifan.

Rhoddir y wobr ariannol eleni gan John a Gaynor Walter-Jones, er cof am y Parch a Mrs H Walter Jones. Beirniaid y gystadleuaeth yw Peredur Lynch, Huw Meirion Edwards ac Emyr Lewis, ac fe gynhelir y seremoni ar lwyfan y Pafiliwn am 16:30 heddiw.

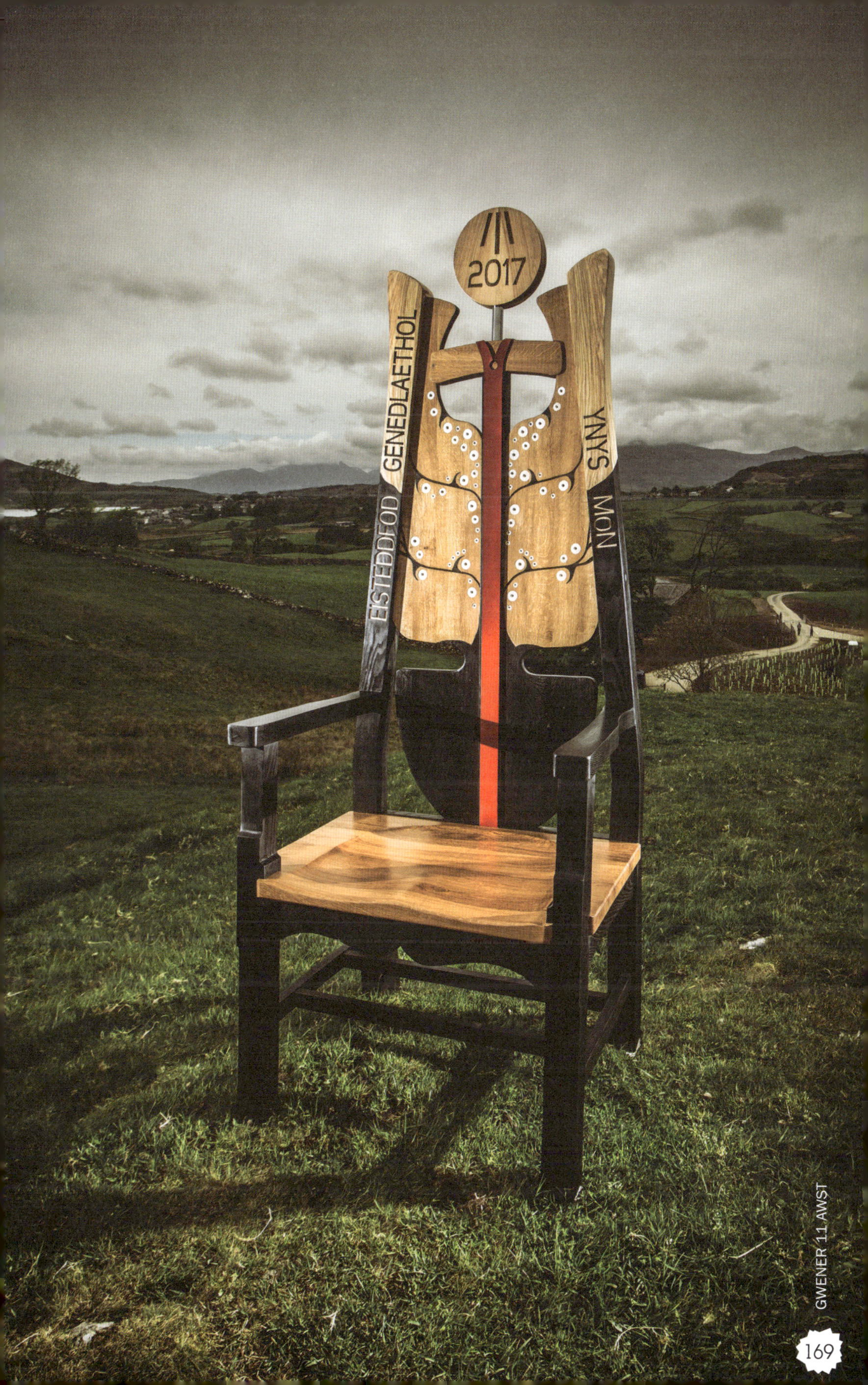

2017
EISTEDDFOD
GENEDLAETHOL
YNYS
MON

16:30
Seremoni Cadeirio'r Bardd

RHYBUDD - Rhaid i bawb sydd am weld y seremoni fod yn eu seddau erbyn 16:15.

Nid agorir y drysau wedyn hyd nes bod gorymdaith yr Orsedd wedi gadael y Pafiliwn tua 17:30.

Pan genir y Corn Gwlad o'r llwyfan i gyfeiriad y gynulleidfa ar yr agoriad, gofynnir i chi sefyll tra offrymir Gweddi'r Orsedd.

Corn Gwlad: Dewi Corn a Paul Corn Cynan

Gweddi'r Orsedd: Steffan Lloyd Owen

Beirniadaeth: Peredur Lynch

Awdl ar fwy nag un o'r mesurau traddodiadol, heb fod yn hwy na 250 o linellau: Arwr neu Arwres

Gwobr: Cadair yr Eisteddfod (Awdurdod Parc Cenedlaethol Eryri) a £750 (Rhodd John a Gaynor Walter-Jones er cof am y Parch a Mrs H Walter Jones) Beirniaid: Peredur Lynch, Huw Meirion Edwards, Emyr Lewis

Cadeirio'r bardd yn ôl braint a defod Gorsedd Beirdd Ynys Prydain

Cerdd y Cadeirio: Carwyn Creigllan

Rhoi enaid, llygaid i'n llên
wna'r rhai sy'n trin yr awen;
daw o grud ei geiriau hi
a bydd wynebau iddi
a'r llwyfan sy'n cyfannu
cylch y gân – rhoi'i tân i'r tŷ.

Y soned heb ei dwedyd:
hiraeth ei môr sy'n draeth mud;
traed hwiangerdd: ni cherddant
dai'r plwyf heb dafodau'r plant,
a cherdd welw ochr ddalen
yw'n stori ni os yw'n hen
faled ddiniwed: ni wna
derfysg heb iddi dyrfa.
Nid gwell awdl nag awdl ar goedd;
nid cywydd os nad cyhoedd.

Y traddodiad sy'n cadw – a thyfu
yn nerth hafau'r derw,
a'n gŵyl sydd eto'n galw
ar gân iau o'u brigau nhw.

Myrddin ap Dafydd

Cân y Cadeirio: Kees Huysmans (a'r gynulleidfa i ddyblu'r gwpled olaf fel cytgan i bob pennill).

Henffych i'n Prifardd ar fuddugol hynt,
Seiniwn dy enw i'r pedwar gwynt.
Ti ydyw seren beirdd yr ŵyl i gyd
Cenwch yr utgorn i bedwar ban o byd.
Henffych Brifardd! Gweiniwyd llafn y cledd,
Bloeddiodd yr Eisteddfod yn unfryd, Hedd.

Cenwch, gyd-wladwyr, heddiw'n ddiwahardd;
Cenwch wrogaeth i Gadair y Bardd.
Gorsedd dehonglwr ein breuddwydion mud,
Gorsedd y Gwir yn erbyn y Byd.
Henffych Brifardd! Gweiniwyd llafn y cledd,
Bloeddiodd yr Eisteddfod yn unfryd, Hedd.

Ninnau, gymrodyr, eiliwn ein boddhad;
Calon wrth galon yw cri'r Corn Gwlad.
Llygad goleuni beunydd ar dy lwydd,
Duw a phob daioni iti'n rhwydd.
Henffych Brifardd! Gweiniwyd llafn y cledd,
Bloeddiodd yr Eisteddfod yn unfryd, Hedd.
Cynan (addas.)

Cyfarch: Y Prifardd Aneirin Karadog.

Yna, cyflwynir y Ddawns Flodau er anrhydedd i'r buddugol

Cyflwynydd y Corn Hirlas: Mared Wyn Hughes

Macwyaid y Llys: Bradley Richard Jones a Rhodri Morris Williams

Cyflwynydd y Flodeuged: Eurgain Sara Lloyd

Morynion y Llys: Elliw Mair Huws a Greta Fflur Keen

Merched y Ddawns Flodau: Ysgolion Cynradd Bodedern, Bryngwran, Corn Hir, Goronwy Owen, Rhosybol, Santes Gwenfaen, Llanfairpwll, Llanfechell, Llannerch-y-medd, Morswyn, Y Borth ac Y Graig.

Esyllt Carlisle, Begw Dafydd, Lwsi Dafydd, Mabli Dafydd, Naomi Rhys Evans, Glesni Eleth Griffiths, Megan Lois Griffiths, Lexie Hussey, Rhianna Heminsley-Huws, Cadi Jen Huws, Megan Angharad Jones, Awen Haf Jones, Chloe Jones, Eli Jones, Mali Telford Jones, Marlee Jones, Non Fflur Jones, Sara-Mai Jones, Glain Keiley, Cara Michael, Elan Mai Owen, Mai Owen, Mia Fflur Owen-Hughes, Nel Palmer, Nel Angharad Parry, Alaw Haf Roberts, Lili Môn Thomas

Hyfforddwyd y dawnswyr gan Mair Jones, Mary Evans, Lowri Angharad, Fiona Bridle ac Olwen Green

Ymgynghorydd: Prydwen Elfed-Owens

Telyn: Gwenan Telynores Cymerau

Organydd: Ilid Anne

Hen Wlad fy Nhadau

Arweinir y bardd buddugol allan gan yr Archdderwydd, a'r Orsedd yn eu hebrwng.

Pagoda

09:00
Rhagwrandawiad: Parti Alaw Werin hyd at 20 mewn nifer (2)

10:15
Rhagwrandawiad: Parti Cerdd Dant hyd at 20 mewn nifer (16)

12:00
Rhagbrawf: Unawd yr Hen Ganiadau 19 oed a throsodd (43)

17:30
Rhagwrandawiad: Côr Cerdd Dant dros 20 mewn nifer (15)

18:30
Rhagwrandawiad: Côr Llefaru dros 16 o leisiau (138)

Stiwdio

09:00
Rhagwrandawiad: Parti Llefaru hyd at 16 o leisiau (139)

14:00
Rhagbrawf: Cystadleuaeth Goffa Lady Herbert Lewis i rai 21 oed a throsodd (4)

Dawns

14:00
Rhagbrawf: Unawd Lieder / Cân Gelf 19 oed a throsodd (42)

Eglwys Plwyf Bodedern

09:00
Rhagbrawf: Unawd Mezzo-Soprano / Contralto / Gwrth-denor 25 oed a throsodd (37)

Y Babell Lên

Trefnir gan yr Eisteddfod

Noddir y gweithgareddau llenyddol gan

10:45
Dathlu bywyd Gareth F Williams

Cyfle i hel atgofion am yr awdur arbennig gyda Bethan Gwanas Rhisiart Arwel, Teleri Ann Jones a Cai Fôn Davies.

11:45
Stori Cyn Cinio!

Judith Humphreys sy'n adrodd stori Tom Parri Jones, *Teisennau Berffro*.

12:30
Hedd Wyn: Canrif o Gofio

Dwy gerdd o bob degawd o 1917-2017, ac ugain o gerddi newydd wedi'u comisiynu gan feirdd newydd. Y Bardd Cenedlaethol, Ifor ap Glyn, sy'n arwain y sesiwn. Dan ofal Gwasg Carreg Gwalch (Bedwen Lyfrau)

Rhan o raglen Canmlwyddiant Hedd Wyn

13:15
Martin Luther, William Salesbury a Griffith Jones, Llanddowror: Etifeddiaeth y Diwygiad Protestannaidd, 1517-2017

D Densil Morgan sy'n traddodi Darlith Prifysgol Cymru a Phrifysgol Cymru Y Drindod Dewi Sant

14:15
Rownd Derfynol Ymryson y Beirdd

Gwobrau:
1. Tlws Rolant o Fôn a £200 (Er cof am Mr a Mrs HRM Hughes, Penrhos, Bodedern gan y teulu)
2. £150
3. £75
(£275 Gruffydd Aled ac Éimear Williams, Dolau, Bow Street)

Yr Englyn Cywaith Gorau: Cyflwynir Tlws T Arfon Williams a £100 (rhoddedig gan deulu y diweddar T Arfon Williams).

Gweler dydd Mawrth am fanylion llawn.

16:00
Awdur y Dydd

Rhoi Lliw ar Gynfas Du. Dewi Prysor sy'n trafod ei waith. Bydd sesiwn holi ac ateb ar Lwyfan y Llannerch am 17:00.

17:45
Slot Chwarter i Chwech

Sgwrs a Chân yng nghwmni'r brodyr, Ems a Tudur Huws Jones.

Llwyfan y Llannerch

Trefnir gan yr Eisteddfod

Noddir y gweithgareddau llenyddol gan

10:30
Dysgu Cynganeddu

Gyda Geraint Roberts (Ysgol Farddol Caerfyrddin).

12:30
Picnic 4 a 6

Meic Stevens, Geraint Løvgreen, Pod, Elis Dafydd, Rhys Iorwerth a mwy.

13:30
Barddas yn cyflwyno Prentisiaid wrth eu Crefft

Un o dîmau ieuengaf cyfres Talwrn y Beirdd – cyfle i glywed cynnwrf cerddi a chaneuon Gethin Wynn Davies, Grug Muse, Iestyn Tyne ac Alun Williams.

14:30
Hedd Wyn: Sgriptio sioe newydd Mewn Cymeriad

Gyda Anni Llŷn.

Rhan o raglen Canmlwyddiant Hedd Wyn.

15:30
Slot y Gweisg: I Wyneb y Ddrycin – Hedd Wyn, Yr Ysgwrn a'r Rhyfel Mawr

Iola Wyn yn holi Haf Llewelyn. Sesiwn yng ngofal Cyhoeddiadau Barddas.

Rhan o raglen Canmlwyddiant Hedd Wyn.

17:00
Slot Awdur y Dydd

Alun Cob yn holi a sgwrsio gyda Dewi Prysor.

Gŵyl Llên Plant

Trefnir gan yr Eisteddfod

Cefnogir gan Gronfa Park-Jones

Noddir y gweithgareddau llenyddol gan

11:00
Migldi Magldi: Dawns yr Anifeiliaid

Gweler dydd Llun am fanylion llawn.

12:00
Hedd Wyn – Mewn Cymeriad

Cyfle i gyfarfod Hedd Wyn, enillydd y Gadair Ddu union ganrif yn ôl, mewn perfformiad wedi'i anelu at blant 6-11 oed. Pwy oedd y bardd o Drawsfynydd, a beth ddigwyddodd iddo gan mlynedd yn ôl? Dewch i glywed y stori drist am y milwr ifanc

Rhan o raglen Canmlwyddiant Hedd Wyn.

13:00
Na, Nel!: Sbri Sbwriel

Hwyl a sbri gyda *Na, Nel!*

14:00
Yoga i Blant

Gweler dydd Llun am fanylion llawn.

15:00
Comedi @ Gŵyl Llên Plant

Rhan o #gwylgomedisteddfod

16:00
Hedd Wyn – Mewn Cymeriad

Gweler uchod.

17:00
Stori Cyn Troi: Charlie a'r Ffatri Siocled - Gareth Potter

Gareth Potter sy'n darllen addasiad Cymraeg Elin Meek o *Charlie and the Chocolate Factory* gan Roald Dahl.

Theatr y Maes

Trefnir gan yr Eisteddfod

Noddir gan

12:00
Gwobrwyo enillwyr yr Adran Ddrama

Cyflwyno enillwyr cystadlaethau yr Adran Ddrama

107. Cyfansoddi drama (cystadleuaeth arbennig i rai dan 25 oed) yn addas i'w pherfformio gyda hyd at 4 cymeriad

Beirniad: Branwen Davies, William Gwyn

Gwobr: £200 (Wendy Williams, Llandegfan er cof am ei phriod Dafydd Huw Williams)

108. Trosi un o'r canlynol i'r Gymraeg
Rhaid defnyddio'r fersiwn a nodir isod:
'Barbarians', Barrie Keeffe
'Girls Like That', Evan Placey
'The Woman in Black', Stephen Mallatratt
Bydd y sgriptiau sy'n cael eu cymeradwyo gan y beirniaid yn cael eu gyrru i CBAC a WAPA

Beirniad: Dafydd Llewelyn

Gwobr: £400 (Myfanwy Williams, Bryn Clorion, Talwrn er cof am ei phriod WJ Williams)

109. Cyfansoddi dwy fonolog gyferbyniol heb fod yn hwy na 4 munud yr un

Beirniad: Iola Ynyr

Gwobr: £200 (Gwilym ac Ann Hughes, Porthaethwy er cof am John a Jane Smith, Tryfan, Llanfairpwllgwyngyll)

110. Cyfansoddi drama radio Gymraeg na chymer fwy na 30 munud i'w darlledu

Beirniad: Ffion Emlyn

Gwobr: £200 (Wendy Williams, Llandegfan er cof am ei phriod Dafydd Huw Williams)

111. Cystadleuaeth i rai dan 19 oed i greu ffilm ar declyn digidol, heb fod yn hwy 10 munud o hyd

Beirniad: Eilir Pierce

Gwobr: £200 (Meirion Williams, Llanelli er cof am ei briod Ann)

14:00
Dathlu #Baracaws40

Pen-blwydd hapus iawn i Theatr Bara Caws. Dewch draw i Theatr y Maes i ddathlu'r 4-0 mawr!

16:00
Romans! – Theatr Fach Llangefni

Os am lond bol o chwerthin, teithiwch yn ôl i Oes y Rhufeiniaid yng nghwmni Macsen Llacbeth o lwyth y Carreglefnws a'i deulu. Mae Macsen a'i fab Bleddyn o Fôn Dirion Dir yn cael eu herwgipio gan y Rhufeiniaid i ymladd fel gladiatoriaid yn yr amffitheatr fawr yn Rhufain. Beth fydd tynged y ddau, tybed?

Hon yw'r ddeuddegfed sioe mae'r criw wedi'i llwyfannu, ac mae'r sioeau bob amser yn boblogaidd iawn – er nad ydi hon yn addas i blant a phobl gul eu meddwl!

Ysgrifennwyd y sgript gan Marlyn Samuel ac Iwan Evans, a'r caneuon gan Iwan Evans **#gwylgomedisteddfod**

Cwt Drama

Partneriaeth rhwng

11:00
Dewch i Ganu gyda Opera Cenedlaethol Cymru

Mae'r sesiynau 45 munud yn rhad ac am ddim, ac mae croeso i deuluoedd ac unigolion o bob oed gymryd rhan. Nid oes angen profiad i ymuno – mae gwahoddiad i bawb ddod i ganu! Yn ystod y gweithdy byddwch yn dysgu a pherfformio caneuon megis 'Cân y Toreador' a 'Sosban Fach' trwy ddefnyddio sgriniau rhyngweithiol CânSing, ac yn perfformio ochr yn ochr â chantorion opera WNO.

13:00
Dewch i Ganu gyda Opera Cenedlaethol Cymru

Gweler 11:00.

15:00
Dewch i Ganu gyda Opera Cenedlaethol Cymru

Gweler 11:00.

18:00
Estron – Hefin Robinson

Gweler nos Lun am fanylion llawn.

Sinemaes

Cydlynir Sinemaes gan BAFTA Cymru gyda'r partneriaid canlynol:

Y Gymdeithas Deledu Frenhinol, Archif Genedlaethol Sgrîn a Sain Cymru, Canolfan Ffilm Cymru, Chapter, BBC Cymru Wales, BFI NET.WORK, Undebau'r Diwydiannau Creadigol yng Nghymru, Cwmni Pendraw, Gorilla, Into Film Cymru, S4C a TAC gyda chefnogaeth yr Eisteddfod a Chyngor Celfyddydau Cymru.

10:00
Y Labordy

Arddangosfa o waith creadigol wedi ei guradu gan gyfranogwyr Y Labordy 2017, sef menter uchelgeisiol sydd wedi'i theilwra ar gyfer cyfarwyddwyr newydd a darpar-gyfarwyddwyr ffilm, theatr a theledu sy'n gallu gweithio trwy gyfrwng y Gymraeg

Oedran: 12

Cynhyrchwyd gan Ffilm Cymru Wales, BFI NET.WORK WALES, S4C a Chyngor Celfyddydau Cymru.

11:00
Lansiad: Straeon Iris 2

Mae Straeon Iris yn gynllun i annog rhagor o straeon LGBT ar gyfer y sgrîn yn y Gymraeg. Mae'r cynllun yn bartneriaeth rhwng Gwobr Iris, S4C a BFI NET.WORK a Ffilm Cymru Wales. Dyma gyfle i ddarganfod mwy am y cynllun ac i holi'r trefnyddion. Bydd cyfle i weld *Afiach* gan yr awdur Bethan Marlow a'r cyfarwyddwr Carys Lewis - y ffilm fer gyntaf a wnaed gan Straeon Iris.

Oed Targed: 15

Cynhyrchwyd gan Iris Prize

12:00
Dangosiad: Arfordir Cymru ar Ffilm

Gweler bore Sadwrn am fanylion llawn.

13:00
Premiere: Deian a Loli – Sesiwn holi ac ateb i ddilyn

Dangosiad cyntaf pennod gyntaf cyfres newydd *Deian a Loli,* sef cyfres i blant am efeilliaid direidus a'u pŵerau hudol. Dilynir gan sesiwn holi ac ateb gyda'r cynhyrchwyr

Oedran: Pob oed

Cynhyrchwyd gan S4C.

14:30
Rhag-ddangosiad arbennig: Pennod nos Lun Pobol y Cwm

Yn dilyn y digwyddiadau enfawr diweddar yng Nghwmderi, ydych chi'n dyheu i weld pennod nos Lun *Pobol y Cwm?* Dewch draw i weld rhag-ddangosiad arbennig o'r bennod nesaf o ddrama-gyfres BBC Cymru ar gyfer S4C

Oedran: Pob oed

Cynyhrchwyd gan S4C.

16:30
Y Seremoni ar y Sgrîn Fawr

Cyfle i wylio Seremoni'r Cadeirio ar y sgrîn fawr.

Oedran: Pob oed

Cynhyrchwyd gan Y Gymdeithas Deledu Frenhinol yng Nghymru.

18:00
Dangosiad: Galesa – gyda sesiwn ar gyfarwyddo gyda Lee Haven Jones

Dyma ddrama unigryw wedi'i ffilmio ym Mhatagonia gyda thrigolion Y Wladfa. Mae'r ffilm yn adrodd hanes actores – sydd bellach yn byw yng Nghaerdydd – yn mynd ar daith i'r Ariannin i ymweld â'i theulu yn ystod 150 mlwyddiant sefydlu'r Wladfa. Mae hi'n ffilm am hunaniaeth a dyfalbarhâd sy'n profi bod disgynyddion y Cymry a laniodd ym Mhatagonia ym 1865 yn dal i oroesi, er gwaethaf pawb a phopeth

Enillodd Lee Haven Jones Wobr BAFTA Cymru am gyfarwyddo yn 2016, a bydd yn trafod ei waith ar ôl y dangosiad

Oedran: 12+

Cynhyrchwyd gan BAFTA Cymru.

Theatr Stryd
Trefnir gan yr Eisteddfod

10:30
Bore Da gyda chymeriadau Cyw

Gweler dydd Sadwrn am fanylion llawn

Lleoliad: Y Ganolfan Ymwelwyr.

10:30
Kitsch n Sync

Gweler dydd Mercher am fanylion llawn.

Lleoliad: Y Ganolfan Ymwelwyr.

11:00
Sgiliau Syrcas

Gweler dydd Sadwrn am fanylion llawn

Lleoliad: Stondin Sgiliau Syrcas.

11:00
Bwystfilod – Theatr Bara Caws

Gweler dydd Llun am fanylion llawn

Lleoliad: Pentref Drama.

12:30
Priodas Crashio Car – Gary a Pel

Antur cartŵn 10 munud o hyd i bob oedran ei fwynhau, yn cynnwys hiwmor, colbio a dawns ddeinamig.

Comisiynwyd gan Articulture, mewn cydweithrediad â Chonsortiwm Comisiynu Celfyddydau Awyr Agored Cymru. Cefnogwyd gan Gyngor Celfyddydau Cymru

Lleoliad: Pentref Drama.

15:00
Priodas Crashio Car – Gary a Pel

Gweler uchod

Lleoliad: Pentref Drama.

17:00
Kitsch n Sync

Gweler dydd Mercher am fanylion llawn.

Lleoliad: Bar Syched a'r Pentref Drama.

20:45
Kitsch n Sync

Gweler dydd Mercher am fanylion llawn.

Lleoliad: Llwyfan y Maes a Chaffi Maes B.

Beic Disgo #maesb20

Gweler dydd Sadwrn am fanylion llawn.

Tŷ Gwerin

Trefnir gan yr Eisteddfod

Partneriaid: Trac, Clera a Chymdeithas Genedlaethol Dawns Gwerin Cymru Cefnogir gan

09:30
Yoga@Maes

Gweler dydd Sadwrn am fanylion llawn.

11:00
Sesiwn Werin

Gweler dydd Llun am fanylion llawn.

13:00
Morfa

Meg Eliza Cox, Osian Gruffydd a Rhys Morris yw tri o'r cerddorion ifanc mwyaf cyffrous a thalentog yng Nghymru heddiw. Maent yn chwarae alawon a chaneuon traddodiadol o Gymru a thu hwnt a hefyd yn perfformio stepio Cymreig.

14:00
Gwilym Bowen Rhys

Mae Gwilym Bowen Rhys yn ganwr ifanc o Fethel yn Arfon ac yn adnabyddus fel aelod o Plu, a chyn-aelod o'r Bandana. Mae hefyd yn ymddiddori yn y traddodiad cerddorol Cymreig, ac fel perfformiwr unigol yn canu cymysgedd o hen ganeuon a chaneuon gwreiddiol gan roi bywyd newydd i'r hen alawon.

15:00
Props ar y Pryd (97)

Cystadleuaeth hwyliog i unrhyw nifer o ddawnswyr. Rhaid cofrestru yn ystod yr awr cyn y gystadleuaeth – a bydd y testun, props a'r gerddoriaeth yn cael eu dewis a'u datgelu yn ystod yr amser cofrestru. Rhaid defnyddio cyfeilydd swyddogol y gystadleuaeth. Y ddawns i bara rhwng 2 a 3 munud.

Beirniaid: Bethan Williams-Jones, Eirian Llewelyn Davies

Gwobrau:
£300 i'w rhannu yn ôl dymuniad y beirniaid.

17:00
Patrobas

Aelodau Patrobas yw Wil Chidley (Gitâr, Llais, Banjo, Mandolin) o Dudweiliog, Iestyn Tyne (Ffidil, Mandolin) o Foduan, Carwyn Williams (Gitâr fâs) o Forfa Nefyn a Ronw Roberts (Drymiau) o Roshirwaun – i gyd ym Mhen Llŷn, Gogledd Cymru. A hwythau'n grŵp ifanc o Lŷn, mae'n debyg nad yw'n syndod bod Cowbois Rhos Botwnnog yn un o'r grwpiau Cymraeg sydd wedi dylanwadu arnyn nhw.

18:15
Mynediad am Ddim

Ffurfiwyd Mynediad am Ddim gan griw o fyfyrwyr ym Mhrifysgol Aberystwyth yn 1974, ac ers hynny maent wedi'u sefydlu'u hunain fel un o grwpiau gwerin mwyaf poblogaidd Cymru.

20:00
Jamie Smith's MABON

Gallech chi ddisgrifio cerddoriaeth Jamie Smith's MABON fel cerddoriaeth byd, rhyng-Geltaidd, wreiddiol. Wedi'i chyfansoddi gan Jamie Smith a'i dehongli gan chwech o gerddorion medrus, fe'i hysbrydolir gan gerddoriaeth werin draddodiadol y gwledydd Celtaidd – cerddoriaeth rhyng-Geltaidd sy'n arbrofi gyda ffurfiau a moddau cerddoriaeth Celtaidd a'u ffurfio'n rhywbeth newydd, beiddgar.

Maes D

Trefnir gan yr Eisteddfod

Cefnogir gan

11:00
Sesiwn Celf a Chrefft

Ymunwch â chriw Merched y Wawr am sesiwn gelf a chrefft.

12:00
Sesiwn stori – Chwedlau

Chwedlau o Gymru gyda'r storïwyr Marion Oughton a Fiona Collins.

13:00
Gweithdy Rownd a Rownd

Dewch i ymuno gyda'ch hoff gymeriadau mewn gweithdy gyda rhai o gast y rhaglen boblogaidd.

14:00
Cwis

Disgyblion o ysgolion uwchradd lleol fydd yn brwydro yn erbyn ei gilydd yn ein cwis ym Maes D!.

15:00
Bandiau Bocsŵn – Menter Iaith Môn

Mae Bocsŵn yn darparu cyfleoedd unigryw i blant a phobl ifanc weithio gyda cherddorion profiadol sy'n eu hannog a'u hysbrydoli i ddysgu sgiliau newydd – chwarae offerynnau, cyfansoddi cerddoriaeth a gwaith recordio mewn stiwdio. Bydd rhai o'r bandiau yma i berfformio!

16:30
Gwylio Seremoni'r Cadeirio

Dewch atom i Faes D i wylio un o seremonïau pwysicaf yr wythnos.

17:30
Gweithdy Gwerin – Jamie Smith's MABON

Band sy'n estyn ar draws ffiniau yw Jamie Smith's MABON. Mae'r cerddorion yn byw yng Nghymru, Lloegr ac Ynys Manaw, a naws eu cerddoriaeth wreiddiol, rhyng-Geltaidd yn tarddu o bob cwr o'r byd Celtaidd.

Gwyddoniaeth a Thechnoleg

Partneriaeth rhwng

Gweler dydd Sadwrn am weithgareddau sy'n digwydd drwy'r wythnos.

10:00
Codio, cylchedau, cerddoriaeth a'r Fenai

Gweler bore Sadwrn am fanylion llawn.

11:00
Calonnau Cymru: Hyfforddiant Diffibriliwr

Gweler bore Sadwrn am fanylion llawn.

12:00
Ras Fformiwla 1
Gweler bore Sadwrn am fanylion llawn.

12:30
Sioe Wyddoniaeth Wych
Gweler dydd Sadwrn am fanylion llawn.

13:15
Sioe William Jones, Mathemategydd Môn

Gweler dydd Sadwrn am fanylion llawn.

14:00
Dehongli'r Amgylchedd Naturiol ym Môn

Nerys Lloyd Mullally sy'n trafod gwaith ymchwil sy'n defnyddio dulliau dehongli i ddal sylw ac ennyn diddordeb unigolion ym mhobl, amgylchedd naturiol a chreiriau unigryw Môn. Darlith Flynyddol Cymdeithas Edward Llwyd. Sesiwn yn Cymdeithasau 1.

14:00
Cystadleuaeth Cael Wil i'w Wely (136)

Gweler dydd Mawrth am fanylion llawn.

15:15
Ras Fformiwla 1

Gweler bore Sadwrn am fanylion llawn.

15:45
Sioe Wyddoniaeth Wych

Gweler dydd Sadwrn am fanylion llawn.

16:30
Ras Fformiwla 1

Gweler bore Sadwrn am fanylion llawn.

Y Lle Celf

Trefnir gan yr Eisteddfod
Cefnogir gan

12:00
Paentio mewn Pwythau – Tecstilau Edrica Huws

Catherine Huws Nagashima a Daniel Huws sy'n trafod gwaith un o artistiaid pwysicaf Môn.

Sesiwn yn Cymdeithasau 1.

Cymdeithasau 1

Cefnogir gan

Cynulliad Cenedlaethol Cymru · National Assembly for Wales

10:00
Y Ddraig Goch a'r Faner Goch: Sosialaeth, Cymru a'r Dyfodol

Sgwrs gan Huw Ll Williams, Cymdeithas Niclas y Glais.

11:00
Dawn Môn

Y Parch. Emlyn Richards sy'n traddodi darlith Cymdeithas Capel ac Ymddiriedolaeth Addoldai Cymru.

12:00
Paentio mewn Pwythau - Tecstilau Edrica Huws

Catherine Huws Nagashima a Daniel Huws yn trafod gwaith yr artist mewn sesiwn o dan ofal Y Lle Celf.

13:00
Hyrwyddo Heddwch a Chofio Hedd Wyn

Bydd Y Parch. Emlyn Richards yn cynnig Gair o Brofiad, a Robin Gwyndaf yn cyflwyno cyfrol newydd, *Cofio Hedd Wyn: Atgofion Cyfeillion a Detholiad o'i Gerddi Difyr a Dwys*. Trefnir gan Gymdeithas y Cymod

Rhan o raglen Canmlwyddiant Hedd Wyn

14:00
Dehongli'r Amgylchedd Naturiol ym Môn

Nerys Lloyd Mullally sy'n trafod gwaith ymchwil sy'n defnyddio dulliau dehongli i ddal sylw ac ennyn diddordeb unigolion ym mhobol, amgylchedd naturiol a chreiriau unigryw Môn. Darlith Flynyddol Cymdeithas Edward Llwyd.

15:00
Ail-greu neuadd frenhinol ar sail Llys Rhosyr

Dafydd Wiliam, Prif Guradur Adeiladau Hanesyddol Amgueddfa Cymru sy'n trafod y gwaith o ail-greu Llys y Tywysogion yn Aberffraw yn Amgueddfa Werin Cymru, Sain Ffagan. Trefnir gan Y Lle Hanes.

Cymdeithasau 2

Cefnogir gan

Cynulliad Cenedlaethol Cymru · National Assembly for Wales

11:30
Dau Ddegawd Datganoli yng Nghymru

Cyfle i wrando ar sylwebyddion blaenllaw ym myd datganoli a darlledu yn trafod datganoli yng Nghymru dros y ddau ddegawd diwethaf. Trefnir y sesiwn ar y cyd gan Gynulliad Cenedlaethol Cymru, BBC Cymru Wales a Phrifysgol Caerdydd.

12:30
Merched, Môn a'r Môr

Yr actores a'r awdur Manon Eames sy'n talu teyrnged i gyfraniadau'r haneswyr Aled Eames a Robin Evans, a thrafod hanesion menywod a'r môr. Sesiwn dan ofal Archif Menywod Cymru.

13:30
Cyfarfod Blynyddol

Llys yr Eisteddfod Genedlaethol.

14:30
Aduniad Ysgol Uwchradd Tregaron

Dwynwen Lloyd Llewelyn yw gwestai'r gymdeithas eleni.

15:30
Ysgol Feddygol i'r Gogledd

Rhun ap Iorwerth sy'n dadlau o blaid creu ysgol feddygol yng ngogledd Cymru. Sesiwn Plaid Cymru.

Theatr Genedlaethol Cymru

Hollti

gan Manon Wyn Williams

DYDD MAWRTH 8 AWST — DYDD GWENER 11 AWST 20:00
(Nos Fawrth 8 Awst: Rhag-ddangosiad)
Theatr Bro Alaw, Ysgol Uwchradd Bodedern, Ynys Môn

Tocyn cynnar (cyn 30 Mehefin) a Rhag-ddangosiad: £12/£10
Tocyn pris llawn (ar ôl 30 Mehefin): £15/£12
Tocynnau ar werth gan Eisteddfod Genedlaethol Cymru:
eisteddfod.cymru / 0845 4090 800

#Hollti 🐦 @TheatrGenCymru theatr.cymru

Cyngor Celfyddydau Cymru
Arts Council of Wales

**ARIENNIR GAN
Y LOTERI
LOTTERY FUNDED**

Noddir gan
Lywodraeth Cymru
Sponsored by
Welsh Government

**Theatr
Genedlaethol
Cymru**

nos
wener

11 Awst

Nodwch: Gall amserlen cystadlaethau redeg yn fuan neu'n hwyr

Pafiliwn
Noddir gan

Arweinydd: Dei Tomos

18:00
Côr Cymysg heb fod yn llai nag 20 mewn nifer (28)

Rhan 1

Rhaglen o gerddoriaeth hunanddewisiad hyd at 12 munud o hyd i gynnwys darn digyfeiliant a darn gan gyfansoddwr o Gymro.

Beirniaid: Richard Elfyn Jones, Beryl Lloyd Roberts, Geraint Roberts

Gwobrau:
1 Cwpan Sefydliad Gweithwyr Tredegar i'w ddal am flwyddyn a £750 (Côr Meibion Y Traeth)
2. £500 (£250 Idris Alan a Vai Jones, Llandegfan; £250 Ieuan Elfryn ac Alwena Jones, Caergybi)
3. £300 (Clwb Rotari Llangefni)

Cyflwynir Medal Goffa Morfydd Vaughan Evans i arweinydd y côr buddugol

Ymgeiswyr:
1. Côr Eifionydd
2. Côr CF1
3. Côr Esceifiog
4. Côr Llanddarog a'r Cylch

Noddir gan

19:05
Côr Alaw Werin dros 20 mewn nifer (1)

(a) Unsain: 'Suo Gân'
(b) Trefniant i 3 neu fwy o leisiau o unrhyw gân werin draddodiadol wrthgyferbyniol ac eithrio'r rhai a osodwyd yn yr adran hon eleni

Beirniaid: Delyth Medi, Eleri Roberts

Gwobrau:
1. Tlws Parti'r Ffynnon i'w ddal am flwyddyn a £500 (£200 Eryl a Myfanwy Jones, Bodffordd; £200 Er cof am Richard Evans, Nantfadog, Tregaian; £100 Er cof am Olwen Lewis, Caergybi)
2. £300 (Gwilym a Beti W Williams, Rhyd yr Aeron, Llangefni)
3. £200 (Er cof am Richard Evans, Nantfadog, Tregaian)

Ymgeiswyr:
1. Côr yr Heli
2. Lleisiau'r Nant
3. Côr Eifionydd

19:25
Côr Cerdd Dant dros 20 mewn nifer (15)

Detholiad penodol o 'Bedwyr Lewis Jones', Gerallt Lloyd Owen

Cainc: 'Cymerau', Nan Elis

Beirniaid: Menai Williams, Mari Watkin

Telynau: Dylan Cernyw, Alecs Peate

Gwobrau:
1. Cwpan Syr Harry Brittain, er cof am Delynores y G'lomen Wen, i'w ddal am flwyddyn a £500 (Er cof am Beti Wyn a Wil Rolant, Rhostryfan gan John a Mattie Hughes, Llanberis)
2. £300 (Trefor ac Olwen Williams, Parc Carafanau Penrhyn, Llanfwrog)
3. £200 (Eryl a Myfanwy Jones, Bodffordd)

Cyflwynir Medal Goffa Noel John i hyfforddwr y côr buddugol

Ymgeiswyr:
1. Côr yr Heli
2. Côr Merched Llangwm
3. Lleisiau'r Nant

19:50
Côr Cymysg heb fod yn llai nag 20 mewn nifer (28)

Rhan 2

Ymgeiswyr:
5. Côrdydd
6. Côr Dre
7. CODA
8. Côr Capel Cymreig y Boro, Llundain

20:55
Beirniadaeth cystadleuaeth (1)

Beirniad: Delyth Medi

21:05
Côr Llefaru dros 16 o leisiau (138)

'Perllan hefyd a roddwyd i mi', Dewi Jones.

Beirniaid: Rhian Evans, Garry Owen, Haf Evans

Gwobrau:
1. Cwpan Rhys Bowen i'w ddal am flwyddyn a £500 (Teulu Pen y Bryn, Llynfaes)
2. £300 (Er cof am HRM Hughes, Penrhos, Bodedern gan y teulu)
3. £200 (Hogan Aggregates [Chwarel Gwyndy])

Ymgeiswyr:
1 Atgo' Peithian
2. Parti Marchan
3. Lleisiau Cafflogion
4. Côr Sarn Helen
5. Genod Llŷn
6. Genod Glannau Dwyfach
7. Lleisiau'r Fro

21:55
Beirniadaeth cystadleuaeth (15)

Beirniad: Menai Williams

22:05
Beirniadaeth cystadleuaeth (28)

Beirniad: Richard Elfyn Jones

22:15
Beirniadaeth cystadleuaeth (138)

Beirniad: Rhian Evans

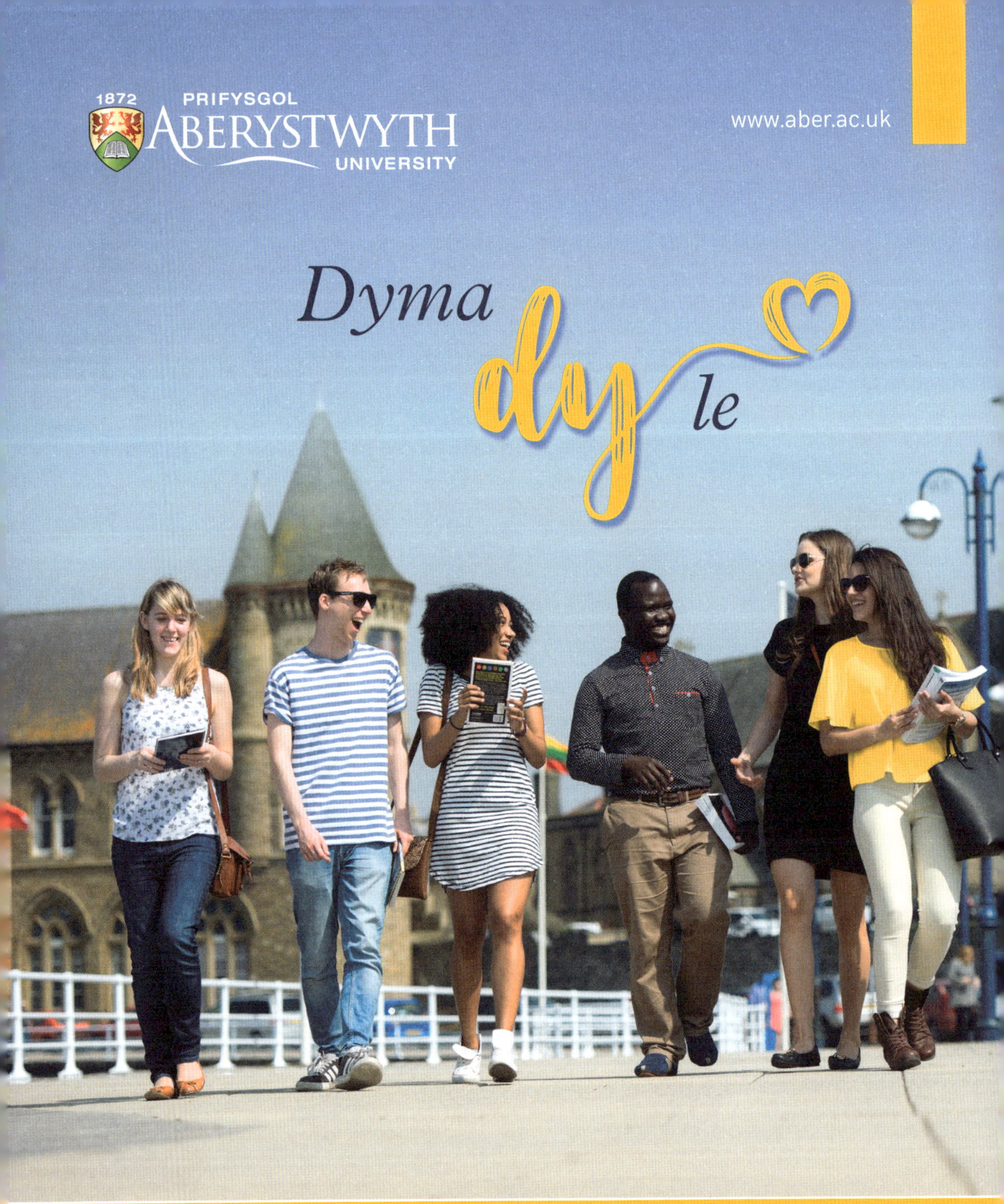

www.aber.ac.uk

Dyma dy le

Diwrnodau Agored 2017

- Dydd Mercher 12fed o Orffennaf
- Dydd Sadwrn 16eg o Fedi
- Dydd Sadwrn 14eg o Hydref
- Dydd Sadwrn 11eg o Dachwedd

Diwrnod Agored *Ar-lein*

- Dydd Mercher 6ed o Ragfyr

www.aber.ac.uk/diwrnodagored

GORAU
YNG NGHYMRU
A RHIF 4 YN Y DU
★★★ ACM 2016 ★★★
AM FODLONRWYDD
MYFYRWYR

#CaruAber

dydd sadwrn

12 Awst

Pafiliwn

Noddir gan

Arweinyddion: Nia Thomas, Betsan Powys, Nic Parry

10:00
Grŵp Offerynnol Agored (59)

Tri aelod neu fwy. Rhaglen hunanddewisiad hyd a 10 munud.

Beirniaid: Peryn Clement-Evans, Catrin Morris Jones, Gareth Owen, Bari Gwilliam, Daire Roberts

Gwobrau:
1. £300 (Ymddiriedolaeth James Pantyfedwen)
2. £200 (Heulwen Richards, Bae Trearddur, Caergybi)
3. £100 (Rhoddedig gan Arthur Lloyd Owen er cof am ei wraig [Alawes yr Wyddfa])

Ymgeiswyr:
1. Enlli, Awen a Lleucu
2. Hanner Dwsin
3. Emily, Nia, Manon a Mared
4. Ensemble Chwyth Gwasanaeth Ysgolion William Mathias
5. A5
6. Triawd Ysgol Tryfan

11:20
Unawd Lieder / Cân Gelf 19 oed a throsodd (42)

'Y Lleian Ifanc', Schubert

Y geiriau Cymraeg gan John Stoddart

'Nosgan Serch', Schubert

Y geiriau Cymraeg gan TH Parry-Williams

'Y Diamynydd', Schubert

Y geiriau Cymraeg gan John Stoddart

'I ble?', Schubert

Y geiriau Cymraeg gan John Stoddart

' Mae'r Tylwyth Teg yn galw', Schumann

Y geiriau Cymraeg gan Mererid Hopwood

'Ni ffromaf ddim', Schumann

Y geiriau Cymraeg gan Pennar Davies

'Lloergan', Schumann

Y geiriau Cymraeg gan John Stoddart

'Ymgysegriad', Schumann

Y geiriau Cymraeg gan Harri Williams

'Y tân brigau bach', Songs of Travel, Vaughan Williams

Y geiriau Cymraeg gan Dafydd Wyn Jones

'Ieuenctid a Serch', Songs of Travel, Vaughan Williams

Y geiriau Cymraeg gan Dyfnallt Morgan

'Hwiangerdd', A Charm of Lullabies, Benjamin Britten

Y geiriau Cymraeg gan John Stoddart

'Hwiangerdd Sephestia', A Charm of Lullabies, Benjamin Britten

Y geiriau Cymraeg gan Dafydd Wyn Jones

Beirniaid: Gareth Rhys-Davies, Anthony Stuart Lloyd

Cyfeilydd: Rhiannon Pritchard

Gwobrau:
1. £100
2. £60
3. £40
(£200 Eurfryn a Sian Arwel Davies, Llandegfan)

Noddir gan

11:40
Cystadleuaeth Goffa Lady Herbert Lewis i rai 21 oed a throsodd (4)

Unrhyw ddwy gân werin draddodiadol wrthgyferbyniol ac eithrio'r rhai a osodwyd yn yr adran hon eleni, i'w canu yn y dull traddodiadol, yn ddigyfeiliant.

Beirniaid: Einir Wyn-Williams, Delyth Medi, Eleri Roberts, Mair Beech Williams

Gwobr:
Cwpan Lady Herbert Lewis i'w ddal am flwyddyn, Medal (Gwilym, Eirianwen, Lois a Non Williams, Parc Isaf, Ty'n Lôn, Caergybi) a £300 (Cwmni Toffoc, Ynys Môn)

12:05
Canlyniad cystadleuaeth (59)

12:10
Dawns Stepio i Grŵp (91)

Dawns stepio i grŵp o 5 neu fwy gan ddefnyddio camau a cherddoriaeth fyw sydd yn y traddodiad Gwerin Cymreig. Amser: heb fod yn hwy na 5 munud.

Beirniaid: Eirian Llewelyn Davies, Bethan Williams-Jones

Gwobrau:
1. Tlws Coffa Geoff Jenkins a £150 (Roger a Pat Borlace, Llandegfan)
2. £100
3. £50
(£150 Dawnswyr Môn)

Ymgeiswyr:
1. Dawnswyr Talog
2. Clocswyr Conwy
3. Clocswyr Garmon

12:35
Canlyniad cystadleuaeth (42)

12:40
Unawd Cerdd Dant 21 oed a throsodd (21)

(a) 'Breuddwyd', Geraint Lloyd Owen

Cainc: 'Cae Gethin', Mair Carrington Roberts

(b) 'Ysbryd Duw, a fu'n Ymsymud', Cynan

Cainc: 'Rhandir', Mair Carrington Roberts

Beirniaid: Ann E Fox, Mari Watkin

Telyn: Dylan Cernyw

Gwobr:
Tlws Telynores Dwyryd i'w ddal am flwyddyn, Medal (Er cof am Mr a Mrs Hugh L Williams, Tan-y-Garnedd, Pentraeth gan y teulu) a £300 (Rhoddedig gan WJ, Hywel Wyn a Mair er cof am eu rhieni, TJ [Tom] a Jennie Eleanor Edwards, Bow Street, ym mlwyddyn ei chanmlwydd)

13:05
Beirniadaeth cystadleuaeth (4)

Beirniad: Einir Wyn-Williams.

13:15
Araith Llywydd yr Ŵyl, Osian Roberts

Cyflwynir gan Derec Llwyd Morgan, Cadeirydd Pwyllgor Gwaith Eisteddfod Genedlaethol Ynys Môn 2017.

13:45
Beirniadaeth cystadleuaeth (91)

Beirniad: Eirian Llewelyn Davies

13:50
Cystadleuaeth Tlws Cymdeithas Genedlaethol Dawns Werin Cymru (89)

Un uned o dri chwpl: 'Sawdl y Fuwch'

Beirniaid: Liz Cyffin-Roberts, Dai Williams

Gwobrau:
1. Tlws Cymdeithas Genedlaethol Dawns Werin Cymru i'w ddal am flwyddyn a £300 (Er cof am Gilbert a Catherine Guest, Llangefni, rhieni Margaret Hubbard ac Ann Jones)
2. £200 (Mair a John Idris Jones, Llansadwrn er cof am Sioned)
3. £100 (J Beryl Williams, Porthaethwy)

Ymgeiswyr:
1. Dawnswyr Delyn
2. Dawnswyr Twrch Trwyth
3. Dawnswyr Tanat
4. Dawnswyr Talog
5. Dawnswyr Môn
6. Dawnswyr Caernarfon
7. Cwmni Dawns Werin Caerdydd

14:55
Beirniadaeth cystadleuaeth (21)

Beirniad: Ann E Fox

15:05
Côr Meibion heb fod yn llai nag 20 mewn nifer (29)
Rhan 1

Rhaglen o gerddoriaeth hunanddewisiad hyd at 12 munud o hyd i gynnwys darn digyfeiliant a darn gan gyfansoddwr o Gymro.

Beirniaid: Geraint Roberts, Richard Elfyn Jones, Beryl Lloyd Roberts

Gwobrau:
1. Cwpan Cymdeithas Corau Meibion Cymru i'w ddal am flwyddyn a £750 (Ymddiriedolaeth James Pantyfedwen)
2. £500 (Côr Meibion y Foel, Llannerch-y-medd)
3. £300 (Ann, Alwyn ac Arwel i gofio am eu rhieni, Hughie ac Annie Humphreys, Bodffordd)

Cyflwynir Medal Goffa Ivor E Sims i arweinydd y côr buddugol

Ymgeiswyr:
1. Côr Meibion Goronwy
2. Côr Meibion Machynlleth
3. Côr Meibion Taf
4. Côr Meibion Bro Aled

16:10
Deuawd, Triawd neu Bedwarawd Stepio (92)

Gan ddefnyddio camau, patrymau, arddull a cherddoriaeth fyw sydd yn y traddodiad gwerin Cymreig.

Amser: heb fod yn hwy na 4 munud.

Beirniaid: Bethan Williams-Jones, Eirian Llewelyn Davies

Gwobrau:
1. Tlws Coffa Graham Worley a £100
2. £60
3. £40
(£200 Emyr Wyn Williams, Porthaethwy er cof am Delian Haf)

16:25
Beirniadaeth cystadleuaeth (89)

Beirniad: Liz Cyffin-Roberts

16:35
Unawd yr Hen Ganiadau 19 oed a throsodd (43)

Unrhyw unawd o waith cyfansoddwr o Gymro a anwyd cyn 1900 ac eithrio'r dewisiadau yn Rhan B – cystadlaethau 36–39 a 45-48.

Beirniaid: Sian Meinir, Glenys Roberts

Cyfeilydd: Olwen Jones

Gwobrau:
1. £100
2. £60
3. £40
(£200 Evie Jones, Llannerch-y-medd)

Noddir gan

16:55
Triawd neu Bedwarawd Cerdd Dant Agored (18)

'Yn Gymaint i Ti Gofio', Peter M Thomas

Cainc: 'Ysgubor Fawr', Owain Siôn

Beirniaid: Einir Wyn Jones, Menai Williams

Telyn: Alecs Peate

Gwobrau:
1. £150 (Er cof am Tad-cu, Gwyn Thomas, Mynyddygarreg, Sir Gaerfyrddin oddi wrth Gwenllian, Heledd, Tom, Gruff, Alys a Ned)
2. £100 (Er cof am Dewi Roberts, Plas-ym-Mhowys, Treuddyn, Sir y Fflint)
3. £50 (Er cof am Dewi Roberts, Plas-ym-Mhowys, Treuddyn, Sir y Fflint)

17:10
Canlyniad cystadleuaeth (92)

17:15
Gwobr Goffa Llwyd o'r Bryn i rai 21 oed a throsodd (140)

(i) 'Dychwelyd', TH Parry-Williams
(ii) Hunanddewisiad hyd at 6 munud

Beirniaid: Eleri Richards, Haf Evans, Rhian Evans, Garry Owen

Gwobr:
Medal Goffa Llwyd o'r Bryn a £300 (Meinir Owen, Y Groeslon er cof am ei gŵr, Brian, enillydd Gwobr Llwyd o'r Bryn, 1965 a 1968)

17:45
Deuawd o opera, operetta neu oratorio/offeren (44)

Hunanddewisiad hyd at 5 munud

Beirniaid: Gareth Rhys-Davies, Sian Meinir

Cyfeilydd: Jeffrey Howard

Gwobrau:
1. £150 (Rhoddedig gan y teulu er cof am John Coleman, Llandegfan)
2. £100 (Vi Edwards, Llandegfan)
3. £50 (Rheinallt a Rowenna Thomas, Caerdydd)

Noddir gan

Noddir gan Principality Building Society Cymdeithas Adeiladu

18:10
Canlyniad cystadleuaeth (43)

18:15
Côr Meibion heb fod yn llai nag 20 mewn nifer (29)

Rhan 2

Ymgeiswyr:
5. Côr Meibion Caernarfon
6. Côr Meibion Llangwm
7. Côr Meibion Colwyn
8. Côr Meibion y Voel

19:35
Canlyniad cystadleuaeth (18)

19:40
Beirniadaeth cystadleuaeth (140)

Beirniad: Eleri Richards

19:50
Canlyniad cystadleuaeth (44)

19:55
Gwobr Goffa David Ellis – Y Rhuban Glas (40)

Bydd y panel beirniaid yn dewis pedwar cystadleuydd ar draws y categorïau yng nghystadlaethau 36 - 39 i gystadlu ar lwyfan y pafiliwn

(a) Unawd o Rhan A
(b) Unawd o Rhan B

Beirniaid: Arwel Huw Morgan, Nicola Morgan, Andrew Rees

Cyfeilyddion: Jeffrey Howard, Meirion Wynn Jones, Glian Llwyd, Rhiannon Pritchard

Gwobr:
Medal Goffa David Ellis a £200 (Teulu Ysbyllltir er cof am Aeron Gwyn)
Bydd yr enillydd yn derbyn gwahoddiad arbennig i berfformio yn Awstralia dros ddathliadau Gŵyl Ddewi Eglwys Gymraeg Melbourne

Noddir gan

20:40
Beirniadaeth cystadleuaeth (29)

Beirniad: Geraint Roberts.

20:50
Beirniadaeth cystadleuaeth (33)
Y Gân Gymraeg Orau

Cyflwynir Cwpan y Ffiwsilwyr Cymreig i'w ddal am flwyddyn a £250 (Kathleen Owen, er cof am ei phriod Eddie, Gorad, Y Fali) i'r perfformiad gorau gan Gôr yn yr Adran Gorawl, o ddarn gan gyfansoddwr o Gymro.

Beirniad: Richard Elfyn Jones

21:00
Beirniadaeth cystadleuaeth (34)
Côr yr Ŵyl

Bydd y panel beirniaid yn dewis y côr buddugol, a fydd yn derbyn gwobr o £1,000, yn rhoddedig gan Gymdeithas Adeiladu'r Principality, Cwpan y Gwarchodlu Cymreig i'w ddal am flwyddyn, ynghyd â gweithdy gydag arweinydd rhyngwladol yng Nghanolfan y Mileniwm, Caerdydd.

Cyflwynir Baton i arweinydd y côr buddugol sy'n rhoddedig gan Gillian Evans, er cof am ei thad bedydd, Noel Davies.

Beirniad: Beryl Lloyd Roberts

Noddir gan

21:10
Beirniadaeth cystadleuaeth (40)

Beirniad: Arwel Huw Morgan

Pagoda
09:00
Rhagbrawf: Unawd Cerdd Dant 21 oed a throsodd (21)

13:00
Rhagbrawf: Deuawd o opera, operetta neu oratorio/offeren (44)

Stiwdio
09:00
Rhagbrawf: Gwobr Goffa Llwyd o'r Bryn i rai 21 oed a throsodd (140)

13:00
Rhagbrawf: Triawd neu Bedwarawd Cerdd Dant Agored (18)

Dawns
08:45
Rhagbrawf: Dawns Stepio i Grŵp (91)

10:00
Rhagbrawf: Deuawd, Triawd neu Bedwarawd Stepio (92)

11:00
Rhagbrawf: Cystadleuaeth Tlws Cymdeithas Genedlaethol Dawns Werin Cymru (89)

Y Babell Lên

Trefnir gan yr Eisteddfod

Noddir y gweithgareddau llenyddol gan

09:00
Y Daith Lenyddol

Cyfle i fynd hwnt ac yma a chrwydro Bro'r Eisteddfod yng nghwmni John Wyn Jones. Bydd y daith yn gadael o'r tu flaen i'r Ganolfan Ymwelwyr.

10:45
D Tecwyn Lloyd – Rhai Agweddau

Ieuan Parry, Llŷr Gruffydd, Gruffydd Aled Williams a Peredur Lynch sy'n trafod bywyd a gwaith yr awdur, D Tecwyn Lloyd.

11:45
Stori Cyn Cinio!

Manon Wyn Williams sy'n adrodd y stori, *Safwn yn y Bwlch.*

12:30
Hel Hadau Gwawn

Manon Steffan Ros yn holi Annes Glynn am ei chyfrol gyntaf o gerddi, sy'n ystyried hynt amser, angor gwreiddiau a'r ymdeimlad o le. Dan ofal Cyhoeddiadau Barddas (Bedwen Lyfrau).

13:15
Podlediad Byw Clera

Recordiad byw o bennod arbennig o Bodlediad Clera! – pynciau trafod, cerddi, gwers gynghanedd fer ac adloniannol ymysg eitemau difyr a diddorol eraill, gyda Aneirin Karadog ac Eurig Salisbury.

14:15
Cyfarfod y Prif Enillwyr

Rhai o brif enillwyr yr wythnos yn darllen eu gwaith a sgwrsio am y profiad o gystadlu ac ennill yn yr Eisteddfod eleni, yng nghwmni Dei Tomos.

16:00
8 allan o 10 Bardd

Cwis a hwyl yng nghwmni Guto Dafydd, Llŷr Gwyn, Gruffudd Antur, Gwennan Evans, Marged Tudur, Llŷr Titus ac Iwan Rhys.

Llwyfan y Llannerch

Trefnir gan yr Eisteddfod

Noddir y gweithgareddau llenyddol gan

12:30
Picnic 4 a 6

Dathlu'r wythnos a fu gydag Ani Glass, Llŷr Gwyn Lewis a mwy.

13:30
Y Gadair

Cyfle i glywed mwy am gystadleuaeth y Gadair eleni yng nghwmni'r beirniaid a'r enillydd – os oes teilyngdod!

14:30
Stand-yp

Eilir Jones, Noel James.
#gwylgomedisteddfod

15:30
Slot y Gweisg: Ennyd

Cerddi a darluniau am fagu plant, gyda Luned Aaron a John Emyr. Sesiwn yng ngofal Gwasg Carreg Gwalch.

Gŵyl Llên Plant

Trefnir gan yr Eisteddfod

Cefnogir gan Gronfa Park-Jones
Noddir y gweithgareddau llenyddol gan

12:00
Sesiwn Stori - Siân Miriam

Plethu geiriau, chwedloniaeth a cherddoriaeth i greu perfformiadau a sesiynau stori rhyngweithiol. Dewch bawb o bob oed, i wrando ar straeon ac i estyn am offeryn i gynnal y stori – a mwynhau straeon am gymeriadau o'n hynys fechan ni: Mona!.

13:00
Cwis y Pethau Pwysig Iawn – Siân Lewis

Tyrd i ddangos i bawb beth wyt ti'n ei wybod yn ein cwis pethau pwysig gyda Siân Lewis.

14:00
Hedd Wyn – Mewn Cymeriad

Gweler dydd Gwener am fanylion llawn.

15:00
Parti 50 Y Lolfa

Mae'r Lolfa'n dathlu pen-blwydd pwysig iawn eleni, ac mae 'na wahoddiad i ni i gyd i'r parti, lle bydd rhai o gymeriadau enwocaf Cymru'n dod i'n gweld am lond lle o hwyl.

Theatr y Maes

Trefnir gan yr Eisteddfod

Noddir gan

12:00
Sioe Deuluol: Ŵy, Chips a Nain – Cwmni'r Frân Wen

Gweler dydd Llun am fanylion llawn.

14:00
Mewn Sgwrs: Bryn Fôn

Cyfle i glywed hanes yr actor a pherfformiwr sydd wedi actio ar lwyfan, teledu, ac wedi perfformio fel artist unigol a chyda band am flynyddoedd lawer.

16:00
Romans! – Theatr Fach Llangefni

Gweler dydd Gwener am fanylion llawn.
#gwylgomedisteddfod

Cwt Drama

Partneriaeth rhwng

11:00
365 – y Cwmni 17

Perfformiad sy'n archwilio sefyllfa wleidyddol y byd sydd ohoni drwy lygaid saith person ifanc. Mae'n berfformiad eclectig a chorfforol ei naws sy'n archwilio safbwyntiau gwahanol y perfformwyr. Dyma gyflwyniad creadigol sy'n dangos beth sydd o'i le yn y byd, gan gyfleu hynny mewn modd fydd yn difyrru, codi cwestiynau ac yn pigo cydwybod y gynulleidfa.

13:00
Bwci Bo – Dim ond Dwy

Sioe newydd gyffrous gan Llio Silyn a Rhian Morgan. Mae'n sioe llawn hanes a ffeithiau difyr am fwganod benywaidd rhyfeddol Cymru – y trist, y trasig, y doniol, y drygionus a'r direidus. Dewch i glywed y straeon am y merched o'r cysgodion sy'n mynnu ein sylw.

Sinemaes

Cydlynir Sinemaes gan BAFTA Cymru gyda'r partneriaid canlynol:

Y Gymdeithas Deledu Frenhinol, Archif Genedlaethol Sgrîn a Sain Cymru, Canolfan Ffilm Cymru, Chapter, BBC Cymru Wales, BFI NET.WORK, Undebau'r Diwydiannau Creadigol yng Nghymru, Cwmni Pendraw, Gorilla, Into Film Cymru, S4C a TAC gyda chefnogaeth yr Eisteddfod a Chyngor Celfyddydau Cymru.

09:30
Dangosiad: Arfordir Cymru ar Ffilm

Gweler dydd Sadwrn 4 Awst am fanylion llawn.

11:30
Darlleniad o sgript newydd

Yn dilyn darlleniad o sgript newydd o Gymru y llynedd, dyma gyfle i glywed actorion proffesiynol yn darllen sgript newydd fel rhan o gynllun BFI NET.WORK a Sinematig (Ffilm Cymru Wales, S4C, BFI, Edicis). Manylion pellach i'w cael ar-lein.

Oedran: 12
Cynhyrchwyd gan BFI NET.WORK

13:30
Dangosiad gyda cherddoriaeth fyw: Fideo Hud

Gyda chynnydd enfawr mewn fideos cartref oherwydd iPhones ac apiau golygu, mae pobl yn mwynhau chwyldro fideos cartref yr 80/90au unwaith eto. Ar gyfer y digwyddiad yma, mae gwneuthurwyr ffilm ifanc o Flaenau Ffestiniog wedi dod at ei gilydd i ddangos fideos cerddoriaeth Cymraeg o archifau *Fideo 9, I-dot* a *Garij* a chynnig sgôr byw arbennig i fideo o'u dewis nhw. Fe fydd Fideo Hud yn teithio fel rhan o ŵyl ffilm fideo cerddoriaeth Cymraeg ar draws Cymru

Oedran: Pob oed
Cynhyrchwyd gan Cell B, Brodor Youth, Ankst Music, Off y Grid, Haciaith, Archif Sgrîn a Roc, Y Wladfa Newydd, Dyl Goch, Ffarout.

Theatr Stryd

Trefnir gan yr Eisteddfod

10:30
Bore Da gyda chymeriadau Cyw

Gweler dydd Sadwrn 4 Awst

Lleoliad: Y Ganolfan Ymwelwyr.

11:00
Sgiliau Syrcas

Gweler dydd Sadwrn 4 Awst.

Lleoliad: Stondin Sgiliau Syrcas

Beic Disgo #maesb20

Gweler dydd Sadwrn 4 Awst.

Tŷ Gwerin

Trefnir gan yr Eisteddfod

Partneriaid: Trac, Clera a Chymdeithas Genedlaethol Dawns Werin Cymru Cefnogir gan

Cyngor Celfyddydau Cymru
Arts Council of Wales

11:00
Sesiwn Werin

Sesiwn gyda Gwilym Bowen Rhys ar gyfer chwaraewyr gyda pheth profiad. Trefnir y sesiwn gan Clera.

12:00
Ffair Faledi (204)

Cystadleuaeth canu baled, hen neu newydd. Cyfle i adfywio hen faled neu gyflwyno cân werin gyfoes Gwerin ymlaen llaw.

Rhaid cofrestru yn y Tŷ Gwerin o leiaf awr ymlaen llaw.

Beirniad: Mair Tomos Ifans

Gwobrau:
1. £75
2. £50
3. £25
(Gwobr Goffa Elfed Lewys)

13:00
Sesiwn Werin y Plant

Cyfle i bobl o bob oed ddod atom i fwynhau a chyd-ganu rhai o'n caneuon gwerin i blant yng nghwmni un o artistiaid gwerin amlycaf Cymru, Gwenan Gibbard.

14:00
Plu

Brawd a dwy chwaer – Elan, Marged a Gwilym Rhys o ardal Caernarfon yw'r grŵp Plu, a ffurfiodd yn haf 2012. Mae sain Plu yn werin amgen gyda dylanwadau o ganu gwlad ac Americana, ac mae harmoni agos 3 rhan yn asgwrn cefn cyson i'w set amrywiol. Yn ogystal â'u caneuon gwreiddiol eu hunain mae Plu yn chwarae addasiadau o ganeuon traddodiadol o Gymru a thu hwnt.

15:30
Calan

Dyma fand gwerin cyffrous gyda phump o aelodau ifanc a hynod o gerddorol, sy'n rhoi sain ffres a chyfoes i gerddoriaeth Gymraeg draddodiadol. Maent yn dod â bywyd newydd i hen draddodiadau drwy eu melodïau hoenus ac alawon llawn bywyd.

17:00
Dafydd Iwan

Mae Dafydd yn edrych ymlaen at gloi'r gweithgareddau bnawn Sadwrn yn ei hoff babell ar y Maes! Cafodd dderbyniad da yn Y Fenni pan ymddangosodd yn ddirybudd gyda Ar Log, ond y tro hwn, bydd yn cyflwyno'r hen ffefrynnau yng nghwmni rhai o'i ffrindiau cerddorol eraill. Roedd ei berfformiad swyddogol cyntaf ar Faes y Genedlaethol yn y Bala yn 1967, felly bydd yn dathlu hanner canrif o Steddfota eleni!

Maes D

Trefnir gan yr Eisteddfod

Cefnogir gan

11:00
Yoga

Sesiwn yoga gyda Morfudd Hughes.

12:00
Hedd Wyn – Mewn Cymeriad

Sioe un dyn sy'n olrhain hanes y bardd ifanc a enillodd Gadair yr Eisteddfod ganrif yn ôl, ac a laddwyd cyn iddo gael ei gadeirio.

Rhan o raglen Canmlwyddiant Hedd Wyn.

13:00
Brigyn

Dewch draw i fwynhau sesiwn yng nghwmni Brigyn, grŵp a ddaw'n wreiddiol o lethrau Eryri.

14:00
Cordia

Cerddoriaeth gan y grŵp o Fôn.

15:00
Trosglwyddo i Eisteddfod Genedlaethol Caerdydd 2018

Mae'n amser ffarwelio â chriw gwych Ynys Môn, ac edrych ymlaen at y daith i'r de y flwyddyn nesaf i gyfarfod â chriw Eisteddfod Genedlaethol Caerdydd.

Gwyddoniaeth a Thechnoleg

Partneriaeth rhwng

Gweler dydd Sadwrn 4 Awst am weithgareddau sy'n digwydd drwy'r wythnos.

10:00
Codio, cylchedau, cerddoriaeth a'r Fenai

Gweler bore Sadwrn 4 Awst am fanylion llawn.

11:00
Calonnau Cymru: Hyfforddiant Diffibriliwr

Gweler bore Sadwrn 4 Awst am fanylion llawn.

12:00
Ras Fformiwla 1

Gweler bore Sadwrn 4 Awst am fanylion llawn.

12:30
Sioe Wyddoniaeth Wych

Gweler dydd Sadwrn 4 Awst am fanylion llawn.

13:15
Codio, cylchedau, cerddoriaeth a'r Fenai

Gweler bore Sadwrn 4 Awst am fanylion llawn.

13:15
Sioe William Jones, Mathemategydd Môn

Gweler dydd Sadwrn 4 Awst am fanylion llawn.

15:15
Ras Fformiwla 1

Gweler bore Sadwrn 4 Awst am fanylion llawn.

15:45
Sioe Wyddoniaeth Wych

Gweler dydd Sadwrn 4 Awst am fanylion llawn.

16:30
Ras Fformiwla 1

Gweler bore Sadwrn 4 Awst am fanylion llawn.

Y Lle Celf

Trefnir gan yr Eisteddfod

Cefnogir gan

 Cyngor Celfyddydau Cymru Arts Council of Wales

15:00
Gwobr Josef Herman: Dewis y Bobl 2017

Cyhoeddi enillydd y bleidlais am y darn mwyaf poblogaidd o waith yn yr Arddangosfa Agored eleni

Sesiwn yn Y Lle Celf.

Gair o Ddiolch

Wrth dderbyn gwahoddiad y sir i gynnal Eisteddfod Genedlaethol Cymru 2017 ar Ynys Môn, roedden ni'n gwbl hyderus mai gŵyl lwyddiannus iawn fyddai hon. Gyda chyfoeth y traddodiad o gynnal iaith a diwylliant y genedl mor amlwg ledled yr ynys, gwyddem y gallem ddibynnu ar gynheiliaid lleol y diwylliant hwnnw i ddarparu gwledd ar gyfer gweddill y genedl yr Awst hwn.

Dan arweiniad doeth a phrofiadol y Dr Derec Llwyd Morgan, clywsom am y llu o weithgareddau amryfal a gynhaliwyd ym mhob cwr o'r ynys er mwyn casglu cronfa leol eithriadol o lwyddiannus yn gynnar iawn, a bu hynny'n galondid mawr wrth inni wynebu cyfnod mor heriol yn ariannol i bob elusen a chorff cyhoeddus.

Roedd derbyn y Rhestr Testunau yn brawf pellach o ymroddiad aelodau'r holl bwyllgorau er mwyn sicrhau y bydd cystadlu difyr ac amrywiol ym mhob agwedd o'r Brifwyl, ac y gallwn edrych ymlaen at waddol toreithiog ar y llwyfan ac yng nghyfrol y Cyfansoddiadau. Edrychwn ymlaen, felly, yn eiddgar a hyderus am wythnos i'w chofio – wythnos, gobeithio, a fydd yn deilwng o baratoadau manwl a thrylwyr brodorion yr ynys.

Mwynhewch y cyfan wrth droedio maes a gweld bro a fydd yn gaer o Gymreictod ar ei gorau eleni.

Eifion Lloyd Jones
Llywydd y Llys

Anrhydeddau Eleni

Dan Puw

Medal Syr TH Parry-Williams

Ffermwr yw Dan Puw, ond mae'n adnabyddus i genedlaethau o Gymry fel hyfforddwr a beirniad cerdd dant ac alawon gwerin. Bu'n hyfforddi cantorion yr ardal ar gyfer yr Urdd, yr Eisteddfod Genedlaethol a'r Ŵyl Cerdd Dant am flynyddoedd, ac am bymtheg mlynedd bu'n arweinydd Aelwyd yr Urdd yn y pentref.

Bu parti Meibion Llywarch yn llwyddiannus iawn dan ei ofal, gyda nifer o'r aelodau'n llwyddo fel unigolion hefyd, a chefnogaeth Dan yn rhoi hyder iddyn nhw gamu i'r llwyfan ar eu pennau'u hunain.

Mae'n un o hoelion wyth Cymdeithas Cerdd Dant Cymru, a bu'n rhan allweddol o'r pwyllgor am flynyddoedd. Erbyn heddiw, mae'n aelod anrhydeddus o'r pwyllgor, ac mae'n barod iawn i gynnig cyngor yn y maes i eraill. Bu'n flaengar hefyd wrth ddefnyddio cyfrifiadur i greu gosodiadau newydd sbon.

Yn ogystal â hyfforddi a chynnig cymorth i gantorion ifanc yr ardal, mae'r capel yn rhan bwysig o fywyd Dan Puw. Derbyniodd Fedal Gee am ei wasanaeth i'r Ysgol Sul, ac mae'n parhau'n athro yn y capel, gyda chenedlaethau wedi bod dan ei ofal dros y blynyddoedd.

Cyflwynir Medal Syr TH Parry-Williams ar lwyfan y Pafiliwn am 13:00 ddydd Mawrth 8 Awst.

Deri Tomos

Medal Wyddoniaeth a Thechnoleg

Yn wreiddiol o Gaerdydd, daeth Deri i Fangor fel cymrawd ymchwil ym Mhrifysgol Bangor ar ôl cwblhau Doethuriaeth yng Nghaergrawnt. Fe'i penodwyd yn ddarlithydd ym Mangor yn 1985, ac o fewn deng mlynedd derbyniodd Gadair Bersonol yn y Brifysgol. Hefyd, treuliodd gyfnodau fel cymrawd gwaith yn Adelaide, Utah a Heidelberg.

Yn ogystal â'i waith ymchwil, mae Deri yn athro ysbrydoledig sydd wedi cyfrannu i ystod eang o gynlluniau gradd megis Biocemeg, Bioleg a Biomeddygaeth. Ef oedd yn gyfrifol am ddatblygu rhannau helaeth o ddarpariaeth cyfrwng Cymraeg y cynlluniau yma hefyd, a chyn ymddeol sicrhaodd barhâd i'r ddarpariaeth drwy ennill nawdd y Coleg Cymraeg Cenedlaethol ar gyfer darlithyddiaeth cyfrwng Cymraeg. Mae Deri hefyd yn gadeirydd y Panel Gwyddorau Naturiol ac yn aelod o Fwrdd Academaidd y Coleg Cymraeg Cenedlaethol.

Yn gyfathrebwr heb ei ail, mae'n llais ac yn wyneb cyfarwydd ar radio a theledu, gyda'i gyfraniadau'n cynnwys Labordy Deri a Bryn, Dibendraw a Darwin, y Cymro a'r Cynllwyn. Bu hefyd yn ysgrifennu erthyglau yn Y Faner, Y Gwyddonydd a Barn, ynghyd ag esboniadau gwyddonol yn y Gymraeg ar gyfer Wicipedia.

Yn ddi-os, mae cyfraniad Deri Tomos i Wyddoniaeth drwy gyfrwng y Gymraeg wedi bod yn helaeth: mae'n un o sêr gwyddonol Cymru ac yn llysgennad arbennig.

Cyflwynir y Fedal Wyddoniaeth a Thechnoleg ar lwyfan y Pafiliwn am 13:05 ddydd Iau 10 Awst.

Osian Roberts

Llywydd yr Ŵyl

Gyda'i wreiddiau'n ddwfn ym Modffordd, Ynys Môn, pêl-droed fu bywyd Osian erioed, gan lwyddo ar y lefel uchaf o'r cychwyn, gyda chyfnod fel Capten Tîm Pêl-droed Ysgolion Cymru. Bu'n chwarae dros Ddinas Bangor, Bethesda a Llangefni cyn derbyn ysgoloriaeth bêl-droed i'r Unol Daleithiau – y Cymro cyntaf i dderbyn yr anrhydedd – a pharhau â'i addysg ym Mhrifysgol Furman, Greenville, De Carolina. Bu'n chwaraewr proffesiynol yn America, cyn troi at reoli yn Albuquerque, Mecsico Newydd.

Ar ôl dychwelyd i Gymru, gweithiodd fel Swyddog Datblygu Pêl-droed ym Môn ac fel Rheolwr Clwb Pêl-droed Porthmadog, cyn ei benodi'n Gyfarwyddwr Technegol Tîm Pêl-droed Cymru.

Mae'n hyfforddwr addysgu a rheolwr rhyngwladol o'r radd flaenaf, a chafodd lwyddiant mawr gyda Thîm Dan 16 Cymru, gan ennill y Darian Fuddugoliaeth (Victory Shield) ddwywaith yn ystod y blynyddoedd diwethaf – y tro cyntaf i Gymru ennill y Darian ers 1949.

Roedd ei brofiad a'i arbenigedd yn ganolog i lwyddiant Tîm Cymru yng nghystadleuaeth yr Ewros y llynedd, a bu Osian yn rhan allweddol o'r gwaith o sicrhau bod y Gymraeg i'w gweld a'i chlywed yn ystod y gystadleuaeth – gan godi proffil yr iaith ar draws y byd.

Mae Osian yn Arbenigwr Technegol ar ran UEFA ac wedi derbyn Cymrodorion Anrhydeddus gan Brifysgol De Cymru a Phrifysgol Cymru Y Drindod Dewi Sant. Mae ei lais i'w glywed yn aml ar Radio Cymru, Radio Wales ac S4C.

Traddodir araith Llywydd yr Ŵyl o lwyfan y Pafiliwn am 13:15, ddydd Sadwrn 12 Awst.

D Gwyn Owen

Arweinydd Cymru a'r Byd

Yn wreiddiol o Eglwysbach, Dyffryn Conwy, mae D Gwyn Owen yn byw yn Seland Newydd er hanner canrif bellach. Dechreuodd ei yrfa'n gweithio ym Manc Barclays, Llangefni, a hynny yn ystod ymweliad yr Eisteddfod â'r dref 'nôl yn 1957.

Bu'n gweithio hefyd yn Yr Wyddgrug a Chaer cyn symud i Seland Newydd yn 1966. Symudodd o amgylch y wlad gyda'r banc am flynyddoedd cyn priodi Rita yn 1977, ac yna setlo yn un o ardaloedd fusnes y wlad, Tauranga, yn 1983.

Dychwelodd i Gymru'n rheolaidd dros y blynyddoedd i fynychu'r Eisteddfod, ac mae'n rhan bwysig o fywyd Cymraeg a Chymreig Seland Newydd, gan weithredu fel Ysgrifennydd a Llywydd Cymdeithas Gymraeg Wellington, Tauranga. Mae hefyd yn aelod blaenllaw o Bwyllgor Cymanfa Ganu Seland Newydd.

Bydd Arweinydd Cymru a'r Byd yn cyfarch cynulleidfa'r Gymanfa Ganu am 20:00 nos Sul 6 Awst.

Pwyllgorau Eisteddfod 2017

Swyddogion y Pwyllgor Gwaith

CADEIRYDD	Derec Llwyd Morgan
YSGRIFENNYDD	Eirian Stephen Jones
CYFREITHIWR MYGEDOL	Robyn Williams

SWYDDOGION LLEOL	CADEIRYDD	IS-GADEIRYDD	YSGRIFENNYDD
ALAWON GWERIN	Catrin Angharad Jones	Edward Morus Jones	Manon Dafydd
CERDD DANT	Eirianwen Williams	Lois Mererid Williams Non Gwenllian Williams	Elain Wyn Jones
CELFYDDYDAU GWELEDOL	Diana Williams	Brenda Jones	Rhiannon Morgan
CERDD	Mari Lloyd Pritchard	Iona Stephen Williams	Rhys Glyn Pritchard Nia Wyn Efans
CYLLID	Haydn E Edwards	Gary Pritchard	Lowri Angharad Hughes
DAWNS	John Idris Jones	Fiona Mair Bridle	Lowri Angharad Jones
DRAMA	Catrin Jones Hughes	Marlyn Samuel	Ffion Wyn Gough
DYSGWYR	Elwyn Hughes	Ifor Gruffydd	Ann Rhian Hughes
GWYDDONIAETH A THECHNOLEG	Alan Shore	Derek Evans	Erica Wyn Roberts
LLEFARU	Teleri Mair Jones	Dafydd Idriswyn Roberts	Alwen Jones
LLÊN	Meirion Jones	Rhian Mair Jones	John Wyn Jones
LLETY	Enid Williams	Hefina Williams	Elin Angharad Williams
TECHNEGOL	W Rhys Jones		Richard Vaughan Jones
IEUENCTID	Mari Evans	Huw Gethin Jones	Caryl Bryn Hughes

Bwrdd Rheoli ac Ymddiriedolwyr yr Eisteddfod Genedlaethol

Ashok Ahir (Cynrychiolydd Eisteddfod 2018), Heledd Bebb, Stuart Cole, Eric Davies (Trysorydd yr Eisteddfod), Richard Davies, Selwyn Evans, Elin Haf Gruffydd Jones, Eifion Lloyd Jones (Llywydd y Llys), Richard Morris Jones (Cadeirydd y Cyngor), Gwerfyl Pierce Jones, Derec Llwyd Morgan (Cynrychiolydd Eisteddfod 2017), Frank Olding (Cynrychiolydd Eisteddfod 2016), Dafydd Roberts, Dyfrig Roberts, Llŷr Roberts, Penri Roberts (Cynrychiolydd yr Orsedd), Gethin Thomas (Is-gadeirydd y Cyngor)

Cyngor yr Eisteddfod Genedlaethol

YSGRIFENNYDD Y LLYS A'R CYNGOR	Geraint R Jones
CYMRODYR	Aled Lloyd Davies, R Alun Evans, John Gwilym Jones, Alwyn Roberts, D Hugh Thomas
SWYDDOGION Y LLYS	Llywydd y Llys: Eifion Lloyd Jones.
IS-LYWYDDION	Geraint Llifon (Archdderwydd) Derec Llwyd Morgan (Cadeirydd Pwyllgor Gwaith Eisteddfod 2017) Ashok Ahir (Cadeirydd Pwyllgor Gwaith Eisteddfod 2018)
CADEIRYDD Y CYNGOR:	Richard Morris Jones
IS-GADEIRYDD Y CYNGOR:	Gethin Thomas
YSGRIFENNYDD Y CYNGOR	Geraint R Jones
TRYSORYDD	Eric Davies
COFIADUR YR ORSEDD	Penri Roberts
CYFREITHWYR MYGEDOL	Phillip George, Emyr Lewis
PRIF WEITHREDWR:	Elfed Roberts
TREFNYDD A PHENNAETH ARTISTIG	Elen Huws Elis
PENNAETH GWEITHREDU CYMUNEDOL	Alwyn M Roberts
TREFNYDD CYNORTHWYOL	Elinor Jones
PENNAETH CYLLID	Peter Davies
PENNAETH CYFATHREBU	Gwenllïan Carr
PENNAETH TECHNEGOL	Huw Aled Jones
DIRPRWY BENNAETH ARTISTIG	Sioned Edwards
SWYDDOG CELFYDDYDAU GWELEDOL	Robyn Tomos
SWYDDOG GWYDDONIAETH	Ffion Hughes (Coleg Cymraeg Cenedlaethol)
SWYDDOG HYRWYDDO'R GYMRAEG	Cathryn Lowri Griffith
SWYDDOG PROSIECT MAES B	Griff Lynch
SWYDDOGION GWEINYDDOL	Eira Bowen, Nannon Evans, Carys Jones, Lois Jones, Sara Mai Hywel, Cadi Newbery, Elaine Stokes
STAFF TECHNEGOL	Mark Jones, Tony Thomas, Meilyr Evans

YSBRYDOLI'R GENHEDLAETH IFANC

INSPIRING THE YOUNG GENERATION

ENGINEERING RESEARCH NETWORK WA
RHWYDWAITH YMCHWIL PEIRIANNEG CY

NRN AEM
yn Eisteddfod Genedlaethol
NRN AEM at the National Eisteddfod

**GASTRONOMEG FOLECIWLAIDD
MOLECULAR GASTRONOMY**

Engrafu â Laserau **GOLAU BYW**
Laser Engraving **LIVING LIGHT**

Sut gallaf gynhyrchu troed brosthetig am gost isel
How do I engineer a low cost prosthetic foot?

Byd o Ansicrwydd A World of Uncertainties

**GWELD YN YNNI SOLAR
WAHANOL AR WAITH!
SEEING THINGS SOLAR ENERGY
DIFFERENTLY IN ACTION!**

**ALLGYMORTH STEM
STEM OUTREACH**

O'R 7FED I'R 12FED AWST
CAMWCH I FYD O
DDARGANFOD DRWY
BEIRIANNEG NRN AEM
FROM 7 - 12TH
AUGUST STEP INTO
A WORLD OF
DISCOVERY
THROUGH
THE
NRN AEM
STEM
ALLGYMORTH

Mae'r Rhwydwaith Ymchwil Cenedlaethol ar gyfer Peirianneg a Deunyddiau Uwch yn credu y bydd hyrwyddo gweithgareddau STEM yn cynnig cyfleoedd i bobl ifanc ac yn eu hannog i gyfranogi mewn addysg STEM. Rydym wedi bod yn cydweithio ag ysgolion, digwyddiadau ymgysylltu a sefydliadau gwyddoniaeth lleol i sicrhau ein bod yn ysbrydoli ac yn annog cenhedlaeth newydd o wyddonwyr, peirianwyr, meddygon a mathemategwyr.

Rydym yn gweithio'n galed i hyrwyddo Peirianneg a Gwyddoniaeth yng Nghymru i gynulleidfa mor eang â phosib ac i hyrwyddo gyrfaoedd STEM i ddarpar wyddonwyr a pheirianwyr. Dyna pam rydym yn falch o fod ymhlith prif noddwyr y Pafiliwn Gwyddoniaeth yn yr Eisteddfod Genedlaethol eleni.

Bydd NRN AEM yn cynnal cyfres o arddangosiadau gwyddoniaeth rhyngweithiol rhwng 7 a 12 Awst yn y Pafiliwn Gwyddoniaeth. Rydym yn eich croesawu i fyd peirianneg sy'n llawn rhyfeddodau!

Cymdeithas Eisteddfodau Cymru

Yn cefnogi a rhoi cynhaliaeth i eisteddfodau lleol ledled Cymru trwy gynnig:

- Cymorth ariannol i gychwyn, i ddatblygu ac i hyrwyddo eich eisteddfod
- Gwasanaeth dylunio rhad ac am ddim
- Amrywiaeth o lyfrynnau a chanllawiau defnyddiol
- Gwefan gynhwysfawr, brysur

A llawer mwy!

Ymaelodwch am £15 y flwyddyn!

SWYDDOG DATBLYGU:
Shân Crofft, 17 Rennie Street, Riverside, Caerdydd CF11 6EG
shan@steddfota.org
02920 213596 / 07770870605

SWYDDOG TECHNEGOL:
Lois Williams, Crynfryn, Cwmann, Llanbedr Pont Steffan SA48 8EW
lois@steddfota.org
01570 423700 / 07717842556

Cadwch un o draddodiadau pwysicaf Cymru yn fyw -

CEFNOGWCH EICH 'STEDDFOD LEOL!

 **www.steddfota.org**

CYMRAEG

Ariennir gan **Lywodraeth Cymru**
Funded by **Welsh Government**

Swyddogion a Bwrdd yr Orsedd ac aelodau newydd

Swyddogion a Bwrdd yr Orsedd

Archdderwydd:	Y Prifardd Geraint Llifon
Dirprwy Archdderwydd:	Y Prifardd Christine
Cyn-Archdderwyddon:	Y Priflenor Robyn Llŷn
Y Prifeirdd:	Jim Parc Nest, Meirion, John Gwilym
Cofiadur:	Y Prifardd Penri Tanad
Arwyddfardd:	Dyfrig ab Ifor
Trysorydd:	Eric Wern Fawr
Ysgrifennydd Aelodaeth:	Huw Tomos
Swyddog Cyfraith:	Y Priflenor Robyn Llŷn
Ceidwad y Cledd:	Robin o Fôn
Trefnydd yr Arholiadau:	Gwyn o Arfon
Trefnydd Cerddoriaeth:	Y Priflenor Cefin
Arolygydd y Gwisgoedd:	Ela Cerrigellgwm
Swyddog Cysylltiadau Celtaidd:	Hywel Wyn

Bwrdd yr Orsedd
(Y swyddogion ynghyd â'r aelodau a ganlyn):
Aled Llwyd
Y Prifardd a'r Priflenor Eigra
Dorothy Bwlch-y-Ffordd
Y Prifardd a'r Priflenor Manon Rhys
Gwenda Pen Bont
Pedr Lawen
Y Priflenor Annes
Y Prifardd Tafwysfardd
Gwyn Treferthyr
Y Prifardd Awen Gwyrfai
Madge

Arholiadau Gorsedd y Beirdd 2017

Llwyddodd yr ymgeisydd a ganlyn yn Arholiadau Gorsedd y Beirdd eleni, ac fe'i hurddir gan yr Archdderwydd fore Llun, 7 Awst 2017 yn Eisteddfod Genedlaethol Ynys Môn:

Urdd Derwydd Trwy Arholiad (Gwisg Werdd)

John Geraint Jones, Coedana, Llannerch-y-medd, Ynys Môn

Llwyddodd yr ymgeiswyr a ganlyn yn yr Arholiad Cyntaf Cyfansawdd (Barddoniaeth, Iaith, Rhyddiaith), a byddant yn gymwys i'w hurddo yn Eisteddfod Genedlaethol Caerdydd 2018 os byddant yn llwyddiannus yn Arholiad Iaith 2 y flwyddyn nesaf:

Nigel Andrew Callaghan, Taliesin, Machynlleth, Powys
Andrew Loat, Llanbadarn Fawr, Ceredigion
Rosemary Rhys, Llanddeiniol, Llanrhystud, Ceredigion

Gwyn o Arfon
Trefnydd yr Arholiadau

Urddau er anrhydedd fore Llun 7 Awst

Urddir y canlynol ar gyfrif eu graddau:

Gwyrdd
Tonwen Davies, Gaerwen, Ynys Môn
Manon Elwyn, Caernarfon, Gwynedd
Deilwen Hughes, Bethel, Caernarfon, Gwynedd
Llio Mai Hughes, Cyffordd Llandudno, Conwy
Mari Lloyd Hughes, Llanrug, Gwynedd
Sion Elwyn Hughes, Bethel, Caernarfon, Gwynedd
Einir Wyn Jones, Bontnewydd, Caernarfon, Gwynedd
Nia Llwyd Lewis, Rhiwlas, Gwynedd
Chris J Priest, Casnewydd
Elizabeth Ann Roberts, Llansadwrn, Porthaethwy, Ynys Môn
Awena Taylor, Llanfynydd, Wrecsam
Heledd Haf Williams, Rhos y Meirch, Ynys Môn
Rhiannon Mair Williams, Grangetown, Caerdydd

Urddir y canlynol fel prif enillwyr Eisteddfod Genedlaethol Urdd Gobaith Cymru Y Fflint, 2016:

Gwynfor Dafydd, Tonyrefail, Rhondda Cynon Taf, enillydd y Gadair

Iestyn Tyne, Boduan, Pwllheli, Gwynedd, enillydd y Goron.

Urddir y canlynol fel prif enillwyr llwyfan Eisteddfod Gendlaethol Sir Fynwy a'r Cyffiniau, 2016:

Elinor Gwynn, Rhostryfan, Caernarfon, Gwynedd, Y Goron

Rebecca Hayes, Gwobr Richard Burton

Kees Huysmans, Llanbedr Pont Steffan, Ceredigion, Gwobr Goffa David Ellis

Aneirin Karadog, Pontyberem, Llanelli, Sir Gaerfyrddin, Y Gadair

Gwyn Owen, Tregarth, Bangor, Gwynedd, Rhuban Glas Offerynnol dros 19 oed

Steffan Lloyd Owen, Pentre Berw, Gaerwen, Ynys Môn, Gwobr Goffa Osborne Roberts

Hannah Roberts, Brynmawr, Gwent, Dysgwr y Flwyddyn

Hefin Robinson, Llangynnwr, Caerfyrddin, Sir Gaerfyrddin, Y Fedal Ddrama

Eisteddfod Genedlaethol Maldwyn a'r Gororau, 2015:

Meinir Wyn Roberts, Caernarfon, Gwynedd, Ysgoloriaeth W. Towyn Roberts

Mel Williams, Llanuwchllyn, Y Bala, Gwynedd, Y Fedal Wyddoniaeth

Jennifer Maloney, Llandybie, Sir Gaerfyrddin, Medal Goffa Syr TH Parry-Williams

Ymuno gyda'r Orsedd

Gellir sefyll arholiadau gyda meysydd astudio mewn barddoniaeth, cerddoriaeth, iaith a rhyddiaith. Hefyd ceir meysydd arbennig i delynorion, datgeiniaid cerdd dant ac utganwyr.

Am ragor o wybodaeth, anfonwch ebost at **gwyb@eisteddfod.org.uk** neu anfonwch am gopi o lyfryn y maes astudiaeth at drefnydd yr arholiadau, Dr W Gwyn Lewis (Gwyn o Arfon), Llys Cerdd, 80 Cae Gwyn, Caernarfon LL55 1LL. Dylech amgau £1 i dalu cludiant.

Urddir y canlynol er anrhydedd fore Llun:

Linda Brown	David Ellis
Richard Crowe	Phyllis Ellis
Bob Daimond	Gwynfryn Evans
Elonwy Davies	Robert Evans
Pamela Davies	Siân Wyn Gibson
David Ellis	Iwan Guy
Phyllis Ellis	Elwyn Hughes
Gwynfryn Evans	Hugh Price Hughes
Robert Evans	Huw John Hughes
Elonwy Davies	Arwel Lloyd Jones
Pamela Davies	Helena Anne Jones

Urddir y canlynol er anrhydedd fore Gwener:

Ian Gwyn Hughes	George North
Tony Davies	Derec Owen
Emyr Wyn Jones	Mari Rhian Owen
Geraint Lloyd Jones	Wynford Ellis Owen
Meinir Lloyd Jones	Jean Parri-Roberts
Huw Ceiriog Jones	Donald Glyn Pritchard
Ieuan Jones	Jeremy Randles
Lisa Lewis Jones	David Roberts
Mari Jones	Gwerfyl Roberts
Michael Jones	Huw Roberts
Rhodri Jones	Nia Roberts
Richard Jones	Osian Roberts
Trefor Wyn Jones	Rhian Roberts
Wyn Jones	Ruth Roberts
Mary Jones	Carol Sharp
Elen Wyn Keen	Wyn Thomas
Jeanette Massocchi	Jeremy Turner
Siân Merlys	Anwen Williams
June Moseley	Derek Williams
Phil Mostert	Robyn Wiliams
Alun Mummery	

Ceir rhagor o wybodaeth am yr urddau er anrhydedd ar dudalen 200

Urddau er anrhydedd 2017

Y Wisg Las

Bob Daimond

Yn wreiddiol o Swydd Stafford, daeth **Bob Daimond, Porthaethwy** i weithio i Gyngor Sir Gwynedd ar ddechrau'r 80au, lle dysgodd y Gymraeg, a chael ei benodi'n Gyfarwyddwr Priffyrdd a Bwrdeistrefol Cyngor Gwynedd. Ers ei ymddeoliad, bu'n weithgar iawn gydag Ymddiriedolaeth Treftadaeth Menai, sy'n gyfrifol am Ganolfan Thomas Telford ym Mhorthaethwy. Yn gynrychiolydd y gogledd ar banel Sefydliad y Peirianwyr Sifil, mae'n gyfrannwr rheolaidd ar radio ar beirianneg. Mae hefyd yn frwd o blaid sicrhau bod gweithgareddau o faes peirianneg i'w gweld ym Mhafiliwn Gwyddoniaeth a Thechnoleg yr Eisteddfod yn flynyddol, ac yn aelod o Bwyllgor Gwyddoniaeth Eisteddfod Môn eleni.

Richard Crowe

Urddir **Richard Crowe, Caerdydd** am ei arbenigedd ym myd y gyfraith (a gyfrannodd at y broses o greu deddfwriaeth i'r Gymraeg yng nghyd-destun datganoli), ynghyd â'i feistrolaeth o'r Gymraeg. Yn wreiddiol o Dorset, dysgodd y Gymraeg ar ei liwt ei hun cyn mynd i'r brifysgol yn Aberystwyth. Am flynyddoedd, bu'n Olygydd Cynorthwyol gyda Geiriadur Prifysgol Cymru, cyn derbyn swydd fel cyfieithydd cyfreithiol yng Nghynulliad Cenedlaethol Cymru. Bu'n drafftio deddfwriaeth yn y Gymraeg, ac aeth ati wedyn i astudio er mwyn ennill cymwysterau yn y gyfraith. Er 2005, ef yw Prif Ieithydd Deddfwriaethol Llywodraeth Cymru, a bellach, mae wedi llywio datblygiad y Gymraeg fel iaith ddeddfu ers bron i ugain mlynedd.

Tony Davies

Er bod ei wreiddiau'n ddwfn yn Sir Benfro, De Affrica yw cartref **Tony Davies** ers blynyddoedd bellach. Bu'n llywydd y Welsh Cambrian Society ac mae'n gadeirydd y Gymdeithas Gymraeg yn Ne Affrica er deng mlynedd ar hugain. Ef yw cadeirydd Côr Cymry De Affrica er ugain mlynedd, ac mae ganddo gysylltiadau lu gyda chymdeithasau Cymraeg ar draws y byd. Bu'n Arweinydd Cymru a'r Byd yn Eisteddfod Casnewydd 2004, ac mae wedi dychwelyd i Gymru er mwyn ymweld â phob Eisteddfod er deng mlynedd ar hugain.

Ronald Dennis (i'w urddo yn 2018)

Er ei fod yn dod o ddinas Provo yn Utah, daeth cyndeidiau **Ronald Dennis** o ardal Helygain, Sir y Fflint. Aeth ati i ddysgu'r Gymraeg er mwyn gallu darllen gwaith ei hen hen daid, Capten Dan Jones, prif genhadwr y Mormoniaid yng Nghymru, a dysgu mwy am gyfraniad y Cymry i dwf y ffydd unigryw. Bu ei gyngor a'i gymorth parod ar gael am ddegawdau i bawb sy'n ymddiddori yn y maes, yn arbennig y wefan a ddatblygwyd ganddo yn olrhain hanes y Mormoniaid. Llwyddodd i ail-ddarganfod darn pwysig ac anghofiedig o hanes, gan drawsnewid ein hymwybyddiaeth a'n gwybodaeth am gyfraniad Mormoniaid Cymru i hanes talaith Utah.

David Ellis

Mae **David Ellis, Y Dref Wen, Sir Amwythig** yn rhan allweddol o fywyd Cymraeg yr ardal. Ef yw llywydd Clwb Cymraeg Croesoswallt, ac mae hefyd wedi gwasanaethu fel aelod ar bwyllgorau Eisteddfod Talaith a Chadair Powys, gan weithredu fel cadeirydd y Pwyllgor Gwaith yn 2016. Mae'n aelod o Orsedd y Beirdd Eisteddfod Powys ers blynyddoedd, ac mae'n cyflawni swydd banerwr. Bu'n gadeirydd Pwyllgor Apêl Croesoswallt, Eisteddfod Genedlaethol Maldwyn a'r Gororau yn 2015, ac yn ddi-os, mae'n un o gefnogwyr mwyaf brwd y Gymraeg a'n diwylliant yn yr ardal.

Phyllis Ellis

Mae **Phyllis Ellis, Penisarwaun** yn un o arweinwyr ei chymuned leol yn ardal Caernarfon. Mae'n Gynghorydd Cymuned, llywodraethwr ysgol, cadeirydd pwyllgor y neuadd gymuned a chadeirydd pwyllgor eisteddfod y pentref. Yn gyn-bennaeth ysgol, bu'n gadeirydd mudiad Cefn, ac mae'n ymddiriedolwr ac ysgrifennydd y Bwrdd yn Nant Gwrtheyrn. Bu'n gefnogwr brwd o'r Eisteddfod ers blynyddoedd lawer, yn rhan o'r Pwyllgor Gwaith pan gynhaliwyd yr Eisteddfod yn ei hardal yn 1979 a 2005, yn aelod o Lys a Chyngor yr Eisteddfod, a bu hefyd yn gweithio ym Maes D er 1997. Mae'n barod ei chymwynas bob tro, ac mae parhad a datblygiad ei chymuned yn ardal y chwareli'n agos at ei chalon.

Gwynfryn Evans
Mae Gwynfryn Evans, Rhydypennau yn arweinydd cymdeithasol sy'n uchel ei barch ym mhob cylch, ac sy'n hynod weithgar yn ei gymuned a'i gapel. Bu'n gweithio yn y sector llaeth drwy gydol ei yrfa, gan gychwyn yn Llangefni a Maldwyn cyn dod yn Rheolwr Ffatri Laeth Felin-fach ac yna'n Rheolwr De Cymru a Chanolbarth Lloegr i'r Bwrdd Marchnata Llaeth. Mae'n ymwneud yn wirfoddol gyda llu o wahanol sefydliadau lleol a chenedlaethol, ac yn gadeirydd Bwrdd Golwg 360 ar hyn o bryd.

Robert Evans
Mae Robert Evans, Rhydychen wedi arwain gweithgareddau Cymraeg yn ninas a Phrifysgol Rhydychen ers blynyddoedd. Bu'n llywydd Cymdeithas Dafydd ap Gwilym, ac mae'n dal i groesawu a chefnogi myfyrwyr yn ystod eu cyfnod yn y brifysgol. Mae'n awdurdod rhyngwladol ar hanes ac wedi llenwi Cadair Hanes fwyaf blaenllaw'r brifysgol, sef y Gadair Hanes Frenhinol (Regius). Erbyn hyn, mae'n Gymrawd Emeritws yng Ngholeg Oriel, a chyn hynny bu'n Gymrawd yng Ngholeg y Trwyn Pres (Brasenose College). Roedd yn un o gymrodyr sylfaenol Cymdeithas Ddysgedig Cymru, ac mae'n parhau i gefnogi gwaith y Gymdeithas.

Elwyn Hughes
Bu Elwyn Hughes, Llanfairpwll yn arwain maes dysgu Cymraeg yng ngogledd Cymru am dros 30 mlynedd. Datblygodd y gwasanaeth i godi safonau ac ysbrydoli tiwtoriaid a dysgwyr gan arwain drwy esiampl, a derbyniodd Dlws Coffa Elvet a Mair Elvet Thomas am ei gyfraniad i'r maes yn Eisteddfod Genedlaethol Eryri a'r Cyffiniau 2005. Er ei fod bellach wedi ymddeol,

mae'n parhau i weithio fel tiwtor, ac ef yw cadeirydd Pwyllgor Dysgwyr yr Eisteddfod eleni. Mae hefyd yn arweinydd Côr Dros y Bont, sy'n cyfuno dysgwyr a siaradwyr iaith gyntaf, ynghyd â Chriw Bangor, sydd wedi ennill cystadleuaeth Côr y Dysgwyr chwe gwaith yn yr Eisteddfod.

Hugh Price Hughes
Pysgota yw prif ddiddordeb Hugh Price Hughes, Bethel, Caernarfon, ac mae'n ysgrifennydd Cymdeithas Bysgota Seiont Gwyrfai a Llyfni ers blynyddoedd. Yn ogystal, mae'n un o'r prif ymgyrchwyr dros gadwraeth a gwarchod y torgoch, pysgodyn prin sy'n byw yn rhai o lynnoedd Eryri. Mae ganddo golofn yn ei bapur bro lleol, Eco'r Wyddfa, mae'n ysgrifennu'n gyson yn Yr Herald, ac ef yw gohebydd lleol y cylchgrawn Trout and Salmon. Mae'n siaradwr rheolaidd mewn cymdeithasau a grwpiau ar draws y gogledd, ac mae'n un o brif ladmerwyr cadwraeth y Fro Gymraeg a'i diwylliant.

Huw John Hughes
Bydd rhai pobl yn adnabod Huw John Hughes, Porthaethwy fel gweinidog rhan- amser, eraill yn ymwybodol o'i waith fel darlithydd addysg, ac eraill yn cysylltu'i enw gydag atyniad Pili Palas ar gyrion Porthaethwy. Bu hefyd yn ddyfarnwr pêl-droed, gan godi i wasanaethu yng Nghynghrair Cenedlaethol Cymru. Ychydig iawn o bobl sydd â chefndir mor ddiddorol, ac ychydig hefyd sydd wedi gwneud cymaint yn eu cymuned a'u hardal leol. Mae'n awdur toreithiog, yn awdurdod ar fyd natur, ac yn ymgyrchydd brwd dros ddatblygu'r defnydd o'r Gymraeg ym maes twristiaeth. Mae'n ysgolhaig disglair ac egnïol, a'i gyfraniadau i fywyd ei fro a'i genedl yn eithriadol o eang.

Ian Gwyn Hughes
Bu Ian Gwyn Hughes, Caerdydd yn ohebydd chwaraeon gyda'r BBC yng Nghymru am flynyddoedd, ond daeth i sylw'r rhan fwyaf o bobl y llynedd yn rhinwedd ei waith fel Pennaeth Cyfathrebu Cymdeithas Pêl-droed Cymru yn ystod pencampwriaeth yr Ewros. Sicrhaodd le canolog i'r Gymraeg yng ngwaith y Gymdeithas, gan ddangos balchder y tîm a'r swyddogion yn yr iaith. Rhoddodd hyn lwyfan rhyngwladol i'r iaith yn ystod y gystadleuaeth, a thrwy hynny

crëwyd teimlad o berchnogaeth o'r iaith yn ogystal â'r tîm. Bu Ian hefyd yn flaengar yn hyrwyddo pêl-droed mewn cymunedau Cymreig a Chymraeg ar draws y wlad.

Arwel Lloyd Jones

Mae'n debyg bod gan bob bro a chymuned ei harweinyddion, ac mae Arwel Lloyd Jones, Llanuwchllyn yn bendant yn un o'r rhain. Mae'n aelod ffyddlon a gweithgar iawn o'i gymuned, yn drefnydd greddfol, a threuliodd ddegawdau'n gwasanaethu a chynorthwyo unigolion ar adegau o angen, yn ogystal â chynnig cymorth i nifer o sefydliadau a chymdeithasau'r plwyf. Os oes unrhyw ymgyrch neu achos lleol ar y gweill, does dim dwywaith y bydd yn rhan o'r trefniadau gan roi o'i orau bob amser. Yn Gymro balch i'r carn, mae wedi cyfrannu'n helaeth i ddiwylliant Cymraeg a Chymreig ardal Penllyn, a hynny drwy gydol ei oes. Mae'n un o gymwynaswyr mawr ei ardal, yn gymeriad cwbl ddibynadwy, a'i gyfraniad gwirfoddol yn y gymuned yn dysteb i'w gymeriad hawddgar.

Geraint Lloyd Jones

Mae Geraint Lloyd Jones, Penrhyndeudraeth, wedi cyfrannu'n helaeth i fywyd Cymraeg a Chymreig ei fro a thu hwnt dros y blynyddoedd. Yn athro a phennaeth yn y sector gynradd yn ystod ei yrfa, mae'i gyfraniad yn llawer ehangach na byd addysg yn unig. Ef yw ysgrifennydd Henaduriaeth Gorllewin Meirionnydd ar hyn o bryd, ac mae hefyd yn aelod blaenllaw o nifer o gymdeithasau diwylliannol, yn amlwg ei gefnogaeth i gorau lleol, gan gynnwys Côr Meibion Dwyfor. Yn feirniad llefaru uchel ei barch, ac yn un o gefnogwyr mwyaf brwd yr Eisteddfod, gwasanaethodd ar nifer o bwyllgorau lleol a chenedlaethol dros y blynyddoedd.

Helena Jones

Mae'r rhan fwyaf ohonom yn cofio un o sêr Eisteddfod Genedlaethol Sir Fynwy a'r Cyffiniau y llynedd, Helena Jones, Aberhonddu yn cystadlu ar lwyfan y Pafiliwn a hithau fisoedd yn unig yn fyr o'i phen-blwydd yn gant oed. Cafodd ymateb gwresog bryd hynny, ac yn sicr bydd y gymuned leol yn ymfalchïo yn yr anrhydedd hwn hefyd, gan iddi fod yn ymroddedig a hynod weithgar yn ei hardal am flynyddoedd lawer. Dysgodd y Gymraeg yn eithaf hwyr yn ei hoes,

ac mae wedi ymroi'n gyfan gwbl i gefnogi'r iaith a'r Eisteddfod. Mae'n fardd a llenor dawnus, a dengys y gwobrau niferus y mae wedi'u hennill hynny'n glir. Gweithiodd yn ddiflino dros nifer fawr o elusennau a sefydliadau dros y blynyddoedd, gan gynnwys Ambiwlans Awyr Cymru, Tenovus ac Ambiwlans Sant Ioan.

Huw Ceiriog Jones

Un a roddodd oes o wasanaeth i Eisteddfod Talaith a Chadair Powys yw Huw Ceiriog Jones, Llandre, Rhydypennau. Ar hyn o bryd, mae'n Dderwydd Gweinyddol yr Eisteddfod, ac mae hefyd wrthi'n brysur yn cofnodi hanes Eisteddfod Powys o'i dyddiau cynnar hyd heddiw. Gyda chefndir oes o weithio yn Llyfrgell Genedlaethol Cymru, dyma ddyn sy'n fwy na chymwys i ymgymryd ag unrhyw brosiect ymchwil. Mae hefyd yn berchen ar wasg fach hynafol, ac argraffodd Y Gwir Degwch, casgliad o gywyddau serch Iolo Morganwg a olygwyd gan Tegwyn Jones. Mae'n gyn-lywydd Cymdeithas Carafanwyr Cymru ac yn gyn-olygydd eu cylchgrawn, Y Nomad.

Lisa Lewis Jones

Mae Lisa Lewis Jones, Brynaman wedi bod yn weithgar yn lleol ar hyd y blynyddoedd. Bu'n aelod ffyddlon o Gymdeithas Ddrama'r Gwter Fawr – cymdeithas sydd wedi cefnogi'r Eisteddfod yn gyson drwy gystadlu yn y cystadlaethau actio drama – a bu'n diddanu cymdeithasau lleol drwy ei chyflwyniadau, a thrwy adrodd ac actio. Mae hi bob amser yn barod i gefnogi elusennau, gan godi arian i Gymorth Cristnogol a chymryd rhan mewn teithiau cerdded i godi arian i'r RNIB. Bu hefyd yn cydweithio gydag elusennau i godi ymwybyddiaeth trafferthion byd gwaith. Hi oedd Mam y Fro yn Eisteddfod Genedlaethol Abertawe 2006.

Mari Jones

Bu Mari Jones, Llanfaethlu yn fawr ei chymwynas i'r Eisteddfod Genedlaethol am flynyddoedd, gan weithio'n wirfoddol i'r ŵyl am chwarter canrif gyda'i chwaer, Dwynwen Hawkins. Byddai'r ddwy i'w gweld yn gwerthu tocynnau yn y swyddfa wrth y brif fynedfa, ac yn wynebau cyfarwydd i filoedd o eisteddfodwyr. Byddent hefyd yn stiwardio'n rheolaidd yn y Pafiliwn ac yn Theatr y Maes.

Bydd Mari'n 'ymddeol' o'r gwaith hwn eleni, gyda'r Eisteddfod yn ei chynefin ym Môn. Roedd hi'n fwriad enwebu Dwynwen hefyd i'r Orsedd eleni, ond bu farw ddechrau'r flwyddyn, felly anrhydeddir Mari am ei holl waith ac er cof annwyl am Dwynwen.

Mary Jones
Mae **Mary Jones, Trefor** yn derbyn yr anrhydedd oherwydd ei gwaith yn trefnu Eisteddfod Aelhaearn dros y blynyddoedd, gan gadw'r Eisteddfod yn hyfyw a llwyddiannus. Yn ddi-os, byddai dyfodol yr eisteddfod leol hon wedi bod mewn perygl heb gefnogaeth a gwaith gwirfoddol Mary Jones. Mae hi eisoes wedi'i hanrhydeddu gan Gymdeithas Eisteddfodau Cymru am ei chyfraniad, ac mae'n briodol ei bod hi'n cael ei hanrhydeddu gan Orsedd y Beirdd hefyd am ei gwaith. Bu'n weithgar gydag Antur Aelhaearn ers blynyddoedd, ac mae wedi gweithredu fel clerc Cyngor Cymuned Llanaelhaearn er ugain mlynedd, gan weithio'n ddiwyd a chaled er budd y gymuned.

Meinir Lloyd Jones
Mae **Meinir Lloyd Jones, Penrhyndeudraeth**, wedi cyfrannu'n helaeth i fywyd Cymraeg a Chymreig ei fro a thu hwnt dros y blynyddoedd. Yn athrawes yn y sector gynradd yn ystod ei gyrfa, cafodd cenedlaethau o blant eu hysbrydoli gan ei hymroddiad i'n hiaith a'n diwylliant, wrth iddi hyfforddi disgyblion Ysgol Bro Hedd Wyn, Trawsfynydd i ganu fel unigolion, mewn partïon a chorau mewn eisteddfodau lleol a'r Urdd. Mae'n ysgrifennydd Adran Chwiorydd Eglwys Bresbyteraidd Cymru, ac yn gadeirydd Ffederasiwn Gwynedd-Meirionnydd o Sefydliad y Merched, gan weithredu'n genedlaethol i'r mudiad hwn yn ogystal.

Michael Jones
Un sydd wedi gweithio'n ddiflino dros addysg Gymraeg yng Nghaerdydd ac yn genedlaethol yw **Michael Jones, Caerdydd**, gan ymgyrchu'n hir a llwyddiannus i ehangu addysg Gymraeg yn y brifddinas ac ymladd dros ymgyrchoedd tebyg mewn rhannau eraill o Gymru hefyd. Mae'n adnabyddus iawn ym myd y gyfraith yma yng Nghymru, ac wedi gweithio ar nifer o achosion llys sy'n ymwneud â'r iaith yn ystod ei yrfa. Mae'n parhau'n aelod o'r mudiad Rhieni Dros Addysg Gymraeg ar ôl gweithredu am

gyfnod hir ar y pwyllgor gwaith ac fel cadeirydd, ac yn llywodraethwr amlwg yn rhai o ysgolion Cymraeg y ddinas. Bu'n llywydd ac ysgrifennydd Cylch Cinio Cymraeg Caerdydd, ac mae wedi gweithio'n galed i hybu'r Gymraeg ym myd busnes yng Nghaerdydd a thu hwnt.

Siân Merlys
Mae **Siân Merlys, Pontiets, Llanelli** wedi cyfrannu llawer iawn i fyd Cymraeg i Oedolion ers blynyddoedd, gan drefnu a hyrwyddo cyrsiau dysgu Cymraeg yn Sir Gâr. Mae'n aelod o Banel Canolog Dysgwyr yr Eisteddfod, a bu'n gadeirydd am nifer o flynyddoedd, gan arwain y gwaith a'r agenda dysgu Cymraeg o fewn yr Eisteddfod. Hi hefyd fu'n gyfrifol am ofalu am enillydd cystadleuaeth Dysgwr y Flwyddyn yn ystod yr oriau hollbwysig ar ôl iddynt ennill y wobr, gan eu cynghori a'u paratoi i fynd ar lwyfan y Pafiliwn. Mae llawer enillydd wedi cael budd o'i chyngor doeth dros y blynyddoedd ar Faes yr Eisteddfod.

June Moseley
Yn un o athrawon cyntaf Ysgol Bodedern, efallai bod **June Moseley, New Plymouth**, Seland Newydd wedi symud yn bell erbyn hyn, ond mae Cymru a'r Gymraeg yn parhau'n rhan bwysig o'i bywyd. Yn wreiddiol o ardal Mostyn, Sir y Fflint, mae'n gweithio'n ddyfal i sicrhau bod y Cymry yn ei rhanbarth yn dod i adnabod ei gilydd, a drws ei chartref, Plas Mawr, bob amser ar agor i groesawu ymwelwyr o Gymru. Mae'n weithgar yn y Gymdeithas Gymraeg, a llwyddodd i ennyn digon o gefnogaeth i wahodd Cymanfa Ganu Cymry Seland Newydd i New Plymouth. Ond nid y Gymraeg yn unig sy'n mynd â'i bryd, gan ei bod hi hefyd yn ymddiddori yn hynt a helynt iaith y Maori, gan eu hysgogi i arddel eu hiaith a'u diwylliant gyda balchder.

Phil Mostert
Er mai o Fôn y daw **Phil Mostert, Harlech** yn wreiddiol, yn Nyffryn Ardudwy mae ei gartref ers blynyddoedd, a'r gymdeithas yno sydd wedi elwa o'i gyfraniad sylweddol mewn nifer o feysydd. Yn gyn Uwch-ymgynghorydd Addysg ac Arolygydd Ysgolion, mae'n ddarlithydd dawnus sy'n llwyddo i swyno'i gynulleidfa. Roedd yn un o sefydlwyr y papur bro, Llais Ardudwy, ac mae'n un o'r golygyddion er bron i ddeugain mlynedd. Ef hefyd sy'n cysodi'r papur. Mae'n

aelod o Gôr Meibion Ardudwy a Chôr Meibion Prysor, ac ef yw cyflwynydd llwyfan y ddau gôr. Roedd yn un o sylfaenwyr Eisteddfod Harlech, ac mae'n gadeirydd Cymdeithas Cwm Nantcol. Yn fathwr geiriau heb ei ail, ef roddodd yr enw ar Hafod Eryri ar ben Yr Wyddfa.

Alun Mummery

Dyn ei filltir sgwâr yw **Alun Mummery, Llanfairpwll**, a'i gyfraniad i'r filltir honno'n sylweddol dros y blynyddoedd. Yn gynghorydd ar Gyngor Cymuned Llanfairpwll er hanner canrif eleni, bu hefyd yn gynghorydd sir dros ei ardal leol yn Llanfairpwll, Porthaethwy, Star a Phenmynydd, ac yn llywodraethwr yn yr ysgol gynradd leol. Ond, ym myd pêl-droed mae'r gŵr hwn hapusaf, ac mae'n ymwneud â Chlwb Pêl- droed Llanfairpwll er 45 o flynyddoedd. Yn 2012, derbyniodd Wobr Cyfraniad Oes am ei waith gyda'r clwb yng Ngwobrau Pêl-droed Cymunedol Cymru.

George North

Efallai iddo gael ei eni yn King's Lynn, ond magwyd **George North, Northampton** yng ngogledd Môn, gan dderbyn ei addysg yn Ysgol Bodedern, dafliad carreg o Faes yr Eisteddfod eleni. Mae'n un o chwaraewyr rygbi mwyaf disglair ei genhedlaeth, gan gychwyn ar ei daith i garfan y Llewod yng Nghlwb Rygbi Llangefni cyn symud i Goleg Llanymddyfri ac yna'r Scarlets. Enillodd ei gap cyntaf dros Gymru pan oedd yn ddim ond deunaw oed. Mae'n un o asgellwyr mwyaf rhagorol rygbi rhyngwladol, yn arwr i filoedd, ac er ei fod yn chwarae yn Northampton, mae'n parhau'n ffyddlon i'w hen sir ac i'r Gymraeg.

Jean Parri-Roberts

Efallai mai fel cyn-bostfeistres Tegryn, Crymych a Hendy-gwyn ar Daf mae **Jean Parri-Roberts, Hendy-gwyn ar Daf** yn fwyaf adnabyddus, gan iddi roi 55 mlynedd o wasanaeth i'r gymuned leol, yn gosod ei stamp drwy ei chyfraniad diymhongar gan drin pawb â pharch a gofal. Ond, mae ei chyfraniad i'r iaith, diwylliant a'i milltir sgwâr yn llawer ehangach na hyn. Yn Ynad Heddwch am 30 mlynedd yn Sir Gaerfyrddin, bu hefyd yn drefnydd a thrysorydd pwyllgor Pryd ar Glud Hendy-gwyn ar Daf am flynyddoedd, gan sicrhau gofal a chymorth i bobl mewn angen. Mae'n flaenllaw yng Nghapel y Bedyddwyr Nazareth, ac yn aelod ffyddlon a diwyd o Ferched y Wawr, gan weithredu fel cadeirydd, ysgrifennydd a thrysorydd ei changen, ac fel trysorydd Rhanbarth Caerfyrddin.

Donald Glyn Pritchard

Un o feibion Môn yw **Donald Glyn Pritchard, Llannerch-y-medd**, a'i gyfraniad i fywyd yr ynys yn un sylweddol. Yn athro a phennaeth cynradd cyn ei ymddeoliad, bu'n weithgar gyda'r Urdd am flynyddoedd, yn gyfrifol am amryw o ganghennau. Treuliodd gyfnod hirfaith – o 1965 tan 2003 – yn weithgar gyda Chlwb Ieuenctid ac Aelwyd Y Gaerwen, gan ddylanwadu ar genedlaethau o bobl ifanc Môn. Yn gefnogwr brwd o Eisteddfod Môn ac yn arweinydd cyson yn Eisteddfod enwog Marian-glas, roedd hefyd yn aelod o'r pwyllgor a sefydlodd bapur bro Yr Arwydd, gan chwarae rhan bwysig ym mywyd diwylliannol ei fro. Mae hefyd yn athro Ysgol Sul yng Nghapel Ifan, Llannerch-y-medd er deugain mlynedd, ac yn sylfaenydd Clwb yr Ifanc.

Jeremy Randles

Bu **Jeremy Randles, Y Fenni** yn allweddol yn y gwaith o ddenu'r Eisteddfod i'r ardal yn 2016. Sefydlodd bwyllgor lleol i hybu'r achos, ac annog cynghorwyr a phobl fusnes i'w gefnogi. Unwaith y daeth y newyddion bod yr Eisteddfod i'w chynnal yn lleol, bu Jeremy'n hynod weithgar, yn aelod ymroddedig o'r Pwyllgor Gwaith, Pwyllgor Apêl Y Fenni a Chôr yr Eisteddfod. Bu'n gadeirydd yr Is-bwyllgor Technegol ac yn Brif Stiward yn ystod yr wythnos. Erbyn hyn, mae'n gweithio'n ddiwyd i sicrhau gwaddol teilwng i'r Eisteddfod yn Sir Fynwy. Yn wreiddiol o Wrecsam ac yn fab i deulu di-Gymraeg, mae wedi dysgu'r iaith yn rhugl ac mae ef a'i deulu'n chwarae rhan flaenllaw ym mywyd Cymraeg Y Fenni.

David Roberts

Bu **David Roberts, Llanelen, Y Fenni** yn gwbl allweddol i lwyddiant Eisteddfod Genedlaethol Sir Fynwy a'r Cyffiniau y llynedd. Gyda'i wraig, Ruth, roedd y ddau'n gyd-gadeiryddion Pwyllgor Apêl Y Fenni, gan weithio'n ddi-ffael am gyfnod o ddwy flynedd i godi arian at yr Eisteddfod. Gyda tharged o £100,000 mewn ardal sydd ar y cyfan yn ddi-Gymraeg, a chyda chriw bychan ond gweithgar, bu'r ddau'n gweithio ar lefel ymarferol a strategol, gan chwalu'r targed a chyrraedd bron i £120,000. Mae David hefyd yn rhan ganolog o weithgareddau Cymraeg a Chymreig yr ardal, yn is-gadeirydd y Fenter Iaith leol, ac yn hynod weithgar gyda Chymreigyddion Y Fenni.

Gwerfyl Roberts
Mae Gwerfyl Roberts, Groeslon, Caernarfon wedi gweithio'n ddiflino i wella ansawdd darpariaeth y gwasanaeth iechyd yn y cyd-destun dwyieithog ers blynyddoedd. Mae ganddi gyhoeddiadau arloesol sy'n canolbwyntio ar bynciau amrywiol, gan osod y sefyllfa yng Nghymru mewn cyd-destun rhyngwladol. Yn Uwch-ddarlithydd yn Ysgol Gwyddorau Gofal Iechyd, Prifysgol Bangor, mae'n cynrychioli'r disgyblaethau iechyd ar Fwrdd Academaidd y Coleg Cymraeg Cenedlaethol, ac wedi chwarae rhan flaenllaw yn datblygu cynlluniau pynciol cenedlaethol. Mae hi hefyd wedi cyfrannu at waith byrddau a thasgluoedd amrywiol, yn aml yn cynghori Llywodraeth Cymru, lle mae'i harbenigedd wedi dylanwadu'n bositif ar bolisi cyhoeddus yng Nghymru.

Nia Roberts
Fel merch o Fôn yr adnabyddir y cyflwynydd Nia Roberts, Y Bontfaen, a hithau'n ferch i'r diweddar actor ac athro, JO Roberts. Mae'n un o wynebau mwyaf cyfarwydd S4C ac yn un o leisiau poblogaidd Radio Cymru, gyda phrofiad helaeth o gyflwyno digwyddiadau byw a chelfyddydol o bob math, gan gynnwys y darlledu o'r Eisteddfod Genedlaethol, yr Urdd a Chôr Cymru. Hi hefyd yw cyflwynydd rhaglen gelfyddydol wythnosol Radio Cymru, Stiwdio. Derbyniodd Gymrodoriaeth er Anrhydedd am ei chyfraniad i faes darlledu gan Brifysgol Bangor y llynedd.

Osian Roberts
Gyda'i wreiddiau'n ddwfn ym Modffordd, Ynys Môn, pêl-droed fu bywyd Osian Roberts er pan oedd yn fachgen ysgol, gan lwyddo ar y lefel uchaf o'r cychwyn. Yn dilyn cyfnod yn yr Unol Daleithiau, dychwelodd i Gymru i weithio ym myd pêl-droed, lle mae bellach yn rhan greiddiol o dîm hyfforddi Cymru. Roedd ei brofiad a'i arbenigedd yn ganolog i lwyddiant mawr y tîm yng nghystadleuaeth yr Ewros y llynedd, pan lwyddodd y bechgyn i gyrraedd rownd gynderfynol y gystadleuaeth. Bu'n rhan allweddol o'r gwaith o sicrhau bod y Gymraeg i'w gweld a'i chlywed yn ystod y gystadleuaeth, gan godi proffil yr iaith yn rhyngwladol ar draws y byd. Yn ogystal â'r anrhydedd hwn, Osian Roberts yw Llywydd yr Ŵyl yn yr Eisteddfod eleni.

Ruth Roberts
Bu Ruth Roberts, Llanelen, Y Fenni yn gwbl allweddol i lwyddiant Eisteddfod Genedlaethol Sir Fynwy a'r Cyffiniau y llynedd. Gyda'i gŵr, David, roedd y ddau'n gyd-gadeiryddion Pwyllgor Apêl Y Fenni, gan weithio'n ddi-ffael am gyfnod o ddwy flynedd i godi arian at yr Eisteddfod. Gyda tharged o £100,000 mewn ardal sydd ar y cyfan yn ddi-Gymraeg, a chyda chriw bychan ond gweithgar, bu'r ddau'n gweithio ar lefel ymarferol a strategol, gan chwalu'r targed a chyrraedd bron i £120,000. Mae hefyd yn rhan ganolog o weithgareddau Cymraeg a Chymreig yr ardal, yn ysgrifennydd Merched y Wawr, ac yn- hynod weithgar gyda Chymreigyddion Y Fenni.

Carol Sharp
Efallai mai ardal Winnipeg, Manitoba, Canada yw cartref Carol Sharp er dros ddeugain mlynedd bellach, ond un o ferched Môn yw hi mewn gwirionedd, ac mae dylanwad yr ynys a Chymru'n gryf arni hyd heddiw. Cafodd yrfa lwyddiannus ym myd y gyfraith yng Nghanada, yn Farnwr a fu'n flaenllaw ei gwaith yn cynrychioli hawliau lleiafrifoedd ac ieithyddol, gan arbenigo mewn cyfraith sifil. Bu'n allweddol i fywyd Cymraeg a Chymreig yr ardal drwy gydol y cyfnod, gan sicrhau bod y Gymdeithas Gymraeg yn adlewyrchu'r hyn sy'n digwydd yng Nghymru heddiw. Daw'n ôl yn rheolaidd i Gymru, yn arbennig i'r Eisteddfod, gan ddychwelyd i Ganada yn llawn syniadau am sut i ddatblygu'r Gymdeithas yn Winnipeg ymhellach.

Wyn Thomas
Mae Caerfyrddin yn ddyledus iawn i Wyn Thomas am ei ymroddiad i'r Gymraeg a byd busnes yn y dref dros y blynyddoedd. Mentrodd yn ifanc drwy agor Siop y Pentan, siop a ddaeth yn Ganolfan Gymraeg i'r dref, gan werthu

llyfrau, recordiau, cardiau, posteri, tocynnau – popeth a oedd yn ymwneud â'r iaith yn lleol ac yn genedlaethol. Bu hyn yn hollbwysig i fywyd diwylliannol Cymraeg y dref am gyfnod o bron i hanner canrif. Roedd Wyn a Siop y Pentan hefyd yn ganolog i lwyddiant y papur bro lleol, Cwlwm, gan mai'r siop fyddai'n derbyn a chasglu'r newyddion cymunedol yn rheolaidd. Mae Wyn hefyd wedi gweithredu fel Maer tref Caerfyrddin, gyda'i Gymreictod ar y Cyngor ac fel Maer yn gosod statws i'r iaith bob amser yn ei gymuned.

Derek Meredith Williams

Er ei fod yn byw yn Seland Newydd er 32 o flynyddoedd, mae'n amlwg bod **Derek Williams, Auckland** yn Gymro i'r carn. Bu'n hyrwyddo Cymru a'i diwylliant yng nghymuned Auckland ers blynyddoedd lawer, ac mae ei gyfraniad i lu o gymdeithasau, gan gynnwys Clwb Cymraeg Auckland, Cymdeithas Gymraeg Auckland a Chymdeithas Dawnsio Gwerin Cymreig Auckland, yn enfawr. Yn athro wrth ei alwedigaeth cyn iddo ymddeol, mae hefyd wedi cael llawer o foddhad wrth weithio fel tiwtor a chynnal gwersi Cymraeg mewn amryw o gymdeithasau a chlybiau yn yr ardal. Dyma ddyn sy'n parhau'n falch o'i wreiddiau, ac sy'n cymryd pob cyfle i ddathlu'i Gymreictod ym mhen pella'r byd.

Ifor Williams

Mae cyfraniad **Ifor Williams, Llanfaglan, Caernarfon** i'w filltir sgwâr yn arbennig ar nifer o lefelau. Yn uchel ei barch fel cynghorydd ar Gyngor Cymuned Bontnewydd, ef hefyd oedd yn gyfrifol am sefydlu Canolfan Bro Llanwnda, sy'n parhau'n ganolfan fyrlymus a diwylliannol bwysig yn yr ardal. Mae'n rhan allweddol o'r prosiect cenedlaethol digidol, Llên Natur ac yn un o sefydlwyr, aelod gweithgar a thrysorydd Cymdeithas Enwau Lleoedd Cymru. Mae'n trefnu gweithdai lleol ar draws Cymru er mwyn casglu a chofnodi enwau lleoedd lleol a'u gosod ar fap digidol i'w gwarchod. Mae'n byw yr hyn y mae'n ei gredu, yn gwasanaethu ei fro a Chymru yn ei ffordd dawel, a hwythau'n elwa'n sylweddol o'i gyfraniadau.

Irfon Williams

Yn ystod ei gyfnod yn gweithio i'r Gwasanaeth Iechyd, dangosodd **Irfon Williams, Bangor** ymroddiad ac angerdd yn ei waith, gan dderbyn Gwobr Nyrs Plant y Flwyddyn yng Nghymru yn 2012. Yn 2014 cafodd wybod ei fod yn dioddef o gancr, a chan weld effaith cemotherapi ar rai merched, aeth ati i sefydlu elusen Tîm Irfon i godi arian i Apêl Awyr Las er mwyn talu am wigiau, triniaethau amgen a chefnogaeth iechyd meddwl i gleifion a'u teuluoedd. Ef hefyd oedd yn gyfrifol am yr ymgyrch Hawl i Fyw a sicrhaodd fod unigolion sydd yn dioddef o gancr yn cael yr un cyfleoedd am driniaeth yng Nghymru â chleifion mewn rhannau eraill o'r DU. Dyma ddyn mewn miliwn, ac mae ei ymgyrchu wedi gwneud gwahaniaeth gwirioneddol i fywydau ac urddas cleifion yng Nghymru. Bu farw Irfon ddiwedd Mai eleni.

Robyn Williams

Mae **Robyn Williams, Y Fali** wedi cyfrannu'n helaeth at fywyd cymunedol ei dref enedigol, Caergybi. Yn bartner mewn cwmni o gyfreithwyr sydd â swyddfa yn y dref, mae wedi gwneud llawer ym myd y gyfraith i gefnogi a chynorthwyo mudiadau a sefydliadau lleol, ac ef yw cyfreithiwr mygedol yr Eisteddfod eleni. Bu'n rhan allweddol o'r gwaith o gael capeli anghydffurfiol y dref i gyfarfod ar y cyd, ac mae ei gyfraniad gwerthfawr mewn capeli ar draws yr ynys yn cael ei werthfawrogi gan drigolion ardaloedd niferus. Mae wedi cyfrannu'n helaeth yn wirfoddol ac yn gymunedol, ac mae ei frwdfrydedd dros ein hiaith a'n diwylliant heb ei ail.

Y Wisg Werdd

Linda Brown

Gellid dadlau bod enw **Linda Brown, Gerlan, Bethesda** gyfystyr â byd y ddrama yng Nghymru gan iddi fod yn ganolog i fyd y theatr Gymraeg er deugain mlynedd a mwy. Yn fwyaf adnabyddus am ei gwaith gyda Theatr Bara Caws, a hynny o'r cychwyn, llwyddodd i greu perthynas cwbl unigryw gyda chymunedau ym mhob rhan o'r wlad, gan ddenu llu o bobl i brofi theatr Gymraeg ar lawr gwlad. Yn ddi-os, mae Linda'n un o gonglfeini ei chymuned leol yng Ngerlan a Bethesda, gan wasanaethu ar fyrddau niferus a llu o bwyllgorau. Mae ei chyfraniad cymunedol a chenedlaethol wedi bod yn amhrisiadwy, a theg yw dweud ei bod hi'n sefydliad ynddi hi ei hun!

Elonwy Davies

Mae cyfraniad **Elonwy Davies, Llanybydder** i ddiwylliant a Chymreictod ei hardal yn amhrisiadwy. Mae'n gweithio'n ddygn gyda'r CFfI a'r Urdd yn lleol a sirol, a bob amser yn fwy na pharod i gyfeilio a hyfforddi unigolion a phartïon i gystadlu mewn eisteddfodau a chystadlaethau, gan gredu bod trosglwyddo'i doniau cerddorol i'r genhedlaeth nesaf yn bwysig. Mae'n un o hoelion wyth Capel Rhyd y Bont, Llanybydder, yn ddiacon, ysgrifennydd, athrawes Ysgol Sul a'r organydd. Mae'n gysylltiedig gyda Chôr Meibion Cwmann a'r Cylch ers blynyddoedd, ac yn arweinydd Lleisiau'r Werin er pymtheng mlynedd – dau gôr sy'n perfformio'n rheolaidd ar Lwyfan Maes yr Eisteddfod.

Pamela Davies

O Gasnewydd y daw **Pamela Davies, Acton, Wrecsam** yn wreiddiol, ond mae'n byw yn y gogledd ddwyrain er pan oedd hi'n blentyn. Yn gantores arbennig, enillodd yn yr Eisteddfod Genedlaethol yn 1958 a 1970, ynghyd ag ennill amryw o gystadlaethau canu eraill. Ar ôl gyrfa lwyddiannus fel athrawes a dirprwy-bennaeth cynradd, aeth ati i ddysgu'r Gymraeg, a mynychu cyrsiau ysgrifennu creadigol. Unwaith eto, llwyddodd i gyrraedd y brig yn yr Eisteddfod Genedlaethol, gan ennill nifer fawr o wobrau am ei gwaith, gan gynnwys Tlws y Dysgwyr yn 1998 a Chadair y Dysgwyr yn yr Eisteddfod yn ei dinas enedigol, Casnewydd, yn 2004.

Siân Wyn Gibson

Yn wreiddiol o Ddeiniolen, mae **Siân Wyn Gibson, Llanwnda, Caernarfon** yn adnabyddus i gynulleidfa'r Eisteddfod fel cantores yn ogystal â hyfforddwr rhai o'n cantorion ifanc mwyaf disglair. Yn dilyn gyrfa lwyddiannus yn canu'n broffesiynol gyda nifer o gwmnïau, dychwelodd Siân i ogledd Cymru lle mae'n canolbwyntio ar waith oratorio, cyngherddau a chynnig gwersi canu yn ei chartref, ac i blant yn ardal Conwy drwy ei gwaith. Yn ddi-os, mae Siân yn un o'r bobl sydd wedi ysbrydoli nifer o gantorion ifanc i fynd ati i astudio a dilyn gyrfa broffesiynol ym maes cerddoriaeth yng Nghymru a thu hwnt.

Iwan Guy

Mae **Iwan Guy, Y Bontfaen** yn adnabyddus fel canwr, arweinydd ac athro. Yn gyn-enillydd Cenedlaethol, bu'n gweithio fel canwr opera proffesiynol am flynyddoedd, gan berfformio gydag amryw o gwmnïau opera. Yna, yn dilyn damwain, aeth ati i hyfforddi fel athro cynradd, a bu'n ddylanwadol iawn fel athro ac yna fel pennaeth yn y sector gynradd yn ardal y de ddwyrain cyn mynd i weithio fel cyfarwyddwr undeb penaethiaid NAHT Cymru. Parhaodd ei ddiddordeb ym myd cerddoriaeth, a bu'n gyfrifol am sefydlu ac arwain nifer o gorau, gan gynnwys Cymdeithas Gorawl Y Bontfaen.

Geraint Jarman (i'w urddo yn 2018)

Mae cyfraniad **Geraint Jarman, Caerdydd** fel cyfansoddwr a bardd wedi cael dylanwad parhaol a phellgyrhaeddol ar ddiwylliant Cymru. Mae'n rhan allweddol o'r sîn Gymraeg er deugain mlynedd a mwy, gan gyhoeddi dwy gyfrol o farddoniaeth ynghyd â deunaw o recordiau hir rhwng 1976 a 2016. Yn ddi-os, mae'n un sydd wedi cyfrannu llawer iawn i gerddoriaeth Gymraeg yng Nghymru, gyda chenedlaethau o unigolion a bandiau nid yn unig wedi mwynhau'i gerddoriaeth drwy'r blynyddoedd, ond wedi'u dylanwadu ganddi hefyd.

Emyr Wyn Jones

Mae **Emyr Wyn Jones, Gwalchmai,** yn adnabyddus am ei wasanaeth i gerddoriaeth ym Môn am flynyddoedd maith. Gyda'i frawd, Trefor, mae wedi diddanu cynulleidfaoedd mewn cannoedd o gyngherddau a chymanfaoedd canu, ac wedi bod yn aelod o nifer o gorau dros y blynyddoedd, gan gynnwys Cantorion Colin Jones.

Ieuan Jones

Yn wreiddiol o Feifod, mae'r telynor amlwg, Ieuan Jones, Llundain yn enw adnabyddus mewn nifer fawr o wledydd ar draws y byd, gyda chynulleidfaoedd yn Sbaen yn ei adnabod fel 'Esplendoroso Jones' oherwydd ei ddawn arbennig. Yn Athro Telyn yn y Coleg Cerdd Brenhinol yn Llundain ac yn aelod rheolaidd o banelau cystadlaethau rhyngwladol ym mhob rhan o'r byd, mae'n llysgennad ardderchog i Gymru. Mae wedi glynu'n dynn wrth ei wreiddiau, gan ddychwelyd i fro ei febyd yn rheolaidd i hyfforddi a chefnogi ieuenctid yr ardal.

Rhodri Jones

Rhoddodd Rhodri Jones, Penarth oes o wasanaeth i addysg Cymraeg ail iaith yn ne ddwyrain Cymru, gan dreulio ugain mlynedd fel Pennaeth Adran y Gymraeg yn Ysgol Gyfun y Barri, fel athro ymgynghorol gyda chyfrifoldeb am ail iaith yn ysgolion uwchradd Caerdydd a'r Fro, ac fel Arolygwr gyda Estyn. Ond mae ei gyfraniad yn llawer ehangach na hyn, gyda'i ddiddordeb yn nhraddodiadau Cymru, yn arbennig dawnsio gwerin. Mae'n aelod o Bwyllgor Gwaith Cymdeithas Genedlaethol Dawns Werin Cymru ers degawdau ac yn un o sylfaenwyr Cwmni Dawns Caerdydd. Mae hefyd yn trefnu gŵyl ddawns Gŵyl Ifan, yn trefnu cyrsiau hyfforddi cenedlaethol, ac yn syml, yn gweithio'n ddiwyd i gadw un o'n traddodiadau cynhenid yn fyw.

Richard Jones

Gyda'i frawd, Wyn, mae Richard Jones, Aberteifi yn adnabyddus fel sylfaenwr label annibynnol Fflach, label sydd wedi bod yn rhan allweddol o'r sîn gerddorol Gymraeg ers degawdau erbyn hyn. Gyda'r sîn yn datblygu, sefydlwyd is-labeli er mwyn canolbwyntio ar gynnwys mwy arbenigol – Rasp, yn gyfrwng i annog a chyhoeddi artistiaid newydd arbrofol, a Fflach:tradd yn adlewyrchu deunydd gan gorau, bandiau pres yn ogystal ag artistiaid gwerin. Mae ganddynt stiwdio recordio bwrpasol yn Aberteifi, sy'n cyfrannu at economi, diwylliant ac achosion da yn eu cymuned a thu hwnt. Yn aelodau o'r band Ail Symudiad eu hunain,

mae'r brodyr hefyd yn gerddorion llwyddiannus a phoblogaidd, gyda'u caneuon yn cael eu clywed yn rheolaidd ar y radio.

Trefor Wyn Jones

Mae Trefor Wyn Jones, Pentre Berw, yn adnabyddus am ei wasanaeth i gerddoriaeth ym Môn am flynyddoedd maith. Gyda'i frawd, Emyr, mae wedi diddanu cynulleidfaoedd mewn cannoedd o gyngherddau a chymanfaoedd canu, ac wedi bod yn aelod o nifer o gorau dros y blynyddoedd, gan gynnwys Cantorion Colin Jones.

Wyn Jones

Gyda'i frawd, Richard, mae Wyn Jones, Aberteifi yn adnabyddus fel sylfaenwr label annibynnol Fflach, label sydd wedi bod yn rhan allweddol o'r sîn gerddorol Gymraeg ers degawdau erbyn hyn. Gyda'r sîn yn datblygu, sefydlwyd is-labeli er mwyn canolbwyntio ar gynnwys mwy arbenigol – Rasp, yn gyfrwng i annog a chyhoeddi artistiaid newydd arbrofol, a Fflach:tradd yn adlewyrchu deunydd gan gorau, bandiau pres yn ogystal ag artistiaid gwerin. Mae ganddynt stiwdio recordio bwrpasol yn Aberteifi, sy'n cyfrannu at economi, diwylliant ac achosion da yn eu cymuned a thu hwnt. Yn aelodau o'r band Ail Symudiad eu hunain, mae'r brodyr hefyd yn gerddorion llwyddiannus a phoblogaidd, gyda'u caneuon yn cael eu clywed yn rheolaidd ar y radio.

Elen Wyn Keen

O Rosygwaliau ger Y Bala'n wreiddiol, mae Elen Wyn Keen, Llangristiolus yn byw ym Môn ers blynyddoedd bellach ac yn cyfrannu i fywyd cerddorol yr ynys. Mae'n delynores ac yn bianydd sy'n rhoi o'i hamser i nifer o eisteddfodau, cyngherddau, sefydliadau ac ysgolion yn lleol ac yn ehangach. Hi yw cyfeilydd swyddogol Ysgol Glanaethwy er 1997, ac mae wedi cyfeilio'n genedlaethol yn yr Urdd ac Eisteddfod y Ffermwyr Ifanc. Mae hefyd yn gweithio'n rhan-amser fel athrawes biano deithiol i Wasanaeth Ysgolion William Mathias, ynghyd â dysgu piano i'w disgyblion ei hun. Mae bob amser yn barod iawn ei gwasanaeth yn yr ysgol gynradd leol, yn arwain yr Urdd, ac yn hyfforddi partïon ac unigolion sy'n cystadlu ar ran yr ysgol.

Jeanette Massocchi

Mae Jeanette Massocchi, Y Fenni yn rhan o fyd cerddorol Cymru ers blynyddoedd ac wedi cyfrannu'n sylweddol i'r maes fel cyfeilydd, beirniad a hyfforddwraig. Bu'n gyfeilydd yn yr Eisteddfod Genedlaethol am 30 mlynedd tan 2004, ond gyda'r Eisteddfod yn Y Fenni y llynedd, penderfynodd ailgydio yn ei gwaith, a chyfeilio a hyfforddi Côr yr Eisteddfod, ynghyd â chyfeilio yn ystod yr wythnos ei hun. Dros y blynyddoedd mae wedi annog a meithrin talentau cannoedd o bobl, nifer ohonynt yn enillwyr y Rhuban Glas, sydd wedi mynd ymlaen i ddatblygu gyrfaoedd cerddorol llwyddiannus. Mae hefyd yn cyfeilio neu'n beirniadu mewn nifer o eisteddfodau ar draws Cymru, gan gynnwys yr eisteddfod leol yn Y Fenni, lle mae'n aelod o'r pwyllgor ers i'r eisteddfod gael ei hadfywio yn 2002.

Derec Owen

Fel 'Derec Teiars' mae pawb yn adnabod Derec Owen, Llanfairpwll, gan iddo weithio fel rheolwr siop deiars yn Llangefni am flynyddoedd. Yn 1982, sefydlodd Gymdeithas Hogia Paradwys sy'n codi arian i elusennau ym Môn a Gwynedd, gan weithredu fel ysgrifennydd, cadeirydd a llywydd, a chan godi degau o filoedd o bunnau. Bu'n cyflwyno rhaglenni i Radio Ysbyty Gwynedd am bron i 30 mlynedd, ac yn tynnu lluniau i bapurau bro Ynys Môn er canol y 70au. Erbyn hyn, mae ganddo archif anferth o ffotograffau ardderchog y mae'n fodlon eu rhannu â phawb. Mae'n gymwynaswr heb ei ail, yn boblogaidd gan bawb ac yn Gymro gwylaidd hynod o werthfawr i'w gymdeithas.

Mari Rhian Owen

Actores, awdures ac addysgwraig a chanddi dros 30 mlynedd o brofiad o weithio ym myd y theatr broffesiynol yw Mari Rhian Owen, Aberystwyth. Mae ganddi arbenigedd ym maes theatr ysgolion a theatr gymunedol, ac mae'n gweithio i Gwmni Theatr Arad Goch fel Actores Rheoli, sy'n arwain gweithdai drwy ddrama. Mae'n arwain cyrsiau ysgrifennu creadigol i fyfyrwyr israddedig a dysgwyr mewn ysgolion, ynghyd â chynnal cyrsiau hyfforddi penodol i athrawon. Mae'n diwtor cwrs TAR Drama Uwchradd ym Mhrifysgol Aberystwyth er deng mlynedd. Yn ogystal, bu'n gyfrifol am ddyfeisio a hwyluso gweithgareddau iaith drwy ddrama yng Ngheredigion a Phowys er pymtheng mlynedd.

Wynford Ellis Owen

I genedlaethau o Gymry, mae Wynford Ellis Owen, Creigiau, Caerdydd yn adnabyddus fel Syr Wynff o'r gyfres deledu enwog Anturiaethau Syr Wynff a Plwmsan, ac i eraill, Donald, y gweinidog o'r gyfres Porc Peis ydyw. Ond i gannoedd o unigolion sy'n ddibynnol ar gyffuriau neu ddiod yn ardal Caerdydd, ef yw'r gŵr sy'n gyfrifol am eu triniaeth, fel Prif Weithredwr yr elusen Stafell Fyw. Aeth ati i ennill cymhwysedd academaidd yn y maes cyn sefydlu ac agor y ganolfan, sy'n ffynnu, ac mae'n fwriad ehangu'r prosiect ymhellach a sefydlu Stafelloedd Byw eraill yng ngorllewin a gogledd Cymru. Mae'r ganolfan yng Nghaerdydd wedi trawsnewid bywydau, a dyma oedd ei bwriad, yn dilyn ei brofiad ef ei hun.

Huw Roberts

Y byd gwerin sy'n mynd â bryd Huw Roberts, Llangefni, ac mae ei gyfraniad i'r maes, yn gerddorol ac ym maes ymchwil, yn sylweddol ers degawdau. Yn aelod o'r grŵp Cilmeri ac yna 4 yn y Bar, mae Huw yn ffidlwr o fri sydd wedi'i drwytho mewn alawon a hanes cerddoriaeth gwerin yng Nghymru, ac mae wedi ysbrydoli llawer o ieuenctid drwy hyfforddi ar gyrsiau ffidil dros y blynyddoedd. Mae ef a'i wraig Bethan hefyd wedi chwarae rhan allweddol ym myd dawnsio gwerin Môn, gyda llwyddiant Ffidl Ffadl, ac yn ddiweddarach, Dawnswyr Bro Cefni, mewn cystadlaethau a gwyliau dawns yng Nghymru a thramor. Mae hefyd yn un o brif wybodusion maes y wisg genedlaethol Gymreig.

Rhian Roberts

Mae Rhian Roberts, Bangor wedi addysgu ac ysbrydoli cenedlaethau o bobl ifanc ers blynyddoedd yn sgîl ei gweledigaeth hi a'i gŵr, Cefin Roberts, wrth sefydlu Ysgol Glanaethwy dros chwarter canrif yn ôl. Fel cyfarwyddwr cerdd côr iau'r ysgol, mae Rhian wedi creu profiadau ac atgofion arbennig ar gyfer llu o bobl ifanc, gan eu harwain i fuddugoliaethau cenedlaethol a rhyngwladol, ynghyd â rhoi cyfle i'r criw ifanc deithio'r byd yn perfformio. Erbyn heddiw, mae'r ysgol yn uchel ei pharch ar draws y byd, gyda'r enw'n gyfystyr â safon a dawn. Yn ogystal â hyfforddi a chyfarwyddo, Rhian hefyd

sy'n bennaf gyfrifol am weinyddu a threfnu pob elfen o waith yr ysgol brysur ym Mangor.

Jeremy Turner

Mae Jeremy Turner, Aberystwyth yn fwyaf adnabyddus fel Cyfarwyddwr Cwmni Theatr Arad Goch, gyda thros 20,000 o blant, pobl ifanc a theuluoedd yn mwynhau perfformiadau'r cwmni'n flynyddol ym mhob rhan o Gymru. Yn ogystal, mae'n ddarlithydd gwadd mewn prifysgolion yng Nghymru, a'i arbenigedd ym maes y theatr wedi'i gydnabod ar lefel ryngwladol, gyda chyfleoedd i ddarlithio a chyflwyno mewn seminarau ar draws y byd. Mae ei waith wedi'i berfformio mewn gwledydd ym mhob rhan o'r byd, ac mae hefyd yn gyflenwr hyfforddiant proffesiynol ar gyfer awdurdodau addysg a mudiadau cenedlaethol.

Anwen Williams

Enw sy'n adnabyddus tu hwnt i unrhyw un sy'n dilyn y byd cerdd dant ac alawon gwerin yng Nghymru yw Anwen Williams, Dinbych. Dyma wraig sydd wedi gwneud cyfraniad oes i'w hardal, ei hiaith a'i chenedl. Yn feirniad cenedlaethol, gwirfoddolwr gyda Chlwb Ffermwyr Ifanc Nantglyn a'r Eisteddfod Genedlaethol pan yn lleol, mae nifer fawr o bobl wedi elwa o'i hymroddiad di-flino, yn hyfforddi llu o unigolion a phartïon canu a cherdd dant. Yn weithgar yn y capel am flynyddoedd, mae hefyd yn aelod prysur o Ferched y Wawr, yn Swyddog Datblygu gogledd ddwyrain Cymru, yn aelod o Is-bwyllgor Cenedlaethol Iaith a Gofal y mudiad ac yn gyfrifol am drefnu rhoi Y Wawr ar dâp ar gyfer y deillion yn rhanbarthau Cymru.

GWOBRAU DEWI SANT
ST DAVID AWARDS

Llywodraeth Cymru
Welsh Government

Gwobrau Dewi Sant
Gwobrau cenedlaethol Cymru

Pwy sydd wedi'ch ysbrydoli?
Pwy ddylai Cymru fod yn falch ohonynt?
Pwy yw'r arwyr tawel sy'n gwneud Cymru'n wlad well?

Enwebwch nawr: gwobraudewisant.org.uk

HUGH | JAMES

Yn un o'r 100 cwmni cyfreithiol mwyaf yn
y Deyrnas Unedig, caiff ein cyfreithwyr eu
cydnabod fel y prif arbenigwyr yn eu meysydd.
Mae gennym y wybodaeth a'r arbenigedd i
ddarparu'r ateb cyfreithiol cywir i chi, gyda
chyngor hawdd ei ddeall wedi'i deilwra'n briodol.

Cymraeg

Gallwn ddarparu
gwasanaethau cyfreithiol
yn Gymraeg

700

o Aelodau o staff

62

o Bartneriaid

Gwen Evans, Partner
Richard Locke, Partner

Caerdydd | Llundain
@HughJamesLegal

hughjames.com
029 2022 4871

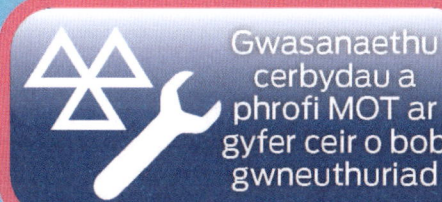

Cyfraniadau

Rhestr o gyfraniadau a dderbyniwyd dros y blynyddoedd i gronfeydd gwobrau neu i goffrau cyffredinol Eisteddfod Genedlaethol Cymru.

Manylion y rhodd

2017	Harold Evans, Llanisien, £10,000
2017	Thomas Eurgan Davies, £66,602
2017	Elizabeth Moyra Evans, Gorslas, £263,000
2016	Edith Batten, Llanwrtyd Wells, £10,000
2016	Cronfa Goffa Islwyn Jones. £5,000
2016	Cymynrodd Mair Rees, Pontargothi, £1,000
2015	Cymynrodd Joan Williams, Wrecsam, £4,537
2015	Cronfa Shirley Williams, £1,000
2014	Cronfa Goffa Eilir Hedd Morgan, £1,000
2014	Cymynrodd Mrs Irene Jent, Llanymddyfri, £13,955
2014	Cymynrodd Edward Gwyn Morris, £500
2013	Cymynrodd Margaret Williams, Sir Ddinbych, £4,000
2013	Cymynrodd Owen Daniel, £3,000
2013	Cymynrodd Ceinwen Bowyer, Bae Colwyn, £750
2013	Cymynrodd Aneurin Rees Davies, Llanbedr Pont Steffan, £1,000
2012	Rhodd - Capel Cymraeg Los Angeles, £9,093
2012	Cronfa Goffa Pat Neill, £22,111
2012	Cymynrodd Mr D C H Warmington, £5,000
2012	Cymynrodd Ann Sheldon, £48,538
2012	Cymynrodd Glenys Mary Jones, £15,409
2012	Cymynrodd Selwyn Griffith, £5,000
2011	Cymynrodd John Heulwyn Evans, Y Rhyl £93,500
2011	Cronfa Owen Edwards, £5,000
2011	Cronfa Goffa Huw Roberts, Pwllheli £5,900
2011	Frederick Williams (Derek y Bysus), £5,000

2010	Cymynrodd Darwel Thomas, £80,081
2010	Cymynrodd Hywel David Lewis, £41,558
2009	Cronfa Wilbert Lloyd Roberts
2008	Cronfa W R P George
2007	Gwobr Goffa Urien Wiliam
2007	Gwobr Goffa Eirwen Gwynn
2006	Ymddiriedolaeth Simon Gibson
2006	Cronfa Gwilym Jones Lewis
2006	Cronfa Edward John Owen
2005	Cymynrodd Robert Owen Roberts
2004	Norah Issaac
2004	Norah Amy Jones
2004	Eluned Ellis Jones
2004	Sarah Winifred Williams
2003	Elfed Lewys
2003	Syr Alun Talfan Davies
2003	William Hughes, Talwrn
2002	Watcyn o Feirion
2002	Margaret Dilys Hughes
2002	Elizabeth Eleanor Gwynn-Williams
2001	Ysgoloriaeth Emyr Feddyg
2000	Winifred Hopkins, Trefor
2000	Cymdeithas Cymry Glannau'r Tees
1999	Annie Myfanwy Williams
1999	Thomas ac Ann Ajax-Jones
1999	Nansi a J R Evans
1999	Mary Williams
1999	Watcyn o Feirion

1998	Ysgoloriaeth Leslie Wynne-Evans
1998	Ysgoloriaeth Cronfa Peggy a Maldwyn Hughes, Carno
1998	Rachel J Griffiths
1998	Wilbert Lloyd Roberts
1998	Ysgoloriaeth Rachel Ann Thomas
1998	Lady Enid Parry
1998	Effie Isaura Hughes
1998	Shan Emlyn

1997	Cronfa Pat Neill
1997	Gwobr Goffa Glyndwr Richards, Y Rhyl

1996	Edward Lloyd
1996	Er cof am Eleri Evans gan ei rhieni, Gwilym a Glenys Evans
1996	Llifon Hughes Jones
1996	GlynRhys
1996	Teulu Meredydd, Llanidloes
1996	Nance Kinsey

1995	Gwobr Evan a Mary Ann Rogers
1995	Cronfa Morfydd Rogers Williams
1995	Medal Goffa Noel John

1994	Gwobr Hannah Rogers
1994	Gwobr Islwyn Rogers
1994	Gwobr Aeron Rogers
1994	Medal Côr Merched Hafren
1994	Cronfa Goffa Jean Skidmore, Aberdyfi

1993	Gwobr Goffa Edward Rhys-Price
1993	Cronfa Goffa Trystan Maelgwyn
1993	Cronfa Goffa David William Davies

1992	Dr Bryneilen Griffiths
1992	Gwobr Goffa Catherine Hopkins (Eos Meudwy)
1992	Gwobr Goffa Mr a Mrs Tom Llywelyn Stephens
1992	Berwyn Williams
1992	Lynda Harding, Aberangell

1991	Caradog Prichard

1990	Ceinwen a Stephen J Williams
1990	Ritchie Thomas
1990	Lady Amy Parry-Williams
1990	Syr Hywel Wyn Evans, KCB a'i dad, Dr Thomas Hopkin Evans
1990	Gwobr Goffa Cassie Davies
1990	Gwobr Cofio Tryweryn
1990	Gwobr Goffa Eluned Williams, Tredegar Newydd
1990	Gwobr Goffa Olwen Hughes, Rhymni

1989	Cymynrodd y Parchedig Joseph Thompson
1989	Medal Goffa Syr Thomas Parry-Williams
1989	Cronfa Goffa Emrys Bennett Owen
1989	Gwobr Undeb y TGWU
1989	Gwobr Goffa Iona
1989	Gwobr Cyngor Tref Caerffili

1988	Dr E D Jones
1988	Cronfa Richard Burton i hyrwyddo hyfforddiant pellach
1988	Jonah Morris
1988	Alun Davies, Caerdydd

1987	Tom Jones, Llanuwchllyn
1987	Cymdeithas Gymraeg Chelmsford a'r Cylch
1987	Gwobr Goffa Redvers Llewelyn

1986	John Elwyn Hughes, Porthmadog
1986	Cronfa Goffa Kate Roberts
1986	D J Williams, Abergwaun
1986	Cronfa Marian Myfanwy Morgan
1986	Meibion Menlli

1985	Ifor Lewis (Ifor o Wynfe)
1985	Cronfa M Joan Osborne Thomas

1984	Alwyn D Rees
1984	Cymdeithas Dewi Sant, Hong Kong, er cof am J R Jones
1984	Tlws Dysgwr y Flwyddyn
1984	Gwobr Thomas Daniel Varney, Trefdraeth
1983	Peleg
1983	Capten Jac Alun
1983	Y Pritardd Tomi Evans
1983	Y Parchedig Roger Jones
1983	Beti Hughes
1982	Andrew Williams
1982	Wyndham Jones
1982	Merched y Wawr, Llandeilo
1981	Cyngerdd Violet Jones
1981	Ysgoloriaeth Violet Mary Lewis
1981	Cymdeithas Gymreig Greenock
1980	Cronfa Aelwyd Caer
1979	Meirion Williams
1979	Cynolwyn Pugh
1978	Cronfa Aberteifi 1976
1978	H J a A L Hughes, Talsarnau
1977	Jacob Davies
1977	Cronfa A G Lloyd-Hughes
1977	Cronfa Watcyn o Feirion
1976	Cronfa Sarnicol
1975	Parchedig E J Owen
1975	Neli Davies
1975	Harding Jenkins
1974	Cronfa Goffa David Lloyd
1974	Pencerddes Eleri (Mrs K E Harries)
1973	Syr J H Morris-Jones
1972	Cronfa Gertrude J Jenkins
1972	W Devonald Griffiths

Cyn 1971	Cronfa I D Hooson
Cyn 1971	Ysgoloriaeth W Towyn Roberts. Er cof am ei briod, Violet Jones, Nantclwyd
Cyn 1971	Cronfa Mam o Nedd
Cyn 1971	Cronfa Eisteddfod Llandybie
Cyn 1971	Cronfa M O Jones, Treherbert
Cyn 1971	Cronfa Goffa Frances Tecwyn Lloyd
Cyn 1971	D Ffrancon Thomas
Cyn 1971	Beatrice Grenfell
Cyn 1971	R Williams Parry
Cyn 1971	Ceridwen Gruffydd
Cyn 1971	Dr a Mrs O Lewis Jones
Cyn 1971	Cronfa Ivor Foster
Cyn 1971	Cronfa Ieuan o Leyn
Cyn 1971	David Evans
Cyn 1971	Cymry'r Dwyrain Canol
Cyn 1971	Tom Griffiths, Brydan, rhodd ei ddwy ferch, Dr Rosentyl Griffiths a Dr Bryneilen Griffiths
Cyn 1971	Cronfa Dewi a Myra Jones
Cyn 1971	Mary King Sarah
Cyn 1971	I E Sims
Cyn 1971	Llwyd o'r Bryn
Cyn 1971	Leila Megane
Cyn 1971	Cronfa David Williams
Cyn 1971	E Morgan Humphries
Cyn 1971	Robert Jones
Cyn 1971	C P Williams
Cyn 1971	Cronfa William Jones, Nebo
Cyn 1971	Trefin
Cyn 1971	Edward Owen
Cyn 1971	Dewi Emrys
Cyn 1971	Cronfa Jane Williams
Cyn 1971	William Vaughan Jones
Cyn 1971	May John
Cyn 1971	E H Hosgood
Cyn 1971	Cronfa William Edwards, Rhyd-y-main
Cyn 1971	Pedr Hir
Cyn 1971	G William Davies
Cyn 1971	Mair Taliesin
Cyn 1971	David Ellis
Cyn 1971	Medal Goffa Osborne Roberts
Cyn 1971	B Haydn Williams
Cyn 1971	Eifionydd
Cyn 1971	Breese Davies

Byw Bywyd
Living Life

EICH GOFAL YN FLAENLLAW

'AR GAEL AR Y MAES I'W LLOGI'

Mewn cydweithrediad ag Eisteddfod Genedlaethol Ynys Môn 2017 bydd Byw Bywyd ar y maes yn llogi cadeiriau olwyn a sgwteri i'ch galluogi i fynd o gwmpas y maes.

Bydd y sgwteri ar gael o 8.30 o'r gloch y bore tan 5.30 yr hwyr.

Gan mai nifer cyfyngedig o sgwteri sydd ar gael, rhaid eu casglu o fewn awr i'r amser archebu. Wedi'r amser yma, os bydd gofyn, bydd y sgwteri yn cael eu llogi i rhywun arall.

Mae'r gwasanaeth ar gael am £10 y dydd. Codir blaendal ad-daladwy o £50.

Os byddwch yn archebu gofynnwn i chi am eich pwysau a thaldra er mwyn ein galluogi i neilltuo sgwter addas i chi.

Gwobr **1af**

RAFFL TUAG AT CLEFYD NIWRONAU MOTOR (MND)

'ARCHEBWCH NAWR'
01286 830 101
neu e-bost: **post@byw-bywyd.co.uk**

Dinas
Caernarfon
Gwynedd
LL54 7YN

Awdurdodau Cyhoeddus
Derbyniadau hyd at 31 Mai 2017
Cymdeithas Llywodraeth Leol Cymru £340,070

BLAENAU GWENT
Brynmawr	£25.00

BRO MORGANNWG
Dinas Powys	£200.00
Castellnewydd Uwch	£100.00

CAERFYRDDIN
Tref Caerfyrddin	£200.00
Llanelli	£200.00
Llangyndeyrn	£100.00
Cynwyl Gaeo	£50.00
Llanllwni	£50.00
Betws	£50.00
Bro Dyffryn Cennen	£25.00

CASTELL NEDD A PHORT TALBOT
Pontardawe	£100.00

CEREDIGION
Cyngor Tref Aberteifi	£200.00
Faenor	£100.00
Llansantffraed	£25.00

CONWY
Abergele	£250.00
Tref Llandudno	£250.00
Tref Conwy	£100.00
Pentrefoelas	£100.00
Llanfairtalhaiarn	£50.00
Llangernyw	£30.00

DINBYCH
Tref Rhuthun	£200.00
Dyserth	£100.00

FFLINT
Bwcle	£200.00
Helygain	£100.00
Tref Caerwys	£75.00
Mostyn	£50.00

GWYNEDD
Penrhyndeudraeth	£300.00
Dolgellau	£200.00
Llanengan	£200.00
Pwllheli	£200.00
Llanberis	£150.00
Boduan	£100.00
Botwnnog	£100.00
Brithdir a Llanfachreth	£100.00
Porthmadog	£100.00
Y Bala	£100.00
Llanuwchllyn	£55.00
Llanbedrog	£50.00
Llangywer	£50.00
Llanystumdwy	£50.00
Waunfawr	£50.00

PENFRO
Llandudoch	£50.00
Mynachlog Ddu	£30.00

PENYBONT AR OGWR
Coity Uchaf	£100.00
Pîl	£50.00

TORFAEN
Pont-y-pŵl	£100.00

WRECSAM
Rhosllanerchrugog	£300.00
Parc Caia	£100.00
Y Waun	£100.00
Acton	£50.00
Llansanffraid Glyn Ceiriog	£50.00

Cronfa Aelodau Llys yr Eisteddfod 2017

Derbyniadau hyd at 31 Mai 2017

£3,968
Pwyllgor Celfyddydau Gweledol

£500.00
D Hugh a Beryl Thomas

£312.50
Di-enw

£300.00
Valmai a John Gwilym Jones

£250.00
Beryl a J Gwynn Williams
Di-enw
John a Janice Samuel
Rhiannon ac R Alun Evans
WC Llewelyn

£200.00
Alwyn a Mair Roberts
Madge a Gwilym Huws

£187.50
Ann Beynon

£150.00
AR & E Owens
Lewis J a Sian Evans
WB & MA Jones

£125.00
Emyr a Myra Jenkins
Olwen a Robin Griffith
Buddug Y Llannau
Bethan Whittall
D & G Roberts
Doris a Dyfed Evans
Er cof am Hugh Evans, Bryneglwys
Ffrwdamos
Gareth ap Afan
Geraint a Meinir Lloyd Jones

Gerallt a Marian Wyn Jones
Glyn Lewis Jones (Er cof am ei Dad)
H Desmond Healy
Helga Martin
Huw a Sian Jones
Mair Evans
Margaret a Geraint R Jones
Robat Gruffudd
Roy ac Ann Saer
WHJ Davies
Willam Owen

£100.00
Dr Osian Ellis
Donald Glyn a Grês Pritchard
Delwyn Tibbott
Enid a Gerald Morgan
Iwan Bryn ac Enid Williams

£93.75
Dan a Lona Puw

£87.50
Yr Athro Gareth Crompton

£75.00
Einir Wynn Williams

£62.50
Carole Collins
Gwyneth Croesor
Gwynfryn ac Eryl Evans
Iona a Clifford Jones
Jean a Huw Jones
Joan M Thomas

£50.00
Audrey Mechell
Dennis, Enid ac Esyllt Tudur
Eira Jones
Gwyn W Pritchard
Hilda Mary Edwards
Mair E Thomas
Mel a Lis Williams

Nia Rhosier (Er cof am ei thad, Rhosier)

£40.00
Enid Griffiths

£37.50
Dai a Vera Davies
Gwyn Williams
HA ac AE Williams
Hilma Ll Edwards

£31.25
Eirwyn George
Gwilym E Roberts
Gwilym Williams
Jane Lloyd Hughes
Lisabeth Miles
Manon Easter Lewis
Manon Griffiths
Phyllis M Ellis
Rhobet Williams

£25.00
Charles Evans
Tom Parry

£20.00
Elfeira Harries
Eric a Janice Stephens
Gerwyn Llwyd
Tim Stuart a Ceinwen Roberts

£15.00
Ceinwen Jones

£12.50
Catherine Powell
Ron Gilford

£10.00
Mair Hermon

219

Y Gronfa Leol
Derbyniadau Hyd at 8 Mehefin 2017
£409,867

Llanbadrig
Cyfanswm £9,457

£2,265.00	Dawns Treysgawen
£1,215.00	Cyngerdd Rhys Meirion a Chôr Ieuenctid Môn
£878.80	Noson John ac Alun
£750.00	Cyngor Cymuned Llanbadrig
£500.00	Rhian a Harri Pritchard
£500.00	[Glyndwr] ac E Gwen Thomas
£400.00	Di-enw
£375.00	Nia Gwynn Meacher
£265.75	Noson Bingo, Ysgol Cemaes
£245.00	Dyddiadur
£238.00	Llys Eisteddfod Môn
£225.00	Dawns
£200.00	Edward Roberts
£100.00	Canolfan Iechyd Amlwch a Chemaes
£100.00	Tom a Gareth Tregyrnig
£80.00	Gwesty Harbour Hotel
£457.35	Casgliad o dŷ i dŷ
£125.00	Mr a Mrs Madders
£125.00	Mrs Nancy Thomas
£62.50	Y Parchedig E a Mrs M Richard
£62.50	Mr a Mrs G Jones
£62.50	[Idris Rowlands]
£62.50	Mrs Buddug Owen
£62.50	Dr R a Mrs I Pritchard
£50.00	Dafydd Owen
£50.00	Mrs E Hughes

Amlwch a Llaneilian
Cyfanswm £12,943

£2,527.18	Cystadleuaeth Golff ym Mhorthllechog
£1,530.00	Noson Lawen
£1,213.00	Raffl crys pêl droed Euro 2016
£600.00	Cyngor Cymuned Llaneilian
£500.00	Cyngor Tref Amlwch
£500.00	Pat a'r diweddar Owain Roberts
£500.00	Iwan ac Avril Lloyd
£324.00	Cymanfa Ganu
£318.00	Llys Eisteddfod Môn
£316.00	Dyddiadur Pen-blwydd lwcus
£278.00	Noson adloniant y "Coffin Dodgers"
£250.00	Edna Jones
£250.00	Wil a Wini Jones
£250.00	Gwynne Morris Jones
£250.00	Hefina Williams, Penysarn
£229.00	Noson o adloniant gyda Y Brodyr McGee
£200.00	Grace Roberts, Y Felinheli
£200.00	Dafydd ac Alwen Jones
£187.50	Gwenda a Walter Glyn Davies
£183.50	Noson Bingo
£170.00	Her Hywel - Tîm Tanc
£137.00	Stondin yng Ngharnifal Amlwch
£133.50	Ffair Nadolig, Merched y Wawr Amlwch
£125.00	Myrddin a Rita Owens
£110.50	Noson o banad a sgwrs am fynydd Parys
£100.00	Cinio Nadolig Cymdeithas Cadi Rondol
£100.00	Mr Gwynn Roberts, er cof am ei briod Nellie

Amlwch a Llaneilian
Cyfanswm £12,943

£100.00	Gwyn a Janice Pritchard
£100.00	Caryl Bryn Hughes, (Er cof am Miss Mary Thomas - Mair Eilian)
£100.00	Robin J Roberts
£93.75	Griff a Catherine, Porth Llechog
£67.50	Ymdrech Nadolig, Sefydliad y Merched Llaneilian
£62.50	Er cof am Mary Thomas Renown
£62.50	Mair Owen, er cof am ei phriod Dafydd Owen, Llanfairynghornwy
£62.50	Gruff a Branwen Roberts
£62.50	Walter a Gwenda Môn Williams, Porth Llechog
£62.50	Leonard Thomas
£62.50	Bruce a Julie Hughes
£60.00	John a'r diweddar Lilly Paterson
£50.00	Margaret E Hughes, Llundain
£50.00	Margaret a Geraint Evans
£50.00	Rolant a Mair Williams
£415.00	Cyfraniadau o dan £50

Rhosybol
Cyfanswm £7,313

£3,000.00	Cyngor Cymuned Rhosybol
£1,120.00	Cyngerdd Mawreddog
£700.00	Noson holi Rocet
£433.00	Ffermwyr Ifanc Rhosybol
£300.00	Robin J Roberts
£250.00	Eunice ac Arwel Jones a'r teulu
£241.00	Bingo, Ysgol Gymuned Rhosybol
£238.00	Llys Eisteddfod Môn
£200.00	William a Beti Owen
£191.00	Helfa Drysor
£165.00	Coeden Nadolig 2016
£100.00	Emlyn a Dilys Parry
£100.00	Treialon Cŵn Defaid
£100.00	Raffl Dol, Janet Glasgraig

Rhosybol
Cyfanswm £7,313

£50.00	Capel Gorslwyd
£50.00	Eric ac Elisabeth Jones
£75.40	Cyfraniadau o dan £50

Moelfre a Llaneugrad
Cyfanswm £9,214

£1,000.00	Eisteddfod Bro Goronwy
£937.50	John a Gaynor Walter-Jones, Caerdydd
£831.70	Taith Gerdded Bedwyr Rees
£800.00	Cyngherddau 'Singing for Pleasure'
£500.00	Luned a Gwyn Llewelyn
£500.00	Ken Owen
£500.00	Huw a Rhian Jones
£500.00	Eisteddfod Ieuenctid Marian-glas
£456.00	Cyngerdd ym Moelfre
£404.55	Cyngerdd Ysgol Gynradd Moelfre
£300.00	Parc Carafanau, Home Farm
£250.00	Gareth ac Anette Luke
£246.00	Noson Tri Gog a Hwntw
£238.00	Llys Eisteddfod Môn
£227.00	Te Mefus
£200.00	JR a Mavis Williams
£200.00	Cyngor Cymuned Moelfre
£178.50	Noson Gyrri a Charioci
£156.25	Richard Ellis a'r teulu
£150.00	Cymdeithas Penrhosllugwy
£131.00	Sêl Cist Car
£100.00	Clwb y Marian
£100.00	Gapel Carmel Moelfre
£100.00	Cyngor Cymuned Llaneugrad
£62.50	Olwen, Gerallt ac Awen Hughes
£60.00	Clwb Cwiltwyr Moelfre
£50.00	Cymdeithas Gymraeg Brynrefail
£35.00	Cyfraniadau o dan £50

Llanfair Mathafarn Eithaf
Cyfanswm £23,263

£4,552.90	Sblash am Cash
£1,500.00	Cronfa Eisteddfod Bro Goronwy
£1,388.35	Te Mefus
£1,032.00	Noson Lawen
£1,030.00	Noson Côr Godre'r Aran
£1,000.00	Cyngor Cymuned Llanfair Mathafarn Eithaf
£812.50	John Humphreys, Judith Humphreys a Jerry Hunter er cof am Richard a Jane Humphreys
£731.41	Côr Siop Barbar
£635.00	Llys Eisteddfod Môn
£555.00	Noson Bingo
£510.40	Noson Santes Dwynwen
£500.00	Myra Jones
£500.00	Cronfa Goffa JO Roberts
£500.00	Nia Roberts
£500.00	Rhian Mair Jones a Ian Morris Jones
£500.00	Ieuan Williams
£500.00	Dewi a Magdalen Jones
£500.00	Dewi Roberts
£500.00	Diana Roberts
£500.00	Meinir Owen, Y Groeslon, Caernarfon
£500.00	Northen Soul
£462.00	Parti Penblwydd Godfrey
£400.00	Elinor a Huw Roberts
£375.00	Dewi ac Ann Elfed Jones a'r teulu
£360.00	Clwb Gwawr y Gors Goch
£300.00	Cwmni Toffoc
£300.00	Contractwyr PAR
£250.00	William R Williams
£200.00	Cymdeithas Lenyddol Bro Goronwy
£200.00	Gareth Roberts
£195.55	DIM MANYLION

Llanfair Mathafarn Eithaf
Cyfanswm £23,263

£195.00	Mr a Mrs M Edwards, Nant y Wennol, Llandegfan
£134.00	Noson Cwis
£127.00	W John Jones
£115.72	Siop Banks
£112.50	Ann Gibbard
£108.50	Taith Cerdded
£101.14	Beachcomber (bwced)
£90.00	Cledwyn a Glenys Rowlands
£87.50	Marian Lloyd, er cof am ei phriod a'i rhieni
£83.00	Tafarn California
£62.50	Gerry Sanger
£50.00	Clwb 50 Benllech
£50.00	Merched y Wawr Benllech
£50.00	E Griffiths
£106.00	Cyfraniadau o dan £50

Pentraeth a Rhoscefnhir
Cyfanswm £6,130

£1,000.00	Cyngor Cymuned Pentraeth
£500.00	Gruffydd Aled ac Eimear Williams
£500.00	Dafydd Idriswyn a Glenys Roberts
£500.00	Hunydd Angharad
£500.00	Noson gyda Hogia Bodwrog
£300.00	Lil Evans er cof am ei mab Robin Evans
£159.00	Llys Eisteddfod Môn
£125.00	Huw a Ruth Parry
£117.93	Blakemore Foundation (Spar)
£1,784.04	Casgliad o dŷ i dŷ
£125.00	Mair Wynn Hughes
£93.75	Gwynfor a Menna Parry
£75.00	Norman Williams
£62.50	Megan Lloyd
£62.50	Mr a Mrs Brian Richards

Pentraeth a Rhoscefnhir
Cyfanswm £6,130

£62.50	Catherine ac Eifion Jones
£62.50	Bryn Williams
£50.00	Gwenan Evans
£50.00	Clare Roberts

Llanddona
Cyfanswm £4,191

£1,200.00	Penwythnos Carafanio
£680.00	Sioe Ffasiwn
£550.00	Iestyn a Marian Hughes, Ceredigion
£455.00	Her Hywel - Tîm Esceifiog
£285.00	Diwrnod Hwyl
£250.00	Cymanfa Ganu, Capel Peniel
£238.00	Llys Eisteddfod Môn
£200.00	Cyngor Cymuned Llanddona
£120.00	Noson Sïon a Siân y Corau
£100.00	Annwen ac Elis Jones, Caernarfon
£62.50	Roger a Wendy Davies
£50.00	Richard ac Ann Jones

Llangoed a Phenmon
Cyfanswm £1,621

£400.00	Cyngor Cymuned Llangoed a Penmon
£250.00	Lewis Davies
£158.00	Côr Dros y Bont
£125.00	Huw a Ruth Parry
£100.00	Er cof am John ac Eirwen Williams, gan Elfed, Helena a Rhys, Dinbych
£75.00	Emlyn a Barbara Jones
£62.50	Roger a Wendy Davies
£62.50	Islwyn a Carys Hughes
£62.50	Meurig a Valerie Hughes
£62.50	Paul a Daniel Airey
£50.00	Janet Latham
£212.50	Cyfraniadau o dan £50

Biwmares
Cyfanswm £13,891

£6,250.00	Di-enw, Llundain
£2,000.00	Cyngor Tref Beaumaris
£625.00	Islwyn a Bethan Williams
£600.00	Seindorf Beaumaris
£555.00	Twmpath yng Ngwesty'r Bulkeley, Biwmares
£397.00	Llys Eisteddfod Môn
£250.00	Eleri Edwards
£250.00	John ac Iris Cross
£250.00	Capel y Drindod
£250.00	John ac Doreen Cox
£250.00	Eluned ac Ian Grant
£250.00	Cymdeithas Bro Biwmares
£200.00	Nesta Davies
£150.00	Cinio Grŵp Dysgwyr Biwmares
£140.00	Te yn nhŷ Glenys Lewis
£138.20	Cylch Clytwaith Biwmares
£127.05	Taith Gerdded efo'r Clwb Cerdded
£125.00	JW a NP Jones
£125.00	Eleri Elliot
£125.00	Peter a Linda Brayshaw
£125.00	Siân Wyn Siencyn
£125.00	Shan a Steve MacVicer
£125.00	Craig, Fflon, Mabli, Mati a Rhys
£100.00	Taith Feicio Gymunedol Ward Seiriol
£100.00	Cymdeithas Lenyddol Bro Menai
£75.00	Te yn nhŷ Eleri Edwards
£66.22	Gweddill Cronfa Pwyllgor Dewi Sant Biwmares - Eisteddfod 1983
£62.50	Audrey Owen
£55.00	Cyfraniadau o dan £50

Cwm Cadnant
Cyfanswm £23,050

£2,684.00	Noson Mefus a Hufen
£1825.00	Cyngerdd Talent Llandegfan (yn cynnwys £am£ Banc Barclays)
£1,250.00	Rajkumari W Jones, er cof am ei diweddar ŵr Dr Thomas Parry Jones OBE
£1,000.00	Eurfryn a Siân Arwel Davies
£1,000.00	Cyngor Cymuned Cwm Cadnant
£1,000.00	DIM MANYLION
£825.00	Cyngerdd Talent Llandegfan
£600.00	Achlysur Ffarwelio Bill a Ruth Davies
£531.25	John Idris a Mair Jones
£500.00	Wendy Williams
£500.00	Harri a Nest Owen
£500.00	Dr a Mrs Ffrancon Morris
£500.00	Aled a Frances Jones
£500.00	Meirionna a Dewi Lewis-Jones
£500.00	Huw ac Evelyn Roberts
£500.00	Margaret Ungoed Hughes
£500.00	Idris Alan a Vai Jones
£500.00	Bethan Roberts
£500.00	Hywel a Rhian Wyn Owen
£500.00	Gareth a Gwyneth Lloyd Jones
£500.00	John a Beryl Griffith
£500.00	Edward M Jones, er cof am Gwyneth
£500.00	Olwen Williams
£476.00	Llys Eisteddfod Môn
£375.00	Dr Norman a Beti Jones
£337.50	Nia Wyn Williams
£250.00	Manon Wyn Griffiths
£250.00	Einir Wynn Williams
£250.00	William Hugh Jones
£250.00	Lis Williams
£250.00	Di-enw
£250.00	[Terry] a Heulwen Maxwell

Cwm Cadnant
Cyfanswm £23,050

£250.00	David M Hannah
£225.00	Rhiannon Jones
£210.00	Staff Adran Gwaith a Phensiynau, DWP, Tŷ Pont Britannia, Bangor
£200.00	Roger a Pat Borlace
£187.50	Catherine Hughes, John E Williams a Jane Strange
£150.00	Er cof am John Coleman gan y teulu
£130.00	Merched y Wawr Llandegfan
£125.00	Bill a Ruth Davies
£125.00	Dr William Owen Roberts
£125.00	Leonard a Gwyneth Williams
£125.00	Mr a Mrs DH Roberts
£125.00	Eirlys Jones
£125.00	[Ron Naylor]
£125.00	Huw a Helen Parry
£125.00	[Vi Edwards]
£125.00	John Ivor Jones
£125.00	Fred a Margaret Evans
£125.00	CLLG Roberts
£125.00	Y Parch Olaf a Mrs Helen Davies
£125.00	Bethan a Gwyn Lloyd
£125.00	Elfed a Valerie Roberts
£112.50	John Clifford Jones
£100.00	Gelli Gyffwrdd, Y Felinheli
£100.00	Di-enw
£93.75	Sonia Thorpe
£75.00	Hugh Arfon ac Yvonne Roberts
£68.75	Terry Williams
£62.50	Arfon Thomas
£62.50	Margaret Helena Evans
£62.50	Di-enw
£62.50	Emyr a Sheila Hughes
£568.75	Cyfraniadau o dan £50

Porthaethwy
Cyfanswm £22,147

£2,000.00	Cyngor Tref Porthaethwy
£1,557.05	Noson Ffasiwn
£1,506.00	Noson Wil Tân
£1,100.00	Noson y Meseia
£1,000.00	Er cof am Rhiannon Davies Jones
£840.00	Te Merched y Wawr
£750.00	Alwyn ac Ella Owens
£742.00	Bore Coffi
£655.00	Noson y Beirdd
£635.00	Llys Eisteddfod Môn
£518.00	Noson Caws a Gwin
£500.00	Eleri W Jones
£500.00	Huw a Gwenda Evans
£500.00	Mari a Gwilym H Jones
£500.00	Ella Morgan
£500.00	Huw John Hughes
£500.00	John Meirion a Ceinwen Davies
£500.00	Gwyn ac Einir Wyn Morris
£500.00	Robin a Sonia Williams
£500.00	Emyr Wyn Williams
£500.00	Malcom 'Slim' a Iona Williams
£500.00	Ceinwen Jones
£400.00	Cathrin Williams
£375.00	Rheinallt a Rowenna Thomas, Caerdydd
£354.00	Gerddi agored, Ystad Plas Cadnant
£300.00	Clwb Cinio
£262.50	Iwan Davies
£250.00	Dafydd ac Ann Jones
£250.00	Huw Edward ac Anest Llwyd Jones
£250.00	Bryner Jones a Myra Jones
£250.00	Morfudd Maesaleg
£230.00	Pili Palas
£225.00	Ocsiwn Noson Wil Tân
£200.00	Llŷr a Heulwen Gruffydd

Porthaethwy
Cyfanswm £22,147

£200.00	Period Interiors
£187.50	Glenys A Pritchard
£150.00	Y Parch Megan Williams
£125.00	J Beryl Williams
£125.00	Di-enw
£125.00	Harold a Mora Barton
£125.00	Menai ac Emlyn Thomas
£125.00	Er cof am Goronwy a Margaret Powell
£125.00	Eifion a Buddug Roberts, Wrecsam
£120.00	B Nicolas
£110.00	D Aneurin Thomas
£100.00	Robin
£100.00	Cwmni Da
£62.50	Parch Geraint G Roberts
£62.50	O ac E Prydderch
£55.00	Cyfraniadau o dan £50

Llanfairpwll a Penmynydd
Cyfanswm £31,335

£2,500.00	Alan ac Elisabeth Shore
£2,119.00	Ras 5k Llanfairpwll (yn cynnwys £am£ Banc Barclays)
£1,348.70	Sioe Ffasiwn
£1,035.00	'Pyramid' coctels
£1,000.00	Cyngor Bro Llanfairpwll
£750.00	Gwilym ac Ann Hughes
£714.00	Llys Eisteddfod Môn
£680.00	Noson Dathlu Dwynwen yng Ngwesty Carreg Brân
£625.00	Te Prynhawn
£600.00	Cyngerdd, Ysgol Gynradd Llanfairpwll
£600.00	Bore coffi yng Nghanolfan Penmynydd
£562.50	Elwyn ac Eirian Hughes
£550.00	Margaret a Gwyn Lloyd
£500.00	Haulwen a Gareth Morgan

Llanfairpwll a Penmynydd
Cyfanswm £31,335

£500.00	Wendy Davies
£500.00	Dafydd a Beryl Hughes
£500.00	Menna a Gerwyn James
£500.00	Richard Wyn Jones
£500.00	Jean a Jim Marshall
£500.00	Gareth ac Eirian Williams
£500.00	John a Susan Jones
£500.00	Teleri Glyn Jones
£500.00	Bethan a Wiliam Parry
£500.00	Ella a Gareth Wyn Jones
£500.00	Meirion a Nia Wyn Jones
£450.00	Cylch Cinio Llanfairpwll
£440.00	Noson Carolau, Capel Rhos-y-Gad
£400.00	Cyngor Cymunedol Penmynydd
£353.10	Casgliad Cyngerdd Côr Dros y Bont a Hogia Penrhos
£300.00	Canolfan Cymraeg i Oedolion Gogledd Cymru
£300.00	Gwerthiant Planhigion gan Mr Alwyn Jones
£200.00	Elsbeth Jones
£200.00	Cylch Llên Llanfairpwll
£190.00	Côr Dros y Bont
£176.00	Arian Ras Siôn Corn
£165.00	Hogia'r Ddwylan
£156.25	[Vernon] a Valmai Jones
£150.00	Hogia Penrhos
£147.00	Clwb Llun am Wyth
£127.55	Merched y Wawr Llanfairpwll
£125.00	Gareth a Heulwen Owen
£125.00	Carys Humphreys, Bangor
£125.00	Fred a Mair Carrington Roberts
£125.00	Lowri Angharad Hughes
£100.00	Bethan Jones
£100.00	Iona Gilford

Llanfairpwll a Penmynydd
Cyfanswm £31,335

£100.00	AddysgGar
£93.75	Cyril Hughes
£50.00	Clwb Cerdded Llanfairpwll
£50.00	Clwb Pêl-droed Llanfairpwll
£60.00	Cyfraniadau o dan £50
£3,541.81	Casgliad o dŷ i dŷ
£250.00	Gareth Jones
£250.00	John Hugh Parry
£250.00	Y Parch James Clarke
£250.00	Alwyn Pleming
£187.50	Eryl a Nia Roberts
£125.00	John ac Ann Roberts
£125.00	Dr Arthur Williams
£125.00	Myfanwy Bennett Jones
£125.00	Valmai Wyn Jones
£125.00	Capt. JH Jones
£125.00	Betty Parker
£125.00	Elwyn a Marian Thomas
£125.00	Capt JG Roberts
£125.00	Olwen Hughes
£125.00	Alwyn Ellis
£125.00	Y Parch a Mrs JM Job
£100.00	Menna Davies
£100.00	Dwyfor Jones
£62.50	Gareth Williams
£62.50	Mr a Mrs Wyn Jones
£62.50	Margaret Flynn
£62.50	Aledwen Davies
£62.50	Thomas Gwynfor Roberts
£62.50	Irfon ac Eilwen Morris
£62.50	Michael Edwards
£62.50	Fiona Bushell
£62.50	Owen Lewis

Llanfairpwll a Penmynydd
Cyfanswm £31,335

£62.50	W Wyn Evans
£62.50	Elsie Lewis
£62.50	Ann Williams
£62.50	Mr a Mrs J Emlyn Williams
£62.50	Nia Humphreys
£62.50	Elen Jones
£50.00	Gwyn Lloyd
£50.00	Mair Verrall
£50.00	Ifor Jones
£50.00	Delyth Buse

Llanidan
Cyfanswm £9,628

£1,000.00	Menai Holiday Cottages & The Outbuildings
£625.00	Alan Wyn ac Ann Roberts, Brynsiencyn
£600.00	Cyngor Cymuned Llanidan
£564.48	Noson Barbeciw
£500.00	Angharad EM Jones, Brynsiencyn
£500.00	Dafydd Roberts ac Annes Glynn, Rhiwlas
£500.00	Ellen Parry Williams, Brynsiencyn
£500.00	Gwynfor a Margaret Jones, Brynsiencyn
£500.00	WO a M Williams, Gwasanaeth Angladdol Rose & Thistle
£500.00	Gwyn ac Edwina Jones, Brynsiencyn
£500.00	Tai Gwyliau Plas Coch
£475.00	Margaret Williams, Caerdydd
£335.00	Banc Barclays
£295.00	Sgwrs gan Idris Reynolds a mân gyfraniadau
£250.00	Jac a Marian Roberts, Brynsiencyn
£250.00	Rhiannon Mercer, Brynsiencyn
£235.00	Elw Cyngerdd Hydref 8fed
£200.00	Noson Bingo, Clwb Ieuenctid Brynsiencyn

Llanidan
Cyfanswm £9,628

£200.00	Elizabeth Llewelyn Jones, Brynsiencyn
£200.00	Eglwys Blwyf Llanidan
£200.00	Er cof am Mary Roberts (gynt o Meini Gwynion) Brynsiencyn gan Menai a'r teulu
£159.00	Llys Eisteddfod Môn
£120.00	Raffl yng nghyngerdd Alphorn
£100.00	Mr a Mrs Alun Williams, Brynsiencyn
£100.00	Sarah Bruns, Lerpwl
£100.00	Rhona Skibinski, Califfornia
£100.00	Mr a Mrs Leslie Francis, Brynsiencyn
£20.00	Cyfraniadau o dan £50

Llanddaniel a Llanfihangel Ysceifiog
Cyfanswm £12,675

£1,685.00	Cyngerdd Tair Terfel
£1,000.00	Cyngor Cymuned Llanfihangel Ysceifiog
£1,000.00	Cyngor Cymuned Llanddaniel a Llanedwen
£625.00	Ken a Nêst Jones
£500.00	Rhys a Nesta Davies
£500.00	Iwan a Marlyn Evans
£500.00	Tai Gwyliau Plas Coch
£415.00	Ffair Nadolig
£400.00	Dafydd ac Ellen Jones, Gaerwen
£400.00	Cyngerdd Llanbobman a Harmoni
£397.00	Llys Eisteddfod Môn
£375.00	Manon, Irfon ac Elliw, Ynys Cynon
£315.00	Her Hywel - Tîm Esceifiog
£291.00	Noson Canu Carolau
£255.00	Diwrnod Hwyl Gaerwen
£250.00	Dewi Huws Welding a'i Fab Cyf
£250.00	Olew Môn, Gaerwen

227

Llanddaniel a Llanfihangel Ysceifiog
Cyfanswm £12,675

£212.00	Cymanfa Ganu Capel Berea Pentre Berw
£199.00	Dyddiadur
£137.50	Gwenno Haf Williams, Congleton
£125.00	Gail Kincaid
£113.00	Sblash am Cash
£100.00	Rona Jones er cof am Clarence
£100.00	Garej Tŷ Crwn
£100.00	Stermat
£75.00	Megan Williams, Paradwys
£53.00	Clwb Gwau Gaerwen
£50.00	Egin Cyfyngedig, Llanddaniel
£50.00	DJ a M Jones
£50.00	Bennett - Williams Vets
£698.50	Cyfraniadau o dan £50
£966.35	Casgliad o dŷ i dŷ
£62.50	Mr a Mrs Gareth Evans Jones, Gaerwen
£62.50	Robert Jones, Gaerwen
£62.50	Nora Jones, Gaerwen
£62.50	Mr a Mrs William Jones, Gaerwen
£62.50	Y Parch a Mrs RO Jones, Gaerwen
£62.50	Neil Jones, Llanddaniel
£62.50	Mr a Mrs Selwyn Jones, Llanddaniel
£50.00	Cymdeithas Undebol y Chwiorydd, Disgwylfa, Gaerwen

Llangristiolus
Cyfanswm £6,474

£3,028.00	Elw Eisteddfod Môn Paradwys a'r Fro 2016
£545.00	Teisen a Thinsel
£500.00	Cyngor Cymdeithas Llangristiolus
£500.00	Aled, Jane a Garmon Williams
£335.00	Gŵyl Gyhoeddi Eisteddfod Môn
£250.00	Eryl ac Edwina Crump
£250.00	Gerallt a Margaret Lloyd Evans

Llangristiolus
Cyfanswm £6,474

£250.00	Noson Cwis
£238.00	Llys Eisteddfod Môn
£147.04	Noson Garolau
£125.00	Beryl a Vaughan Jones, Rhostrehwfa
£100.00	Cronfa Goffa Gwyneth Morus Jones
£81.00	Helfa Drysor
£75.00	Rhun ap Iorwerth (Ipsos)
£50.00	Irene Williams

Aberffraw a Bodorgan
Cyfanswm £2,318

£600.00	Cyngor Cymuned Aberffraw
£500.00	Tudur Owen
£500.00	Cyngor Cymuned Bodorgan
£300.00	Janette Pritchard
£238.00	Llys Eisteddfod Môn
£100.00	Her Hywel - Tîm Dafydd Tryfil
£50.00	Disgyblion Ysgol Gymuned Bodorgan
£50.00	AA Evans, Hermon

Rhosyr
Cyfanswm £8,060

£5,000.00	Y Gwir Anrhydeddus Ann Clwyd AS
£500.00	Dr David Owens, Dwyran
£500.00	John Owen, Llangaffo
£500.00	Jane Edwards, Tregaian
£500.00	Cyngor Bro Rhosyr
£397.00	Llys Eisteddfod Môn
£200.00	Er cof am John Brooks-Thomas, Llanfair Hall, Dwyran gynt gan Ann Owenna ac Iwan
£200.00	Trevor a Kathryn Griffiths, Llangaffo
£100.00	Gwilym a Myra Evans, Niwbwrch
£100.00	Er cof am Eurwyn Thomas Griffiths, Ty'n Rallt, Niwbwrch, gan Menna a Treflyn, Niwbwrch
£62.50	Rhodd y plant er cof am Richard ac Elsie Jones, Llangaffo

Bryngwran, Engedi a Gwalchmai
Cyfanswm £8,761

£1,000.00	Cyngor Cymuned Bryngwran
£1,000.00	Cyngor Cymdeithas Gwalchmai
£750.00	Bywiogi Bryngwran
£720.00	Hog Roast yn yr Iorwerth Arms
£612.00	Cymanfa yng Ngwalchmai
£500.00	Cynghorydd Bob Parry OBE
£500.00	Gareth a Margaret Jones
£419.00	Cyngerdd Gwalchmai
£250.00	Myrddin a Perry Davies, Rhosllannerchrugog, er cof am ei rhieni
£238.00	Llys Eisteddfod Môn
£200.00	Ceri Thomas a Nia Griffiths
£200.00	Hanson Aggregates
£200.00	Gyrfa Chwist
£173.00	Bore Coffi a Disgo, Ysgol Gwalchmai
£135.00	Noson Lawen
£134.00	Her Hywel - Tîm Tanc
£126.00	Her Hywel - Tîm Dafydd APJ
£125.00	Margaret Eleanor Hughes a'r teulu, Llanbeulan
£125.00	Esther Edwards, Llangefni
£112.00	Dyddiadur
£110.00	Beti Lloyd, Bryngwran
£100.00	Bore Coffi
£100.00	Mona Fuel and Trading Co. Ltd.
£100.00	Hafod y Bryn, Engedi
£100.00	AE Williams
£100.00	Gwenda Bruce, er cof am ei rhieni William a Mary Price, Dyfriar gynt
£91.00	Raffl, Iorwerth Arms
£51.00	Her Hywel - Tîm Dafydd Tew
£50.00	Raymond, Gwenda ac Annest Mair Jones, Tŷ Croes
£50.00	Mr a Mrs OJ Roberts
£50.00	Parry Ysgol Bach
£50.00	Denise Williams
£50.00	Heulwen Jones
£240.00	Cyfraniadau o dan £50

Bodffordd, Bodwrog, Llandrygarn a Threfor
Cyfanswm £12,392

£1,550.00	Eisteddfod Gadeiriol Bodffordd
£1,500.00	Cyngor Cymdeithas Bodffordd
£649.31	Cyngerdd Mawreddog 'Cenwch im yr Hen Ganiadau'
£625.00	Teulu Pen y Bryn, Llynfaes
£508.22	Canu Carolau
£500.00	Eryl a Myfanwy Jones, Bodffordd
£500.00	Griff a Nia Jones, Bodffordd
£500.00	Thomas Victor Hughes, Bodffordd
£500.00	Gŵyl Berfformio Goffa Charles Williams
£390.00	Bingo
£375.00	Pat a Margaret, Llangefni
£300.00	Ann, Alwyn ac Arwel i gofio am eu rhieni, Hughie ac Annie Humphreys, Bodffordd
£282.48	Cawl a Chân
£250.00	Her Hywel - Tîm Dafydd Tryfil
£250.00	Maldwyn John a Manon Gwynedd, Bethel
£200.00	Hogan Aggregates (Chwarel Gwyndy)
£200.00	Mary Roberts, Llanrug er cof am ei rhieni Mr a Mrs JT Evans gynt o'r Hafod, Bryntwrog
£200.00	Tudor Williams, Bodffordd a'i chwiorydd er cof am eu brawd, Haydn Williams, Llanddulas
£200.00	Gwladys Gruffydd a'r genod er cof am Cynfarwy Gruffydd
£159.00	Llys Eisteddfod Môn
£150.00	Eglwys y Plwyf, Llandrygarn
£150.00	Gwilym, Eirianwen, Lois, a Non Williams, Parc Isaf, Ty'n Lôn
£139.00	Cwis

229

Bodffordd, Bodwrog, Llandrygarn a Threfor
Cyfanswm £12,392

£125.00	Gweno Parry, Caernarfon er cof am ei phriod Emyr (Siop Carmel gynt) a'i mab Elfyn
£120.00	RJH (Machraeth) a Catherine Griffiths , Bodffordd
£110.00	Ann ac Ellis Wyn Roberts, Bodffordd
£109.05	Dyddiadur
£106.00	Her Hywel - Tîm Esceifiog
£100.00	Ysgol Gymuned Bodffordd
£100.00	Gwen Murphy, Merthyr Tydfil, gynt o Rhen Blas
£100.00	Eglwys Gilead Belan (B), Bodwrog
£100.00	Catherine Jones, Ty'n Lôn
£100.00	Emyr a Glynwen Hughes, Bodffordd
£100.00	Aelodau Capel Seion , Llandrygarn
£100.00	Enid Jones er cof am ei phriod Llewelyn Jones, Llangefni
£94.00	Helfa Drysor
£60.00	William ac Eunice Stephen, Caergybi
£50.00	Margaret Evans, Rhinedd Hughes ac Emyr Huws er cof am y Parchedig Owen Evans, Bodffordd
£50.00	William B Jones, Ty'n Lôn
£50.00	Roberts Radio
£50.00	Eglwys Sardis (A), Bodffordd
£50.00	Rees Roberts er cof am ei rieni Mr a Mrs TP Roberts, Bodffordd
£50.00	Geraint ac Eiddwen Williams, Bodffordd
£50.00	Capel Ebeneser, Trefor
£50.00	Elfed Hughes, Glanrafon
£50.00	Capel Bethel, Maes-y-llan
£50.00	Gareth Pritchard, Ty'n Lôn
£50.00	Eglwys St Llwydian, Bodffordd
£50.00	Neuadd Goffa Bodwrog
£50.00	Elwyn a Lowri Evans, Bodffordd
£240.00	Cyfraniadau o dan £50

Llangefni a Rhosmeirch
Cyfanswm £28,380

£2,573.00	Raffl 'Cwilt' Rhosmeirch
£2,000.00	Cyngor Tref Llangefni
£1,850.00	Sioe Ffasiwn
£1,548.77	Casgliad o ddrws i ddrws
£1,000.00	Jan a Haydn E Edwards
£1,000.00	Jane a Derec Llwyd Morgan
£750.00	Côr Meibion y Traeth
£714.00	Llys Eisteddfod Môn
£700.00	Fflur Mai Hughes a'r teulu er cof annwyl am Elfed Wyn Hughes
£649.31	Cyngerdd Mawreddog 'Cenwch im yr Hen Ganiadau'
£625.00	Y Parchedig a Mrs JD Hughes
£625.00	Euros Wyn Jones a'r plant er cof am Sioned Ann Jones
£500.00	Arthur Lloyd Owen er cof am Wendy Owen (Alawes yr Wyddfa)
£500.00	Gwynfor a Jean Roberts
£500.00	Wyn Morgan
£500.00	William a Nia Lewis
£500.00	Delyth H Rees
£500.00	Miss Elma Parry
£500.00	Gwynne a Myfanwy Jones
£500.00	Richard ac Alwena Owen
£500.00	Richard a Carys Parry
£500.00	John a Margery Edwards
£500.00	Iola Evans
£500.00	Delwyn ac Eira Pritchard
£500.00	Huw a Jane Jones
£500.00	Gwilym a Beti W Williams
£500.00	RJ ac A Roberts
£500.00	Capel Lôn y Felin
£437.50	Delyth a Trefor Edwards
£435.00	Noson Cawl a Chân
£375.00	Er cof am Gilbert a Catherine Guest
£325.00	Rali Vintage 2016

Llangefni a Rhosmeirch
Cyfanswm £28,380

£300.00	Clwb Rotari Llangefni
£300.00	Capel Smyrna
£240.00	Canu Carolau
£235.00	Gwerthiant 'Y Gŵr o Dregeian'
£222.00	Taith Noddedig genod Rhosmeirch (2-7 oed)
£200.00	Bore Coffi - Olwyn Fewnol Llangefni
£200.00	Casgliad Sul y Maer
£200.00	Capel Moreia (MC)
£200.00	Eglwys Cyngar Sant
£187.50	Er cof am Gwilym Evans gan Margaret Evans a'r teulu
£145.50	Noson Bingo, Canolfan Rhosmeirch
£144.00	Her Hywel - Tîm Tan Capel
£125.00	Guto a Glenys Roberts, Llantrisant
£125.00	OE Hughes
£115.00	Carnifal Llangefni
£100.00	Parti Meibion Bara Brith
£100.00	Sblash am Cash - Gwenllian Owen
£100.00	DLC Thomas
£100.00	D a R Gwynne
£100.00	Bagiau gan Iola Evans
£100.00	Y Parch a Mrs Irfon Jones
£75.00	Mair Rees Jones, Prenton
£75.00	Esther Wynne Edwards
£70.00	Merched y Wawr Rhosmeirch
£62.50	David Wyn Thomas
£62.50	G Jones
£62.50	Olwen, Gerallt ac Awen Hughes
£50.00	WA Roberts
£50.00	Elain Wyn Jones, Penrhos, Pwllheli
£50.00	David ac Anne Winckle
£55.00	Cyfraniadau o dan £50

Plwyf Llanddyfnan
Cyfanswm £12,169

£2,000.00	Cyngor Cymuned Llanddyfnan
£1,279.19	Casgliad o ddrws i ddrws
£625.00	Mr a Mrs Wyn Bellis Jones, er cof am William a Mair Hughes, Hafan Deg
£500.00	Teulu'r Wern
£500.00	Elwyn a Bethan Jones
£500.00	Ieuan a Mary Gwynedd Jones
£500.00	Dewi ap Rhobert
£500.00	Derfel ap Dafydd
£500.00	Dr Dafydd Alun Jones
£500.00	Islwyn a Jean Humphreys
£500.00	Myfanwy Williams
£315.00	Her Hywel - Tîm Dafydd Tryfil
£250.00	Daniel Huws, Penrhyn-coch, Aberystwyth
£250.00	Dic a Nesta Pritchard
£250.00	Gareth Glyn ac Eleri Cwyfan Davies
£250.00	Teulu Taleilian
£250.00	Trefor a Gwenda Jones
£238.00	Llys Eisteddfod Môn
£200.00	Y Moniars
£137.50	Richard Ellis a'r teulu
£137.50	Richard H Edwards
£125.00	Mair a Meinir Williams
£125.00	Teulu Rhos Llwyn
£125.00	Graham, Nerys, Mared ac Owain
£100.00	Tîm Talwrn y Beirdd Bro Alaw
£93.75	Dylan Morgan a Rhian Medi
£80.00	Ffi'r BBC ar gyfer Rhaglen Talwrn y Beirdd
£75.00	Owen a Llio Davies
£75.00	Esyllt ac Alun Lewis
£68.00	Noson o ganu carolau
£62.50	[Megan Pritchard] a Beryl Williams

Plwyf Llanddyfnan
Cyfanswm £12,169

£62.50	Dr Dyfrig ap Dafydd
£62.50	Geraint a Nia Efans
£62.50	Susan Kara Jones
£62.50	Patricia Medhyrst
£62.50	Alfona Thomas
£62.50	Mr a Mrs Hefin Thomas
£62.50	Elizabeth Williams
£60.00	Emlyn ac Marian Hughes
£60.00	Dewi a Glynwen Price
£50.40	Noson Talwrn y Beirdd
£50.00	Heledd Pritchard
£50.00	Teulu Frogwy Bach
£50.00	Capel Gosen
£50.00	Emlyn ac Edwina Williams
£50.00	Owie Jones
£50.00	E Olwen Jones
£50.00	Gwyneth Evans, Llanbedr PS
£100.00	Cyfraniadau o dan £50

Capel Coch
Cyfanswm £5,166

£3,864.34	Taith y Cochion - yn cynnwys £am£ gan Fanc Lloyds
£495.00	Bore Coffi, Ger y Coed
£410.00	Noson Gomedi a Chân - Tudur Owen ac Elin Fflur
£246.35	Noson Lleisiau Cymreig a Lleisiau Romansh (Olwen Morgan)
£150.00	Helfa Drysor

Llanfaelog a Llanfair yn Neubwll
Cyfanswm £8,862

£1,209.00	Taith Zipwire, Mrs Roberts, Bryn Ael
£1,000.00	Cyngor Plwyf Llanfair-yn-Neubwll
£750.00	Teulu Ysbylltir
£625.00	Cen a Gwenda Williams, Taliesin
£562.50	Delyth a Phil Molyneux
£500.00	Gwenda Williams
£500.00	Gwilym O Jones
£500.00	Di-enw
£500.00	John Rhys Cwyfan Hughes
£500.00	Er cof am Eluned Owen, Gwynant, Rhosneigr gynt, gan ei meibion Richard a Hefin
£254.00	Prynhawn coffi i ddysgwyr
£250.00	Di-enw
£250.00	Lynda Roberts
£250.00	Cyngor Cymuned Llanfaelog
£238.00	Llys Eisteddfod Môn
£205.00	Ysgol Y Tywyn
£140.00	Bore Coffi, Rhosneigr
£125.00	Richard a Glenys Stanley
£125.00	Geraint Rhys Simpson
£100.00	John a Glenys Edwards
£91.00	Noson Canu Carolau
£50.00	J Ellis Williams & Sons (Rhosneigr) Ltd
£50.00	Casgliad Gwasanaeth Cymun
£87.00	Cyfraniadau o dan £50

Y Fali
Cyfanswm £9,662

£600.00	John Bryn a Valmai Jones
£525.00	Gareth ac Ann Huws
£500.00	Olwen a Robyn Williams
£500.00	Geraint a Jayne Williams
£500.00	Capten a Mrs Farrell
£500.00	Elspeth Pritchard
£500.00	Eisteddfod Môn 1997
£450.00	Kathleen Owen er cof am ei phriod Eddie, Gorad
£450.00	Goronwy O Parry MBE
£400.00	Gorsaf Betrol Gwalia
£372.00	Cwis yn Y Bwl
£333.40	Bingo, Ysgol Cymuned Y Fali
£312.00	Cyngerdd Carolau, Capel Tabor
£300.00	EE Jones
£298.50	Cawl a Chân, Gwesty Fali
£250.00	Menna Lloyd Williams
£238.00	Llys Eisteddfod Môn
£218.00	Dyddiad, Siorts George North
£203.00	Noson Santes Dwynwen
£200.00	E Owen
£200.00	Hazel a Ken Wilson
£200.00	[Bessie Burns]
£188.00	Cist Ceir
£150.00	A Price, er cof am Gwilym Price
£115.00	Taith Feicio Noddedig – Eurwyn Hughes
£110.00	Teulu Llety'r Bugail, Gwersyllt
£105.00	Gyrfa Chwilen
£100.00	TR Jones (Olew)
£100.00	Cyngor Cymuned Y Fali
£68.00	Taith Gerdded
£66.00	Raffl Swyddfa Llu Awyr Y Fali
£65.00	Gwerthiant Cardiau Rhodd

Y Fali
Cyfanswm £9,662

£60.00	Raffl Cawl a Chân
£60.00	Gwerthiant Crefft gan Olwen Williams ac Elspeth Pritchard
£60.00	Goronwy Parry
£50.00	Clwb Pêl-droed Iau Y Fali
£50.00	Clwb y Cob
£50.00	Grŵp Cymunedol Y Fali
£50.00	J Looms (Glo)
£50.00	Mrs Levit
£50.00	EM Thomas
£65.00	Cyfraniadau o dan £50

Ynys Cybi - Caergybi, Trearddur a Rhoscolyn
Cyfanswm £38,154

£4,375.00	Eisteddfod Môn Ynys Cybi 2014
£4,000.00	Cyngor Tref Caergybi
£1,750.00	Heulwen Richards
£1,589.20	Noson Cyngerdd Talentau Môn
£1,111.00	Llys Eisteddfod Môn
£1,015.00	Eisteddfod Môn Caergybi 1997
£1,009.49	Diwrnod Hel Arian yn Tesco
£1,000.00	Ann M Jones, Caerdydd
£1,000.00	Stena Line Ltd
£757.00	Noson Casey Jones a ffrindiau
£750.00	Geraint Jones, Caerloyw
£733.03	Casgliad Cymanfa Ganu
£636.00	Sheila a Mari, Ras Pasg 5k Promenâd Llandudno
£625.00	Huw a Jo Jones
£576.00	Noson gyda Osian Roberts yn Cartio Môn
£562.50	Capt a Mrs R Glynne Pritchard
£500.00	Hywel a Susan Williams
£500.00	Leslie a Menna Lloyd Jones

Ynys Cybi - Caergybi, Trearddur a Rhoscolyn
Cyfanswm £38,154

£500.00	Gwerfyl Pierce Jones
£500.00	Richard a Rene Hughes
£500.00	Capt a Mrs Tudor Jones
£500.00	Gari a Mari Pritchard
£500.00	Mr a Mrs Eric Wyn Owen
£500.00	Gladys, Iwan ac Elfyn Pritchard
£500.00	Dr John a Beryl Williams, Lerpwl
£500.00	Brenda Hughes
£500.00	Côr Meibion Caergybi
£500.00	Cyngor Cymdeithas Rhoscolyn
£500.00	Trefor Lloyd Hughes
£500.00	WH, DM, Eileen a Glenys Roberts
£500.00	Rotary Caergybi
£478.00	Noson Ffasiwn yn y Clwb Golff
£476.00	Noson Gymraeg
£450.00	Gerald a Gwyneth Hewitson
£375.00	Er cof am Penri Ellis Roberts
£312.50	Ieuan Elfryn ac Alwena Jones
£300.00	Margaret Sheila Owen
£300.00	Clwb Cinio Caergybi
£300.00	Merched y Wawr Caergybi
£300.00	Cymuned Treaddur Bay
£285.00	Trip Elfyn Thomas i Bobol y Cwm
£250.00	Tecs a Rosemari Heaney
£250.00	Catherine (Kit) Hughes
£250.00	Gwilym Lewis
£250.00	Enid Williams
£250.00	Ysgol Santes Fair, Caergybi
£219.00	Gladys Pritchard - gwaith llaw a chalendr Adfent
£210.00	Bingo, Clwb Kingsland
£200.00	Mair C Jones, Dolgellau
£187.50	Mike Healy, Dudley

Ynys Cybi - Caergybi, Trearddur a Rhoscolyn
Cyfanswm £38,154

£187.50	Beryl a Gwynn Jones
£155.00	Noson cwis yn y Bull, Fali
£155.00	Noson cwis, er cof am Glyn Pritchard
£125.00	Mr Bob Owen MBE
£125.00	Marian Jones
£125.00	Er cof am Y Parchedig a Mrs Huw Llew Williams
£125.00	Mr a Mrs R Reynolds
£125.00	Parch WH Pritchard
£125.00	Dr Chris Walker
£124.05	Ffair Nadolig, Ysgol Gymraeg Morswyn
£123.00	Raffl Cinio Merched
£110.00	Er cof am Joan Lloyd Hughes (gynt Riley) Finestrat, Alicante gynt o Bala
£107.00	Noson Cwis, Clwb Merched Bae Trearddur
£100.00	Cymru Fydd
£100.00	Pentref Gwyliau Silver Bay
£100.00	Noson Clairvoyant
£79.30	Gwerthiant cist car - Bethan Jones
£76.00	Noson Tombola, Ysgol Gymraeg Morswyn
£75.00	Beth a Geraint Roberts
£75.00	Noson Gymraeg, Bwrdd Crwn Caergybi
£75.00	Ysgol Uwchradd Caergybi
£75.00	Elw Raffl gan Gladys Pritchard
£73.00	Clwb Four Mile Bridge
£70.00	Gwyneth Benson, Wimslow
£62.50	Gwyn a Thelma Jones, Wrecsam
£62.50	DN Meade
£62.50	Helen Barton, d/o Academi Ddawns Barton
£62.50	Trefor a Nancy Thomas
£62.50	L Francis
£62.50	Dilwyn Davies

Ynys Cybi - Caergybi, Trearddur a Rhoscolyn
Cyfanswm £38,154

£53.00	Calendr Dolig Gladys Pritchard
£50.00	Branwen Williams
£50.00	Ted a Rita Jones
£50.00	Di-enw
£50.00	John Cave
£50.00	Cinio Merched, Gwesty Bae Treaddur
£233.75	Cyfraniadau o dan £50

Bodedern
Cyfanswm £11,615

£1,250.00	Y Parch Ddr Dafydd Wyn a Mai Wiliam
£1,116.00	Te Prynhawn, Plasty Prysaeddfed
£1,000.00	Beti Williams
£1,000.00	Clwb Chwist Bodedern
£625.00	Er cof am Mr a Mrs HRM Hughes, Penrhos gan y teulu
£625.00	Er cof am William John Thomas, Bodorgan Dyddyn gan ei weddw Eiluned Ann
£500.00	Arthur a Jean, Cae Gwyn, er cof am Gwilym, Lal ac Alun Hughes, Tanyfynwent
£500.00	Ifan ac Olive Evans
£500.00	Cyngor Cymuned Bodedern
£405.00	Her Hywel - Tîm Staff Ysgol Uwchradd Bodedern
£300.00	Teulu Maes Llwyn
£250.00	Mary Hughes a'r teulu, er cof am William Carol Hughes
£250.00	Teulu Chwaen Wen Isaf
£238.00	Llys Eisteddfod Môn
£235.00	Cwis Tafarn
£227.00	Her Hywel - Tîm Tanc
£211.00	Noson Carolau
£204.55	Bingo Pasg
£200.00	Er cof annwyl am Mr a Mrs John Jones, Tre-Rhys, gan y teulu
£187.50	Eurwyn, Margaret, Janet, Lynne a Stanley

Bodedern
Cyfanswm £11,615

£150.00	Partneriaid Gyrfa Chwist Bodedern
£147.00	Her Hywel - Tîm APJ
£125.00	ET Jones, Meibion a Merch, Cigyddion Teuluol, Lamia
£125.00	Meirion ac Elen Owen, Bryn Rhodyn
£100.00	Tacsi BWJ
£100.00	Merched y Wawr Bodedern
£100.00	Mary Jones
£100.00	AW Roberts a'i Fab, Garej Bryn Eira
£100.00	Capel Bedyddwyr Y Tabernacl
£96.00	Her Hywel - Tîm Tew
£75.00	Janet ac Adrian Jones
£70.00	Clwb Bingo Bodedern
£62.50	Ann Peters Jones a'r teulu er cof am Ted Peters
£62.50	Dennis Vaughan Thomas
£62.50	OG Roberts
£50.00	Graham Parfoot
£50.00	Eleri Ann Williams
£215.00	Cyfraniadau o dan £50

Cylch y Garn, Llanfachraeth a Llanfaethlu
Cyfanswm £13,914

£1,433.00	Cyngerdd Mawreddog
£1,400.00	Her Hywel - Tîm Gwen Penrhyn
£1,002.00	Noson Cwis yn yr Lobster Pot
£1,000.00	Cyngor Cymdeithas Llanfaethlu
£1,000.00	Cyngor Bro Cylch y Garn
£1,000.00	Cyngor Cymdeithas Llanfachraeth
£625.00	Harri Williams, er cof am Olwen Williams a Craig Williams
£623.00	Noson Carolau
£500.00	Trefor ac Olwen Williams

Cylch y Garn, Llanfachraeth a Llanfaethlu
Cyfanswm £13,914

£500.00	John Rice Rowlands
£500.00	Wyn a Gwen Williams
£500.00	Richard a Margaret Hughes
£397.00	Llys Eisteddfod Môn
£330.00	Noson carolau a raffl
£317.00	Gyrfa Chwist
£294.00	Her Hywel - Tîm y Llannau
£288.00	Gyrfa Chwist
£250.00	Menna Lloyd Williams
£250.00	Wynnstay Group Ltd
£200.00	Asiantaeth Twristiaeth Ynys Môn (ATA)
£170.00	www.angleseyfarms.com
£150.00	Trefor a Vera Rowlands
£146.05	Disgo plant Dydd Gŵyl Dewi, Ysgol Llanfachraeth
£125.00	Lindy a Tristan Wood
£100.00	Awenna Wyn Jones
£100.00	OR Jones a'i Feibion
£100.00	A&R Tyres
£75.00	David a Beatrice Wood
£65.00	Gwerthiant Bric a Brac
£50.00	Siop Premier
£50.00	Carreglwyd Events Ltd
£50.00	Cylch Meithrin Llanfaethlu
£50.00	Duncan Kitson Chainsaw Sculptor
£50.00	Steel Fabrication & Engineering Ltd
£50.00	Ceris Newydd Nursing Home
£50.00	Dewi a Magdalen Jones
£124.00	Cyfraniadau o dan £50

Mechell
Cyfanswm £9,972

£2,195.00	Dawns yng ngwesty Tre Ysgawen
£1,500.00	Ffair Mechell
£625.00	Mr a Mrs Jones, Maes Mawr
£500.00	William Owen
£500.00	Ann a Wil Rowlands
£500.00	Jac a Carol Jones
£500.00	Robin a Helen Grove-White
£500.00	Siôn a Cathrin Jones
£500.00	Charles Parry
£500.00	Glyn ac Iola Roberts
£410.00	Cwis, Cawl a Chân, Cefn Glas
£375.00	Er cof am Richard Jones, Talybolion
£270.00	Llys Eisteddfod Môn
£205.00	Noson Twmpath
£200.00	EE Rogers ac OW Rogers
£166.00	Raffl, Ffair Nadolig Llanfechell
£105.00	Mercher y Wawr Llanfechell
£100.00	Gyrfa Chwist Llanfechell
£100.00	Hywel a Gwenda Pritchard, Rhosybol
£90.00	Gyrfa Chwist Carreglefn
£131.50	Cyfraniadau o dan £50

Llannerch-y-medd
Cyfanswm £11,443

£625.00	Evan Jones
£500.00	Arfon a Linda Jones
£500.00	Derek a Mary Evans
£500.00	Arwyn ac Eirian Jones
£500.00	Llŷr Owens, Llundain
£500.00	Gwenllian Roberts, Weirglodd Wen, Llanuwchllyn

Llannerch-y-medd
Cyfanswm £11,443

£500.00	Cyngor Cymdeithas Llannerch-y-medd
£500.00	Non, Bedwyr, Gwenlli a Lludd, Beudy Mwyn, Llandrygarn
£500.00	Côr Meibion y Foel
£500.00	Don, Grês a Rhys Glyn Pritchard
£460.00	Cymanfa Ganu
£435.00	Cyngerdd Doniau Llan
£400.00	Evie Jones
£400.00	Dafydd M Parry, Coedana
£317.00	Llys Eisteddfod Môn
£305.00	Her Hywel - Clwb Eira
£282.50	Her Hywel - Tîm y Plas
£260.00	Cyngerdd Capel Ifan
£250.00	Dafydd Williams er cof am Karen Lynne Williams, Erw'r Delyn
£250.00	Edwin ac Elma Hughes
£250.00	Geraint a Menna Jones
£235.00	Her Hywel - Tîm y Mêdd
£219.00	Cyngerdd yr Urdd
£190.00	Taith gerdded
£175.00	RPO Williams - Peirianneg Sifil
£100.00	Mary Owens
£100.00	Griffith Einion a Mary Owens - Owens Gwynedd & Co
£100.00	Er cof am Tegwyn Thomas gan ei deulu
£50.00	Merched y Wawr Llannerch-y-medd
£50.00	Garej Bryntirion Llan
£50.00	Teulu Chwaen Goch
£37.50	Cyfraniadau o dan £50

Llannerch-y-medd
Cyfanswm £11,443

£402.20	Cystadleuaeth Golff 'Y Llan Open' yn cynnwys cyfraniadau gan:
£50.00	Gwilym ac Ann Roberts a John ac Eileen Jukes
£50.00	Don, Grês a Rhys Glyn Pritchard
£50.00	Garth a Mary Caerdydd
£50.00	Lewis Forecourts
£50.00	AE & AT Lewis Ltd
£50.00	Derec Evans Cyf
£50.00	Dafydd Williams Headfirst
£50.00	Jane Bown Drws y Coed
£50.00	Gerallt Garej Bryntirion
£50.00	Dylan a Helen Williams
£50.00	Trevor Roberts: T Roberts Glazing
£50.00	The Laundry Room, Llannerch-y-medd
£50.00	Bull Inn Llannerch-y-medd
£50.00	RPO Williams - Peirianneg Sifil
£50.00	Eryl Hughes a Gwyn Williams
£50.00	Caffi'r Stesion
£50.00	Arfon a Linda Jones a Mrs E Sharpe
£50.00	Gareth Owen FUW a Gren Owen
£50.00	Anita Owen, Tryfil House a Menna a Geraint, Pencefn
£50.00	Pwyllgor Cystadleuaeth Golff Llan

Tref Alaw
Cyfanswm £2,457

£2,000.00	Cyngor Cymuned Tref Alaw
£222.00	Her Hywel - Tîm Carys
£127.00	Llys Eisteddfod Môn
£108.00	Raffl Cinio Nadolig Pensiynwyr Tref Alaw

Y Gronfa Gyffredinol
Cyfanswm £33,210

£10,000.00	Ymddiriedolaeth Elusennol Ynys Môn
£2,000.00	Eglwys Gymraeg Loveday Street, Birmingham
£1,500.00	Pwyllgor Cronfa Eisteddfod Genedlaethol Môn 1957
£1,250.00	John Elfed a Sheila Jones, Pen y bont ar Ogwr
£1,000.00	WR a WA Jones, Pwllheli
£1,000.00	Gwobr Goffa Catherine Lloyd Morgan
£1,000.00	Cronfa Goffa Hugh Griffith
£1,000.00	Di-enw
£1,000.00	Seiri Rhyddion Gogledd Cymru
£750.00	Cwmni Drama Cymraeg Llanelli
£750.00	Dodrefn a Lloriau Perkins, Caernarfon
£625.00	John a Mattie Hughes, Llanberis
£600.00	Her Hywel
£600.00	Ymddiriedolaeth D Tecwyn Lloyd
£585.00	Soroptimist Ynys Môn
£500.00	Leon ac Eirian Gibson, Aberystwyth
£500.00	Elen Ogwen ac Arwel Jones
£500.00	Sefydliad Celf Cymru Josef Herman
£500.00	Er cof am Oscar Jones
£500.00	Eglwys Gymraeg Melbourne Awstralia
£500.00	Allan, Renée a Linda Tudor, Solihull
£500.00	Gwenno Peris Huws - Tlws Sbardun
£500.00	Luned Gruffudd, Aberystwyth
£375.00	Valerie Ellis
£375.00	WJ, Hywel Wyn a Mair (Edwards)
£325.00	Undeb Amaethwyr Cymru, Cangen Ynys Môn
£312.50	Arthur a Meinir Boyns, Maentwrog
£263.01	Cyfeillion Llên
£250.00	Meirion Williams, Llanelli

Y Gronfa Gyffredinol
Cyfanswm £33,210

£250.00	Mona a Huw Chambers i gofio am Llewelyn Gwyn Chambers, Bangor
£200.00	Gwobr Goffa Shân Emlyn
£200.00	Cymdeithas cyn-aelodau staff y Coleg Normal
£200.00	Papur Menai
£181.00	Cymdeithas Brodwaith Cymru - Môn ac Arfon
£150.00	Cymdeithas Gymraeg Chelmsford a'r Cylch
£150.00	Dawnswyr Môn
£150.00	Côr Meibion Maelgwn
£150.00	Hywel a Peggie Jones, Aberangell
£150.00	Richard a Marian Parry Jones
£125.00	Teifryn Rees, Llanelli
£125.00	Iola Wyn Jones, Penmachno
£125.00	Gwilym a Glenys Evans, Llandyrnog
£114.00	Gig Cartio Môn, Pwyllgor Ieuenctid
£100.00	R Gwynedd Jones, Rhuthun
£100.00	Eirwen Lloyd, Y Fflint
£100.00	Cymdeithas Alawon Gwerin Cymru
£100.00	Gorsedd Beirdd Eisteddfod Môn
£100.00	Côr Rhuthun a'r Cylch
£100.00	Merched y Wawr, Cangen y Canoldir, Birmingham
£100.00	Clare Hanumanthiah
£100.00	Côr Bro Dyfnan
£100.00	Eglwys Bresbyteraidd Cymru Bethel, Birmingham
£100.00	Cymdeithas Cymry Manceinion
£93.75	Mairwenna B Lloyd, Y Rhyl
£62.50	Mair a Brian Thomas, Chelmsford
£50.00	Cylch Dysgwyr Cymraeg Derby
£50.00	Robin Llwyd ab Owain
£50.00	Beryl Thomas, Llangynog, Caerfyrddin
£74.00	Cyfraniadau o dan £50

Cyfraniadau cyffredinol
at weithgareddau Y Lle Celf

£400	Gwynfor a Jean Roberts, Rhosmeirch, Llangefni
£400	Griff a Nia Jones, Bodffordd
£400	Malcolm 'Slim' ac Iona Williams, Porthaethwy

Cyfraniadau cyffredinol
at weithgareddau Maes D

£100	Merched y Wawr Cangen y Canoldir, Birmingham a'r Cylch

Cyfraniadau cyffredinol
at weithgareddau y Pafiliwn Gwyddoniaeth a Thechnoleg

£200	Mary Hughes a'r teulu er cof am William Carol Hughes, Pennaeth cyntaf yr Ysgol Uwchradd ym Modedern
£100	Mona a Huw Chambers, Porthaethwy i gofio am Llewelyn Gwyn Chambers, Bangor)

Cyfraniadau cyffredinol
at weithgareddau Y Babell Lên

£400	Cymdeithas Cinio'r Foel [Brynsiencyn, Llanddaniel a'r Cylch]
£300	Fflur Mai Hughes a'r teulu er cof annwyl am Elfed Wyn Hughes
£200	Cymdeithas cyn-aelodau staff y Coleg Normal
£200	Cylch Llên Llanfairpwll
£200	Papur Menai

Cymdeithas
Seicolegol
Prydain

Cymdeithas Seicolegol Prydain adeg Eisteddfod Birkenhead (1917)

The British Psychological Society at the time of the Birkenhead Eisteddfod

The
British
Psychologica
Society

A CONTRIBUTION TO THE STUDY OF
SHELL SHOCK.

BEING AN ACCOUNT OF THREE CASES OF LOSS OF
..Y, VISION, SMELL, AND TASTE, ADMITTED
..E DUCHESS OF WESTMINSTER'S WAR
HOSPITAL, LE TOUQUET.

..RLES S. MYERS, M.D., Sc.D. CAMB.,
..APTAIN, ROYAL ARMY MEDICAL CORPS.

..markably close similarity of the three
..nich are described in this paper is shown in
the following synopsis :—

Yr oedd Charles S. Myers wedi dangos fod sioc sieliau yn anhwylder ag angen triniaeth. Ond yr oedd yr awdurdodau yn glynu wrth ddisgyblaeth filwrol.

Charles S Myers had showed that shell shock was a disorder in need of treatment. But the authorities clung to military discipline

Yr oedd William Rivers yn gweithio ar wellhad trwy sgwrsio - ei "talking cure"

William Rivers was working on his "talking cure"

Yr oedd Ernest Jones yn addasu dulliau seicdreiddio

Ernest Jones was adapting pscyhoanalytic methods

Eisteddfod Môn 2017

Cymdeithas
Seicolegol
Prydain

Mae Cymdeithas Seicolegol Prydain yn falch iawn o noddi Eisteddfod Genedlaethol Môn 2017

BPS is very proud to be a sponsor of the Anglesey Eisteddfod 2017

The
British
Psycholo
Society

KeyBank

Mae Eisteddfod Genedlaethol Cymru'n ddiolchgar am y gefnogaeth barhaus i lwyddiant a ffyniant y Brifwyl lle bynnag y'i chynhelir yng Nghymru.

Ymddiriedolaeth Edwin a Margaret Griffiths,

KeyBank, 127 Public Square, Ohio 44114, UDA.

Noddwyr

Mae'r Eisteddfod Genedlaethol yn ddiolchgar i bob un o'n noddwyr am eu cefnogaeth a'u cymorth yn ystod y flwyddyn ddiwethaf. Mae'r gefnogaeth yma'n ein galluogi i gynnal a datblygu'r Brifwyl a'r prosiect cymunedol sy'n rhan hollbwysig o'n gwaith. Diolch o galon i chi i gyd.

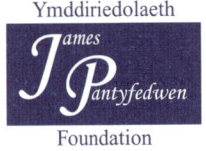

Os hoffech chi wybod mwy
am ein cyfleoedd nawdd,
cysylltwch â ni drwy ffonio
0845 4090 300.

LOW CARBON, ENERGY & ENVIRONMENT
RESEARCH NETWORK WALES RHWYDWAITH YMCHWIL
CARBON ISEL, YNNI A'R AMGYLCHEDD CYMRU

Cyngor Celfyddydau Cymru
Arts Council of Wales

Cynulliad
Cenedlaethol
Cymru

National
Assembly for
Wales

PŴER NIWCLEAR
HORIZON
NUCLEAR POWER

PRIFYSGOL
BANGOR
UNIVERSITY

CYMRAEG

Llywodraeth Cymru
Welsh Government

ENGINEERING RESEARCH NETWORK WALES
RHWYDWAITH YMCHWIL PEIRIANNEG CYMRU

Dŵr Cymru
Welsh Water

RAS 200
Sky&Earth

WLGA · CLILC

SPARC

Cwmni Prifysgol Bangor
A Bangor University Company

Prifysgol Cymru
University of Wales

NDA
Nuclear
Decommissioning
Authority

Magnox

Cavendish
Fluor
Partnership

HUGH | JAMES

PIANOS | CYMRU
Est. 1970

EESW
STEM
Cymru

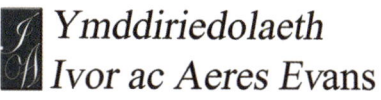
Ymddiriedolaeth
Ivor ac Aeres Evans

PRIFYSGOL
ABERYSTWYTH
UNIVERSITY

BREWIN DOLPHIN

JONES BROS
CIVIL ENGINEERING UK

Stena Line

Institution of
MECHANICAL
ENGINEERS

THE WORSHIPFUL LIVERY COMPANY OF WALES
CWMNI ANRHYDEDDUS LIFRAI CYMRU
Nurturing Welsh Talent – Meithrin Dawn Cymru

BWYDYDD
Castell Howell
FOODS

245

Cefnogi Cymunedau

Mae cefnogi cymunedau lleol wrth i safleoedd Magnox gael eu dadgomisiynu yn rhan bwysig o genhadaeth y cwmni.

Drwy ei gynllun economaidd-gymdeithasol, mae Magnox Ltd wedi helpu 42 o sefydliadau yng Ngogledd Orllewin Cymru i gyflawni eu nodau dros y flwyddyn ddiwethaf.

Nod y cynllun yw lliniaru effaith y rhaglen gwaith dadgomisiynu ar gymunedau lleol drwy gynlluniau sy'n gwella darpariaeth addysg a sgiliau neu drwy gefnogi cyflogaeth leol, arallgyfeirio economaidd a seilwaith economaidd neu gymdeithasol.

Yn 2016/17, buddsoddodd yr Awdurdod Dadgomisiynu Niwclear (NDA) £724,000 drwy'r cynllun a reolir gan Magnox ar draws ei 12 safle, gan gefnogi 142 o sefydliadau a helpu i greu un busnes newydd, 118 o swyddi newydd, 670 o swyddi gwirfoddol a 2618 o gyfleoedd hyfforddiant.

Caiff y contract i reoli rhaglen dadgomisiynu Magnox ei redeg gan Cavendish Fluor Partnership.

Rydym wrth ein bodd o fod yn noddi'r Eisteddfod Genedlaethol ac rydym yn edrych ymlaen at eich croesawu i'n stondin yn y Pafiliwn Gwyddoniaeth.

Clwb Merlod Ynys Môn

Y Bartneriaeth Awyr Agored

Supporting Communities

Supporting local communities as Magnox sites are decommissioned is an important part of the Company's mission.

Through its socio-economic scheme, Magnox Ltd has helped 42 organisations located in North West Wales to achieve their goals in the last year.

The scheme aims to mitigate the impact of the decommissioning work programme on local communities through initiatives that improve education and skills provision or support local employment, economic diversification and economic or social infrastructure.

In 2016/17, the Nuclear Decommissioning Authority (NDA) invested £724,000 through the Magnox–managed scheme across the 12 Magnox sites, supporting 142 organisations and helping to create one new business, 118 new jobs, 670 voluntary jobs and 2618 training opportunities.

The contract to manage the Magnox decommissioning programme is run by Cavendish Fluor Partnership.

We are delighted to sponsor the National Eisteddfod and look forward to seeing you at our stand in the Science Pavilion.

Cymdeithas Archaeole Bro Ffestiniog

Cymdeithas Gwenynw Meirionnydd

I gael rhagor o wybodaeth am y cynllun, ewch i
www.magnoxsocioeconomic.com

To find out more about the scheme, visit
www.magnoxsocioeconomic.com